누구나 쉽게 할 수 있는 빅데이터에서 인공지능까지

누구나 쉽게 할 수 있는 빅데이터에서 인공지능까지

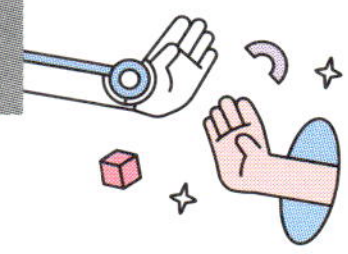

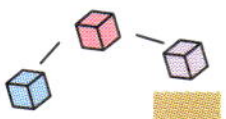

정화영 지음

자유아카데미

머리말

스마트폰으로 전송하는 메시지 한 통, 길거리의 CCTV 영상, 온라인 쇼핑몰의 구매 기록에 이르기까지 일상의 모든 움직임은 디지털 데이터가 된다. 이제 데이터는 단순한 정보의 기록을 넘어 '21세기의 원유'라고 불리며 산업과 사회의 패러다임을 바꾸는 핵심 자원이 되었다. 그러나 정제되지 않은 원유가 그 자체로 쓰임새를 갖지 못하듯, 거대한 빅데이터 역시 분석이라는 공정을 거치지 않으면 소음과 다를 바 없다. 빅데이터는 정형, 비정형 데이터를 처리할 수 있는 매우 유용한 기술이며, 데이터 분석, 통계, 데이터 마이닝, 텍스트 마이닝 등 다양한 분야와 형태로 사용되고 있다. 그런데 일반적으로 빅데이터 분석에서 많이 사용되는 언어로 파이썬을 이야기하지만, 만일 파이썬을 모르는 사용자가 빅데이터 분석을 하고자 할 때는 빅데이터 분석에 대한 개념을 공부하기 전에 파이썬을 먼저 숙지하여야 하는 부담이 될 수 있다. 이러한 관점에서 R은 문법이나 사용 예시를 다루면서 바로 빅데이터 분석을 익힐 수 있어서 상대적으로 빠른 이해와 응용이 가능하다. 또한 R은 특유의 단순한 문법 구조를 가지고 있어서 초보자도 쉽게 익힐 수 있으며, 다양하고 광범위한 라이브러리가 있어서 응용성이나 사용성이 매우 높다. 여기에 딥러닝이나 머신러닝의 응용도 가능하여 다양하고 많은 주제들을 다룰 수 있다.

본 교재는 데이터 과학의 세계에 처음 발을 들이는 입문자들이 복잡한 이론 속에서 길을 잃지 않고, 빅데이터를 통해 데이터를 정보로 만들어 가는 과정을 돕기 위해 기획되었다. 초보자의 눈높이에서 시작하되, 실무에서 반드시 필요한 핵심 기술인 빅데이터의 기초, 텍스트 마이닝, 그리고 머신러닝의 지도 및 비지도 학습을 체계적으로 연결하는 데 중점을 두었다.

첫 번째 단계로, 빅데이터의 개념과 이를 처리하기 위한 기초적인 인프라를 이해하는 데 집중하였다. 단순히 '양이 많다'는 의미를 넘어 데이터의 다양성과 속도, 그리고 그 안에 숨겨진 가치를 어떻게 포착할 것인가에 대한 화두를 던졌다. 기술적인 도구에 매몰되기보다는 데이터를 바라보는 관점과 아키텍처의 본질을 먼저 파악할 수 있도록 구성하였다.

두 번째 단계에서는 그래프, 데이터 분석, 텍스트 마이닝을 다루었다. 우리가 일상에서 사용하는 언어는 수치 데이터보다 훨씬 방대하고 복잡한 맥락을 담고 있다. 텍스트 마이닝의 원리를 통해 사람의 감정을 읽어내고, 흩어진 글자들 속에서 핵심 키워드와 주제를 추출하는 과정을 담았다. 이는 기계가 인간의 언어를 이해하는 첫걸음을 경험하게 함으로써 데이터 분석의 흥미를 고취하기 위함이다.

마지막 단계에서는 인공지능의 핵심이라 할 수 있는 머신러닝의 두 축, 지도 학습과 비지도 학습을 담았다. 정답이 있는 데이터를 통해 미래를 예측하고 분류하는 지도 학습은 비즈니스의 효율성을 극대화하는 강력한 드구가 된다. 반면, 정답이 없는 상태에서 데이터 스스로가 가진 군집과 패턴을 찾아내는 비지도 학습은 우리가 미처 발견하지 못한 새로운 통찰을 제공한다. 이 두 가지 학습 모델의 이론과 실습을 다룸으로써, 독자들이 당면한 문제에 적합한 알고리즘을 선택할 수 있는 안목을 기르도록 하였다.

최선의 노력을 기울였으나 여전히 부족한 부분이 있을 수 있다. 이에 대한 독자 여러분의 양해를 구하며, 추후 발생할 수 있는 수정사항 등은 자유아카데미 홈페이지(www.freeaca.com) 자료실을 통해 제공할 예정이니 참고하기를 바란다.

필자는 이 책을 집필하며 '어려운 것을 쉽게, 쉬운 것을 깊게, 깊은 것을 유쾌하게' 전달하고자 노력하였다. 빅데이터라는 거대한 바다를 항해하는 것은 결코 쉬운 일이 아니다. 새로운 기술이 매일같이 등장하고 기존의 상식이 뒤바뀌는 변화의 속도는 무척이나 빠르다. 그러나 탄탄한 기초 체력을 기른 항해사는 어떤 파도에도 당황하지 않는다. 이 책이 독자 여러분에게 그러한 기초 체력이자, 목적지까지 안전하게 인도하는 나침반이 되기를 진심으로 바란다.

데이터의 가치를 발견하는 즐거움이 여러분의 학업과 커리어에 큰 전환점이 되기를 기대하며, 이 책이 나오기까지 세심하게 편집을 도와주신 자유아카데미 편집부에 감사드리고, 늘 힘이 되어준 가족들에게 고마움을 전한다.

2026년 2월

정화영

본 교재는 과학기술정보통신부 및 정보통신기획평가원의 2026년도 SW중심대학사업의 결과로 수행되었음 (2023-0-00042)

차례

제1장 >>>>

Big Data 개요와 R 설치하기

1. 데이터란?
2. R 언어란?
3. R 환경 만들기
4. R 스튜디오 메뉴와 화면, R 패키지, 도움말
5. 간단한 실습

1 데이터란?

데이터(data)는 현실 세계의 사실을 근거로 한다. 주로 숫자, 문자 등으로 나타내는 원시 형태의 자료를 의미하며, 분석, 처리, 결론을 위해 수집되는 형태의 자료를 나타낸다.

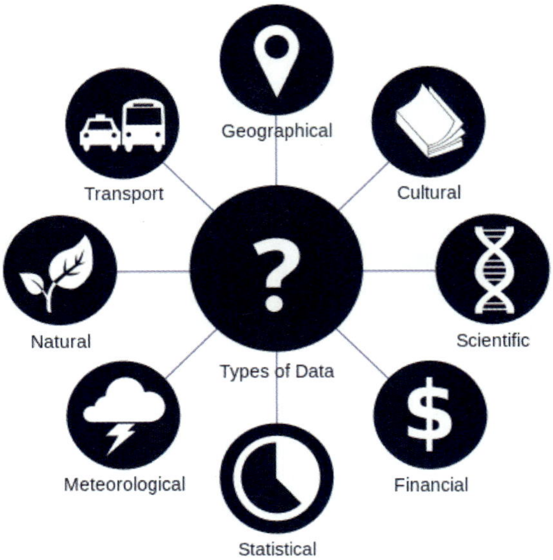

그림 1. 데이터

정보는 이러한 데이터를 가공, 처리, 분석하여 의미 있는 결과를 도출한 내용을 의미한다.

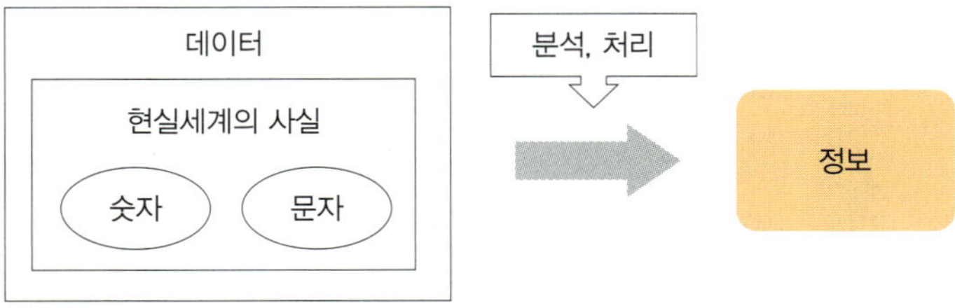

그림 2. 데이터와 정보

데이터의 종류는 정성적 데이터와 정량적 데이터로 나뉜다.

1) 정성적 데이터(Qualitative Data)

주로 수치로 표현되지 않는 특성을 가지며, 많다, 적다, 좋다, 나쁘다 등의 상대적인 개념을 포함하고, 객관성보다는 주관적인 측면의 평가가 주류를 이룬다. 설문조사, 인터뷰, 관찰 데이터, 의견, 선호도, 행동 양식 등이 이에 속한다.

2) 정량적 데이터(Quantitative Data)

정확한 수치에 의해 객관적인 평가를 이룰 수 있는 자료가 되는 데이터를 뜻하며, 측정이나 계산을 통해 얻을 수 있다. 총점, 평균, 인구통계, 판매량 등이 이에 속한다.

1.1. 정형/반정형/비정형 데이터

- **정형 데이터(Structured Data)**

정형 데이터는 미리 정해진 구조(스키마)에 따라 체계적으로 저장된 데이터를 의미한다. 즉 데이터를 저장하고 읽어서 처리하거나 관리할 때 일정한 형식을 가지고 있다는 것이다. 주로 행(Row)과 열(Column)로 구성된 테이블 형태가 대표적이다. 정형 데이터의 특징으로는 다음과 같다.

- 고정된 스키마: 데이터의 형식과 구조가 엄격하게 정의되어 있다.
- 검색/분석 용이: 데이터베이스의 SQL과 같은 언어로 쉽게 검색할 수 있고, 수정, 삭제 등이 용이다. 따라서 데이터의 분석도 정해진 형식에 따라 수행하면 비교적 쉽다.
- 메타데이터: 열 이름과 데이터 타입이 명확하게 명시되어 있어 데이터의 의미를 직관적으로 파악할 수 있으며, 데이터를 의미하거나 설명하는 메타데이터를 구성하는 것이 비교적 용이하다.

일반적으로 정형 데이터는 관계형 데이터베이스(RDBMS) 테이블, CSV 파일, Excel

스프레드시트, 센서 데이터(정해진 형식으로 수집된 수치 데이터) 등이 해당된다.

즉, 일정한 형식을 가지고 있는 데이터로서 데이터 관리가 용이하고, 쿼리(데이터베이스 질의)와 분석이 빠르지만, 스키마(형식)가 고정되어 있어 변화에 유연하지 않다. 또한 정해진 형식을 가지지 않는 데이터는 표현하기가 어렵다.

- **반정형 데이터(Semi-Structured Data)**

정형 데이터보다는 유연하지만, 비정형 데이터보다는 구조화된 데이터를 뜻한다. 이는 HTML, XML 등의 태그(Tag)와 같이 자유로운 표현 형식을 가지지만 일정한 규칙을 지켜야 하는 데이터들이 이에 속한다. 반정형 데이터의 특징으로는 다음과 같다.

- 부분적 구조화: 데이터 자체에 구조 정보를 포함하고 있어 파싱(Parsing)을 통해 의미를 추출할 수 있다.
- 확장성: 정형 데이터보다 구조 변경이 유연하다.
- 그러나 별도의 파싱 과정이 필요하며, 구조가 복잡해질 수 있다.

반정형 데이터는 JSON, XML(태그로 구분된 데이터), 로그 파일(타임스탬프, 이벤트 유형 등), 센서 데이터(메타데이터 포함) 등이 해당된다.

- **비정형 데이터(Unstructured Data)**

정해진 구조나 형식이 없는 데이터를 뜻한다. 주로 텍스트, 이미지, 영상 등 다양한 형태로 존재하며, 주관식 답안이나 연설문, 소설 내용, 소셜 미디어 게시물(텍스트, 이미지, 이모티콘), 이메일 내용, 동영상, 오디오 파일, 문서(PDF, Word 파일) 등 다양한 형태의 데이터가 이에 속한다. 비정형 데이터의 특징으로는 다음과 같다.

- 형식이 없음: 데이터의 형식과 의미가 고정되지 않아 분석 전에 전처리가 필요하다.
- 다양한 형식: 텍스트, 이미지, 동영상, 음성 등 다양한 매체로 저장 및 관리된다.
- 분석 어려움: 일정한 형식이 없다 보니 전통적인 데이터베이스 쿼리로는 처리하기 어렵다.

일정한 규칙이나 형식이 없는 데이터라는 특성은 장점이자 단점이 될 수 있다. 즉, 형식이 없다 보니 다양한 형태의 데이터를 처리할 수 있다. 그러나 처리할 수 있는 일정한 규칙을 가지지 않는 데이터이다보니 데이터 분석 전에 텍스트 추출, 이미지 처리 등과 같은 별도의 전처리 과정이 필요하다.

표 1. 데이터 유형

	정형 데이터	반정형 데이터	비정형 데이터
구조	고정된 스키마 (테이블)	태그/키-값 쌍으로 부분적 구조화	구조 없음
저장 형식	RDBMS, CSV, Excel	JSON, XML, 로그 파일	텍스트, 이미지, 동영상
분석 난이도	쉬움 (SQL 쿼리)	중간 (파싱 필요)	어려움 (전처리 필수)
예시	은행 거래 내역	웹 API 응답(JSON)	트위터 게시물

1.2. 데이터베이스(Database, DB)

1950년대에 미국 국방부에서 군사 장비와 자원 관리를 위해 최초의 데이터베이스 개념이 도입되었다. 1960년대에는 IBM의 IMS(Information Management System)가 개발되어 상용 데이터베이스 시스템이 등장하였으며, 1970년대에는 관계형 데이터베이스 관리 시스템(RDBMS)이 개발되었고, SQL(Structured Query Language)이 표준 질의 언어로 자리잡았다. 2000년대 이후에 NoSQL, 빅데이터, 클라우드 데이터베이스 등 새로운 기술이 등장하며 확장성과 유연성이 강화되었다.

데이터베이스는 여러 사람이 공유하여 사용할 목적으로 체계화되어 통합 관리되는 데이터의 집합이다. 단순히 데이터를 저장하는 공간을 넘어, 데이터의 구조화, 검색 효율화, 중복 제거를 통해 정보를 매우 효과적으로 처리 및 관리할 수 있으며, 은행 계좌 정보, 온라인 쇼핑몰 상품 데이터, 병원 환자 기록, 학생 정보 관리 등 다양한 분야에서 활용되고 있다.

데이터베이스 관리 시스템(DBMS)은 데이터베이스를 생성, 관리, 조작하는 소프트웨어로서 테이블 구조 설계를 위한 데이터 정의어(DDL), 데이터의 검색, 삽입, 삭제 및 갱신을 위한 데이터 조작어(DML), 데이터의 접근 권한 관리와 트랜잭션 처리를 위한 데이터 제어어(DCL), 메타데이터 저장 및 관리를 위한 카탈로그 관리 등을 활용한다.

데이터베이스 유형은 크게 관계형 데이터베이스와 비관계형 데이터베이스(NoSQL)로 나뉠 수 있다. 관계형 데이터베이스는 데이터 질의어인 SQL을 사용하고, 테이블 간 관계로 데이터 무결성을 보장하며, MySQL, PostgreSQL, Oracle 등을 사용한다. 비관계형 데이터베이스는 유연한 스키마를 지원하며, 대용량 데이터 처리에 적합하다. 주로 문서 지향의 MongoDB, 키-값 저장소의 Redis, 그래프 데이터베이스의 Neo4j을 사용한다.

1.3. Big Data란?

빅데이터는 전통적인 데이터 처리 도구로는 수집, 저장, 분석하기 어려울 정도로 방대한 양의 데이터 집합을 의미하며, 정형 데이터, 반정형과 비정형 데이터 모두를 포함한다. 기존의 데이터 유형과 비교하여 가장 큰 특징은 형식이 없는 비정형 데이터를 처리할 수 있다는 것이다. 빅데이터는 아래와 같이 발전되어왔다.

- 1950~60년대: 초기 데이터베이스 시스템이 등장하며 데이터 관리의 기초가 마련됨.
- 1990년대: 인터넷 보급과 함께 웹 트래픽, 로그 데이터가 급증하며 데이터 규모 확대.
- 2000년대 초: 구글, 아마존 등 대기업이 방대한 데이터를 처리하기 위해 분산 컴퓨팅 기술(예: Hadoop) 개발.
- 2010년대 이후: IoT, 소셜 미디어, 스마트폰 확산으로 데이터 생성 속도와 양이 폭발적으로 증가하며 빅데이터 시대가 본격화됨.

빅데이터는 다음과 같이 5가지 특성(5V)을 가진다.

- Volume(양): 수십 테라바이트(TB)에서 페타바이트(PB) 단위의 방대한 데이터.
- Velocity(속도): 실시간으로 생성되고 처리되는 데이터의 빠른 흐름 (예: 센서 데이터, 소셜 미디어 스피드).

- Variety(다양성): 구조화된 테이블 데이터부터 비정형 텍스트, 이미지, 동영상까지 다양한 형식.
- Veracity(신뢰성): 데이터 품질과 정확성 문제 (노이즈, 결측치 등).
- Value(가치): 데이터 분석을 통해 비즈니스 인사이트나 과학적 발견을 얻을 수 있는 잠재력.

특히 빅데이터가 가지는 기술과 기능은 다음과 같이 다양한 분야에 다양한 목적으로 사용할 수 있다.

- 결정 지원: 방대한 데이터 분석을 통해 패턴과 트렌드를 발견해 전략적 의사결정에 활용.
- 혁신 촉진: 새로운 비즈니스 모델(예: 넷플릭스의 추천 알고리즘), 과학 연구(예: 유전체 분석) 등 혁신적 솔루션 개발.
- 개인화 서비스: 사용자 행동 데이터를 분석해 맞춤형 광고, 콘텐츠 제공.
- 사회적 영향: 교통, 보건, 환경 등 공공 데이터 분석을 통한 정책 개선.

이러한 혁신성에 따라 다음과 같이 활용되고 있다.

표 2. 빅데이터의 활용 분야

분야	활용
금융	신용 평가, 사기 탐지, 알고리즘 트레이딩.
소매/유통	고객 구매 패턴 분석, 재그 관리 최적화.
헬스케어	전자 건강 기록 분석, 맞춤형 치료법 개발.
제조	센서 데이터를 활용한 스마트 공장 운영.
교통	실시간 교통 데이터 분석으로 신호 체계 최적화.
에너지	전력 소비 패턴 분석을 통한 에너지 효율화.

1.4. Big Data 기술

빅데이터 기술은 매우 다양하고 많은 기능과 분야가 있으나 여기서는 기본적인 처리 기술에 대한 사항만을 설명하기로 한다.

1.4.1. 분산처리 시스템

분산처리 시스템은 네트워크로 연결된 여러 컴퓨터(노드)가 협력하여 작업을 분담 처리하는 시스템이다. 각 노드는 독립적으로 동작하지만, 전체적으로는 하나의 통합된 시스템처럼 작동하는 구조이다. 분산 컴퓨팅은 1960년대부터 연구된 이론으로, 컴퓨터 네트워크상에서 자원을 공유하고 작업을 분산처리하는 방식을 다룬다. 이는 크게 두 가지 모델로 구분되는데 공유 메모리 모델은 노드 간 메모리를 공유해 단일 시스템처럼 동작하고, 메시지 전달 모델은 노드 간 통신을 통해 데이터를 교환하며 작업 처리한다. 분산처리 시스템의 처리 방식은 Hadoop의 HDFS(Hadoop Distributed File System)와 같이 데이터를 여러 노드에 분산 저장해 접근 속도를 높이고 신뢰성을 확보하며, MapReduce 모델에서 Map 단계(데이터 분할), Reduce 단계(결과 집계)와 같이 대규모 작업을 작은 단위로 분할해 각 노드에서 병렬로 처리한다. 또한 노드 간 효율적인 데이터 전송을 위해 TCP/IP, HTTP 등 표준 통신 프로토콜을 사용한다.

빅데이터는 규모, 속도, 다양성 측면에서 단일 시스템으로는 처리하기 어려운데 분산처리 시스템은 이러한 한계를 극복하게 한다. 예를 들어 페이스북의 빅데이터 분석, 넷플릭스의 추천 시스템은 분산처리를 기반으로 한다. 또한 스트리밍 데이터(예: IoT 센서 데이터)를 실시간으로 분석하기 위해 분산 시스템이 활용된다.

1.4.2. 하둡

하둡은 인터넷, 스마트폰, 클라우드 컴퓨팅의 확산으로 급증한 대용량 데이터(빅데이터)를 효율적으로 저장하고 처리하기 위해 개발된 오픈 소스 분산 컴퓨팅 프레임워크이다. 이는 단일 서버로는 처리하기 어려운 데이터를 수천 대의 저비용 하드웨어로 분산처리하여 비용 효율성을 확보할 수 있다.

하둡은 2000년대 초반에 '야후!'에서 대규모 웹 데이터를 처리하기 위해 프로토타입을 개발하고, 2006년에는 아파치 재단에 기증하면서 오픈 소스로 공개되었다. 이때 인터넷/모바일 확산으로 사용자 생성 데이터가 폭발적 증가하고, 클라우드 컴퓨팅 기술을 통해 저비용 인프라가 제공되었다. 저장 매체 가격 하락으로 인해 대용량 데이터 저장이 가능해지고, 비정형 데이터 증가에 따라 텍스트, 이미지, 동영상 등 구조화되지 않은 데이터 처리 필요성이 대두되었다. 하둡은 이러한 환경에서 비용 효율적으로 대용량 데이터를 처리하는 솔루션으로 관심을 받게 되었다.

하둡의 핵심 구성 요소로는 HDFS과 MapReduce를 들 수 있다. HDFS는 분산 파일 저장 시스템으로, 데이터를 블록 단위로 분할해 여러 노드에 저장하는 기술이다. 이를 통해 데이터 복제본을 생성해 장애 시 복구 가능한 고가용성을 확보할 수 있고, TB~PB 규모의 대용량 데이터 처리가 가능하다. 하둡은 다양한 도구와 기술이 통합되는데 주요 구성 요소는 다음과 같다.

- Apache Spark: 메모리 기반 분산처리 엔진으로, 하둡보다 실시간 데이터 처리에 최적화됨.
- Kafka: 실시간 데이터 스트리밍을 위한 메시지 큐 시스템.
- HBase: HDFS 위에 구축된 NoSQL 데이터베이스로, 실시간 읽기/쓰기를 지원.
- Cloudera, Hortonworks: 하둡 기반의 빅데이터 솔루션을 제공하는 기업.

하둡은 빅데이터 3V 문제의 해결을 위해 아래와 같이 접근이 가능했다.

- Volume(양): HDFS로 대용량 데이터 저장.
- Velocity(속도): MapReduce로 배치 처리, Spark로 실시간 처리.
- Variety(다양성): 비정형 데이터(텍스트, 로그) 처리 가능

1.4.3. 맵 리듀스

2000년대 초반, 구글은 웹 크롤링, 검색, 광고 분석 등 대규모 데이터를 처리해야 했다. 이때 단일 서버로는 처리 속도와 비용 문제가 발생하자, 분산 컴퓨팅 프레임워크가 필요해졌다. 맵 리듀스는 2004년 구글이 논문으로 발표하고, 2006년 오픈 소스

프로젝트로 공개하며 널리 확산되었다. 맵 리듀스는 데이터를 Map(분산처리)과 Reduce(결과 집계) 두 단계로 나누어 처리하는 분산 프로그래밍 모델이다. Map 단계에서는 입력 데이터를 작은 청크(Chunk)로 분할하고, 각 청크를 변환/처리한다(예를 들어 웹 페이지에서 단어 추출). Reduce 단계에서는 Map 단계의 결과를 모아 최종 결과를 생성한다(예를 들어 각 단어의 빈도 수 집계). 맵 리듀스 과정을 살펴보자. 두 개의 문서 "스테이크 수퍼 슈프림 피자"와 "갈릭 스테이크 슈프림 피자"를 생성하였다.

- Input 단계에서는 데이터를 "스테이크 수퍼 슈프림 피자"와 "갈릭 스테이크 슈프림 피자"를 나누어 각각 청크로 분할해 각 노드에 배포한다.
- Mapping 과정에서는 각 청크에서 {키-값} 쌍을 생성한다(예를 들어 {"스테이크": 1}의 경우 키는 "스테이크", 값은 1). 이를 통해 첫 번째 문서인 "스테이크 수퍼 슈프림 피자"는 {"스테이크": 1, "수퍼": 1, "슈프림": 1, "피자": 1}을 생성하고, 두 번째 문서인 "갈릭 스테이크 슈프림 피자"는 {"갈릭": 1, "스테이크": 1, "슈프림": 1, "피자": 1}을 생성한다,
- Shuffling 단계에서는 키 기준으로 정렬하고, 같은 키끼리 묶어 Reduce 단계로 전달한다.
- Reducing 단계에서는 같은 키의 값들을 단어별 빈도수 합산과 같이 집계해 최종 결과를 생성한다.
- Output 에서는 최종 빈도수를 확인할 수 있다.

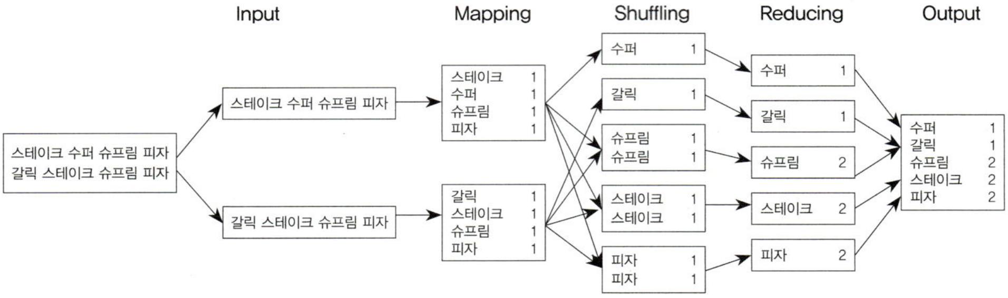

그림 3. 맵 리듀스 과정

하둡은 맵 리듀스만을 위한 기술은 아니지만 맵 리듀스를 구현한 오픈 소스 프레임워크라고 할 수 있다. 즉 하둡은 데이터를 분산 저장하기 위한 HDFS와 저장된 데이터를 분산처리하기 위한 맵 리듀스 엔진으로 구성된다. 맵 리듀스는 구글 검색에서 웹 페이지 인덱싱 및 검색 결과 생성하거나, 넷플릭스의 사용자 시청 기록을 분석함으로서 추천 시스템을 제공하는데 활용된다. 또한 아마존의 사용자 행동 추적 및 마케팅 전략 수립을 위한 로그 분석에도 활용된다.

2 R 언어란?

R은 통계분석, 데이터 시각화, 기계 학습 등에 특화된 인터프리터 프로그래밍 언어이다. 1992년 뉴질랜드 오클랜드 대학교의 로버트 젠틀맨(Robert Gentleman)과 로스 이하카(Ross Ihaka)가 개발을 시작했고, 2000년 R 1.0.0 버전이 공식 배포되었으며, 현재는 R 코어 팀이 개발을 주도하고 있다. 이는 GNU GPL 라이선스 하에 배포되었으며, S 언어의 구현체로 시작되었으나 현재는 독립적으로 운영되고 있다. S 언어는 1970년대 벨 연구소에서 개발된 통계 언어이다. R 언어가 S 언어의 문법과 기능을 대부분 상속받았으며, GNU GPL 라이선스로 배포되었는데, R은 S 언어보다 메모리 관리와 확장성이 더 좋으며, 그래픽 기능이 강화되었다.

R은 다양한 장점을 가지고 있다. 복잡한 통계 모델링, 회귀 분석, 분산 분석(ANOVA), 비모수 검정 등 다양한 통계 기법을 내장 함수로 지원하여 통계분석에 매우 효율적이며, 기본 패키지(base, graphics)에서부터 고급 시각화(ggplot2, lattice)까지 다양한 그래프를 생성할 수 있어서 히스토그램, 산점도, 박스플롯, 3D 그래프 등을 표현하는 데이터 시각화 기능이 강력하다. 또한 CRAN(Comprehensive R Archive Network)에서 2만 개 이상의 패키지를 제공해 특정 분야의 분석 도구(예: tidyverse, shiny)를 쉽게 추가할 수 있다. 코드를 한 줄씩 실행하며 즉시 결과를 확인할 수 있는 인터프리터 언어로서 빠른 실행결과를 확인할 수 있다. 또한 오픈소스로서 무료로 사용 가능하며, 지속적인 업데이트와 커뮤니티가 매우 활성화되어 있다.

3 R 환경 만들기

3.1. R 설치하기

R을 설치하는 순서는 아래와 같다.

1) R 설치하기: R-4.1.0-win.exe
2) R 스튜디오 설치하기: RStudio-2024.04.1.-748.exe

R을 설치하는 프로그램의 버전은 R이 업데이트됨에 따라 달라질 수 있다. 그런데 만일 1번의 R을 설치하지 않고 2번 R 스튜디오만 설치하면 어떻게 될까? 이 경우는 R 스튜디오를 정상적으로 사용할 수 없다. 즉 아래 그림과 같이 32비트 또는 64비트의 R 버전을 선택할 수 없어서 R 스튜디오로 들어갈 수 없다. 만일 이 경우 설치되었던 R 스튜디오를 삭제하고 R부터 설치할 필요 없이 1번 R만 설치하고 R 스튜디오를 클릭하면 정상적으로 시작된다.

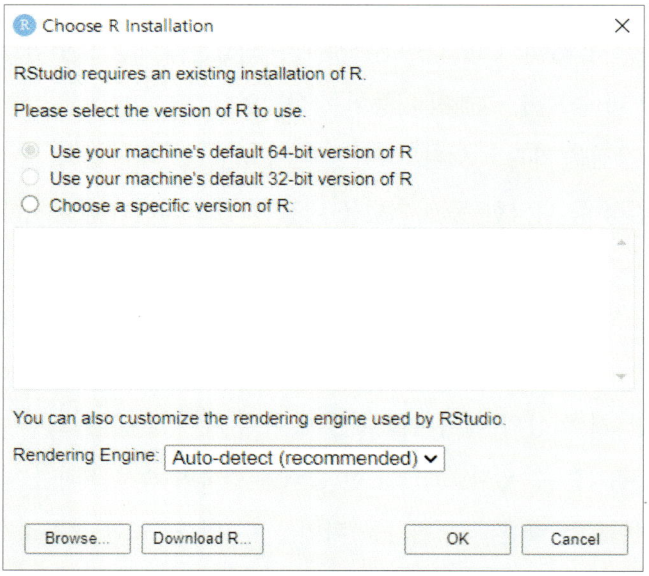

그림 4. R 설치 없이 R 스튜디오만 설치했을 때의 시작화면

3.1.1. R 설치하기: R-4.1.0-win.exe

R-4.1.0-win.exe를 실행하면 아래와 같은 화면이 나타난다. 각각의 내용은 설치 옵션, 라이선스 안내, 설치 폴더 선택 등을 나타내지만 특별한 경우가 아니면 기본값을 그대로 적용하고 "다음(N)" 버튼을 클릭하여 설치하면 된다.

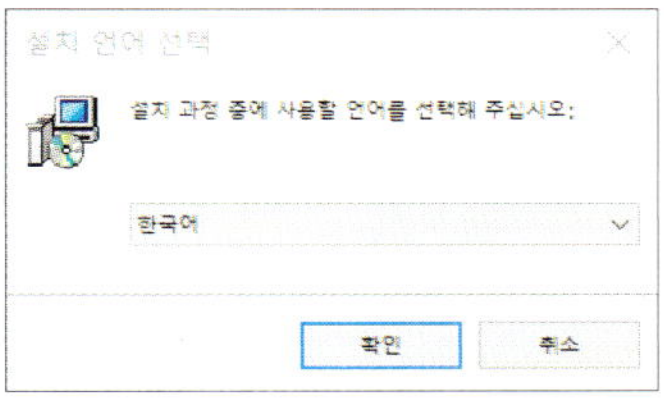

그림 5. R 설치 언어 선택

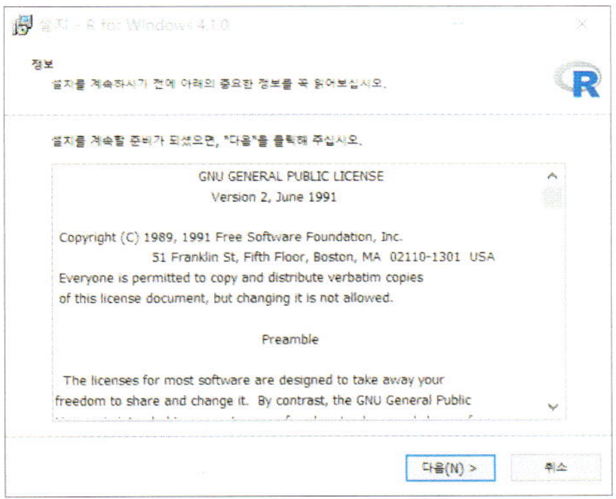

그림 6. R 라이선스 안내

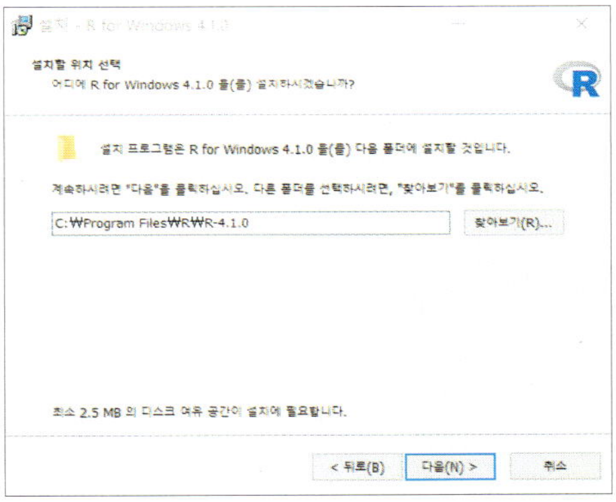

그림 7. R 시스템 선택

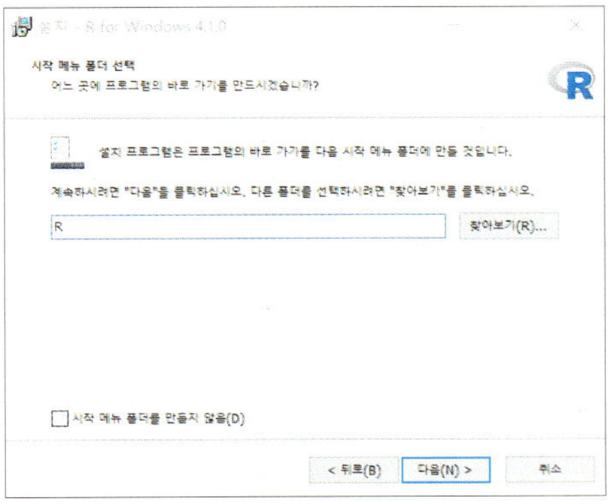

그림 10. R 시작 메뉴 폴더 선택

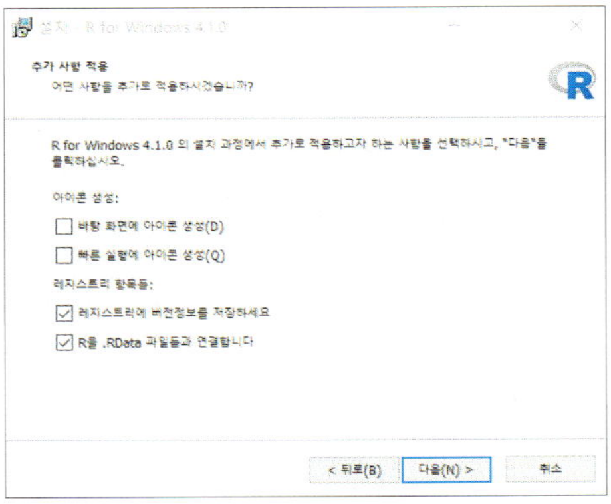

그림 11. R 추가 옵션 선택

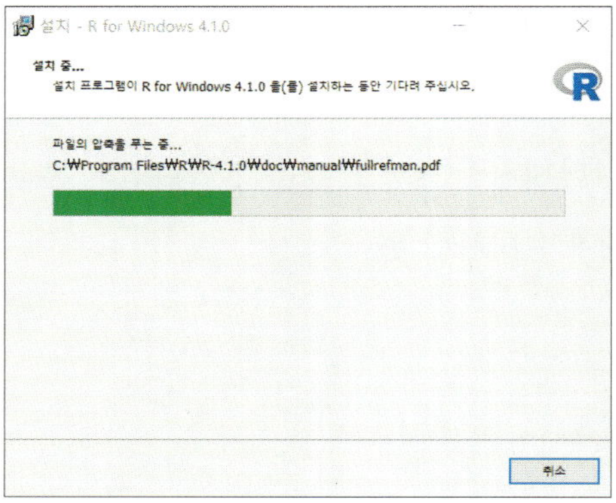

그림 12. R 설치 진행

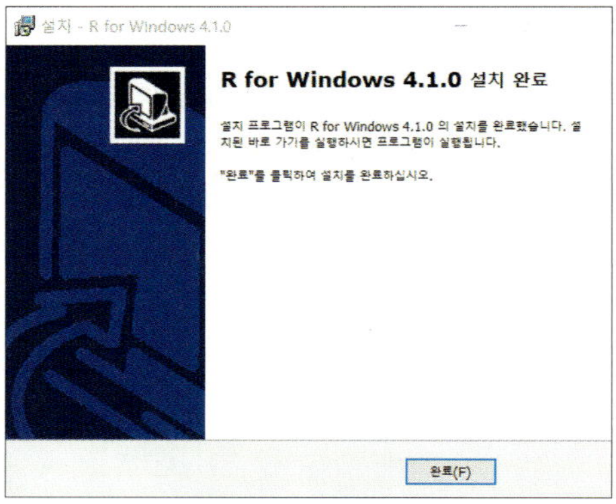

그림 13. R 설치 완료

3.2. R 스튜디오 설치

R 설치가 완료되면 바로 다음으로 R 스튜디오를 설치한다. 이때 다운받은 RStudio-2024.04.1.-748.exe 파일은 사용자와 설치 시기마다 버전이 달라질 수 있다.

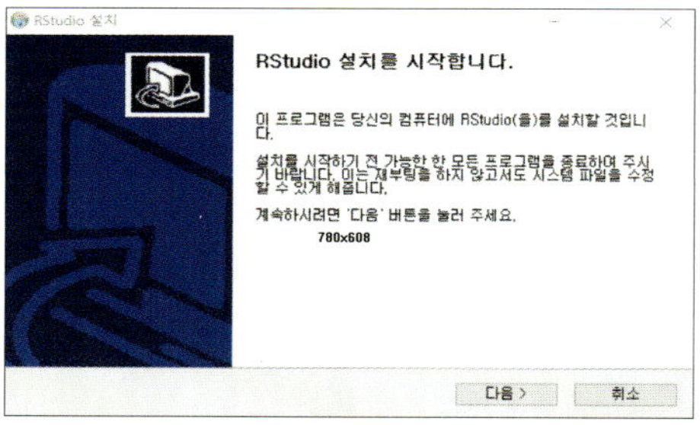

그림 14. R 스튜디오 시작

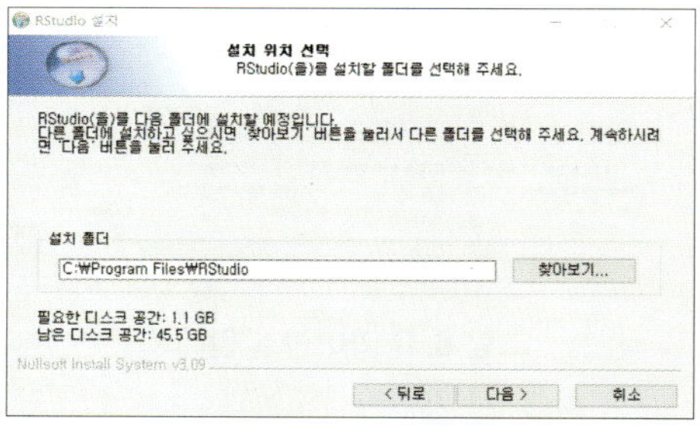

그림 15. R 스튜디오 설치 위치 선택

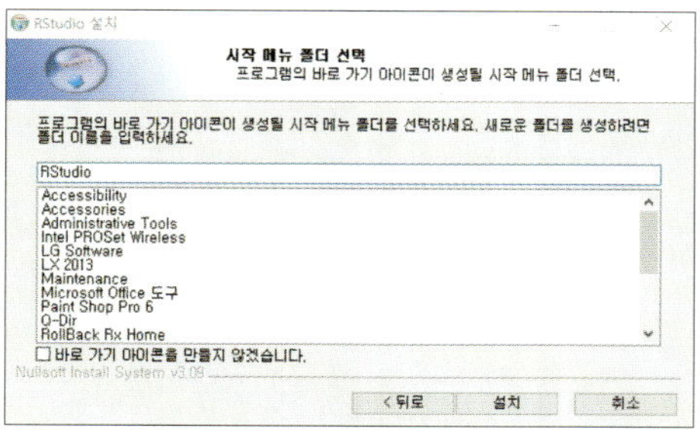

그림 16. R 스튜디오 설치 메뉴

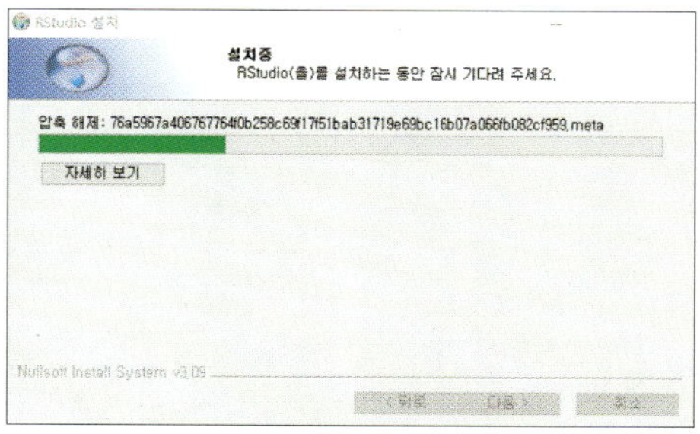

그림 17. R 스튜디오 설치 진행

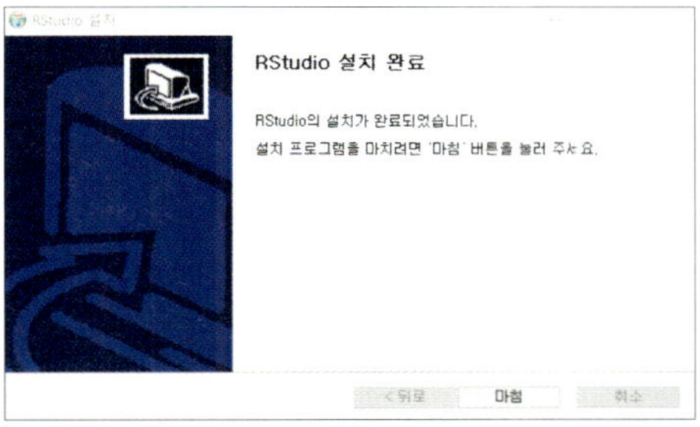

그림 18. R 스튜디오 설치 완료

R 스튜디오 설치가 완료되면 R을 시작할 준비가 끝났다. 설치된 내용을 보면 R x64, R i386, RStudio가 설치되었음을 확인할 수 있다.

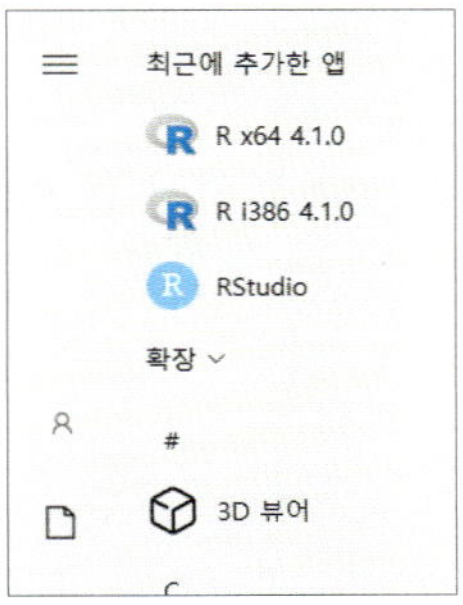

그림 19. R과 R 스튜디오 설치 확인

RStudio를 클릭하면 아래와 같이 초기 화면이 나타난다. RStudio의 버전을 선택할 수 있으며, 컴퓨터 환경에 맞게 64-bit version of R 또는 32-bit version of R을 선택한 후 "OK" 버튼을 클릭한다.

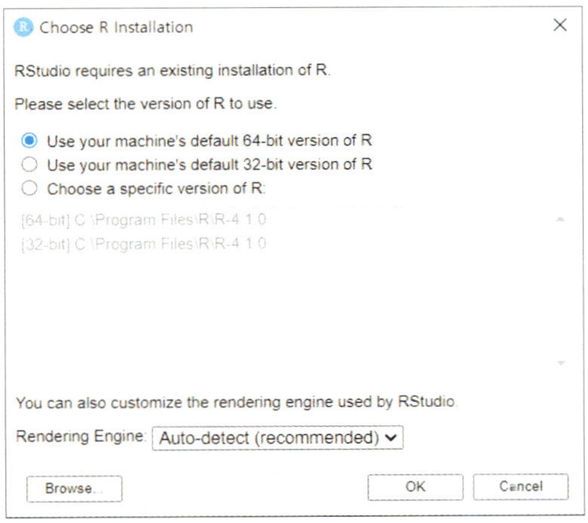

그림 20. R 스튜디오 실행 전 버전 선택

Crash reporting에 대한 팝업 창이 뜨는 데 동의하면 “예”, 원하지 않으면 “아니오”를 클릭하면 된다. 이 팝업 창은 R 스튜디오를 실행할 때마다 항상 뜨는 메시지가 아니라 설치 초기에 한 번 나타난다.

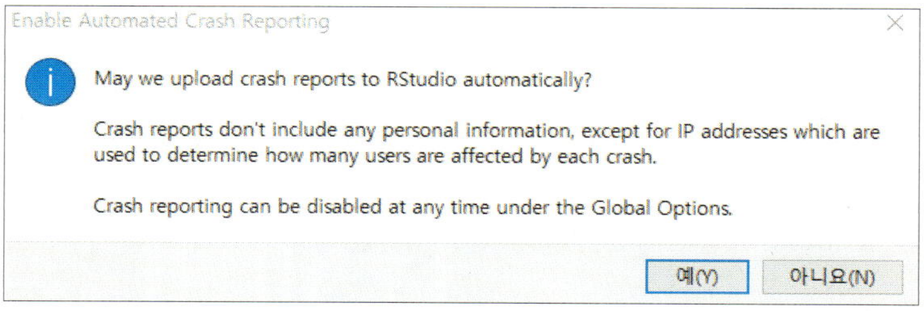

그림 21. R 스튜디오 팝업 창

아래와 같이 R 스튜디오 화면이 나타나면 R을 사용할 준비가 완료된 것이다.

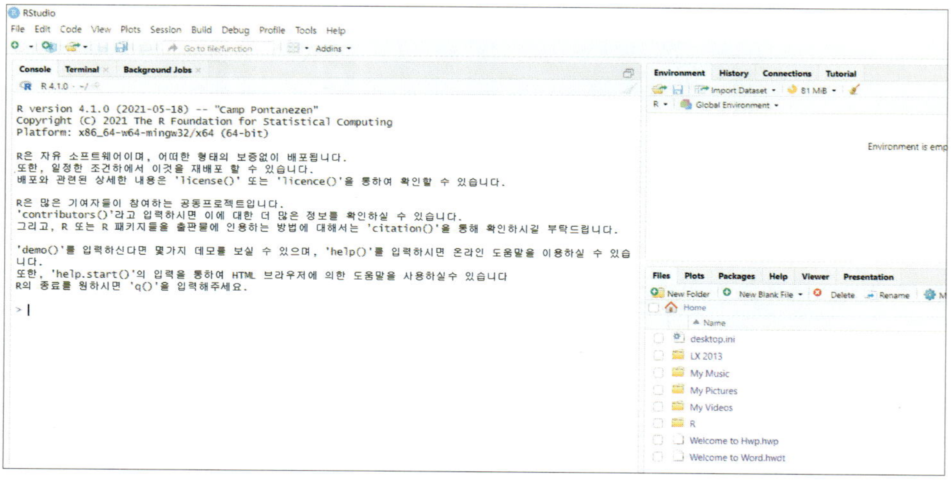

그림 22. R 스튜디오 화면

여기서 잠깐 - RGUI

R 스튜디오가 아닌 R x64 (R 64비트 버전)이나 R i386(R 32비트 버전)은 무엇일까? 이것은 윈도우 통합 환경이 아니라 콘솔 형태의 GUI 버전을 나타내며, R 스튜디오에 비하여 다소 불편할 수 있다. 그러나 R 스튜디오와 동작은 같다.

R x64 4.1.0

R i386 4.1.0

R x64를 실행하면 아래와 같이 나타난다.

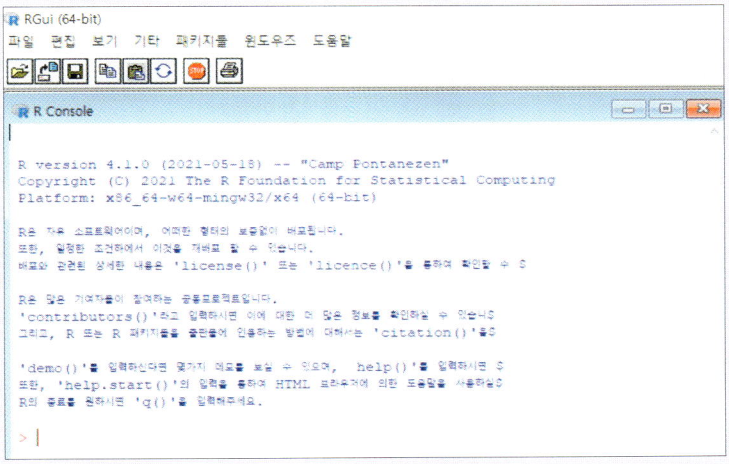

그림 23. RGUI 실행 화면

4 R 스튜디오 메뉴와 화면, R 패키지, 도움말

4.1. R 스튜디오 메뉴와 화면

R 스튜디오에서 "File" – "New File" – "R Script"를 클릭하면, 코딩 소스 영역이 나타난다. 이곳에서 R 프로그램을 작성한 후 저장하거나 불러올 수 있고, 프로그램을 실행시킬 수 있다.

그림 24. 새로운 R Script 만들기

R 스튜디오는 프로그램을 입력하는 코딩 소스 영역, 인터프리터 환경처럼 하나의 명령마다 바로 실행하여 결과를 확인할 수 있는 콘솔 영역, 변수값 등을 나타내는 환경 영역, 작업 폴더, 출력 화면, 패키지 등을 나타내는 폴더 및 출력 영역 등으로 구성되어 있고, 4개 영역으로 구분하여 모두 나타내주는 통합 환경을 제공해 주어서 RGUI와는 다르게 효율성과 편리성이 높다.

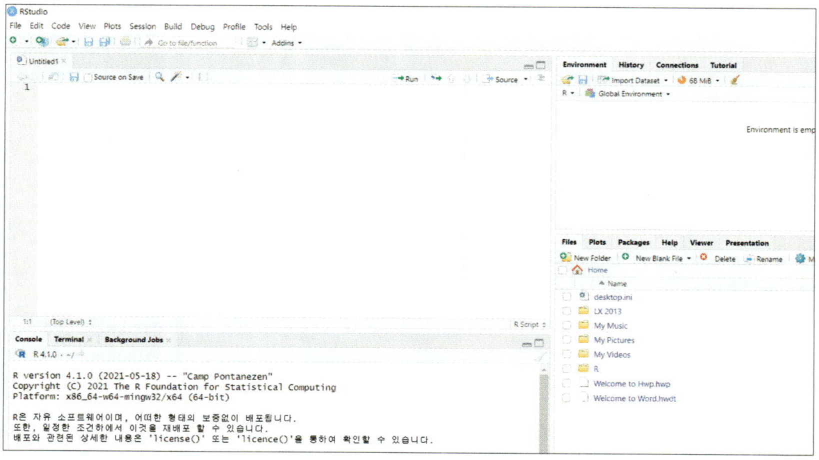

그림 25. 4개의 영역으로 구분된 R Studio 환경

4.1.1. 코딩 소스 영역

코딩 창에서는 R 프로그램을 작성하거나 수정할 수 있고, 기존에 작성된 프로그램을 불러올 수 있다. 작성된 프로그램은 실행시키면 그 결과가 콘솔 창에서 나타난다. 또한 실행 결과가 그래프인 경우는 폴더 및 출력 영역의 플롯(Plots) 창, 웹 브라우저 상에 나타낼 경우는 뷰어(Viewer) 창에서 확인할 수 있다.

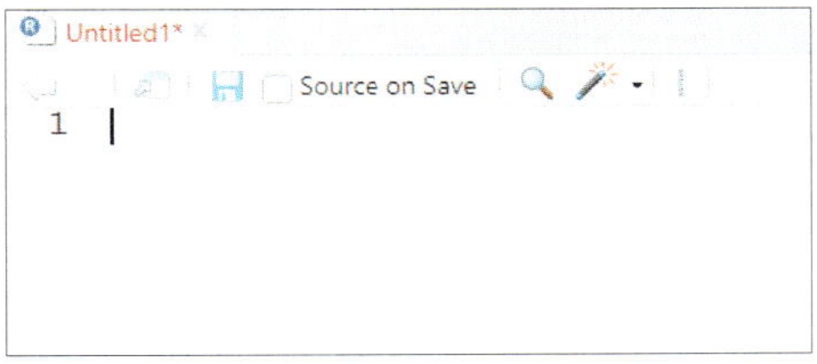

그림 26. 코딩 창

4.1.2. 콘솔 영역

"Console" 탭에서 R 프로그램의 실행 결과를 나타내거나 이곳에서 한 줄씩 명령을 실행할 수 있다. R Studio에서 매우 빈번하게 사용하는 창이다.

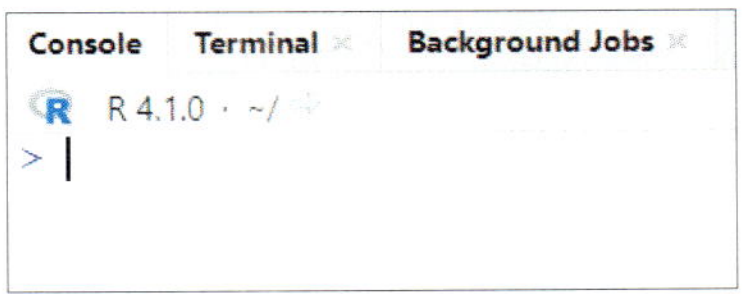

그림 27. 콘솔 창

"Terminal" 탭에서는 윈도우의 DOS 화면을 나타낸다.

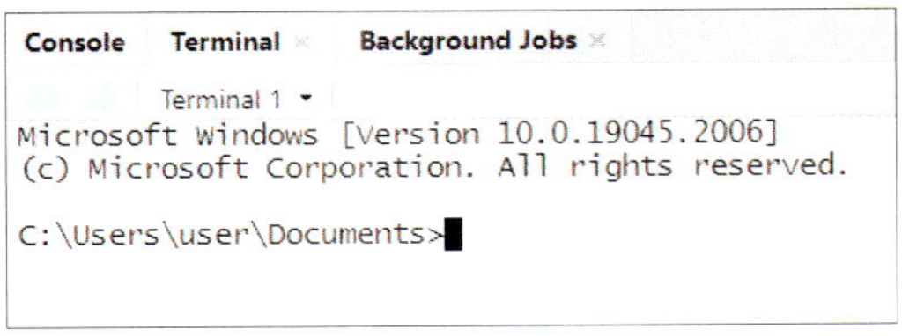

그림 28. 터미널 창

"Background Jobs" 탭에서는 R 프로그램을 위해 백그라운드에서 실행되는 작업들을 나타낸다.

그림 29. 백그라운드 창

4.1.3. 환경 영역

"Environment" 탭에서는 프로그램 중에 저장되는 각 변수들의 값을 나타낸다.

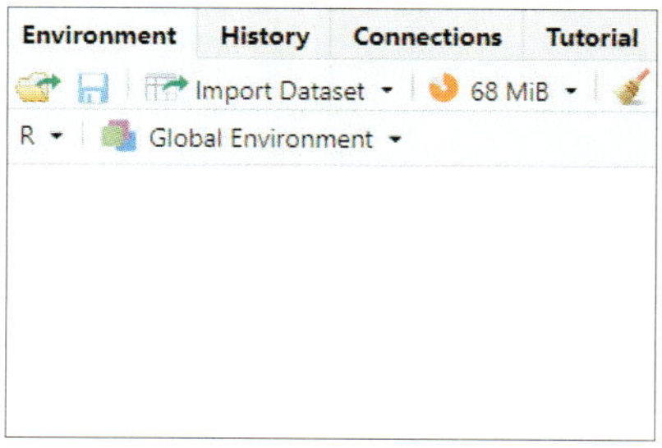

그림 30. 백그라운드 창

"History" 탭에서는 현재까지의 실행 명령어들을 모두 나타낸다. 여러 개의 명령을 여러 번 사용하다 보면 이전의 명령어들을 참조하거나 다시 사용할 필요가 있게 되는데 이때 유용하게 사용할 수 있다.

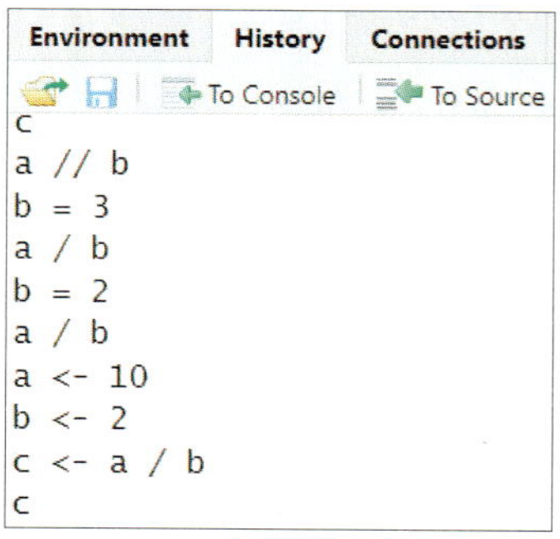

그림 31. 환경 영역에서 나타난 히스토리 창

"Connections" 탭에서는 R 프로그램과 관련 있는 데이터베이스와 같은 데이터 소스의 연결 및 서버 연결 등을 설정할 수 있으며, 연결된 서버의 내용을 나타낸다.

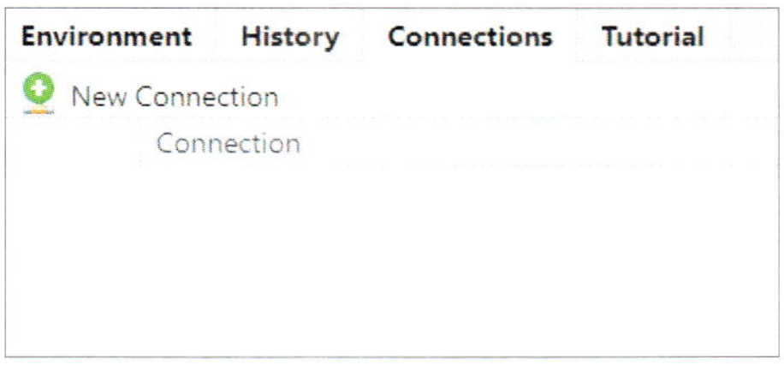

그림 32. 연결 창

"Tutorial" 탭에서는 R에서 제공하는 간단한 학습자료를 볼 수 있다.

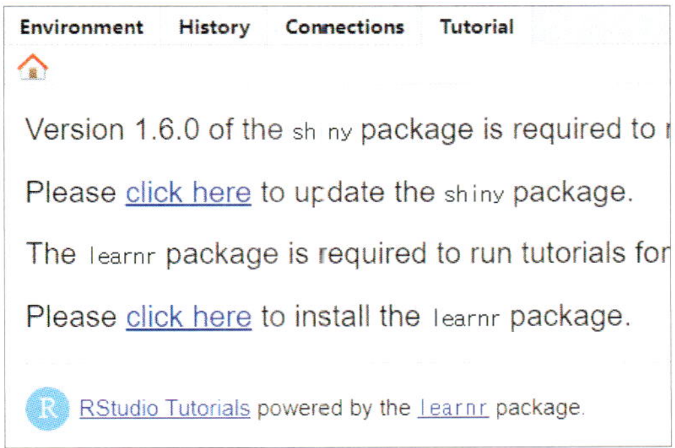

그림 33. 튜토리얼 창

4.1.4. 폴더 및 출력 영역

"Files" 탭에서는 폴더의 위치를 나타낸다. 초기에는 R이 설치될 때 기본으로 설정된 작업 폴더의 위치를 나타내며 작업 폴더는 변경이 가능하다. 작업 폴더는 사용자가 작성한 R 프로그램을 저장하거나 R을 이용하여 분석하려는 데이터 자료들이 저장된 공간으로 R에서 데이터를 불러올 때 해당 파일을 작업 폴더에서 찾는다.

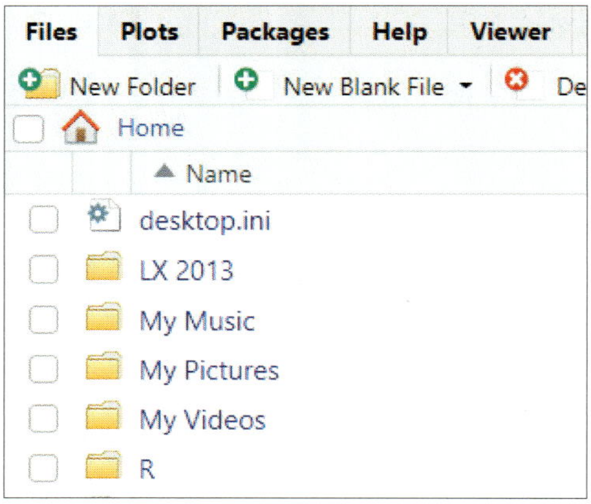

그림 34. 파일 창

작업 폴더의 변경은 setwd("~~")의 명령을 통해 변경하거나 해당 폴더로 위치를 변경한 후 를 클릭하여 "Set As Working Directory"를 선택한다.

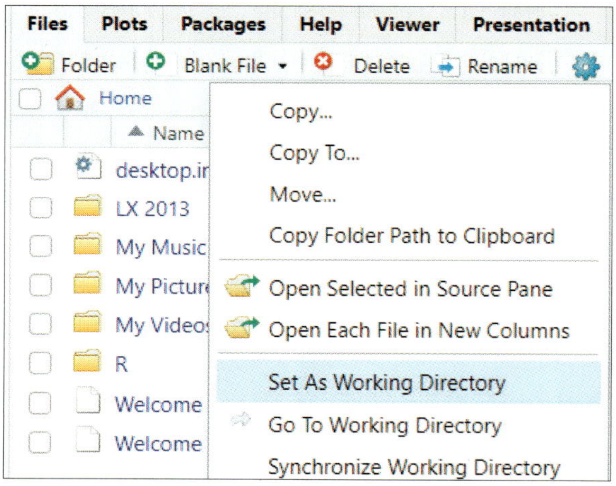

그림 35. 작업 폴더 변경

"Plots" 탭에서는 R 프로그램 실행 시 바 그래프, 원 그래프, 워드 클라우드 등과 같이 실행 결과가 텍스트가 아니라 그래프로 나타날 때 표현되는 창이다. R의 실행 결과를 볼 때 매우 빈번하게 확인하는 곳이다.

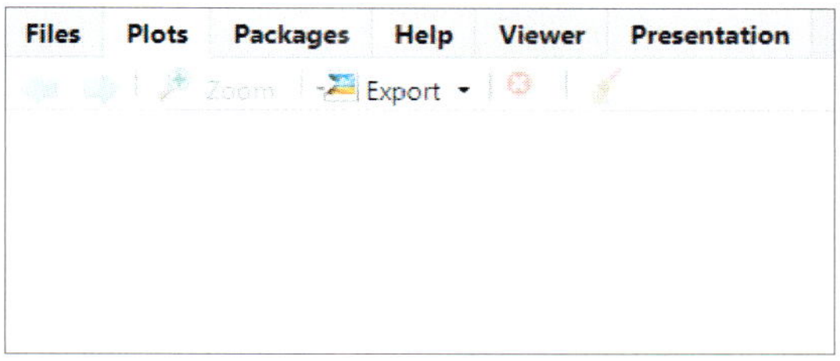

그림 36. 플롯 창

"Packages" 탭에서는 현재의 R에서 설치된 패키지들을 나타내며, 패키지를 추가 설치할 때도 해당 패키지를 선택하면 설치(Install)가 가능하다.

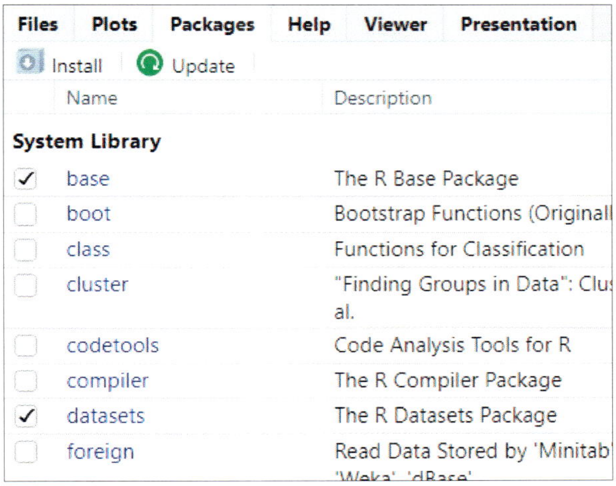

그림 37. 패키지 창

여기서 잠깐 - 패키지

패키지는 프로그램들의 묶음이다. 필요한 기능이나 프로그램이 있을 때 해당 패키지만 설치하면 쉽게 이용이 가능하다.

예를 들어 데이터를 읽어서 분석된 자료를 바 그래프로 출력한다고 하자. 그럼 바 그래프를 출력하는 기능을 일일이 모두 프로그램하여야 하는데 이것은 매우 어려운 작업이 될 수 있다. 즉 그래프를 그려야 하는 위치에 x, y축을 기준으로 좌표점을 잡아야 하고 시작점과 끝점을 잇는 박스를 그려주고 색상을 만들어서 면과 선의 색을 지정하고 기준이 되는 x, y로부터 바 그래프를 그려야 한다. 그런데 각 그래프를 그려주는 기능을 하는 프로그램들을 묶어서 패키지로 만들어 제공받을 수 있다면, 바 그래프를 그려주는 기능을 수행하는 함수의 이름, 매개 변수(바 그래프를 작성할 때 필요한 자료), 기타 옵션(필요시)들을 작성하여 실행하면 패키지 안에 있는 바 그래프 작성 함수가 실행되면서 사용자에게는 실행 결과로 바 그래프를 보여줄 것이다. 이것이 패키지이다. R에서는 매우 많은 패키지가 있으며 필요한 기능에 따른 패키지를 이용하면 매우 효과적으로 분석된 결과를 볼 수 있다.

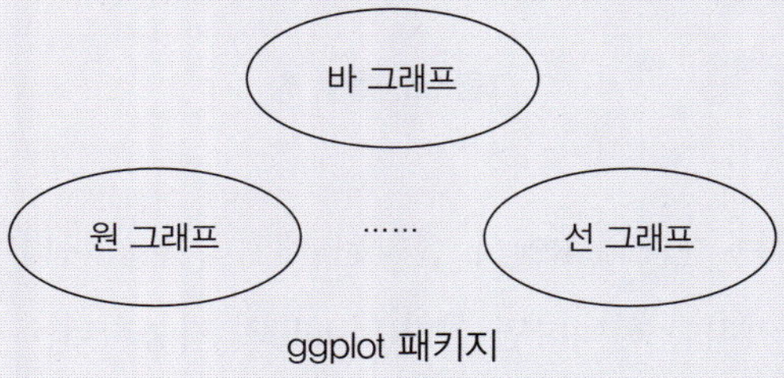

"Help" 탭에서는 R에 관한 다양한 도움말을 찾아볼 수 있다.

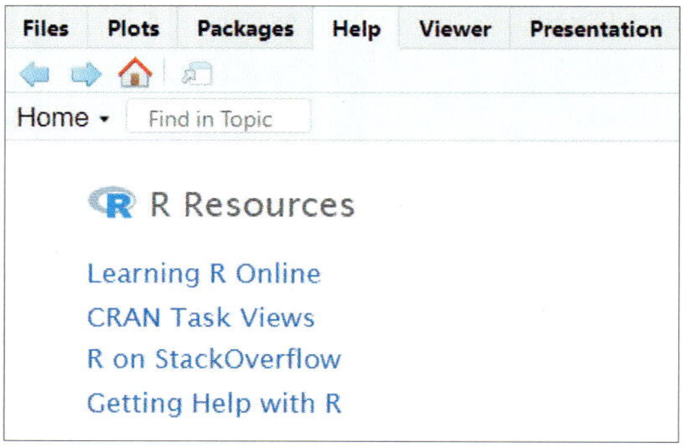

그림 38. 헬프 창

"Viewer" 탭에서는 R 프로그램의 실행 결과가 웹 브라우저상에 나타낼 경우 사용된다.

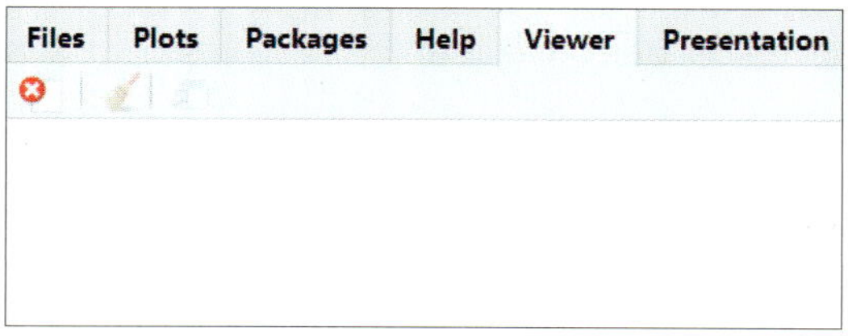

그림 39. 뷰어 창

5 간단한 실습

R Studio의 콘솔 영역에서 아래와 같이 간단한 실습을 해 본다. 이때 한 명령어를 작성 후 Enter를 누르면 바로 실행 결과를 나타낸다. 빠른 실행 결과를 확인하고자 할 때 매우 유용한 환경이다. 그러나 콘솔 영역에서의 프로그램 작업은 작성된 프로그램을 저장하거나 불러오기 어려워 간단한 명령의 실행 이외에는 대부분 코딩 소스 영역에서 작성 후 실행한다.

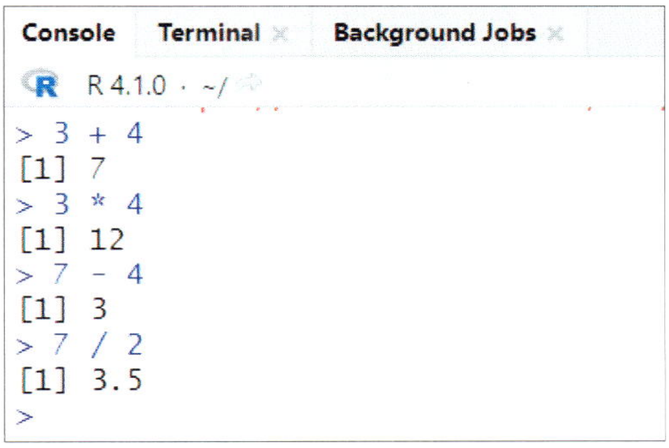

그림 40. R Studio의 콘솔 영역에서 간단한 실습

여기서 잠깐 – RGUI 환경

R x64(R 64비트 버전)에서 아래와 같이 실습해 보면 R Studio의 콘솔에서 실행했던 결과와 같은 처리를 수행하는 것을 알 수 있다.

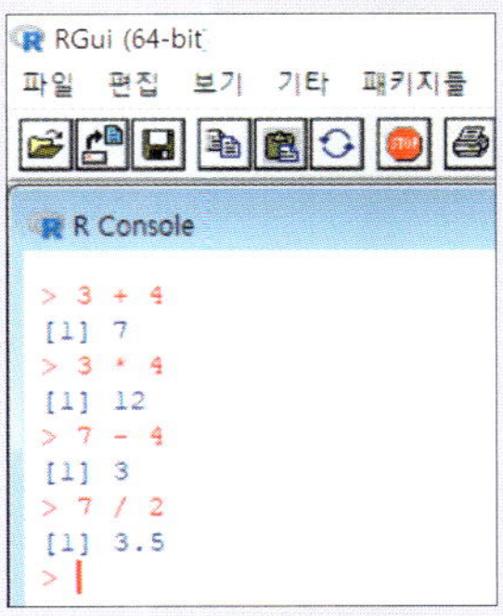

그림 41. RGUI

변수를 이용하여 값을 저장한 후 계산해 본다. 변수에 대한 내용은 다음 장에 자세히 설명한다. a에 10을 저장, b에 2를 저장한 후 a / b의 결과를 c에 저장한 내용이다. 이때 콘솔 영역에서는 c만 입력 후 ⏎Enter를 누르면 c에 저장된 값을 바로 나타낸다.

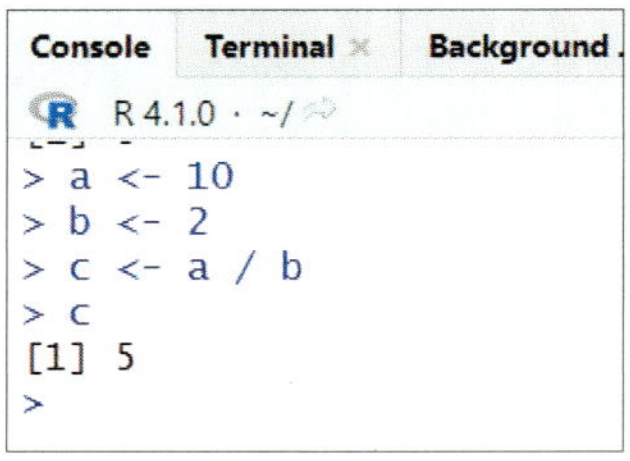

그림 42. 변수값을 이용하여 계산

R Studio의 오른쪽 위에 있는 환경 영역의 "Environment" 탭에서는 현재까지의 변수값들이 모두 나타난다.

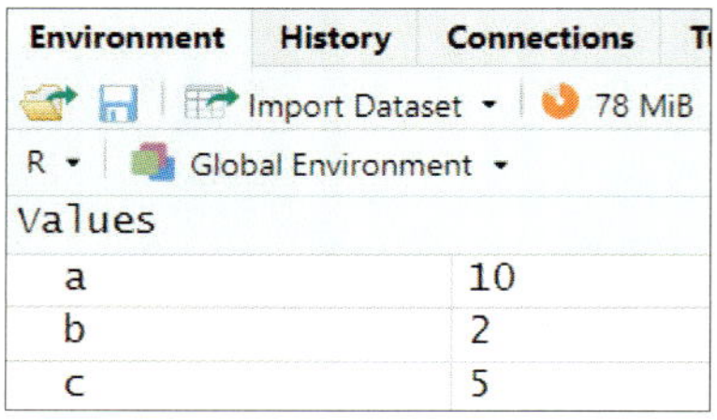

그림 43. 환경 영역에서 나타난 변수값

조금 더 복잡한 계산을 실행해 본다. 3 + (3.14 * 7)의 계산을 실행한다. 이때 3 + (3.14 * 7 와 같이 ')'를 닫지 않고 ⏎Enter를 누르면 R은 명령이 아직 끝나지 않은 것으로 판단하고 뒤의 명령이 더 있음을 나타내는 '+'를 표시한다. 이때 ')'를 닫아주면 계산이 수행된다. 잘못 입력한 명령의 경우 Esc를 누르면 명령을 취소하고 콘솔로 돌아온다.

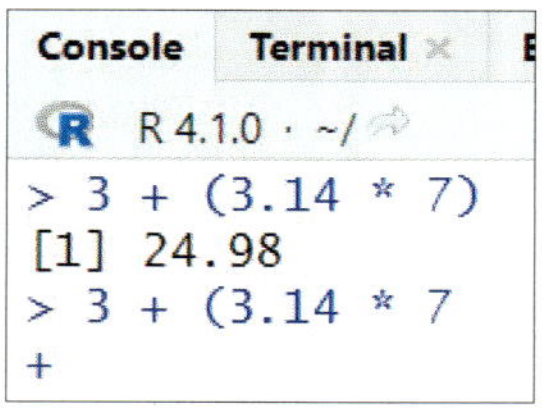

그림 44. 콘솔 영역에서 계산

코딩 소스에서 동일한 명령을 입력해 본다. 실행할 때는 실행하고자 하는 명령에 커서를 위치시키고 코딩 소스 영역의 오른쪽 위에 있는 Run 을 클릭하면 해당 명령의 실행이 콘솔 영역에 나타난다.

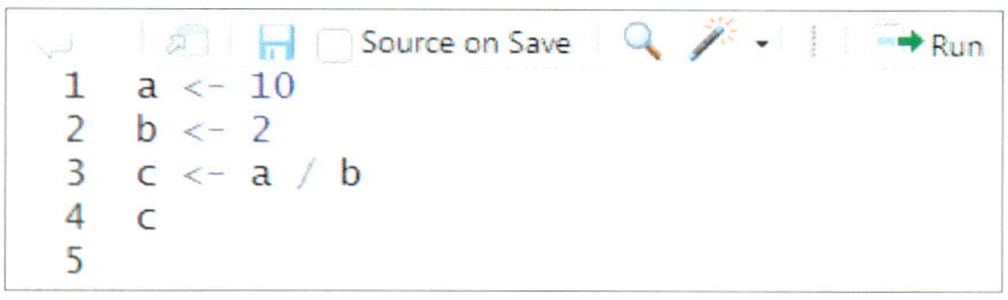

그림 45. 프로그램 영역에서 계산

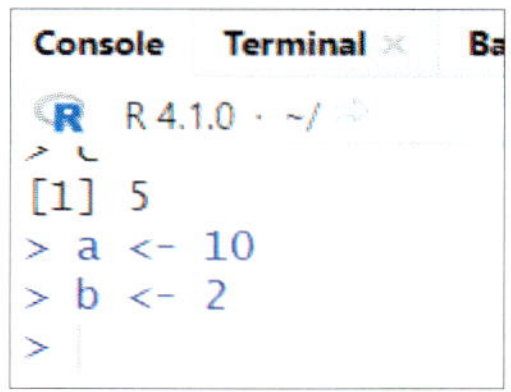

그림 46. 프로그램 영역에서 계산

명령 일부분만 선택하여 한꺼번에 실행할 때는 명령을 선택 후 Ctrl + Enter 또는 "Code" – "Run Selected Line(s)"를 선택하면 된다.

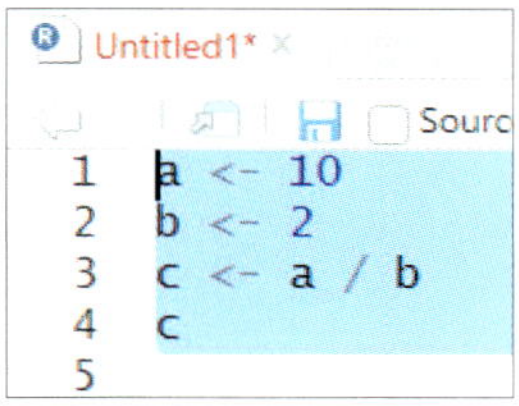

그림 47. 프로그램 영역에서 계산

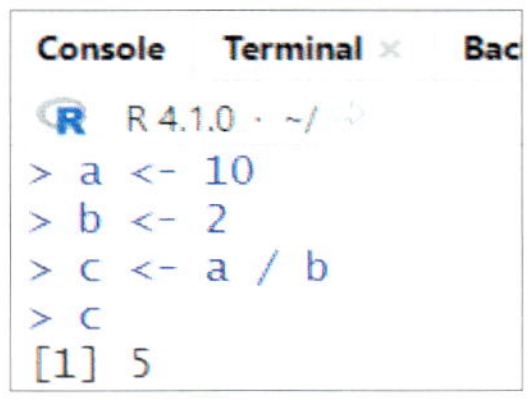

그림 48. 프로그램 영역에서 계산

또는 코딩 소스 영역에서 작성된 전체 프로그램을 한꺼번에 실행하고자 할 때는 Alt + Ctrl + 'R' 또는 "Code" – "Run Region" – "Run All"을 실행하면 된다.

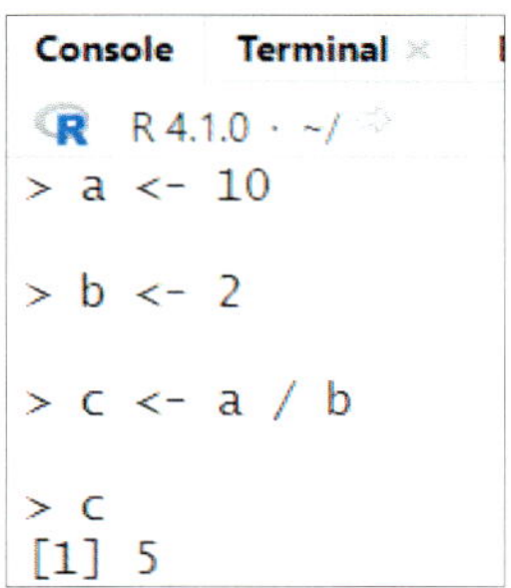

그림 49. 코딩 소스 영역에 있는 프로그램이 한꺼번에 실행된 결과

여기서 잠깐 - 실행 결과 Line

콘솔 영역에서 프로그램 실행 결과마다 나타나는 [1]은 무엇일까? 이것은 실행 결과가 많아지면 한 줄(Line)에 모두 나타낼 수 없어서 다음 줄로 이어서 출력하게 된다. 이때 다음 줄에서 시작되는 데이터가 몇 번째 데이터부터 나타내는지 알려주는 것이다. 아래의 그림은 1부터 100까지의 숫자가 있는 변수의 값을 나타낸 것으로 13 앞에 13번째 데이터임을 나타내는 [13]이 있음을 알 수 있다.

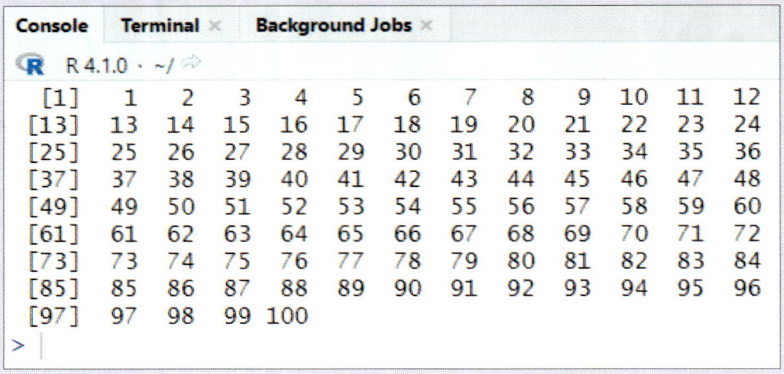

그림 50. 콘솔 결과 화면

연습문제

01. 데이터(data)의 의미로 옳은 것은?

① 숫자, 문자 등으로 나타내는 원시 형태의 자료
② 사용자의 의도에 따라 가공되어 의미를 가지는 숫자 또는 문자
③ 센서로부터 읽히는 값을 처리한 결과 값
④ 관찰이나 측정을 통해 수집된 데이터를 실제 문제에 도움이 될 수 있도록 해석하고 정리한 지식
⑤ 어떤 목적에 맞게 정리된 자료

02. HTML, XML 등이 속하는 데이터의 유형은?

① 비정형 데이터
② 정형 데이터
③ 반정형 데이터
④ 혼합 데이터
⑤ 분산 데이터

03. 빅 데이터의 5가지 특성에 들지 않는 것은?

① Variety
② Volume
③ Validity
④ Velocity
⑤ Veracity

04. 빅 데이터의 분산처리 시스템 처리 방식에 하당되는 것은?

① HDFS
② RDBMS
③ SQL
④ MongoDB
⑤ DDL

05. 맵 리듀스의 매핑과정에 해당하는 것은?

① 각 청크에서 {키-값} 쌍을 생성
② 각 문서에서 각각 청크로 분할해 각 노드에 배포
③ 키 기준으로 정렬하고, 같은 키끼리 묶음
④ 같은 키의 값들을 단어별 빈도수 합산과 같이 집계해 최종 결과를 생성
⑤ 각 결과를 통한 최종 빈도수를 확인

06. R에서 패키지를 제공한 곳은?

① .Net
② CRAN
③ Oracle
④ Sun
⑤ Database

07. R 스튜디오에서 코딩 소스영역을 나타내게할때 옳은 경로는?

① "File" – "New File" – "R Script"
② "File" – "Open File" – "R Script"
③ "File" – "R Script"
④ "File" – "Saveas"
⑤ "File" – "R Folder"

08. R 스튜디오 화면에서 R 프로그램의 실행결과를 나타내거나 이곳에서 한 줄씩 명령을 실행하는 영역은?

① Tutorial 영역
② 코딩 소스 영역
③ 환경 영역
④ 콘솔 영역
⑤ 연결 영역

09. R 스튜디오 화면에서 현재까지의 변수 값들이 모두 나타내는 곳은?

① Environment

② History

③ Connections

④ Background

⑤ Terminal

10. R 스튜디오 화면에서 실행결과가 그래프로 나타날 때 표현되는 창은?

① Graph

② Plots

③ Packages

④ Files

⑤ Presentations

제2장 >>>>

변수와 벡터의 개요

1. 변수란?
2. 변수명의 규칙
3. 자료형
4. 연산자
5. print( )와 cat( )
6. 벡터

1 변수란?

변수는 값을 저장하는 공간을 의미한다. 즉 값은 데이터가 되며, 공간은 데이터를 저장하는 공간의 이름이 된다.

a <- 10의 의미는 a에 10을 저장하라는 의미이다. 즉, a의 값은 10이며, a가 사용된 자리에는 10의 값으로 대체하여 계산한다. 아래의 코드를 작성해 보자. 중간고사(middle)는 25점, 기말고사(final)는 38점, 과제(report)는 10점, 출석(attend)은 20점이다. 총점은 모두를 합한 결과로 total에 저장한다.

```
middle <- 25
final <- 38
report <- 10
attend <- 20
total <- middle + final + report + attend
total
```

그림 1. [예제 1] 변수를 이용한 총점 계산

실행 후의 결과는 아래와 같다. 각각의 변수에 저장된 값이 정상적으로 읽혀서 계산 후 total에 저장되었다.

```
> total <- middle + final + report + attend

> total
[1] 93
>
```

그림 2. 총점 계산 결과

여기서 잠깐 – '<-' 과 '='의 차이

'<–' 과 '='은 다른가? 같다. 즉 middle <– 25라고 해도 되고, middle = 25라고 해도 된다. 모두 같은 결과를 가진다. 다만 사용할 때의 차이점은 '<–'은 어디에서나 사용할 수 있지만 '='은 주로 뒤에서 설명할 함수의 인자를 설정하거나 최상위 수준에서 사용한다. 즉, sum(b <– c(1, 2, 3))은 숫자 1, 2, 3의 합을 계산한 후, b의 값이 저장되지만 sum(b = c(1, 2, 3))은 합을 계산하기 위해 b의 값을 sum 함수의 인수로 처리하였기에 b의 값을 저장하지 않는다.

또한 '<–'를 사용하면 반대 방향으로도 사용할 수 있다.

```
> 3 -> a
> a
[1] 3
```

또한, 여러 변수들에 한꺼번에 저장이 가능하다.

```
> a <- b <- c <- 10
> a
[1] 10
> b
[1] 10
> c
[1] 10
```

값을 변수에 저장할 때 함수를 사용해도 된다.

형식

assign(변수, 값): 변수에 값을 저장한다. 이때 변수를 지정할 때는 문자와 같이 " "이나 ' ' 사이에 설정하도록 한다.

아래의 명령은 a <– 10과 같다.

```
> assign('a', 10)
> a
[1] 10
```

변수명을 " "이나 ' ' 사이에 설정하지 않으면 에러가 발생한다.

```
> assign(a, 10)
assign(a, 10)에서 다음과 같은 에러가 발생했습니다:첫번째 인수가 유효하지 않습니다
```

2 변수명의 규칙

변수 이름은 사용자가 임의로 작성할 수 있다. 그러나 표 1과 같은 규칙이 있으니 유의하여야 한다.

표 1. 변수명의 규칙

	규칙	설명
1	첫 글자: 영문자나 마침표(.)	첫 글자는 반드시 영문자나 마침표(.)로 시작하여야 한다. 이외에 다른 문자로 시작하면 변수 이름으로 인식이 되지 않아 에러를 발생한다.
2	두 번째 글자: 영문자, 숫자, 마침표(.), 밑줄(_)	두 번째 글자부터는 영문자, 숫자, 마침표(.), 밑줄(_) 등을 자유롭게 사용할 수 있다. 이때 마침표나 밑줄은 왜 사용할까? 변수 이름을 설정할 때 분류를 쉽게 하기 위함이다. 예를 들어 부분합의 의미로 변수명을 정할 때 sub sum이라고 할 수 있다. 그러나 이때 공백을 인식하지 못하므로 sub.sum 또는 sub_sum으로 변수 이름을 정할 수 있다.
3	대소문자 구별	변수명에서 대문자와 소문자는 별개의 문자 취급한다. 즉 total과 Total은 다른 변수이다.
4	공백	변수명 중간에 공백(빈 칸)을 넣을 수 없다.

5	예약어 금지	예약어는 R에서 사용하는 명령어이다. 즉 조건을 나타내는 if, 반복문을 나타내는 while 등은 변수 이름으로 사용할 수 없다.
		`> if <- 10`
		`에러: 예상하지 못한 할당(assignment)입니다. in "if <-"`
		`>`

6	특수문자
	사용금지
		!, @, $ 등과 같은 특수문자는 변수명의 두 번째 글자에도 사용할 수 없다.(#은 예외)
		Console Terminal Background Jobs
		R 4.1.0 · ~/
		`> a$ <- 20`
		`에러: 예상하지 못한 할당(assignment)입니다. in "a$ <-"`
		`> a! = 10`
		`에러: 예기치 않은 '!'입니다 in "a!"`
		`> a# = 2`
		`[1] 10`
		`> a#`
		`[1] 10`
		`> a$ = 2`
		`에러: 예기치 않은 '='입니다 in "a$ ="`
		`> a% = 2`
		`에러: 예상하지 못한 입력입니다. in "a% = 2"`
		`> a& = 1`
		`에러: 예기치 않은 '='입니다 in "a& ="`
		`> a^ = 2`
		`에러: 예기치 않은 '='입니다 in "a^ ="`

이와 같이 R에서 변수명은 다양하고 엄격한 규칙을 따른다. 표 2는 규칙은 아니지만, 권고사항이다. 규칙은 지키지 않을 경우 에러가 발생하지만 권고사항은 에러가

발생하지 않는다. 그렇다고 권고사항을 무시하고 변수명을 마구 설정하면 가독성이 떨어지거나 프로그램 코드의 관리가 어려워질 수 있다.

표 2. 변수명의 권고사항

<table>
<tr><th></th><th>규칙</th><th>설명</th></tr>
<tr><td>1</td><td>의미 있는
단어 사용</td><td>변수명을 설정할 때 a, b 등과 같이 쉽고 빠르게 지정하여 값을 입력하고 처리할 수 있다. 그러나 프로그램이 길어지거나 크기가 커지면 단순히 a, b 등과 같이 사용할 경우 변수가 무엇을 의미하고 어떤 처리를 위해 존재하는지 확인하기 어려울 수 있다. 따라서 위 프로그램처럼 중간고사를 저장하는 변수로 middle 또는 middle_test와 같이 의미 있게 이름을 설정하는 것이 중요하다.</td></tr>
<tr><td>2</td><td>함수 이름
사용 자제</td><td>함수의 이름을 변수 이름으로 설정할 수도 있다. 예를 들어 print( ) 함수는 값을 출력하는 기능을 실행한다. 그러나 아래와 같이 실행해도 문제가 되지는 않는다. print를 변수로 설정하여 10의 값을 저장하는 것이 가능하다.

> print <- 10
> print
[1] 10

그러나 변수값을 출력할 때 아래와 같이 사용한다.

> a <- 10
> print(a)
[1] 10

변수 이름과 함수 이름을 혼용하게 되면 나중에는 print를 함수로 사용했는지 변수로 사용했는지 혼동될 수 있다.</td></tr>
</table>

아래와 같이 실습해 보자. a, b, c 각각의 변수에 10, 20, 30의 값을 저장한 후 합을 d에 저장하고, 평균을 구하는 내용이다. 다만 위의 권고사항처럼 a, b, c, d와 같이 간단하게 변수명을 설정하게 되면 빠르고 편리할 수 있으나 각각의 변수가 무엇을 의미하는지 알기 어려우니 간단한 내용에만 적용하도록 한다.

```
> a = 10
> b = 20
> c = 30
> d = a + b + c
> d
[1] 60
> d / 3
[1] 20
```

여기서 잠깐 - 변수의 제거

rm(변수명)은 사용되었던 변수를 삭제(remove)한다.

```
> a <- 10
> a
[1] 10
> rm(a)
> a
에러: 객체 'a'를 찾을 수 없습니다
```

3 자료형

3.1. 데이터 타입

많은 프로그램 언어들이 데이터 타입을 지정하고 있으며, R도 데이터의 유형을 지정하고 있다. 이는 변수에 어떤 값이 저장되고 어떤 값이 계산이나 분석에 활용되는지를 의미하는 것으로 데이터 처리에 매우 중요한 요인이 된다. 표 3은 R의 데이터 타입을 나타낸다.

표 3. 데이터 타입

데이터 타입	내용	예시
숫자형	정수, 실수(소수점 포함)	`0, 25, 3.14, 99.9 ...`
문자형	문자, 문자열	`"Hello", "Hi", ...`
논리형	참과 거짓을 나타내는 TRUE, FALSE	> a <- TRUE > a TRUE
특수형(값)	NULL NaN (Not a Number) NA (Not Available or Not Applicable) Inf (Infinite), –Inf (–Infinite)	

숫자형은 정수와 실수를 나타내며, 소수점, 정수 등을 구분하지 않고 모두 숫자형으로 처리한다.

문자형은 문자 'A', 'B' 등과 같이 한 개의 문자 또는 "Good Morning"과 같은 여러 개의 문자로 이루어진 문자열 모두를 문자형으로 처리한다. 이때 따옴표(') 또는 큰따옴표(")로 문자열 앞뒤를 묶는데 따옴표(') 든 큰따옴표(") 든 모두 사용 가능하지만 기호가 섞이면 안 된다.

옳은 예시	틀린 예시
'Smith' "Smith"	"Smith' 'Smith"

여기서 잠깐 - nchar( )

문자형은 문자의 수(길이)를 알 수 있는 nchar( )를 사용하면 쉽다. a에 'hello'을 저장하고 nchar(a)를 통해 알아보면 a에 저장된 'hello'는 5글자로 되어 있음을 알 수 있다.

```
> a <- 'hello'
> a
[1] "hello"
> nchar(a)
[1] 5
```

논리형은 TRUE 또는 FALSE의 값만을 가진다. 이때 TRUE와 FALSE를 줄여서 T, F로 사용할 수 있다.

```
> a <- F
> a
FASLE
```

특수형(값)에서 NULL은 값이 정해지지 않은 것을 의미하며, 자료형이 없다. 값이 정해지지 않았음을 공백과 혼동할 수 있으나 공백은 빈칸을 의미하는 값이 있으므로 명확히 구분된다. 즉 NULL은 ASCII code 값에서 $0x00_{(16)}$을 가지며 공백은 $0x20_{(16)}$을 가진다.

NaN은 수학적으로 계산이 불가능한 값을 의미하며, 0/0, sqrt(−5)와 같은 값이 이에 해당한다.

```
> sqrt(-5)
[1] NaN
경고메시지(들):
sqrt(-5)에서: NaN이 생성되었습니다
```

NA는 결측치(값), 즉 missing value를 의미한다. 예를 들어 10문제를 시험 보았을 때 문제를 풀지 못하고 정답을 제출하지 않은 문제가 3번, 6번 9번이라면 이것이 NA가 된다.

	1	2	3	4	5	6	7	8	9	10
답안	3	2	NA	1	1	NA	4	2	NA	3

Inf는 양의 무한대 값, −Inf는 음의 무한대 값을 의미한다.

```
> 10/0
[1] Inf
> -10/0
[1] -Inf
```

퀴즈

1. NaN을 변수 a에 저장하고 확인하시오.
2. NA값을 변수 a에 저장하고 확인하시오.
3. TRUE 또는 FALSE 결과를 나타내는 명령을 작성하시오.

3.2. 범위

자료형은 데이터 타입으로 구분하지만 자료의 범위에 따라 범주형, 문자형, 수치형으로 구분될 수 있다. 범주형은 데이터의 범위가 있는 자료를 의미하며, 문자형은 설정되는 자료가 정해지지 않은 문자인 경우를 뜻하고, 수치형은 정해진 범위가 없어 자료의 값들이 상황이나 내용에 따라 직접 숫자로 설정되는 값들을 의미한다.

범주형 자료형은 학점과 같이 데이터의 해당 범위가 있으며 그 범위 안에서 설정하거나 선택할 수 있다. 즉 학점은 'A+'부터 'F'까지의 범위 이외에 다른 학점이 존재하지 않는다. 혈액형, 어휘력, 동의여부, 통과여부 등도 모두 일정 범위에서 데이터를 사용하게 된다.

• 범주형 자료형

1) 학점: 'A+', 'A0', 'A−', 'B+', 'B0', 'B−', 'C+', …, 'F'
2) 혈액형: 'A', 'AB', 'B', 'O'
3) 어휘력: 'Excellant', 'Good', 'Normal', …
4) 동의여부: 'Agree', 'Disagree'
5) 통과여부: 'Pass', "Fail'

문자형은 아래와 같이 자료의 적용이 범위가 정해지지 않은 문자로 정해지는 형태를 말한다.

• 문자형 자료형

1) 이름: '홍길동', '김길동', '홍길똥', '김길똥', '이길동', …, '박아무개'
2) 고향: '서울'. '포천', '인천', '워싱턴', '런던', …, '도쿄'
3) 학교: '경희대', '서울대', '연세대', '고려대', …, '옥스퍼드대'

수치형은 일정 범위가 존재하지 않으며 일반적으로 실질적인 값이 설정되는 형태를 이룬다. 예를 들어 시험 점수도 실제 값인 65, 75 등이 설정될 수 있다. 일반적으로 0~100점 사이에 점수가 형성된다고 하면 범주형으로 볼 수도 있으나 시험의 형태나 종류에 따라 만점의 기준이 달라질 수도 있다. 기온, 차량 가격, 전화번호 뒷자리, 학번 등 일정한 범위를 가지지 않은 실제값이 적용되는 형태를 수치형이라 한다.

- **수치형 자료형**

1) 시험 점수: 65, 72, 92, 88, 96, …

2) 기온: 32, 33, 28, 26, …

3) 차량 가격: 2000, 3500, 6000, 4800, …

4) 전화번호 뒷자리: 1004, 5002, 2243, 1024, …

5) 학번: 202530213, 20240310, …

4 연산자

4.1. 산술 연산

산술 연산자는 표 4와 같이 피연산자인 변수 또는 값에 의한 계산을 의미하며, 덧셈, 뺄셈, 곱셈, 나눗셈과 같은 기본 연산 이외에도 다양한 연산을 실행한다. 그림 3은 산술 연산에서 연산자와 피연산자 사이의 관계를 나타낸다.

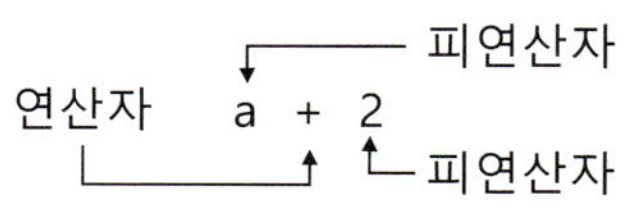

그림 3. 연산자와 피연산자

표 4. 산술 연산자

연산자	내용	예시
+	덧셈	a + b, a + 3, 3 + 2, …
−	뺄셈	a − b, a − 2, 5 − 2, …
*	곱셈	a * b, a * 2, 2 * 5, …
/	나눗셈	a / 3, 10 / 3, …
%%	나머지(mod)	a %% 2, 10 %% 3, …
%/%	몫	a %/% 2, 10 %/% 3, …
^ 또는 **	제곱	a ^ 2, a ** 2, 10 ** 2, …

실습

```
> a = 10
> b = 3
> a + b
[1] 13
> a - b
[1] 7
> a * b
[1] 30
> a / b
[1] 3.333333       # 10 / 3의 결과는 소수점을 포함한 3.333333이 된다.
> a %% b
[1] 1              # 10을 3으로 나누어 나머지를 구하는 것으로 1이 된다.
> a %/% b
[1] 3              # 10을 3으로 나누어 몫만을 구하는 것으로 3이 된다.
> a ^ 2
[1] 100            # 102은 100이 된다.
> a ** 2
[1] 100            # 102은 100이 된다.
> a
[1] 10             # 위의 다양한 연산에서도 a의 값은 변경되지 않았다. a의 값이
                     변경되려면 a <- a ** 2와 같이 '<-'이나 '='이 있어야 한다.
```

4.2. 논리 연산

논리 연산자는 피연산자들 사이의 상대 비교에 의한 결과를 산출하며, 표 5와 같이 참(TRUE), 거짓(FALSE)으로 나타낸다.

표 5. 논리 연산자

연산자	내용	예시
>	크다	a > b, a > 20, 30 > 20, …
>=	크거나 같다 (≥)	a >= 10, a >= b, …
<	작다	a < b, a < 10, …
<=	작거나 같다 (≤)	a <= b, b <= 20, …

연산자	내용	예시
==	같다 (=)	a == b, b == 3, …
!=	같지 않다 (≠)	a != b, b != 3, …
!	부정(not)의 의미	!a, !b, …
| 또는 ||	또는	a | b, a || c, …
& 또는 &&	그리고	a & b, b && c, …

논리 연산자를 위해 아래와 같이 실습해 본다. 이때 논리값인 참(TRUE)과 거짓(FALSE)이 숫자 비교에 참여할 경우 TRUE 값은 1, FALSE 값은 0으로 처리된다.

```
> a = TRUE
> b = FALSE
> c = 30
> d = 25
> c > d
[1] TRUE          # 30 > 25의 비교이므로 참(TRUE)
> c < d
[1] FALSE         # 30 < 25의 비교이므로 거짓(FALSE)
> a >= 30
[1] FALSE         # TRUE ≥ 30이며 1 ≥ 30으로 처리되어 거짓(FALSE)
> c >= 30
[1] TRUE          # 30 ≥ 30의 비교이므로 참(TRUE)
> c >= d
[1] TRUE          # 30 ≥ 25의 비교이므로 참(TRUE)
> c <= d
[1] FALSE         # 30 ≤ 25의 비교이므로 거짓(FALSE)
> c <= 30
[1] TRUE          # 30 ≤ 30의 비교이므로 참(TRUE)
> a == 1
[1] TRUE          # TRUE == 1이며, 1 == 1으로 처리되어 참(TRUE)
> c == d
[1] FALSE         # 30 == 25의 비교이므로 거짓(FALSE)
> c == 30
[1] TRUE          # 30 == 30의 비교이므로 참(TRUE)
> c != d
[1] TRUE          # 30 ≠ 25의 비교이므로 참(TRUE)
> a != b
[1] TRUE          # 30 ≠ 25의 비교이므로 참(TRUE)
```

```
> a != a
[1] FALSE          # TRUE ≠ TRUE의 비교이므로 거짓(FALSE)
> !a
[1] FALSE          # not TRUE가 되어 거짓(FALSE)
> !b
[1] TRUE           # not FALSE가 되어 참(TRUE)
> a | b
[1] TRUE           # TRUE 또는 FALSE가 되어 참(TRUE)
> a || b
[1] TRUE           # TRUE 또는 FALSE가 되어 참(TRUE)
> b | b
[1] FALSE          # FALSE 또는 FALSE가 되어 거짓(FALSE)
> a & b
[1] FALSE          # TRUE 그리고 FALSE가 되어 거짓(FALSE)
> a && a
[1] TRUE           # TRUE 그리고 TRUE가 되어 참(TRUE)
> b && b
[1] FALSE          # FALSE 그리고 FALSE가 되어 거짓(FALSE)
>
```

여기서 잠깐 - any( )와 all( ) 함수

모든 요소값들을 비교하여 그 결과를 알아볼 수 있는 함수로는 any( )와 all( )이 있다.

```
> a <- c(2, 3, 4, 8, 6)
> b <- c(1, 2, 9, 4, 8)
> c <- c(10, 11, 17, 9, 12)
```

a와 b의 값 중에는 b의 원소값이 a의 원소값보다 큰 수, 9의 자리에는 TRUE가 되고 나머지는 모두 FALSE가 된다.

```
> a < b
[1] FALSE FALSE  TRUE FALSE  TRUE
```

all(a < b)의 의미는 a의 모든 원소값보다 b의 모든 원소값이 클 경우만 TRUE가 되고, 그렇지 않은 경우는 FALSE가 된다.

```
> all(a < b)
[1] FALSE
```

c의 원소값들은 모두 a의 원소값들보다 크기 때문에 TRUE가 된다.

```
> all(a < c)
[1] TRUE
```

any(a < b)는 b의 원소값 중 하나라도 a의 원소값보다 크면 TRUE가 된다.

```
> any(a < b)
[1] TRUE
> any(a < c)
[1] TRUE
```

위 실습에서 또는, 그리고의 비교 연산은 아래와 같다. 또는 (|, ||)의 비교는 피연산자 둘 중 하나만 TRUE이면 비교 결과는 TRUE가 된다. 그러나 그리고(&, &&)의 비교는 피연산자 둘 다 모두 TRUE일 경우에만 TRUE가 된다.

예를 들어 a = 쿠폰 10개, b = 1년 단골손님이라고 하자. a 또는 b이면 할인 10% 제공이라면, a 조건을 만족(TRUE)하거나 b 조건을 만족(TRUE)하면 10% 할인을 받을 수 있다는 것이다. 즉 a, b 조건 둘 중 하나만 참(TRUE)이면 결과는 TRUE가 된다. 결국, "쿠폰 10개를 모으거나 1년 단골손님이면 할인 10%를 제공한다"의 의미이다. 그리고(&, &&)의 비교는 어떨까? a 그리고 b이면 할인 10% 제공이라면, a, b조건 모두 참(TRUE)인 경우에만 결과는 TRUE가 된다. 즉 "쿠폰 10개를 모으고 1년 단골손님이면 할인 10%를 제공한다"의 의미이다.

표 6. 또는(|, ||), 그리고(&, &&) 연산

연산자	피연산자 1	피연산자 2	결과
또는(|, ||)	FALSE(0)	FALSE(0)	FALSE(0)
	FALSE(0)	TRUE(1)	TRUE(1)
	TRUE(1)	FALSE(0)	TRUE(1)
	TRUE(1)	TRUE(1)	TRUE(1)
그리고(&, &&)	FALSE(0)	FALSE(0)	FALSE(0)
	FALSE(0)	TRUE(1)	FALSE(0)
	TRUE(1)	FALSE(0)	FALSE(0)
	TRUE(1)	TRUE(1)	TRUE(1)

연산의 우선순위는 표 7과 같으며, 같은 우선순위의 연산자가 사용될 경우 순서대로 처리된다.

표 7. 연산 우선순위

우선순위	연산자
1 (가장 높음)	^, **
2	+, − (부호: 양수, 음수)
3	%%, %/%
4	*, /
5	+, − (산술: 덧셈, 뺄셈)
6	>, >=, <, <=, ==, !=
7	!
8	& 또는 &&
9 (가장 낮음)	| 또는 ||

실습

```
> 7 - 5 ** 3                  # 2³이 아니라 7 – 5³을 계산하여 결과는 –118.
[1] -118
> 7 - 5 ** 3 >= 2 | FALSE     # -118 >= 2 | FALSE를 비교하여 결과는 FALSE
[1] FALSE
```

5 print( )와 cat( )

print( )와 cat( )은 내용을 출력할 때 주로 사용된다. 아래의 내용을 살펴보자.

실습

hello 변수에 "안녕하세요"를 저장한 후 print( )로 출력하면 양쪽에 " "를 한 "안녕하세요"가 출력된다.

```
> hello = "안녕하세요"
> print(hello)
[1] "안녕하세요"
```

morning 변수에 '좋은 아침'을 저장한 후 "안녕하세요 좋은 아침"을 출력하려고 print( )를 사용하면 에러가 발생한다.

```
> morning = '좋은 아침'
> print(hello, morning)
print.default(hello, morning)에서 다음과 같은 에러가 발생했습니다:
  invalid printing digits -2147483648
추가정보: 경고메시지(들):
1: if (match < 0) {에서:
  length > 1 이라는 조건이 있고, 첫번째 요소만이 사용될 것입니다
2: print.default(hello, morning)에서: 강제형변환에 의해 생성된 NA 입니다
```

그런데 cat( )을 사용하면 원하는 결과를 출력한다.

```
> cat(hello, morning)
안녕하세요 좋은 아침
```

cat( )은 하나의 변수도 출력이 가능하다.

```
> cat(hello)
안녕하세요
```

* print( )는 하나의 변수나 메시지만 출력할 수 있고, cat( )은 여러 개의 변수나 메시지가 가능한 것을 알 수 있다. print( )와 cat( )은 이것뿐만 아니라 더 명확히 구분되는 내용이 있으나 뒤에서 프레임까지 학습한 후에 설명하도록 한다.

6 벡터

6.1. 벡터(Vector)란?

벡터는 동일한 이름으로 여러 개의 동일한 데이터 타입을 가지는 자료를 저장 및 관리할 수 있는 구조를 말한다. C언어 계열에서는 1차원 배열이라고도 한다. 그럼 1차원 자료(배열)는 무엇인가? 아래의 구조를 살펴보자. 변수 이름을 a라고 하고, a에 저장되는 여러 개의 자료를 요소값이라고 한다. 각 요소값은 x_1, x_2, …, x_n까지 저

장할 수 있다. 이때 a의 첫 번째 요소값은 x_1이 되고, 두 번째 요소값은 x_2가 된다. 즉, 변수 a의 요소값 위치를 지정하는 것이 인덱스(index)이다. a의 인덱스 1의 값이 x_1인 것이다. 이를 a[1]로 표현한다. 이것을 1차원 자료라고 한다. 1차원 자료형으로는 벡터, 팩터, 리스트가 있다. 여기서는 변수 a가 벡터 변수 a 가 된다. 팩터와 리스트는 뒤에서 학습한다.

변수 이름(a)	x_1	x_2	.....	x_n
인덱스	[1]	[2]	[.....]	[n]

벡터를 사용하지 않은 구조는 아래와 같다.

```
middle = 25
final = 38
report = 10
attend = 20
total = middle + final + report + attend
```

그런데 각 변수마다 이름이 모두 달라서 관리가 어렵다. 그럼 벡터를 활용한 구조는 어떻게 다른지 아래 내용에서 살펴본다.

예제 2 벡터를 이용한 합

```
score = c(25, 38, 10, 20)
total <- sum(score)
```

c( ) 함수는 여러 개의 데이터를 한꺼번에 저장할 수 있는 기능을 수행하며, R에서는 매우 유용하게 사용된다. 즉 score 변수에 25, 38, 10, 20의 데이터를 차례대로 한꺼번에 저장하며, score 변수는 벡터가 된다. 그림 4는 score의 구조를 나타낸다.

score	25	38	10	20
	[1]	[2]	[3]	[4]

그림 4. 벡터 score

score의 1번째 데이터는 score[1]로 나타내며 값은 25가 저장된다. 같은 방법으로 score[2]는 2번째 데이터로 38이 저장된다. 벡터를 사용하지 않은 위 예제와 연결하면 score[1]은 중간고사 점수인 middle이 되고, score[2]는 기말고사인 final이 된다. 이때 벡터의 위치를 나타내는 [1], [2] 등을 인덱스라고 한다.

sum(x) 함수는 인수의 x값을 모두 합한 결과를 반환한다. 인수는 함수가 수행할 때 필요한 데이터로서 함수를 실행시킬 때 그 값을 같이 지정한다. 즉 sum(score)는 sum을 수행할 때 인수로 설정된 벡터 score의 모든 값을 가지고 합을 계산하여 그 결과를 돌려 달라는 것이다.

여기서 잠깐 - 변수, 함수, 벡터의 구분

변수, 함수, 벡터는 어떻게 구분할까? 이름 뒤에 아무것도 붙이지 않으면 변수, 이름 뒤에 괄호 ( )를 붙이면 함수, 이름 뒤에 [ ]를 붙이면 벡터, 매트릭스(뒤에 배움) 등으로 구분하자. 또한 함수의 괄호 안에 변수나 문자, 숫자 등이 있으면 그것은 함수를 수행할 때 참조하는 인수이다.

- score + 2: 이때의 score는 변수이다.
- score(a, 3): 이때의 score는 함수이며, 변수 a와 숫자 3이 인수이므로 a와 3을 참조하여 score 함수를 실행하고 그 결과를 가져오라는 의미이다. 물론 인수로 a와 3을 설정했다고 하더라도 score 함수를 실행할 때 반드시 a와 3을 참조하라는 의미는 아니다. score 함수를 수행할 때 참조할 수 있다는 것이다.
- score[1]: 벡터 score의 1번째 값을 의미한다.

6.2. 여러 개의 데이터 만들기

• c( ) 함수 사용하기

위에서 사용한 c 함수는 여러 개의 데이터를 저장하거나 설정할 때 매우 유용하다. 아래와 같이 실습해 본다.

실습

```
> a = c(1, 2, 3, 4, 5, 6, 7, 8, 9)                    # 숫자형 벡터
> b = c('A', 'B', 'C', 'D', 'E', 'F')                 # 문자형 벡터
> c = c(TRUE, TRUE, FALSE, TRUE, FALSE)               # 논리형 벡터
> d = c(10, 20, 30, 'Hi', 'Good morning', 'How are you?')
> a
[1] 1 2 3 4 5 6 7 8 9
> b
[1] "A" "B" "C" "D" "E" "F"
> c
[1]  TRUE  TRUE FALSE  TRUE FALSE
> d
[1] "10" "20" "30" "Hi" "Good morning" "How are you?"
>
```

이때 a는 1~9까지의 숫자로 이루어진 숫자형 벡터가 되며, b는 문자 'A'~'F'까지로 이루어진 문자형 벡터가 되고, c는 TRUE, FALSE 데이터를 가지는 논리형 벡터가 된다.

숫자형과 문자형이 섞여 있는 d는 어떤 벡터인가? 이 경우는 숫자를 문자로 변환하여 문자형으로 통일한다. 따라서 결과도 "10" "20" "30"과 같이 문자로 변경되어 있다.

• : 사용하여 연속된 데이터 만들기

':'은 시작과 끝을 나타낸다. 형식은 다음과 같다.

```
시작 : 종료
```

아래와 같이 실습해 보자. a = 1:10에는 1에서부터 10까지의 숫자가 모두 저장된다. 이때 a[1]은 1이 되고, a[10]는 10이 된다. 단 숫자인 경우에만 해당된다. 문자의 경우에는 에러가 발생한다. 또한 소숫점의 경우에도 연속된 데이터를 만들지 않는다. 즉 c = 1.1:2.2의 명령에서 c는 1.1에서 2.1까지의 데이터가 아니라 1.1과 2.1만을 가진다.

```
> a = 1:10
> a
 [1]  1  2  3  4  5  6  7  8  9 10
> b = 50:70
> b
 [1] 50 51 52 53 54 55 56 57 58 59 60 61 62 63 64 65 66 67 68 69 70
> a = 'a':'z'
"a":"z"에서 다음과 같은 에러가 발생했습니다:인수의 값이 NA/NaN 입니다.
추가정보: 경고메시지(들):
1: 강제형변환에 의해 생성된 NA 입니다
2: 강제형변환에 의해 생성된 NA입니다
> c = 1.1:2.2
> c
[1] 1.1 2.1
```

• seq( ) 함수

seq( ) 함수는 시작, 종료, 단계값을 설정하여 연속(sequential) 데이터를 만든다. 형식은 아래와 같다.

형식	내용
seq(시작값, 종료값, 단계값)	시작값에서부터 종료값까지 단계값에 따라 연속 데이터를 만든다. 이때 시작값과 단계값은 옵션으로 생략이 가능하며, 기본값인 1이 적용된다.

실습

시작값이 1, 종료값이 10이며 단계값은 생략되어 기본값인 1이 적용된다. 따라서 1 ~ 10까지의 숫자가 생성된다.

```
> x = seq(1, 10)
> x
 [1]  1  2  3  4  5  6  7  8  9 10
```

시작값과 단계값은 생략되고 종료값만 10이 있다. 따라서 기본값인 시작값 1, 단계값 1이 적용되어 1 ~ 10까지의 숫자가 생성된다.

```
> x = seq(10)
> x
```

```
[1]  1  2  3  4  5  6  7  8  9 10
```

시작값이 10, 종료값이 2가 되며, 이 경우는 시작값이 종료값보다 크므로 -1이 적용되어 1씩 감소한다. 따라서 10부터 2까지의 숫자가 생성된다.

```
> x = seq(10, 2)
> x
[1] 10  9  8  7  6  5  4  3  2
```

시작값이 1, 종료값이 10이며 단계값은 2이다. 따라서 1 ~ 10까지 2단계씩의 숫자가 생성된다.

```
> x = seq(1, 10, 2)
> x
[1] 1 3 5 7 9
```

시작값이 10, 종료값이 2인데 단계값이 양수 1이다. 즉 10부터 1씩 증가하여 2를 도달할 수 없기 때문에 에러가 발생한다.

```
> x = seq(10, 2, 1)
seq.default(10, 2, 1)에서 다음과 같은 에러가 발생했습니다:'by'인수내에 잘못된 부호가 있습니다
```

시작값이 종료값보다 큰 경우는 음수를 적용하면 시작에서 종료까지 도달이 가능하므로 정상적인 연속 데이터를 생성한다.

```
> x = seq(10, 2, -1)
> x
[1] 10  9  8  7  6  5  4  3  2
```

여기서 잠깐 – length.out

단계값의 자리에 length.out을 설정하면 시작값에서 종료값까지의 연속 데이터를 생성할 때 요소의 개수를 지정할 수 있다.

```
> x = seq(1, 10, length.out=5)      # 1에서 10까지의 5개의 요소인 연속 데이터 생성
> x
[1]  1.00  3.25  5.50  7.75 10.00
```

• rep( ) 함수

rep( ) 함수는 반복(repeat) 횟수를 지정하여 연속 데이터를 생성한다. 형식은 아래와 같다.

형식	내용
rep(반복값, times(또는 each) = 반복횟수)	• req의 매개변수인 반복값을 times에 정한 횟수만큼 반복하여 데이터를 생성한다. • each는 반복값의 각 요소들을 설정 횟수만큼 반복한다.

실습

반복값 2를 3번 반복해서 데이터를 생성한다.

```
> a = rep(2, times=3)
> a
[1] 2 2 2
```

1~3까지의 데이터를 3번 반복한다.

```
> b = rep(1:3, times=3)
> b
[1] 1 2 3 1 2 3 1 2 3
```

c 함수를 사용한 5~10까지의 반복값을 3번 반복한다.

```
> c = rep(c(5:10), times=3)
> c
 [1]  5  6  7  8  9 10  5  6  7  8  9 10  5  6  7  8  9 10
```

seq 함수를 사용한 5~7까지의 반복값을 2번 반복한다.

```
> d = rep(seq(5, 7), times=2)
> d
[1] 5 6 7 5 6 7
```

seq 함수를 사용한 5~7까지의 반복값을 요소마다 각각 2번 반복한다.

```
> d = rep(seq(5, 7), each=2)
> d
[1] 5 5 6 6 7 7
```

퀴즈

4 c 함수를 사용하여 1~10, 15, 16, 20~30까지의 데이터를 생성하시오.

5 1.0에서 0까지 0.1씩 감소하는 연속 데이터를 만드는 seq( ) 함수를 작성하시오.

6 10부터 5까지 2씩 감소하는 데이터를 3번 반복하는 rep( ) 함수를 작성하시오.

6.3. 벡터에 레이블 붙이기

위 예제에서 score = c(25, 38, 10, 20)을 사용하였다. 그런데 score 데이터를 확인하면 아래와 같다.

```
> score
[1] 25 38 10 20
```

벡터 score에서 숫자만 나타나므로 25가 무엇을 의미하는지 알기 어렵다. 이때 벡터에 레이블을 붙이면 쉽게 확인이 가능하다. 형식은 다음과 같다.

형식	내용
names(벡터) = 레이블 이름	names( ) 함수의 매개변수로 레이블을 지정하고자 하는 벡터를 설정하고, 레이블 이름을 적용한다.

실습

c( ) 함수를 사용하여 각 벡터값에 맞는 레이블을 직접 지정할 수 있다. 이렇게 하면 25점이 중간고사인 middle 값인지 쉽게 구분할 수 있다.

```
> names(score) = c('middle', 'final', 'report', 'attend')
> score
middle  final report attend
    25     38     10     20
```

c( ) 함수가 아닌 seq( ), rep( ) 모두 사용이 가능하다. 다만 벡터 데이터에 맞는 레이블을 지정하여야 할 것이다. 현재의 상태는 25가 1에 대한 값으로만 알 수 있으므로 의미가 없다고 할 수 있다.

```
> names(score) = seq(1, 4)
> score
 1  2  3  4 
25 38 10 20 
```

만일 레이블 이름의 개수가 적으면 어떨까?. 지정되지 않은 레이블의 자리에는 NA가 설정된다.

```
> names(score) = c('middle', 'final', 'report')
> score
middle  final report   <NA> 
    25     38     10     20 
```

만일 레이블 이름의 개수가 많으면 어떨까?. 레이블 이름이 벡터 데이터와 맞지 않아 에러를 발생한다.

```
> names(score) = c('middle', 'final', 'report', 'attend', 'total')
names(score) = c("middle", "final", "report", "attend", "total")에서 다음과 같은 에러가 발생했습니다:
  'names' 속성 [5]는 반드시 벡터 [4]와 같은 길이를 가져야 합니다
```

벡터에 설정된 레이블 이름을 확인하고 싶다면 names(벡터)를 실행하면 이름만 출력된다.

```
> names(score)
[1] "middle" "final"  "report" "attend"
```

레이블로 벡터의 값을 참조할 경우는 인덱스에 레이블 이름을 지정해주면 된다. 이는 score[1]와 같은 의미이다.

```
> score["middle"]
middle 
    25 
```

score에서 두 개 이상의 값을 불러올 때는 어떻게 할까? 중간고사인 middle과 기말고사인 final을 불러올 때 1번째 값과 2번째 값이므로 score[1, 2]를 사용하면 될 것 같지만 에러를 발생한다. 하나의 값만을 불러올 때는 score[1], score[2] 등과 같이 작성하면 되지만 두 개 이상일 경우 c( ) 함수를 사용한다.

```
> score[1, 2]
```

score[1, 2]에서 다음과 같은 에러가 발생했습니다:incorrect number of dimensions

c(1,2)를 사용하여 score의 1번째 값과 2번째 값을 불러왔다.

```
> score[c(1, 2)]
middle  final
    25     38
```

벡터에서 참조하고 싶은 레이블을 직접 지정해도 무방하다.

```
> score[c('middle', 'final')]
middle  final
    25     38
```

이때 c( ) 안의 매개변수로 레이블 이름을 지정할 때 레이블의 데이터 타입과 맞아야 한다. 즉, 레이블이 문자열인 경우 c( ) 안의 매개변수도 문자열이어야 한다. 타입이 맞지 않으면 해당 레이블을 찾지 못해 NA를 출력한다.

```
> score[c(middle, final)]
<NA> <NA>
  NA   NA
```

여기서 잠깐 – c( ) 함수로만 만들기

아래와 같이 c( ) 함수에 값을 같이 사용하여 쉽게 만들 수도 있다.

```
> score <- c('middle' = 25, 'final' = 28, 'report' = 10, 'attend' = 20)
> score
middle  final report attend
    25     28     10     20
> score['middle']
middle
    25
```

6.4. 벡터의 원소값 변경

벡터의 원소값은 직접 변경이 가능하다. 위 예제를 계속 사용하여 실습해 본다.

실습

벡터 score 값을 확인하기 위하여 불러온다.

```
> score
middle  final report attend
    25     38     10     20
```

중간고사 점수를 3점 가산해 본다. 이때는 score['middle'] + 3과 같이 기존의 벡터 값에 3을 더해준다.

```
> score['middle']= score['middle'] + 3
> score
middle  final report attend
    28     38     10     20
```

출석점수가 1점 감점되었다. 출석 점수인 score['attend']에 직접 점수를 대입하여 변경할 수 있다.

```
> score['attend'] = 19
> score
middle  final report attend
    28     38     10     19
```

기말고사(final)와 과제(report) 점수가 각각 37점, 9점으로 재조정되었다. 이때에도 37, 9와 같이 점수를 직접 대입할 수 있다. 다만 하나가 아닌 둘 이상의 값을 참조하거나 적용할 때는 c( ) 함수를 사용하자. 그렇지 않으면 에러를 발생한다.

```
> score[c('final', 'report')] = c(37, 9)
> score
middle  final report attend
    28     37      9     19
```

중간고사(middle)와 기말고사(final)를 1점씩 올려준다. 이때는 직접 점수를 대입하기보다는 기존의 점수에 1을 더해주면 된다. score[c('middle', 'final')] + 1을 실행하면 middle과 final의 값에 각각 1을 더해준다.

```
> score[c('middle', 'final')] = score[c('middle', 'final')] + 1
> score
middle  final report attend
    29     38      9     19
```

응용학습 1. 커피숍 메뉴 벡터, 2. 커피숍 판매 합계

1. 아래의 표는 커피숍의 음료 가격이다. 벡터를 만들고 레이블을 붙여 완성하시오. 벡터의 이름은 cafe이며, 아메리카노는 'ameri', 라테는 'latte', 카푸치노는 'capu'로 한다.

	아메리카노	라테	카푸치노
가격	4000	4500	5000

2. 위의 벡터에서 "일일 판매 잔 수"는 아래와 같다. 메뉴별 "일일 판매 합계"를 산출하시오. "일일 판매 잔 수"의 이름은 sales로 하며, 메뉴별 합계의 이름에서 아메리카노는 ameri, 라테는 latte, 카푸치노는 capu로 한다. "일일 판매 합계"의 이름은 'total'로 한다.

	아메리카노	라테	카푸치노
가격	4000	4500	5000
일일 판매 잔 수	150	200	80

6.5. 벡터의 연산

벡터의 요소값을 참조하여 합을 구하거나 평균을 산출할 수 있다. 또한 벡터끼리의 연산을 수행하여 여러 값을 한꺼번에 산술 연산을 수행할 수 있다.

실습

```
> a = c(1, 3, 5, 7, 9, 11, 13, 15)
```

벡터 a의 각 요소값에 -1을 한 결과를 나타낸다.

```
> a - 1
[1]  0  2  4  6  8 10 12 14
```

벡터 a의 각 요소값에 2를 곱하고 3을 뺀 결과를 나타낸다.

```
> a * 2 - 3
[1] -1  3  7 11 15 19 23 27
```

위와 같이 여러 연산을 수행하여 결과를 나타냈지만 정작 벡터 a의 값은 변하지 않았다. 벡터 a를 변경하는 명령은 수행되지 않았기 때문이다.

```
> a
[1]  1  3  5  7  9 11 13 15
```

벡터 a의 3번째 값을 불러온다.

```
> a[3]
[1] 5
```

벡터 a의 1번째 값과 4번째 값을 합한 결과를 나타낸다.

```
> a[1] + a[4]
[1] 8
```

벡터 a의 1번째, 3번째, 5번째 값을 각각 불러온다. 이때 주의사항은 여러 인덱스를 지정할 때 c( ) 함수를 사용하는 것이다. 즉, a[1,3,5]로 실행하면 에러를 발생한다.

```
> a[c(1, 3, 5)]
[1] 1 5 9
```

a[c(1,3,5)]의 각 요소값에 2를 각각 곱한 결과를 나타낸다.

```
> a[c(1, 3, 5)] * 2
[1]  2 10 18
```

a[c(1,3,5)]의 각 요소값의 2제곱을 실행한 결과를 나타낸다.

```
> a[c(1, 3, 5)] ** 2
[1]  1 25 81
```

벡터와 벡터의 연산도 매우 효율적이다. 즉 벡터와 벡터 사이에는 산술 연산, 비교 등을 수행할 수 있다. 다음과 같이 실습해 보자.

실습

벡터 a의 값을 확인해 본다.

```
> a
[1]  1  3  5  7  9 11 13 15
```

벡터 b를 만든다.

```
> b = c(2, 4, 6, 8, 10, 12, 14, 16)
> b
[1]  2  4  6  8 10 12 14 16
```

벡터 a와 벡터 b를 합을 구해보자. 이떠 벡터의 요소값 전체를 합하는 것이 아니라 각 요소값을 합한다. 즉, 벡터 a의 1번째 요소값과 벡터 b의 1번째 요소값을 더하고, 2번째 요소값끼리 더하는 방식으로 각각의 요소값들에 대한 합을 나타낸다.

```
> a + b
[1]  3  7 11 15 19 23 27 31
```

벡터의 합과 같은 방식으로 뺄셈, 나눗셈과 곱셈도 각 요소값들이 각각 적용됨을 알 수 있다.

```
> a - b
[1] -1 -1 -1 -1 -1 -1 -1 -1
> b / a
[1] 2.000000 1.333333 1.200000 1.142857 1.111111 1.090909 1.076923 1.066667
> a * b
[1]   2  12  30  56  90 132 182 240
```

벡터와 벡터의 논리 연산(<, <=, >, >=, ==, !=, !, ¦, &, ¦¦, &&)도 모두 가능하다. 이때 각 요소값들에 대해 비교한 결과를 나타낸다. 주의할 사항이 있다. 위에서 논리 연산을 설명할 때 ¦와 ¦¦, &와 &&을 구분 없이 사용하였지만 벡터는 요소값을 가지므로 각기 다르게 연산 결과를 나타낸다. 즉 ¦, &은 각 요소값들의 비교 결과를 각각 나타내지만, ¦¦, &&은 벡터의 전체 논리 연산 결과를 나타낸다. a > b는 벡터 a 요소값과 벡터 b 요소값들을 각각 비교하여 a의 요소값이 b의 요소값보다 크면 TRUE, 작으면 FALSE를 나타낸다.

```
> a > b
[1] FALSE FALSE FALSE FALSE FALSE FALSE FALSE FALSE
```

벡터 c가 벡터 a보다 요소값들의 개수가 많다. 이 경우 요소값이 없는 자리엔 기본값 0으로 비교를 수행한다. 그래서 벡터 a 요소의 8번째 이후부터는 벡터 c의 요소값과 0을 비교하여 모두 TRUE가 된다.

```
> c > a
 [1] FALSE FALSE FALSE FALSE FALSE FALSE FALSE FALSE  TRUE  TRUE  TRUE  TRUE  TRUE
TRUE
```

```
[15]  TRUE  TRUE
```

벡터 a와 b가 같은지, 다른지, 또는 벡터 a 요소값의 부정(TRUE <-> FALSE)의 연산을 수행할 수 있다. 이때 0이면 FALSE, 아니면 TRUE로 처리한다.

```
> a == b
[1] FALSE FALSE FALSE FALSE FALSE FALSE FALSE FALSE
> a != b
[1] TRUE TRUE TRUE TRUE TRUE TRUE TRUE TRUE
> !a
[1] FALSE FALSE FALSE FALSE FALSE FALSE FALSE FALSE
```

참고로 벡터 e는 모두 음수를 가지지만 0이 아니므로, !e를 수행하면 모두 FALSE를 나타낸다.

```
> e = c(-1, -2, -3)
> !e
[1] FALSE FALSE FALSE
```

|와 &는 벡터 요소값들 각각의 또는(|), 그리고 (&)연산을 수행한다.

```
> a | b
[1] TRUE TRUE TRUE TRUE TRUE TRUE TRUE TRUE
> a & b
[1] TRUE TRUE TRUE TRUE TRUE TRUE TRUE TRUE
```

||와 &&은 벡터 전체의 논리 연산 결과를 나타낸다.

```
> a || b
[1] TRUE
> a && b
[1] TRUE
```

벡터 a와 벡터 b를 연결한 벡터 c를 만들 수 있다. 이때는 벡터 a의 요소값들 뒤에 벡터 b의 요소값이 붙는다.

```
> c = c(a, b)
> c
 [1]  1  3  5  7  9 11 13 15  2  4  6  8 10 12 14 16
```

여기서 잠깐 - 벡터 길이의 맞춤

벡터 사이의 연산에서는 각 벡터의 길이를 같게 하거나 배수로 맞추어야 한다. 즉, a + c를 실행할 때 벡터 a의 요소 개수와 벡터 c의 요소 개수가 같거나 배수이어야 벡터와 벡터의 연산에서 원하는 결과를 가져올 수 있다. a의 요소 개수는 8개, c의 요소 개수는 16개이므로 a의 요소값들이 두 번 적용되면서 연산이 수행된다.

```
> a + c
 [1]  2  6 10 14 18 22 26 30  3  7 11 15 19 23 27 31
> a
[1]  1  3  5  7  9 11 13 15
> c
 [1]  1  3  5  7  9 11 13 15  2  4  6  8 10 12 14 16
```

벡터의 요소 개수가 다른 경우는 어떨까? 3개의 요소값을 가지는 벡터 d를 만든다.

```
> d = c(1, 2, 3)
```

8개의 요소값을 가지는 벡터 a와 3개의 요소값을 가지는 벡터 d의 합은 벡터의 길이가 서로 달라 경고를 발생하며, 원하는 계산 결과를 나타내지 못한다.

```
> a + d
[1]  2  5  8  8 11 14 14 17
경고메시지(들):
a + d에서: 두 객체의 길이가 서로 배수관계에 있지 않습니다
```

6.6. 함수의 활용

여러 개의 요소값을 가지는 벡터는 한 번에 많은 데이터를 효율적으로 처리할 수 있다. 이를 위해 빠르고 편리하게 사용할 수 있는 함수들이 있는데 표 8과 같다. 단, 구분은 함수들의 기능별로 나누어 보기 쉽게 하기 위함으로 절대적인 기준은 아니니 참조만 한다.

표 8. 벡터에 사용할 수 있는 함수들

구분	함수	내용
산술 및 정렬	sum( )	요소값들의 합
	mean( )	요소값들의 평균
	median( )	요소값들의 중앙값(중위수)
	length( )	벡터의 길이, 즉 요소들의 개수
	max( )	요소값들 중에서 최대 요소값
	min( )	요소값들 중에서 최소 요소값
	sort( )	요소값들의 정렬
분산 및 편차	var( )	요소값들의 분산
	sd( )	요소값들의 표준편차
추출	head( )	요소값에서 앞에서 n개 데이터 추출(기본은 6개임)
	tail( )	요소값에서 뒤에서 n개 데이터 추출(기본은 6개임)
	range( )	요소값에서 지정된 길이만큼 추출
조건	all( )	요소값들이 조건에 맞는 모든 맞는지 확인
	any( )	요소값들이 조건에 맞는 일부가 맞는지 확인
비교	union(x, y)	x 벡터와 y 벡터의 합집합
	intersect(x, y)	x 벡터와 y 벡터의 교집합
	setdiff(x, y)	x 벡터 – y 벡터의 차집합
	setequal(x, y)	x 벡터와 y 벡터가 같은지 확인

각 함수들을 사용하여 아래와 같이 실습해 보자.

실습

실습을 위해 아래와 같이 벡터를 준비한다.

```
> a = c(8, 2, 13, 6, 19, 10, 1)
> b = c(11, 4, 9, 7, 16, 9, 3)
```

벡터 a의 요소값들에 대한 합을 구한다.

```
> sum(a)
[1] 59
```

벡터 a와 b의 요소값의 합을 구한다.

```
> sum(a, b)
[1] 118
```

벡터 a에서 인덱스 2~5번째까지의 값(2, 13, 6, 19)의 합을 구한다.

```
> sum(a[2:5])
[1] 40
```

벡터 a에서 7보다 큰 각 요소값을 확인하여 크면 TRUE, 작으면 FALSE로 나타낸다.

```
> a > 7
[1]  TRUE FALSE  TRUE FALSE  TRUE  TRUE FALSE
```

이 결과를 모두 합하면 4가 된다. 즉 FALSE는 0, TRUE는 1로 처리하면 TRUE가 4개가 되므로 합은 4가 된다.

```
> sum(a > 7)
[1] 4
```

벡터 a의 원소값 중 7보다 큰 원소들만 추출한다.

```
> a[a > 7]
[1]  8 13 19 10
```

이들 원소값의 합은 50이 된다.

```
> sum(a[a > 7])
[1] 50
```

벡터 a에서 인덱스 1번째, 3번째, 5번째의 값(8, 13, 19)의 합을 구한다.

```
> sum(a[c(1, 3, 5)])
[1] 40
```

벡터 a에서 1~6번째까지 2단계씩 건너뛴 요소값들(8, 13, 19)의 합을 구한다.

```
> sum(a[seq(1, 6, 2)])
[1] 40
```

벡터 a의 요소값 평균을 구한다.

```
> mean(a)
[1] 8.428571
```

벡터 a, b의 요소값 평균을 구하려고 mean(a, b)을 사용했다. 그러나 평균을 구할 때 벡터 a, b 각각의 평균을 나타낼 것 같지만 에러가 발생한다. 이는 매개변수인 벡터의 평균을 구하는 것이기에 매개변수로 벡터를 한꺼번에 지정하면 안 된다.

```
> mean(a, b)
mean.default(a, b)에서 다음과 같은 에러가 발생했습니다:
  'trim'은 반드시 길이가 1인 수치형이어야 합니다
```

벡터의 합을 구하고 그 벡터의 평균을 구하는 것은 가능하다.

```
> a + b
[1] 19  6 22 13 35 19  4
> mean(a + b)
[1] 16.85714
```

벡터 b의 중앙값(중위수)을 구한다.

```
> median(b)
[1] 9
```

벡터 a, b의 합을 구하고 그 중앙값을 구한다.

```
> median(a + b)
[1] 19
```

벡터 a의 길이, 즉 원소의 개수를 구한다.

```
> length(a)
[1] 7
```

벡터 a, b의 길이를 구할 때도 mean( ) 함수와 같이 매개변수로 여러 개의 벡터를 지정하면 안 된다. length( ) 함수도 매개변수로 지정된 벡터의 길이를 구하는 것이기 때문에 요소의 개수를 구하고자 하는 벡터 하나만 지정해야 한다.

```
> length(a, b)
length(a, b)에서 다음과 같은 에러가 발생했습니다:
  1를 필요로 하는 'length'에 인수 2가 전달되었습니다
```

벡터 a, b의 합을 구하고 그 벡터의 길이를 구할 수는 있다. 이때 벡터 a, b의 길이가 같기 때문에 합을 구한 벡터의 길이는 큰 의미가 없다.

```
> length(a + b)
[1] 7
```

벡터 a의 원소값들 중에서 최댓값을 나타낸다.

```
> max(a)
[1] 19
> max(b)
[1] 16
```

벡터 a와 b의 원소값들 중에서 최댓값을 나타낸다. 이때에는 벡터를 같이 사용할 수 있다. 즉, 각 벡터의 원소값들 중에서 최댓값 하나를 찾는 기능을 수행한다.

```
> max(a, b)
[1] 19
```

벡터 a와 b를 합한 벡터의 원소값들 중에서 최댓값을 나타낸다.

```
> max(a + b)
[1] 35
```

벡터 a에서 벡터 b를 뺀 벡터의 원소값들 중에서 최댓값을 나타낸다.

```
> max(a - b)
[1] 4
```

벡터 a와 b의 원소값들 중에서 최솟값을 나타낸다.

```
> min(a, b)
[1] 1
```

벡터 a의 원소값들을 오름차순으로 정렬한다. 기본값은 오름차순이다.

```
> sort(a)
[1]  1  2  6  8 10 13 19
```

벡터 a와 b를 같이 매개변수로 지정하면 안 된다. 매개변수로 지정된 벡터의 원소값들을 정렬하는데 벡터가 2개이면 에러가 발생한다.

```
> sort(a, b)
sort(a, b)에서 다음과 같은 에러가 발생했습니다:
  'decreasing'은 반드시 길이가 1인 논리형 벡터이어야 합니다.
의도적으로 'partial'로 설정하고자 하나요?
```

벡터 a와 b를 합한 벡터의 정렬은 가능하다.

```
> sort(a + b)
[1]  4  6 13 19 19 22 35
```

벡터 a의 원소값들을 내림차순으로 정렬한다. sort( )의 형식이 sort(벡터, desending = FALSE)이다. 즉, FALSE가 기본값이며 오름차순 정렬이고, desending = TRUE로 하면 내림차순의 정렬이 이루어진다. desending = 은 생략이 가능하다.

```
> sort(a, TRUE)
[1] 19 13 10  8  6  2  1
```

벡터의 일부분만 정렬도 된다. 벡터 a의 1~4번째까지의 원소값들을 오름차순으로 정렬한다.

```
> sort(a[1:4])
[1]  2  6  8 13
```

분산 및 표준편차에 대한 함수를 아래와 같이 실습해 보자.

실습

벡터의 분산을 나타내며, 벡터 a의 원소값들에 대한 분산을 산출한다.

```
> var(a)
[1] 39.61905
```

벡터 a와 b 원소값들의 분산을 나타낸다.

```
> var(a, b)
[1] 25.78571
```

벡터 a와 b를 합한 벡터의 분산을 나타낸다.

```
> var(a + b)
```

```
[1] 110.4762
```

벡터 a의 표준편차를 나타낸다.

```
> sd(a)
[1] 6.294366
```

벡터 a와 b의 표준편차를 나타낸다. 이때에도 2개의 벡터를 같이 매개변수로 지정하면, 첫 번째 벡터만 표준편차를 구하고 두 번째 벡터는 무시되면서 경고메시지가 뜬다.

```
> sd(a, b)
[1] 6.294366
경고메시지(들):
if (na.rm) "na.or.complete" else "everything"에서:
  length > 1 이라는 조건이 있고, 1번째 요소만이 사용될 것입니다
```

벡터 a와 b의 합을 구한 벡터의 표준편차를 구한다.

```
> sd(a + b)
[1] 10.51077
```

원소값 추출에 대한 함수의 실습은 아래와 같다.

실습

벡터 a의 원소값들 중 앞에서 기본 개수인 6개의 원소를 대표로 나타낸다. 모든 원소값을 다 확인할 필요 없이 일부분만 확인하여 어떤 식으로 원소값이 저장되어 있는지 알고자 할 때 유용하다.

```
> head(a)
[1]  8  2 13  6 19 10
```

두 개의 벡터를 같이 지정하면 에러를 발생한다.

```
> head(a, b)
checkHT(n, dx <- dim(x))에서 다음과 같은 에러가 발생했습니다:
  invalid 'n' - must have length one when dim(x) is NULL, got 7
```

벡터 b의 원소값들 중 뒤에서 기본 개수인 6개의 원소를 대표로 나타낸다.

```
> tail(b)
[1]  4  9  7 16  9  3
```

벡터 a 원소값의 범위를 나타내며, 최소 1, 최대 19의 원소값이 있음을 알려준다.

```
> range(a)
[1]  1 19
> a
[1]  8  2 13  6 19 10  1
```

range( ) 함수를 벡터의 인덱스에 적용하면 지정된 범위에 있는 원소값을 추출할 수 있다. range(1:3)은 최소 1, 최대 3을 의미하여 1, 3의 값이 되고 벡터 a의 1번째, 3번째 원소값을 나타낸다. 이는 a[1,3]을 의미하지만 두 개 이상의 인덱스를 사용할 땐 c( )함수를 사용하여 a[c(1,3)]이 되며, 같은 결과를 나타낸다.

```
> a[range(1:3)]
[1]  8 13

> a[c(1, 3)]
[1]  8 13
```

range( ) 함수를 다른 함수들과 조합하여 사용할 수 있다. a[range(1:3)]은 a[c(1,3)]과 같은 의미이며 8과 13 원소값의 합 21을 나타낸다.

```
> sum(a[range(1:3)])
[1] 21
```

벡터의 조건에 따른 처리를 아래와 같이 실습해 본다.

실습

벡터 a의 원소값들이 6보다 큰지 확인한다.

```
> a > 6
[1]  TRUE FALSE  TRUE FALSE  TRUE  TRUE FALSE
```

벡터 a의 모든 원소값이 6보다 크면 TRUE, 아니면 FALSE가 된다.

```
> all(a > 6)
[1] FALSE
```

벡터 a의 모든 원소값이 0보다 크면 TRUE, 아니면 FALSE가 된다.

```
> all(a > 0)
[1] TRUE
```

벡터 a의 모든 원소값이 1보다 크거나 같으면 TRUE를 나타낸다. 벡터의 원소값들이 모두 양수인지 또는 최소 1보다 큰 값들로 구성되어 있는지 확인할 때 유용하다.

```
> all(a >= 1)
[1] TRUE
```

벡터 a의 모든 원소값 중 10보다 크거나 같은 원소값이 존재하면 TRUE, 아니면 FALSE를 나타낸다.

```
> any(a >= 10)
[1] TRUE
```

벡터의 비교에 따른 처리를 아래와 같이 실습해 본다.

실습

벡터 a와 b의 합집합을 나타낸다.

```
> union(a, b)
[1]  8  2 13  6 19 10  1 11  4  9  7 16  3
```

벡터 a의 1, 3, 5번째 원소값(8, 13, 19)과 b의 2~5번째까지 2단계씩 건너뛴 원소값(4, 7)의 합집합을 나타낸다.

```
> union(a[c(1, 3, 5)], b[seq(2, 5, 2)])
[1]  8 13 19  4  7
```

원소의 개수가 작은 벡터 d를 만들어 보자.

```
> d = c(1:3)
> d
[1] 1 2 3
```

벡터 d의 원소값(1, 2, 3)과 3~6까지의 숫자(3, 5, 6)와의 합집합을 구한다.

```
> union(d, c(3:6))
[1] 1 2 3 4 5 6
```

벡터 a와 b의 교집합을 나타낸다. 교집합의 원소값이 없을 경우 numeric(0)을 반환한다.

```
> intersect(a, b)
numeric(0)
```

벡터 a(8,2,13,6,19,10,1)와 3~9까지의 숫자와의 교집합을 나타낸다.

```
> intersect(a, c(3:9))
[1] 8 6
```

벡터 a의 원소값 - 벡터 b의 원소값, 즉 차집합을 나타낸다.

```
> setdiff(a, b)
[1]  8  2 13  6 19 10  1
```

벡터 b의 원소값 - 벡터 a의 원소값, 즉 차집합을 나타낸다.

```
> setdiff(b, a)
[1] 11  4  9  7 16  3
```

벡터 a의 원소값 – 1~5까지의 원소값의 결과를 나타낸다.

```
> setdiff(a, c(1:5))
[1]  8 13  6 19 10
```

벡터 a와 b가 같으면 TRUE, 다르면 FALSE를 나타낸다.

```
> setequal(a, b)
[1] FALSE
```

벡터 a와 (2, 4) 원소값이 같으면 TRUE, 다르면 FALSE를 나타낸다.

```
> setequal(a, seq(2, 5, 2))
[1] FALSE
```

벡터 a와 벡터 b의 2번째, 4번째 원소값과 비교하여 같으면 TRUE, 다르면 FALSE를 나타낸다.

```
> setequal(a, b[seq(2, 5, 2)])
[1] FALSE
```

여기서 잠깐 - 파이프(pipe)

파이프는 magrittr 패키지에서 제공하는 기능으로 맨 왼쪽의 변수나 객체가 오른쪽의 명령을 차례로 실행하면서 결과에 반영한다. 이 기능은 여러 개의 함수를 연달아 호출할 때 유용하게 사용할 수 있다.

```
> a <- c(1:10)
> mean(a)
[1] 5.5

> library(magrittr)
> a %>% mean
[1] 5.5
```

b에서 NA의 개수를 모두 합한 결과를 알아보는 명령은 다음과 같다.

```
> b <- c(1, NA, 3, NA, 4, 5)
> is.na(b)
[1] FALSE  TRUE FALSE  TRUE FALSE FALSE
> sum(is.na(b))
[1] 2
```

파이프 기능을 사용하면 아래와 같이 사용한다. 즉, 변수 b의 값을 가지고 is.na를 수행하고, 이것을 가지고 sum을 수행하여 그 결과를 b에 저장하는 것이다.

```
> b %>% is.na %>% sum
[1] 2
```

연습문제

01. NaN값을 변수 a에 저장하고 확인하시오.

02. NA값을 변수 b에 저장하고 확인하시오.

03. TRUE 또는 FALSE 결과를 나타내는 명령을 작성하시오.

04. 2^6 나누기 3의 나머지를 구하는 식을 작성하시오.

05. 다음의 결과는 무엇인가?

```
a = 3
b = 7
a ** 4 + b ** 2 && a || FALSE && b > 3
```

06. 다음의 결과는 무엇인가?

```
(a > 10) && (b < 10) %% 2
```

07. score의 인덱스 0번째인 score[0]의 값은 얼마인가?

08. mean 함수를 사용하여 score의 평균을 구하시오.

09. a <– b <– c <– 10을 실행하였을 때 b의 값은?

① 0
② 1
③ 10
④ 11
⑤ 12

10. a <– 10과 같은 의미인 것은?

① a –> 10
② a <–> 10
③ a – 10
④ assign('a', 10)
⑤ assign(a, 10)

11. 변수명 규칙에서 옳지 않은 것은?

① 변수명 중간에 공백(빈칸)을 넣을 수 없다.
② 첫 글자는 영문자나 마침표로 한다.
③ 변수명에서 대문자와 소문자 구별은 없다.
④ !, @, $는 변수명의 두 번째 글자에도 사용할 수 없다.
⑤ 두 번째 글자는 영문자, 숫자, 마침표, 밑줄등을 사용할 수 있다.

12. 아래 명령의 실행결과는?

```
> a <- 10
> a <- 5
> a <- 15
> a <- 0
> rm(a)
> a
```

① 0
② 15
③ 5
④ 10
⑤ 에러

13. 결측치에 해당하는 데이터 타입은?

① NaN ② NULL
③ Inf ④ NA
⑤ −Inf

14. 범주형 자료형이 아닌 것은?

① 학교 ② 동의여부
③ 혈액형 ④ 학점
⑤ 어휘력

15. 아래 명령은 벡터값을 score에 저장한 후 합을 구하는 명령이다. (A)에 알맞은 것은? (단, 값은 25, 38, 10, 20이다.)

```
score = (  A  )
total <- sum(score)
```

① 25,38,10,20
② vector(25,38,10,20)
③ c(25,38,10,20)
④ list(25,38,10,20)
⑤ list(25;38;1;20)

16. 변수 a에 1에서 10까지의 값을 저장하려 한다. 옳은 명령은?

① a = 1 ~ 10
② a = 1 − 10
③ a = 1 −> 10
④ a = 1:10
⑤ a = 1;10

17. 아래 명령의 실행결과는?

```
> a = c(1,3,5,7,9,11,13,15)
> a*2-3
```

① 1 3 5 7 9 11 13 15
② 2 6 10 14 18 22 26 30
③ –2 0 2 4 6 8 10 12
④ –1 3 7 11 15 19 23 27
⑤ –5 –3 –1 1 3 5 7 9

18. 벡터의 요소값에서 뒤에서 n개 데이터 추출하는 함수는?

① tail( )
② end( )
③ last( )
④ sort( )
⑤ range( )

19. 아래 명령의 실행결과는?

```
a = c(1,3,5,7,9,11,13,15)
all(a>3)
```

① TRUE
② FALSE
③ 0
④ 1
⑤ 5,7,9,11,13,15

20. 아래 명령의 실행결과는?

```
library(magrittr)
b <- c(1, NA, 3, NA, 4, 5)
b %>% is.na %>% sum
```

① 0
② 1
③ 2
④ 3
⑤ 4

제3장 >>>>

팩터, 리스트, 매트릭스

1. 팩터(Factor)
2. 리스트(List)
3. 매트릭스(Matrix)
4. 레이블 붙이기
5. 함수와 연산

팩터와 리스트도 벡터와 유사하게 다양한 원소값들을 저장 및 관리할 수 있으며, 매트릭스는 다차원 자료를 사용할 때 유용하다.

1 팩터(Factor)

팩터도 벡터와 마찬가지로 많은 원소값들을 하나의 이름으로 저장하고 처리할 수 있다. 그렇다면 팩터와 벡터의 차이는 무엇일까? 팩터는 Levels라는 종류를 분류해서 같이 나타낸다. 또한 벡터와 같이 값을 직접 저장하기보다는 일반적으로 벡터를 팩터로 변환하여 사용한다. 즉, 기존 벡터의 내용에서 데이터의 유형이 무엇인지 함께 확인하고자 할 때 유용하다. 팩터를 위해 아래와 같이 실습해 본다.

실습

벡터 hackjum을 c( ) 함수를 사용하여 생성한다.

```
> hackjum = c('A+', 'B', 'B+', 'A+', 'A', 'C', 'B+')
> hackjum
[1] "A+" "B"  "B+" "A+" "A"  "C"  "B+"
```

벡터 hackjum을 팩터로 변환한다.

```
> fact.hackjum = factor(hackjum)
```

팩터로 변환된 fact.hackjum을 확인해 보면 "A+B B+A+A C B+"와 같이 실제 저장된 요소값 이외에 원소값들의 종류를 나타내는 "Levels: A A+ B B+ C"이 같이 나타남을 알 수 있다. Levels에 나타난 값들은 중복을 제거하고 종류만을 나타낸 것이다. 이것을 통해 원소값들이 어떤 종류로 구성되어 있는지 쉽게 확인이 가능하다.

```
> fact.hackjum
[1] A+ B  B+ A+ A  C  B+
Levels: A A+ B B+ C
```

팩터도 벡터와 마찬가지로 인덱스를 주어 해당 위치의 원소값을 참조할 수 있다. 다만 출력 결과는 원소값뿐만 아니라 Levels 값도 함께 나타낸다.

```
> fact.hackjum[2]
[1] B
Levels: A A+ B B+ C
```

팩터 fact.hackjum의 2~4번째 원소값과 Levels 값을 나타낸다.

```
> fact.hackjum[2:4]
[1] B  B+ A+
Levels: A A+ B B+ C
```

팩터 fact.hackjum의 1번째와 3번째 원소값과 Levels 값을 나타낸다.

```
> fact.hackjum[c(1, 3)]
[1] A+ B+
Levels: A A+ B B+ C
```

팩터 fact.hackjum의 종류(Levels)를 나타내며, 이때는 원소값을 나타내지는 않는다. 이때 종류값은 "A"와 같이 문자열로 나타낸다.

```
> levels(fact.hackjum)
[1] "A"  "A+" "B"  "B+" "C"
```

팩터 fact.hackjum의 2번째 원소값 ('B')를 'B+'로 변경한다. 그런데 요소값은 'B'에서 'B+'로 변경되었지만 Levels의 내용은 이전의 'B'가 그대로 있다. 즉, 원소값이 바뀌었다고 Level 값 'B'가 삭제되지는 않는다. 이것은 벡터를 팩터로 변경하면 벡터의 요소값들이 범주형 자료와 같이 변경되며 Levels는 팩터 요소값의 범주가 된다. 따라서 팩터의 요소값을 변경할 수는 있으나 Levels에 있는 범주 안에서 요소값의 변경이 가능하다.

```
> fact.hackjum[2] = 'B+'
> fact.hackjum
[1] A+ B+ B+ A+ A  C  B+
Levels: A A+ B B+ C
```

fact.hackjum[1]에 범주에 없는 'D'로 변경하면 경고를 발생하며, 해당 요소값은 범주(level) 밖의 값으로 NA가 대체된다.

```
> fact.hackjum[1] = 'D'
경고메시지(들):
'[<-.factor'('*tmp*', 1, value = "D")에서:
  요인의 수준(factor level)이 올바르지 않아 NA가 생성되었습니다.
```

```
> fact.hackjum
[1] <NA> B+   B+   A+   A    C    B+
Levels: A A+ B B+ C
```

levels( ) 함수는 팩터 요소값들의 종류를 나타낸다.

```
> levels(fact.hackjum)
[1] "A"  "A+" "B"  "B+" "C"
```

unique( ) 함수도 팩터의 실제 Levels를 확인할 수 있다. levels( ) 함수는 팩터의 범주만을 문자열로 나타내지만, unique( ) 함수는 실제 요소값들의 종류인 <NA> B+ A+ A C을 나타내고 팩터의 범주인 Levels도 같이 보여준다.

```
> unique(fact.hackjum)
[1] <NA> B+   A+   A    C
Levels: A A+ B B+ C
```

2 리스트(List)

벡터는 동일한 자료형을 가지는 구조를 처리하였고, 팩터는 벡터를 범주형으로 처리하는 내용을 살펴보았다. 리스트는 서로 다른 자료형을 저장 및 처리하는 구조를 나타낸다. 즉, 문자형, 숫자형, 논리형, 벡터 등 다양한 자료형을 저장할 수 있다. 리스트를 만드는 형식은 아래와 같다.

형식 리스트 변수 = list(인덱스 '이름1 = 저장할 값1, 인덱스 이름2 = 저장할 값2, ..)

인덱스 이름은 리스트에서 값을 찾기 위해 사용되는 이름이며, 저장할 값은 리스트에 실제로 저장될 값들을 의미한다.

다음 표 1은 간단한 학생 테이블을 나타낸다. 이름, 학과, 과목, 학점은 문자형이며, 학번, 중간, 기말, 과제, 출석, 총점은 숫자형이다. 그런데 중간, 기말, 과제, 출석을 모두 묶어서 하나의 벡터로 처리해도 좋다. 또한 총점은 중간, 기말, 과제, 출석 점수를 모두 합한 결과이므로 직접 입력하지 않고 벡터의 합으로 계산해서 추가할 수 있다.

표 1. 학생 테이블

이름	학과	학번	과목	중간	기말	과제	출석	총점	학점
문자	문자	숫자	문자	숫자	숫자	숫자	숫자	숫자	문자
name	dept	id	class	sc				tot	hackjum
홍길동	한국학과	2504123	R언어	28	36	8	19	91	A+

name, dept, id, class, sc, tot, hackjum은 리스트에서 요소값을 참조할 수 있는 인덱스 이름이다. 아래와 같은 구조를 리스트로 만들어 보자.

실습

중간, 기말, 과제, 출석을 묶어 벡터 score로 만든다.

```
> score = c(28, 36, 8, 19)
```

리스트 student 만든다. 이때 tot는 sum(score)으로 구해서 리스트에 추가한다.

```
> student = list(name='홍길동', dept = '한국학과', id = 2504123, class = 'R언어',
sc = score, tot = sum(score), hackjum = 'A+')
```

student를 확인하면 각 인덱스 이름에 맞게 값이 저장된 것을 확인할 수 있다.

```
> student
$name
[1] "홍길동"

$dept
[1] "한국학과"

$id
[1] 2504123
```

```
$class
[1] "R언어"

$sc
[1] 28 36  8 19

$tot
[1] 91

$hackjum
[1] "A+"
```

리스트에서 인덱스 이름으로 값을 확인하는 것은 어떻게 할까? 아래와 같은 형식으로 사용한다.

형식 리스트 변수 $ 인덱스 이름

실습

리스트 student의 name 요소값을 가져오면, "홍길동"이 나타난다.

```
> student$name
[1] "홍길동"
```

그렇다면 student의 첫 번째 요소값이 name이고 값이 "홍길동"이니 student[1]로 하면 되지 않을까? 이때는 팩터와 비슷하게 인덱스 이름도 같이 나타난다.

```
> student[1]
$name
[1] "홍길동"
```

그럼 첫 번째 요소값인 "홍길동"만 추출할 때는 어떻게 할까? 아래와 같이 [ ]을 두 번 사용하여 직접 요소값을 추출하면 된다. student$name과 같은 결과를 나타낸다.

```
> student[[1]]
[1] "홍길동"
```

리스트도 요소값을 직접 변경이 가능하다. student의 총점(tot) 값을 98로 변경하면 아래와 같다.

```
> student$tot = 98
> student$tot
[1] 98
```

응용학습 1 서점 매출액 리스트

서점을 운영하는 A씨는 1년에 아래와 같이 책을 판매하였다. 베스트셀러 2권을 추렸더니 아래와 같았다. 2권의 책에 대해 순이익을 산출하고자 한다.

서명	판매 부수	원가	정가
R언어 입문	920권	25,000원	30,000원
Python	1,100권	28,500원	32,000원

1. 위의 매출액 표를 리스트로 작성하시오.
2. 각 서적의 순이익을 산출하시오.

위 문제는 아래와 같이 풀어보자.

- **리스트 만들기**

이번 문제는 콘솔 영역이 아니라 코딩 소스 영역에서 R 스크립트로 작성한다.

실습

리스트의 이름을 book이라 하고 테이블에 맞게 각 요소값을 저장하였다. 이때 판매 부수는 'sales', 원가는 'cost', 정가는 'price'로 하였다.

```
book = list(r = c(920, 25000, 30000),
            python = c(1100, 28500, 32000),
            name = c('sales','cost','price'))
```

리스트 book의 name 요소값을 팩터로 구성하여 name에 덮어쓴다.

```
book$name = factor(book$name)
```

팩터로 만든 book$name으로 "R언어 입문"을 나타내는 r과 "Python"을 나타내는 python에 이름을 설정한다.

```
names(book$r) = book$name
names(book$python) = book$name
```

book$r의 내용을 확인하면 아래와 같다.

```
sales  cost price
  920 25000 30000
```

book$python의 내용을 확인해 보면 아래와 같이 나타난다.

```
sales  cost price
 1100 28500 32000
```

• 각 서적의 순이익 산출

실습

순이익 = (판매 부수 * 정가) - (판매 부수 * 원가)로 산출한다.

"R언어 입문"의 순이익을 계산하기 위해 r 원가 합계(r.cost.tot) = 판매 부수(book$r['sales']) * 원가(book$r['cost']) 로 계산한다.

```
r.cost.tot = book$r['sales'] * book$r['cost']
```

r 정가 합계(r.price.tot) = 판매 부수 (book$r['sales']) * 정가(book$r['price'])

```
r.price.tot = book$r['sales'] * book$r['price']
```

Python 원가 합계(python.cost.tot)과 정가 합계(python.price.tot)도 같은 방식으로 계산한다.

```
python.cost.tot = book$python['sales'] * book$python['cost']
python.price.tot = book$python['sales'] * book$python['price']
```

각 서적의 원가 합계와 정가 합계가 산출되었으니, 정가 합계 - 원가 합계를 산출하여 순이익(r.net, python.net)을 계산한다.

```
r.net = r.price.tot - r.cost.tot
python.net = python.price.tot – python.cost.tot
```

"R언어 입문"의 순이익을 나타낸다.

```
r.net
> r.net
  sales
4600000
```

"Python"의 순이익을 나타낸다.

```
python.net
> python.net
  sales
3850000
```

cat( ) 함수를 이용하여 출력해 본다.

```
cat("R언어 입문의 순이익은", r.net)
R언어 입문의 순이익은 4600000
cat("Python의 순이익은", python.net)
Python의 순이익은 3850000
```

응용학습 2 카페 매출액 리스트

A씨는 카페 운영자이다. 이번 달 카페의 매출액을 확인하여 순이익을 산출하려고 한다. 카페 메뉴와 판매량은 아래와 같다.

	아메리카노	카페라테	카페모카
단가	500원	700원	800원
판매가	4,500원	5,300원	5,500원
판매량(잔 수)	920잔	1,310잔	887잔

1. 매출액 표를 리스트로 작성하시오.
2. 이번 달 카페의 순이익을 산출하고 아래와 같이 출력하시오.
   americano의 순이익은 3680000
   cafelatte의 순이익은 6026000
   cafemoca의 순이익은 4168900

3 매트릭스(Matrix)

3.1. 매트릭스란?

매트릭스와 뒤에서 설명할 프레임은 2차원 자료를 나타낸다. 2차원 자료의 형태는 아래와 같다. 다소 복잡해 보일 수는 있으나 실생활의 많은 데이터들이 2차원 자료 형태를 가진다.

a	[,1]	[,2]	[,3]	...	[,n]
[1,]	a[1,1]	a[1,2]	a[1,3]	...	a[1,n]
[2,]	a[2,1]	a[2,2]	a[2,3]	...	a[2,n]
[3,]	a[3,1]	a[3,2]	a[3,3]	...	a[3,n]
:	:	:	:	:	:
[n,]	a[n,1]	a[n,2]	a[n,3]	...	a[n,n]

그림 1. 2차원 자료 형태

인덱스가 행과 열로 이루어져서 요소값을 찾아야 하며, [행, 열]의 형식으로 표현한다. 위 구조에서 매트릭스 a의 1행 1열 위치의 요소값을 참조하려면 a[1,1]로 나타낸다. 매트릭스를 만드는 형식은 아래와 같다. matrix( ) 함수의 첫 번째 매개변수로 벡터를 지정하는데, 이것은 매트릭스를 구성하는 요소값을 나타낸다. nrow에는 열의 개수, ncol은 행의 개수를 지정한다.

```
matrix(벡터, nrow = m, ncol = n)
```

3.2. 매트릭스 만들기

실습

1~9까지의 벡터 요소값들을 열의 개수 3, 행의 개수 3으로 이루어진 매트릭스를 생성한다.

```
> matrix(1:9, nrow=3, ncol=3)
```

```
     [,1] [,2] [,3]
[1,]    1    4    7
[2,]    2    5    8
[3,]    3    6    9
```

nrow와 ncol의 순서는 바뀌어도 상관없다. 단 nrow와 ncol의 키워드를 생략한 경우는 순서에 주의하자. 예를들어 matrix(1:6, 2, 3)은 matrix(1:6, nrow=2, ncol=3)의 의미이며, matrix(1:6, 3, 2)은 matrix(1:6, nrow=3, ncol=2)를 뜻한다.

```
> matrix(1:9, ncol=3, nrow=3)
     [,1] [,2] [,3]
[1,]    1    4    7
[2,]    2    5    8
[3,]    3    6    9
```

matrix( ) 함수의 마지막 매개변수에서 T는 byrow 옵션을 나타내며, T(TRUE)로 지정하면 요소값들을 행 단위로 배치한다. T만 사용해도 되고, byrow=T와 같이 명확히 설정해도 좋다. 기본값은 F(FALSE)이다.

```
> matrix(1:9, nrow=3, ncol=3, T)
     [,1] [,2] [,3]
[1,]    1    2    3
[2,]    4    5    6
[3,]    7    8    9
```

만일 요소값이 설정한 매트릭스의 열과 행의 수에 맞지 않으면 어떻게 될까? 지정한 벡터값이 반복되어 저장되지만 설정된 범위 값에 행과 열의 개수가 맞지 않아 경고메시지를 발생한다.

```
> matrix(1:7, nrow=3, ncol=3)
     [,1] [,2] [,3]
[1,]    1    4    7
[2,]    2    5    1
[3,]    3    6    2
경고메시지(들):
matrix(1:7, nrow = 3, ncol = 3)에서:
  데이터의 길이[7]가 행의 개수[3]의 배수가 되지 않습니다
```

변수에 저장해서 요소값을 참조해 보자.

```
> a = matrix(1:9, ncol=3, nrow=3)
> a
```

```
     [,1] [,2] [,3]
[1,]    1    4    7
[2,]    2    5    8
[3,]    3    6    9
> a[1, 3]
[1] 7
```

매트릭스의 요소값도 변경할 수 있다.

```
> a[2, 2] = 10
> a
     [,1] [,2] [,3]
[1,]    1    4    7
[2,]    2   10    8
[3,]    3    6    9
```

요소값들을 계산 후 매트릭스에 저장해 본다.

```
> a[3, 1] = a[2, 2] + a[3, 2]
> a
     [,1] [,2] [,3]
[1,]    1    4    7
[2,]    2   10    8
[3,]   16    6    9
```

매트릭스 a의 1행, 1~3열의 요소값을 나타낸다.

```
> a[1, 1:3]
[1] 1 4 7
```

매트릭스 a의 3열의 요소값을 나타낸다.

```
> a[, 3]
[1] 7 8 9
```

매트릭스 a의 2행의 요소값을 나타낸다.

```
> a[2, ]
[1]  2 10  8
```

매트릭스 a의 2행, 1열과 3열의 요소값을 나타낸다.

```
> a[2, c(1, 3)]
[1] 2 8
```

매트릭스 a의 1행과 3행의 요소값을 나타낸다.

```
> a[c(1, 3), ]
     [,1] [,2] [,3]
[1,]    1    4    7
[2,]   16    6    9
```

3.3. cbind와 rbind

- cbind

cbind는 기존의 매트릭스 요소값들에 새로운 데이터를 열 단위의 요소값으로 추가하는 것이다. 아래와 같이 실습해 본다.

실습

벡터에 cbind( )를 실행하기 전에 기존의 벡터를 확인해 본다.

```
> a
     [,1] [,2] [,3]
[1,]    1    4    7
[2,]    2   10    8
[3,]   16    6    9
```

벡터 a에 1~3까지 숫자를 가진 벡터를 추가한다. [,4]에 새로운 요소값이 추가된 것을 알 수 있다.

```
> cbind(a, 1:3)
     [,1] [,2] [,3] [,4]
[1,]    1    4    7    1
[2,]    2   10    8    2
[3,]   16    6    9    3
```

벡터 변수를 만들어 cbind( ) 함수를 사용해서 매트릭스를 생성한다. 이때 행의 인덱스를 표시하는 부분에 [,1], [,2]와 같이 나타나지 않고 벡터의 이름이 나타난다.

```
> a = 1:5
> b = 11:15
```

```
> x = cbind(a, b)
> x
     a  b
[1,] 1 11
[2,] 2 12
[3,] 3 13
[4,] 4 14
[5,] 5 15
```

매트릭스 x에 벡터 c를 추가하여 x에 덮어쓴다.

```
> c = 21:25
> x = cbind(x, c)
> x
     a  b  c
[1,] 1 11 21
[2,] 2 12 22
[3,] 3 13 23
[4,] 4 14 24
[5,] 5 15 25
```

- **rbind**

rbind( ) 함수는 행 단위의 요소값으로 추가한다. 아래와 같이 실습해 본다.

실습

rbind( ) 실습을 위해 매트릭스 a를 다시 만들었고, 10 ~ 12까지의 숫자를 가진 벡터를 rbind( )를 이용해 추가하였다.

```
> a = matrix(1:9, ncol=3, nrow=3)
> rbind(a, 10:12)
     [,1] [,2] [,3]
[1,]    1    4    7
[2,]    2    5    8
[3,]    3    6    9
[4,]   10   11   12
```

벡터 a에 1~5까지 숫자를 저장하고, b, c의 벡터를 확인해 본다. rbind( )를 통해 벡터 a, b, c를 모두 묶으면 행의 이름에 벡터의 이름이 나타나며 매트릭스가 생성된다.

```
> a = 1:5
> b
[1] 11 12 13 14 15
> d
[1] 1 2 3
> x = rbind(a, b, c)
> x
  [,1] [,2] [,3] [,4] [,5]
a    1    2    3    4    5
b   11   12   13   14   15
c   21   22   23   24   25
```

매트릭스 x에 26~30까지의 숫자를 가진 벡터를 rbind( )로 추가해 본다. 추가한 벡터는 벡터 변수에 저장된 요소값이 아니라 직접 값을 입력한 것이기 때문에 행에는 변수명이 없이 빈칸으로 표시된다.

```
> x = rbind(x, 26:30)
> x
  [,1] [,2] [,3] [,4] [,5]
a    1    2    3    4    5
b   11   12   13   14   15
c   21   22   23   24   25
    26   27   28   29   30
```

여기서 잠깐 - 데이터 타입이 다른 매트릭스의 요소값

지금까지 매트릭스의 요소값은 모두 숫자형으로만 사용하였다. 만일 rbind( )나 cbind( )로 기존의 숫자형으로만 이루어진 매트릭스에 문자형 벡터를 추가하면 어떻게 될까?

기존의 매트릭스 x에서 문자형으로 'a', 'b', 'c', 'd', 'e'의 값을 가지는 벡터를 추가하였다. 결과는 요소값을 모두 문자형으로 변환하여 저장된다. 문자형은 숫자로 변경이 어렵지만 숫자는 문자형으로 변경이 가능하기 때문이다. 즉, 매트릭스의 요소값은 모두 같은 데이터 타입을 가진다.

```
> rbind(x, c('a', 'b', 'c', 'd', 'e'))
  [,1] [,2] [,3] [,4] [,5]
a "1"  "2"  "3"  "4"  "5"
b "11" "12" "13" "14" "15"
c "21" "22" "23" "24" "25"
  "26" "27" "28" "29" "30"
  "a"  "b"  "c"  "d"  "e"
```

4 레이블 붙이기

매트릭스를 사용하다 보면 행과 열의 레이블이 [1,], [, 1] 등과 같이 사용되어 행이나 열에 어떤 요소값들이 저장된 것인지 판단하기 어려울 때가 있다. 이때 행 또는 열에 레이블을 붙여서 가독성과 편리성을 높일 수 있다. 형식은 아래와 같다.

형식 rownames(매트릭스 변수) = c($label_1$, $label_2$, $label_3$, .., $label_n$)
colnames(매트릭스 변수) = c($label_1$, $label_2$, $label_3$, .., $label_n$)

rownames( )은 매트릭스의 행에 레이블을 붙일 때 사용하며, 레이블은 c( ) 함수를 사용하여 매트릭스의 행에 따라 이름을 지정해 준다. colnames( )도 같은 방식으로 레이블을 설정하는데 열의 방향이다.

아래의 예시를 살펴보자.

예제 1 카페 매출액 매트릭스

A씨는 카페를 운영하는데 1년 매출액을 살펴보니 아래와 같았다. 분기별 판매액을 나타내며 단위는 10만 원이다. 즉 아메리카노는 1분기에 1,380만 원을 팔았다. 아래의 표를 매트릭스로 구성하시오.

	Americano	Latte	Capuchino
1분기	138	142	150
2분기	142	100	261
3분기	150	104	276
4분기	220	137	269

위 문제는 코딩 소스 영역에서 아래와 같이 작성한다.

각 판매가격을 c( ) 함수를 이용하여 벡터로 만들고 rice에 저장한다.

```
price = c(138, 142, 150, 220, 142, 100, 104, 137, 150, 261, 276, 269)
```

벡터 price를 이용하여 nrow=4를 지정한 매트릭스를 구성한다.

```
sale = matrix(price, nrow=4)
```

생성된 매트릭스를 확인해 보자.

```
sale
> sale
     [,1] [,2] [,3]
[1,]  138  142  150
[2,]  142  100  261
[3,]  150  104  276
[4,]  220  137  269
```

colnames( )과 rownames( ) 함수를 이용하여 레이블을 붙인다.

```
colnames(sale) = c('Americano', 'Latte', 'Capuchino')
rownames(sale) = c('1분기', '2분기', '3분기', '4분기')
```

레이블이 붙은 매트릭스 sale을 확인해 보면, 예제에서 제시된 표와 같음을 알 수 있다.

```
sale
> sale
      Americano Latte Capuchino
1분기       138   142       150
2분기       142   100       261
3분기       150   104       276
4분기       220   137       269
```

매트릭스에 레이블이 있으니 이를 활용하여 값을 참조해 보자. sale[,"Americano"]는 행의 자리에는 인덱스나 레이블을 지정하지 않았으니 모든 행의 요소값을 의미하고, 열의 자리에는 "Americano"를 지정하였기에 1분기부터 4분기까지의 "Americano" 판매실적을 나타낸다. 이때 주의할 사항은 sale["Americano"]와 같이 하나의 레이블 또는 인덱스만 지정하면 에러가 발생한다. 참조하고자 하는 요소값이 [행, 열]의 형태로 반드시 콤마(,)로 구분하여 지정하여야 한다. 행 또는 열을 생략하면 모든 행이나 열을 의미하게 된다.

```
> sale[, "Americano"]
1분기 2분기 3분기 4분기
```

```
138   142   150   220
```

3분기의 "Americano" 판매실적을 나타낸다.

```
> sale["3분기", "Americano"]
[1] 150
```

1분기의 모든 판매실적을 나타낸다.

```
> sale["1분기", ]
Americano     Latte Capuchino
      138       142       150
```

행 또는 열의 지정이 없으면 모든 요소값을 의미한다. sale만 실행해도 같은 결과를 보인다.

```
> sale[, ]
      Americano Latte Capuchino
1분기       138   142       150
2분기       142   100       261
3분기       150   104       276
4분기       220   137       269
```

응용학습 3 학생 매트릭스 구성하기

홍길동의 과목별 성적이 아래와 같이 나왔다. 이를 매트릭스로 구성해 보자. 이때 총점은 직접 입력하지 말고 중간 + 기말 + 과제 + 출석을 합하여 계산된 결과로 추가한다.

매트릭스 이름은 classes, 행 레이블의 이름은 중간 = middle, 기말 = final, 과제 = report, 출석 = attend, 총점 = sum이다. 열 레이블의 이름은 R언어 = r, Python = Python, 공자 = confucius 로 지정하고, 점수 벡터는 score로 한다. 총점은 cbind( ) 또는 rbind( )를 사용한다.

과목	중간	기말	과제	출석	총점
R언어	28	36	8	19	91
Python	23	35	9	18	85
공자	21	30	5	14	70

여기서 잠깐 - array( ) 함수

matrix( ), cbind( ), rbind( )는 모두 동일한 데이터 타입을 가지는 2차원 자료를 생성한다. array( ) 함수는 2차원을 포함한 그 이상의 자료(3차원, 4차원, …)를 생성할 수 있다. 그러나 실제로 3차원 이상의 자료를 생성해서 처리하는 일은 복잡하기도 하지만 효율성이 떨어져, 실제로 사용하는 일이 그다지 많지 않다. array( ) 함수의 형식은 다음과 같다.

array(벡터 데이터, 차원 지정 값, 레이블)

차원 지정 값은 c( ) 함수를 사용한다. 즉, c(2, 3)이라고 하면 2행 3열의 2차원 자료를 나타낸다. 레이블은 매트릭스의 rownames( ), colnames( )와 유사하지만 한 번에 정의할 수 있어서 편리하다. 다음과 같이 실습해 보자.

1~16까지의 숫자를 가진 벡터 a를 만들고, array( )에서 4 × 4의 2차원 자료를 생성한다.

```
> a = 1:16
> b = array(a, c(4, 4))
> b
     [, 1] [, 2] [, 3] [, 4]
[1,]    1    5    9   13
[2,]    2    6   10   14
[3,]    3    7   11   15
[4,]    4    8   12   16
```

array( )로 만든 2차원 자료도 매트릭스와 같은 방식으로 인덱스를 주어 요소값을 변경하거나 추출할 수 있다. b[3, 2]의 값을 b의 1행 2열 값과 1행 3열의 값을 합하여 저장한다.

```
> b[3, 2] = b[1, 2] + b[1, 3]
> b
     [,1] [,2] [,3] [,4]
[1,]    1    5    9   13
[2,]    2    6   10   14
[3,]    3   14   11   15
[4,]    4    8   12   16
```

행과 열의 레이블을 리스트로 만들어 name에 저장한다. 이것을 array( )에서 레이블에 지정하면 한 번에 행과 열의 이름을 붙일 수 있다.

```
> name = list(c('1행', '2행', '3행', '4행'), c('1열', '2열', '3열', '4열'))
> b = array(a, c(4, 4), name)
> b
    1열 2열 3열 4열
1행   1   5   9  13
2행   2   6  10  14
3행   3   7  11  15
4행   4   8  12  16
```

조금 이례적이긴 하지만 3차원 자료를 생성해 보자. 이때는 차원 지정값을 c(x, y)가 아니라 c(x, y, z) 형태로 지정해 주면 된다. 아래와 같이 실습해 보자.

3차원 자료에 적용할 벡터값은 1~10까지 숫자를 반복해서 지정한다. 즉 10까지 저장되면 다시 1부터 10의 순으로 숫자가 저장된다. 자료는 2 x 3 x 2의 형태가 된다. c(x, y, z)의 형식으로 c( )의 값을 확인해 보면 x = 2, y = 3, z = 2가 된다. 이때 아래의 결과에서 , , 1과 , , 2가 z의 순서이며, (x, y)를 통해 매트릭스를 구성한다. 즉, z를 기준으로 첫 번째 (x, y) 매트릭스, 두 번째 (x, y) 매트릭스가 생성되는 것이다.

```
> c = array(1:10, c(2, 3, 2))
> c
, , 1

     [,1] [,2] [,3]
[1,]    1    3    5
[2,]    2    4    6

, , 2

     [,1] [,2] [,3]
[1,]    7    9    1
[2,]    8   10    2
```

값을 추출할 때는 인덱스를 모두 지정하여야 한다. 즉, c[2, 1, 2]는 c[2, 1]의 두 번째 매트릭스 값을 불러온다.

```
> c[2, 1, 2]
[1] 8
```

5 함수와 연산

matrix( ), array( ) 등으로 생성한 2차원 자료들은 산술 연산, 논리 연산 등이 가능하고 일반적인 함수들도 사용할 수 있다. 매트릭스로 생성한 자료를 기반으로 산술 연산과 논리 연산을 해보도록 하자.

실습

실습을 위해 간단한 매트릭스 a을 만들었다. 이때 행의 개수를 지정하지 않고 열의 개수만 지정해도 1~5까지의 벡터값으로 2행을 가지는 매트릭스를 생성한다. 매트릭스를 만들 때 벡터값이 부족하면 범위 (1~5) 안에서 반복 적용된다. 같은 방법으로 매트릭스 b도 생성하였다.

```
> a = matrix(1:5, nrow=2)
> a
     [,1] [,2] [,3]
[1,]    1    3    5
[2,]    2    4    1

> b = matrix(8:13, nrow=2)
> b
     [,1] [,2] [,3]
[1,]    8   10   12
[2,]    9   11   13
```

매트릭스끼리 덧셈(+), 뺄셈(-), 곱셈(*) 연산을 할 수 있다. 다만 매트릭스끼리의 연산에는 반드시 차수가 같아야 한다. 즉, 행과 열의 크기가 같아야 연산을 수행할 수 있으며 다를 경우는 에러를 발생한다.

```
> a + b
     [,1] [,2] [,3]
[1,]    9   13   17
[2,]   11   15   14
> b - a
     [,1] [,2] [,3]
[1,]    7    7    7
[2,]    7    7   12
> a * b
     [,1] [,2] [,3]
[1,]    8   30   60
[2,]   18   44   13
```

벡터 a를 벡터 b로 나누어서 몫을 구한다. 그 반대로도 실습해 보자.

```
> a  %/% b
     [,1] [,2] [,3]
[1,]    0    0    0
[2,]    0    0    0
> b %/% a
     [,1] [,2] [,3]
[1,]    8    3    2
[2,]    4    2   13
```

벡터 b를 벡터 a로 나눈 나머지를 구한다.

```
> b %% a
     [,1] [,2] [,3]
[1,]    0    1    2
[2,]    1    3    0
```

벡터 a의 각 요소값들의 제곱을 구한다.

```
> a ^ 2
     [,1] [,2] [,3]
[1,]    1    9   25
[2,]    4   16    1
```

벡터 a의 각 요소값들과 b의 각 요소값들의 비교연산(또는(|))을 수행한다. 이때 요소값이 0이면 FALSE, 아니면 TRUE로 하여 비교를 수행한다.

```
> a | b
     [,1] [,2] [,3]
[1,] TRUE TRUE TRUE
[2,] TRUE TRUE TRUE
```

벡터 a와 b의 비교 연산(그리고(&&), 또는(||))을 수행한다. 이때 비교는 매트릭스 전체의 비교 결괏값을 나타낸다.

```
> a && b
[1] TRUE
> a || b
[1] TRUE
```

매트릭스를 위해 아래와 같은 함수들을 사용할 수 있다.

- t(x)

매트릭스 x의 역행렬을 구한다.

> **형식** `t(x)`
> - x: 매트릭스

- dim(x)

매트릭스 x의 차수를 구한다. 차수란 행과 열의 개수를 말한다.

> **형식** `dim(x)`
> - x: 매트릭스

- rowSums(x)

매트릭스 x의 각 행의 합을 구한다.

> **형식** `rowSums(x)`
> - x: 매트릭스

- colSums(x)

매트릭스 x의 각 열의 합을 구한다.

> **형식** `colSums(x)`
> - x: 매트릭스

실습

```
> a
     [,1] [,2] [,3]
[1,]    1    3    5
[2,]    2    4    1
```

t(a)는 매트릭스 a의 역행렬을 구한다.

```
> t(a)
     [,1] [,2]
[1,]    1    2
[2,]    3    4
[3,]    5    1
```

dim(a)는 매트릭스 a의 차수를 구한다. 즉 a와 b는 행 2개, 열 3개인 2×3의 구조를 가짐을 알 수 있다.

```
> dim(a)
[1] 2 3
> dim(b)
[1] 2 3
```

rowSums(a)과 colSums(a)는 매트릭스 a의 행의 합과 열의 합을 구한다.

```
> rowSums(a)
[1] 9 7
> colSums(a)
[1] 3 7 6
```

아래의 함수들은 매트릭스나 array만을 위한 것이 아니며 벡터, 리스트 등의 다른 자료형에서도 사용이 가능하다.

• apply( )

apply( ) 함수는 행렬에서만 사용이 가능하며, 행렬이 아닌 데이터프레임(4장에 있음)의 경우 행렬로 변환 후에 실행된다. 인수로 지정하는 x의 값을 fun에서 설정한 함수에 실행한다. 이때 margin은 요소값들의 적용 방향을 의미한다.

형식 `apply(x, margin, fun)`

- x: 벡터, 매트릭스, array 등 여러 요소값을 가지는 자료
- margin: 1 = 행 방향으로 함수를 적용, 2 = 열 방향으로 함수를 적용
- fun: function, 즉 실행할 기능의 함수

• lapply( )

형식은 apply( )와 같지만 margin 옵션이 없으며 결과는 리스트로 반환된다.

형식 `lapply(x, fun)`

- x: 벡터, 매트릭스, array 등 여러 요소값을 가지는 자료
- fun: function, 즉 실행할 기능의 함수

• sapply( )

형식은 lapply( )와 같지만 실행 결과는 벡터로 반환된다.

형식 `sapply(x, fun)`

- x: 벡터, 매트릭스, array 등 여러 요소값을 가지는 자료
- fun: function, 즉 실행할 기능의 함수

• sample( )

이 함수는 인수로 지정한 자료의 요소값들을 임의로 섞어서 설정한 개수만큼 추출한다.

형식 `sample(x, size)`

- x: 벡터, 매트릭스, array 등 여러 요소값을 가지는 자료
- size: 추출할 개수를 지정, 생략 가능

실습

실습을 위해 a, b의 값을 확인해 본다.

```
> a
     [,1] [,2] [,3]
[1,]    1    3    5
[2,]    2    4    1
> b
     [,1] [,2] [,3]
[1,]    8   10   12
[2,]    9   11   13
```

매트릭스 b의 각 요소값들의 평균을 구하는데, 매개변수인 margin이 1이므로 행 방향의 요소값들에 대한 평균을 산출한다. 이때 옵션의 이름을 모두 사용하고자 한다면 apply(b, margin=1, fun=mean)와 같이 사용하면 된다. 결과는 같다. 단 대소문자 구분하니 주의한다.

```
> apply(b, 1, mean)
[1] 10 11
```

매트릭스 b의 열 방향으로 요소값들의 평균을 구한다.

```
> apply(b, 2, mean)
[1]  8.5 10.5 12.5
```

매트릭스 a의 열 방향(margin이 1인 경우는 행 방향)으로 요소값들의 합을 구한다.

```
> apply(a, 2, sum)
[1] 3 7 6
> apply(a, 1, sum)
[1] 9 7
```

매트릭스 a와 b를 합하여 리스트로 만든 것을 ab_list에 저장한다, 이것을 lapply( ) 함수를 이용하여 평균을 구하면 a의 요소값인 1, 2, 3, 4, 5, 1의 평균값인 2.666667이 [[1]]에 나타내고, a의 요소값 전체 평균값을 [[2]]에 나타낸다. lapply( )의 결괏값은 리스트이다.

```
> ab_list <- list(a, b)
> lapply(ab_list, mean)
[[1]]
[1] 2.666667

[[2]]
[1] 10.5
```

같은 방법으로 sapply( ) 함수를 사용하면 결괏값을 벡터로 나타낸다.

```
> sapply(ab_list, mean)
[1]  2.666667 10.500000
```

매트릭스 a 또는 b의 요소값들을 임의로 섞어서 벡터로 추출한다.

```
> sample(a)
[1] 4 1 2 5 1 3
> sample(b)
[1]  9 12  8 10 13 11
```

매트릭스 a와 b를 합한 매트릭스에서도 임의의 요소값을 추출할 수 있다.

```
> a + b
     [,1] [,2] [,3]
[1,]    9   13   17
[2,]   11   15   14
> sample(a + b)
[1]  9 13 14 15 17 11
```

연습문제

01. 아래 명령의 실행결과는?

```
> hackjum = c('A+', 'B', 'B+', 'A+', 'A', 'C', 'B+')
> fact.hackjum = factor(hackjum)
> fact.hackjum[2]
```

① B

② B+

③ B
Levels: B B+

④ B
Levels: A A+ B B+ C

⑤ B+
Levels: A A+ B B+ C

02. 아래 명령의 실행결과는?

```
> hackjum = c('A+', 'B', 'B+', 'A+', 'A', 'C', 'B+')
> fact.hackjum = factor(hackjum)
> levels(fact.hackjum)
```

① A A+ B B+ C

② Levels: A A+ B B+ C

③ "A" "A+" "B" "B+" "C"

④ Levels: "A" "A+" "B" "B+" "C"

⑤ 'A+', 'B', 'B+', 'A+', 'A', 'C', 'B+'

03. 아래 명령의 실행결과는?

```
> hackjum = c('A+', 'B', 'B+', 'A+', 'A', 'C', 'B+')
> fact.hackjum = factor(hackjum)
> fact.hackjum[1] = 'D'
> fact.hackjum
```

① 에러

② A+ B+ B+ A+ A C B+

③ A+ B+ B+ A+ A C B+
Levels: A A+ B B+ C

④ <NA> B B+ A+ A C B+

⑤ <NA> B B+ A+ A C B+
Levels: A A+ B B+ C

04. 아래 명령의 실행결과는?

```
> hackjum = c('A+', 'B', 'B+', 'A+', 'A', 'C', 'B+')
> fact.hackjum = factor(hackjum)
> fact.hackjum[1] = 'D'
> unique(fact.hackjum)
```

① A+ B+ B+ A+ A C B+

② Levels: A A+ B B+ C

③ <NA> B B+ A+ A C

④ <NA> B B+ A+ A C
Levels: A A+ B B+ C

⑤ <NA> B B+ A+ A C B+
Levels: A A+ B B+ C

05. 리스트에서 값을 찾기 위해 사용되는 이름을 무엇이라 하는가?

① 인덱스

② 색인

③ 번호

④ 포인트

⑤ 팩터

06. 아래 명령을 실행후 student의 name을 확인하고자 할 때 알맞은 코드는?

```
> student = list(name='홍길동', dept = '한국학과', id = 2504123, class = 'R언
어', sc = score, tot = sum(score), hackjum = 'A+')
```

① student.name

② student,name

③ student:name

④ student$name

⑤ student#name

07. 아래 명령의 실행결과는?

```
> student = list(name='홍길동', dept = '한국학과', id = 2504123, class = 'R언
어', sc = score, tot = sum(score), hackjum = 'A+')
> student[[1]]
```

① $name
"홍길동"

② "홍길동"

③ 홍길동

④ name='홍길동'

⑤ '홍길동'

08. 2차원 자료를 나타내는 데이터 유형은?

① 리스트
② 팩터
③ 튜플
④ 매트릭스
⑤ 변수

09. 아래의 결과를 나타내는 명령으로 옳은 것은?

```
     [,1] [,2] [,3]
[1,]    1    3    5
[2,]    2    4    6
```

① matrix(1:6, nrow=2, ncol=3)
② matrix(1:6, nrow=3, ncol=2)
③ matrix(1–6, nrow=2, ncol=3)
④ matrix(1–6, nrow=3, ncol=2)
⑤ matrix(1:6)

10. 아래 명령을 실행 후의 a값은?

```
> a = matrix(1:9, ncol=3, nrow=3)
> a[3,1] = a[2,2] + a[3,2]
```

①
```
     [,1] [,2] [,3]
[1,]    1    4    7
[2,]    2    5    8
[3,]   11    6    9
```

②
```
     [,1] [,2] [,3]
[1,]    1    4    7
[2,]    2    5    8
[3,]    3    6    9
```

③
```
     [,1] [,2] [,3]
[1,]    1    4    7
[2,]    2   10    8
[3,]    3    6    9
```

④
```
     [,1] [,2] [,3]
[1,]    1    4    7
[2,]    2   10    8
[3,]   16    6    9
```

⑤
```
     [,1] [,2] [,3]
[3,]   16    6    9
```

11. 아래 명령을 실행 후의 결과는?

```
> a = matrix(1:9, ncol=3, nrow=3)
> a[3,1] = a[2,2] + a[3,2]
> cbind(a, 1:3)
```

①
```
     [,1] [,2] [,3]
[1,]    1    4    7
[2,]    2    5    8
[3,]   11    6    9
```

②
```
     [,1] [,2] [,3] [,4]
[1,]    1    4    7    1
[2,]    2    5    8    2
[3,]   11    6    9    3
```

③
```
     [,1] [,2] [,3]
[1,]    1    4    7
[2,]    2   10    8
[3,]   16    6    9
[4,]    1    2    3
```

④
```
     [,1] [,2] [,3]
[1,]    1    4    7
[2,]    2   10    8
```

⑤
```
     [,1] [,2]
[1,]    1    4
[2,]    2   10
[3,]   16    6
```

12. 아래 명령을 실행 후의 a값은?

```
> a = matrix(1:9, ncol=3, nrow=3)
> a[3,1] = a[2,2] + a[3,2]
> cbind(a, 1:3)
```

①
```
     [,1] [,2] [,3]
[1,]    1    4    7
[2,]    2    5    8
[3,]   11    6    9
```

②
```
     [,1] [,2] [,3] [,4]
[1,]    1    4    7    1
[2,]    2    5    8    2
[3,]   11    6    9    3
```

③
```
     [,1] [,2 ] [,3]
[1,]    1    4    7
[2,]    2   10    8
[3,]   16    6    9
[4,]    1    2    3
```

④
```
     [,1] [,2] [,3]
[1,]    1    4    7
[2,]    2   10    8
```

⑤
```
     [,1] [,2]
[1,]    1    4
[2,]    2   10
[3,]   16    6
```

13. 아래 명령을 실행 후의 결과는?

```
> a = matrix(1:9, ncol=3, nrow=3)
> rbind(a, 10:12)
```

①
```
     [,1] [,2] [,3] [,4]
[1,]    1    4    7   10
[2,]    2    5    8   11
[3,]    3    6    9   12
```

②
```
     [,1] [,2] [,3]
[1,]    1    4    7
[2,]    2    5    8
[3,]    3    6    9
[4,]   10   11   12
```

③
```
     [,1] [,2] [,3]
[1,]    1    4    7
[2,]    2    5    8
[3,]    3    6    9
```

④
```
     [,1] [,2] [,3]
[1,]    1    4   10
[2,]    2    5   11
[3,]    3    6   12
```

⑤
```
     [,1] [,2] [,3]
[1,]    1    4    7
[2,]    2    5    8
[3,]   10   11   12
```

14. 매트릭스의 행에 레이블을 붙일 때 사용하는 함수는?

① rownames()
② colnames()
③ rowlabels()
④ collabels()
⑤ matrixnames()

15. 아래 명령을 실행 후의 b값은?

```
> a = 1:16
> b = array(a, c(4,4))
```

①

	[,1]	[,2]	[,3]	[,4]
[1,]	1	16	1	16
[2,]	16	1	16	1
[3,]	1	16	1	16

②

	[,1]	[,2]	[,3]	[,4]
[1,]	1	1	1	1
[2,]	16	16	16	16
[3,]	1	1	1	1
[4,]	16	16	16	16

③

	[,1]	[,2]	[,3]	[,4]
[1,]	1	5	9	13
[2,]	2	6	10	14
[3,]	3	7	11	15
[4,]	4	8	12	16

④

	[,1]	[,2]	[,3]	[,4]
[1,]	16	12	8	4
[2,]	15	11	7	3
[3,]	14	10	6	2
[4,]	13	9	5	1

⑤

	[,1]	[,2]	[,3]	[,4]
[1,]	16	16	16	16
[2,]	16	16	16	16
[3,]	16	16	16	16
[4,]	16	16	16	16

16. 아래 명령과 실행결과를 보고 (A)에 알맞은 명령을 고르시오.

```
> a = 1:16
> b = array(a, c(4,4))
> (   A   )
> b
     [,1] [,2] [,3] [,4]
[1,]    1    5    9   13 [2,]    2    6   10   14
[3,]    3   14   11   15
[4,]    4    8   12   16
```

① b[2,3] = b[1,3] + b[3,3]

② b[3,2] = b[3,3] + b[1,3]

③ b[2,3] = b[1,2] + b[1,3]

④ b[3,2] = b[1,2] + b[1,3]

⑤ b[3,2] = b[1,1] + b[2,3]

17. 아래 명령과 실행결과를 보고 (A)에 알맞은 명령을 고르시오.

```
> a = 1:16
> name = (  A  )
> b = array(a, c(4,4), name)
> b
   1열 2열 3열 4열
1행  1   5   9  13
2행  2   6  10  14
3행  3   7  11  15
4행  4   8  12  16
```

① list(c('1행', '2행', '3행', '4행'), c('1열', '2열', '3열', '4열'))

② list(c('1열', '2열', '3열', '4열'). c('1행', '2행', '3행', '4행'))

③ list(('1행', '2행', '3행', '4행'), ('1열', '2열', '3열', '4열'))

④ list(('1열', '2열', '3열', '4열'). ('1행', '2행', '3행', '4행'))

⑤ list(c('1열', '2열', '3열', '4열'), ('1행', '2행', '3행', '4행'))

18. 아래 명령과 실행결과를 보고 (A)에 알맞은 명령을 고르시오.

```
> a = matrix(1:5, nrow=2)
> b = matrix(8:13, nrow=2)
> (  A  )
     [,1] [,2] [,3]
[1,]    7    7    7
[2,]    7    7   12
```

① b + a

② b − a

③ b * a

④ b / a

⑤ b ** a

19. 매트릭스 x의 역행렬을 구하는 명령으로 옳은 것은?

① m(x)

② r(x)

③ a(x)

④ t(x)

⑤ o(x)

20. 매트릭스 x의 차수를 구하는 명령으로 옳은 것은?

① dim(x)

② level(x)

③ grade(x)

④ matrics(x)

⑤ tm(x)

제4장

데이터프레임

1. 데이터프레임이란?
2. 데이터프레임 만들기
3. 데이터프레임 사용하기
4. 함수 사용하기
5. 데이터 셋 알아보기
6. 데이터 셋을 이용하여 실습해 보기
7. 유용한 함수 사용하기
8. 매트릭스와 데이터프레임 사용하기
9. 데이터 테이블

1 데이터프레임이란?

벡터, 매트릭스 등의 자료들은 동일한 데이터 타입을 가지는 구조에 기반하고 있다. 데이터프레임(dataframe)은 다른 데이터 타입이 혼용된 구조의 처리가 가능하다.

표 1의 구조를 보면 이해가 쉬울듯하다. 학생 테이블에는 문자형, 범주형, 수치형이 모두 혼합된 구조를 이룬다. 이러한 구조에서는 동일한 데이터 타입을 가지지 않으므로 벡터나 매트릭스로 처리하기 어렵다. 이름은 일정한 범위 내에서 지어지는 것이 아니며 사람들마다 이름이 다르다. 즉, 어떤 이름이 지정될지 정해지지 않으며 실제적인 값이 저장되어야 하는 전형적인 문자형 자료이다. 학과는 학교마다 정해져 있어서 대학이 가지는 학과 내에서 값이 정해지기 때문에 범주형에 속한다. 학번은 일정 패턴이 존재하지만 매년 새로운 학번이 갱신되며 새로운 번호가 생성된다.

따라서 일정 범위에서만 학번이 존재하는 것이 아니고 실제 값인 학번이 숫자로 저장되어야 한다. 이때 학번은 숫자이지만 학번으로 어떤 산술연산과 같은 계산을 하는 목적은 아니기에 문자형으로 취급한다. 만일 숫자형으로 저장된다면, 예를 들어 0921239와 같은 학번이 있을 때 맨 앞의 0이 빠진 921239가 저장되는 문제가 발생한다. 이러한 방식으로 과목, 성적, 학점, 재학여부의 각 요소값도 자료의 범주에 따라 구분될 수 있다.

표 1. 학생 테이블

이름	학과	학번	과목	성적	학점	재학여부
문자형	범주형	문자형	범주형	수치형	범주형	범주형
홍길동	경희학과	2560120	R기초	98	A+	재학
홍길똥	한국학과	2601320	R응용	87	B+	휴학
김길동	자율학과	2501237	R실습	91	A	재학

이 부분에서 우리는 왜 자료의 범주를 생각할까? 단순히 여러 데이터 타입이 섞여 있다는 의미보다는 범주형 자료들은 팩터로 구성해서 저장 및 처리를 할 수 있기 때문이며, 이러한 구분이 나중에 데이터 분석할 때 매우 유용해진다.

2 데이터프레임 만들기

데이터프레임을 만드는 형식은 아래와 같다.

> 데이터프레임 변수 = data.frame(x_1, x_2,...x_n)
>
> 매개변수인 x_1, x_2,...x_n은 벡터, 팩터 등이 될 수 있다.

표 1의 구성을 데이터프레임으로 만들어 보자. 실습은 코딩 소스 영역에서 작성하여 실행한다.

예제 1 학생 데이터프레임

이름은 문자형이므로 c( ) 함수를 사용하여 벡터로 저장한다.

```
name = c('홍길동', '홍길똥',' 김길동')
```

학과는 범주형으로 factor( ) 함수를 사용하여 저장한다. 범주형 자료라고 해서 반드시 팩터 자료형으로 저장해야 하는 것은 아니지만 자료형의 범위에 따라 구분하기 위해서 factor를 사용한다.

```
dept = factor(c('경희학과', '한국학과', '자율학과'))
```

문자형인 학번과 수치형인 점수는 실제 데이터를 벡터로 저장하며, 범주형인 과목명, 학점, 재학여부는 팩터로 저장하였다.

```
id = c('2560120', '2601320', '2501237')
classes = factor(c('R기초', 'R응용', 'R실습'))
score = c(98, 87, 91)
grade = factor(c('A+', 'B+', 'A'))
mark = factor(c('재학', '휴학', '재학'))
```

모든 요소값의 준비가 완료되었으니 만들어 놓은 벡터와 팩터를 매개변수로 하여 데이터프레임을 만들어 본다.

```
student = data.frame(name, dept, id, classes, score, grade, mark)
```

생성된 데이터프레임 student를 확인해 보면 표 1의 구조를 가짐을 알 수 있다.

```
student
    name    dept      id classes score grade mark
1 홍길동 경희학과 2560120   R기초    98    A+ 재학
2 홍길똥 한국학과 2601320   R응용    87    B+ 휴학
3 김길동 자율학과 2501237   R실습    91     A 재학
```

3 데이터프레임 사용하기

데이터프레임을 만들었으니 요소값들을 추출해 본다. 요소값 추출에는 다음 2가지 방식이 있다.

- dataframe$rowname: 데이터프레임과 찾고자 하는 열의 레이블 이름 사이에 '$' 기호로 구분한다. 데이터프레임 안에 있는 열의 레이블 요소값 모두를 추출해 준다.
- [x, y]: 매트릭스와 같이 행(x)과 열(y)의 인덱스를 직접 지정하여 해당 요소값을 추출한다.

실습

student에서 이름의 요소값을 모두 가져온다.

```
> student$name
[1] "홍길동" "홍길똥" "김길동"
```

student에서 범주형 자료형으로 팩터로 구성된 학과의 요소값을 가져온다. 팩터이기 때문에 Levels가 나타난다.

```
> student$dept
[1] 경희학과 한국학과 자율학과
Levels: 경희학과 자율학과 한국학과
```

student에서 수치형 자료인 score를 추출하였다. 이것은 총합이나 평균을 구하는 등의 산술연산이 가능하다.

```
> student$score
[1] 98 87 91
> z = student$score[1] + student$score[2] + student$score[3]
> z
[1] 276
```

student의 2번째 행의 요소값을 모두 추출한다.

```
> student[2, ]
    name     dept      id classes score grade mark
2 홍길똥 한국학과 2601320   R응용    87    B+ 휴학
```

student의 3번째 열의 요소값을 모두 추출한다.

```
> student[, 3]
[1] "2560120" "2601320" "2501237"
```

student의 1번째 행, 2번째 열의 요소값을 추출한다. 팩터이기 때문에 Levels가 나타난다.

```
> student[1, 2]
[1] 경희학과
Levels: 경희학과 자율학과 한국학과
```

student에서 이름이 '홍길똥'인 과목, 학점, 재학여부의 요소값을 추출한다.

```
> student[student$name=='홍길똥', c('classes', 'grade', 'mark')]
  classes grade mark
2   R응용    B+ 휴학
```

student에서 이름이 '김길동'인 모든 요소값을 추출한다.

```
> student[student$name=='김길동', ]
    name     dept      id classes score grade mark
3 김길동 자율학과 2501237   R실습    91     A 재학
```

4 함수 사용하기

데이터프레임에서 유용하게 사용할 수 있는 함수들이 있다. 다만 각 함수들이 데이터프레임을 위해서만 사용되는 것이 아니라 벡터, 리스트, R 파일, 데이터 셋 등에도 다양하게 적용됨을 기억한다.

- merge( )

형식 `merge(x, y, by = intersect(names(x), names(y)...)`

첫 번째 데이터프레임 (x)와 두 번째 데이터프레임 (y)를 병합하는데 by에서 설정한 키값으로 합친다. 이때 by에서 병합 키값이 한 개 또는 여러 개 있을 수 있다. 즉, 키값을 기준으로 병합할 때 같은 값이 없는 경우 기준이 되는 키값이 없으므로 병합이 어렵게 된다. 이때는 키값을 하나 더 설정하여 병합을 진행할 수 있도록 한다.

- attach( )

형식 `attach(what)`

what은 데이터베이스를 나타내며, 이곳에서는 데이터프레임, 리스트, R 데이터 파일 등이 될 수 있다. 데이터프레임에서는 $로 구분하여 해당 요소값을 추출하였다. 그런데 데이터프레임 내의 요소값을 $로 구분하여 모두 작성하기에는 변수의 이름이 너무 길다. attach( ) 함수는 데이터프레임의 요소값을 분리해 주어 변수 이름을 직접 사용할 수 있도록 해준다.

- detach( )

형식 `detach(what)`

what은 데이터베이스를 나타내며, 이곳에서는 데이터프레임, 리스트, R 데이터 파일 등이 될 수 있다. attach( ) 함수로 분리된 요소값들을 다시 하나로 묶어준다. 즉, attach( ) 함수가 적용되었던 데이터프레임을 해제해 준다.

- with( )

형식 `with(data, expr)`

data는 함수에 적용하려는 데이터프레임을 나타내고, expr는 적용할 함수를 나타낸다. 즉, expr에서 지정한 함수를 수행하는데 data에 지정한 데이터프레임을 사용하여 결과를 출력한다.

- subset( )

> **형식** subset(x_1, x_2,....)
>
> x_1에 데이터프레임을 지정하고, x_2부터 설정한 조건에 맞는 데이터프레임의 부분 데이터를 추출한다.

- str( )

> **형식** str(x)
>
> 매개변수 x에 데이터프레임을 지정하면 데이터프레임의 요약 정보를 나타낸다.

- class( )

> **형식** class(x)
>
> 매개변수 x에 데이터프레임을 지정하면 데이터프레임의 데이터타입을 나타낸다.

예제 2 학생 데이터프레임 merge( )

위에서 생성한 데이터프레임 student와 병합할 새로운 두 번째 데이터프레임을 student2의 이름으로 생성한다. 이때 기존의 student에 없는 항목들을 생성하였다. 또한 기준이 되는 키값으로 학생의 id를 공통으로 저장하였다. 즉, student에서 id와 같은 학생들을 찾아 student2의 새로운 데이터프레임 자료들을 병합할 예정이다. 새로이 추가되는 자료들은 학년(year)과 주소(addr)이다. 아래와 같이 코딩 소스 영역에서 작업하자.

```
id = c('2560120', '2601320', '2501237')
year = factor(c('1학년', '3학년', '2학년'))
addr = c('서울', '부산', '대전')
```

새로이 추가하는 학년과 주소를 가지는 데이터프레임 student2를 생성한다.

```
student2 = data.frame(id, year, addr)
```

student2의 내용을 보면 아래와 같다.

```
> student2
       id  year addr
```

```
       id  year addr
1 2560120 1학년 서울
2 2601320 3학년 부산
3 2501237 2학년 대전
```

기존의 student과 student2를 id를 기준으로 병합하여 student.update에 저장한다.

```
student.update = merge(student, student2, by = 'id')
```

병합된 student.update를 확인해보면 student과 student2가 섞여 있는 값들을 확인할 수 있다. 이때 병합의 기준이 되는 id가 맨 앞으로 위치되며, 오름차순으로 정렬되어 있고, student2에 있던 year와 addr이 id에 맞게 병합된 것을 확인할 수 있다.

```
student.update
> student.update
       id   name     dept classes score grade mark  year addr
1 2501237 김길동 자율학과  R실습    91     A 재학 2학년 대전
2 2560120 홍길동 경희학과  R기초    98    A+ 재학 1학년 서울
3 2601320 홍길똥 한국학과  R응용    87    B+ 휴학 3학년 부산
```

병합되는 키값은 찾았으나 자료가 중복된 경우에는 어떻게 합칠까? 학과(dept)와 과목(classes)의 자료를 중복해서 데이터프레임 student3를 생성한 후 id를 기준으로 병합한다.

```
dept = factor(c('경희학과'))
classes = factor(c('R기초'))
year = factor(c('1학년', '3학년', '2학년'))
addr = c('서울', '부산', '대전')
student2 = data.frame(id, dept, classes, year, addr)
student.update2 = merge(student, student3, by = 'id')
```

병합된 결과를 보면 중복된 학과(dept)와 과목(classes)에 대해 기존의 자료들은 dept.x과 classes.x이 되고, 새로운 자료는 dept.y과 classes.y의 이름으로 추가되었다. 즉, 값이 중복되었다고 덮어쓰는 것이 아니라 새로이 생성되었음을 알 수 있다.

```
student.update2
> student.update2
       id   name   dept.x classes.x score grade mark   dept.y classes.y  year addr
1 2501237 김길동 자율학과     R실습    91     A 재학 경희학과     R기초 2학년 대전
2 2560120 홍길동 경희학과     R기초    98    A+ 재학 경희학과     R기초 1학년 서울
3 2601320 홍길똥 한국학과     R응용    87    B+ 휴학 경희학과     R기초 3학년 부산
```

예제 3 학생 데이터프레임 attach( )와 detach( )

위에서 생성한 데이터프레임 student.update을 사용해 보자. student.update의 이름 요소값을 추출하기 위해서는 student.update$name과 같이 사용하여야 한다.

```
student.update$name
student.update$score
```

attach( ) 함수를 사용하면 데이터프레임을 풀어서 변수로 직접 사용이 가능하다.

```
attach(student.update)
name
[1] "홍길동" "홍길똥" "김길동"

dept
[1] 경희학과
Levels: 경희학과

score
[1] 91 98 87

sum(score)
[1] 276
mean(score)
[1] 92
```

데이터프레임 student.update를 해제한다.

```
detach(student.update)
```

with( )와 subset( ) 함수의 실습은 아래와 같다.

실습

student.update 에서 수치형 자료인 score를 추출하여 평균이나 합을 구할 수 있다.

```
> with(student.update, mean(score))
[1] 92
```

```
> with(student.update, mean(score))
[1] 92
> with(student.update, sum(score))
[1] 276
> with(student.update, min(score))
[1] 87
```

subset( )은 부분 데이터를 추출하는 기능을 수행한다. 그런데 예제로 만든 데이터프레임 student.update는 데이터가 작아 큰 차이가 추출하는 데이터도 작다. 후에 데이터 셋을 설명할 것이며, 이때 많은 데이터를 다루니 subset( ) 함수나 with( ) 함수 등을 사용해보는것도 좋을 듯 하다. 데이터프레임 student.update에서 score > 90인 데이터만 추출하여 나타낸다. 이때는 해당 조건에 맞는 전체 데이터가 출력된다.

```
> subset(student.update, score > 90)
       id   name     dept classes score grade mark  year addr
1 2501237 김길동 자율학과   R실습    91     A 재학 2학년 대전
2 2560120 홍길동 경희학과   R기초    98    A+ 재학 1학년 서울
```

조건을 조금 더 세분화할 수 있다. score > 90에 맞는 데이터를 추출하는데, 이때 모두 나타내는 것이 아니라 select에서 지정한 이름(name)만 출력한다.

```
> subset(student.update, score > 90, select = c('name'))
    name
1 김길동
2 홍길동
```

데이터프레임 student.update가 어떤 요소값을 가지고 있으며, 각 요소값들이 어떤 형태로 저장되어있는지 요약해서 나타낸다.

```
> str(student.update)
'data.frame':	3 obs. of  9 variables:
 $ id     : chr  "2501237" "2560120" "2601320"
 $ name   : chr  "김길동" "홍길동" "홍길똥"
 $ dept   : Factor w/ 3 levels "경희학과","자율학과",..: 2 1 3
 $ classes: Factor w/ 3 levels "R기초","R실습",..: 2 1 3
 $ score  : num  91 98 87
 $ grade  : Factor w/ 3 levels "A","A+","B+": 1 2 3
```

```
 $ mark   : Factor w/ 2 levels "재학","휴학": 1 1 2
 $ year   : Factor w/ 3 levels "1학년","2학년",..: 2 1 3
 $ addr   : chr  "대전" "서울" "부산"
```

student.update 자료구조는 데이터프레임이라는 것을 알려준다.

```
> class(student.update)
[1] "data.frame"
```

5 데이터 셋 알아보기

R에서는 실습과 분석을 위해 많은 데이터 셋을 제공하고 있다. 일반적으로 많이 사용되는 데이터 셋을 중심으로 알아보면 아래와 같다.

- cars: 자동차의 속도와 제동거리에 대한 데이터
- mtcars(Motor Trend Car Road Tests): 자동차의 브랜드별 차량 정보 데이터
- iris: 붓꽃 정보 데이터
- airquality: 공기 질에 대한 데이터
- swiss: 스위스 48개 주의 정보 데이터

• cars

cars 데이터 셋은 아래와 같다. 전체 50개의 데이터를 제공하는데 각 요소값의 항목은 아래와 같다.

- speed: 자동차의 속도를 나타내며 단위는 마일(mile)이다.
- dist: 제동거리(distance)는 단위는 피트(fit)이다.

표 2. cars 데이터 셋 구조

	speed	dist
1	4	2
2	4	10
3	7	4
:	:	:
50	25	85

• mtcars

mtcars 데이터 셋은 자동차의 연비, 배기량, 출력 마력 등 전반적인 정보를 가지고 있다. 각 요소값의 항목은 아래와 같다.

- mpg: 연비(마일/갤런)
- cyl: 엔진 실린더 수(일반적으로 4개이면 4기통, 6개이면 6기통 등)
- disp: 엔진 배기량(displacement)
- hp: 최대 출력 마력(horsepower)
- drat: 뒤 차축 율(후륜 비율: rear axle ratio)
- wt: 차량의 무게(단위: 1000 lbs)
- qsec: 1/4 마일 동안 가속 시간
- vs: 엔진 유형(0 = V-엔진, 1 = S-엔진)
- am: 트랜스미션(변속기 유형: 0 = 오토매틱, 1 = 수동)
- gear: 전진 기어의 단수
- carb: 기화기의 수

표 3. mtcars 데이터 셋 구조

	mpg	cyl	disp	hp	drat	wt	Qsec	vs	am	gear	crab
RX4	21.0	6	160.0	110	3.90	2.620	16.46	0	1	4	4
RX4W	21.0	6	160.0	110	3.90	2.875	17.02	0	1	4	4
:	:	:	:	:	:	:	:	:	:	:	:
142E	21.4	4	121.0	109	4.11	2.780	18.60	1	1	4	2

- iris

iris 데이터 셋은 붓꽃 데이터를 가지며, 각 요소값의 항목은 아래와 같다. 데이터 구성은 setosa, versicolor, virginica의 3개 품종(Species)에 대해 각각 50개씩 전체 150개의 데이터를 저장하고 있다.

- Sepal.Length: 꽃받침의 길이
- Sepal.Width: 꽃받침의 폭(너비)
- Petal.Length: 꽃잎의 길이
- Petal.Width: 꽃잎의 폭(너비)
- Species: 품종(꽃의 종류)

표 4. iris 데이터 셋 구조

	Sepal.Length	Sepal.Width	Petal.Length	Petal.Width	Species
1	5.1	3.5	1.4	0.2	setosa
2	4.9	3.0	1.4	0.2	setosa
3	4.7	3.2	1.3	0.2	setosa
:	:	:	:	:	:
51	7.0	3.2	4.7	1.4	versicolor
:	:	:	:	:	:
101	6.3	3.3	6.C	2.5	virginica
:	:	:	:	:	:
150	5.9	3.0	5.1	1.8	virginica

- airquality

airquality 데이터 셋의 각 요소값의 항목은 아래와 같다. 특히 몇몇 요소들은 값이 없는 NA를 가지고 있다.

- Ozone: 오존 농도(수치)
- Solar.R: 태양 복사량
- Wind: 바람 세기(풍속)
- Temp: 기온(degrees F)

– Month: 측정 월(1–12)

– Day: 측정 일(1–31)

표 5. airquality 데이터 셋 구조

	Ozone	Solar.R	Wind	Temp	Month	Day
1	41	190	7.4	67	5	1
2	36	118	8.0	72	5	2
:	:	:	:	:	:	:
5	NA	NA	14.3	56	5	5
:	:	:	:	:	:	:
153	20	223	11.5	68	9	30

- **swiss**

swiss 데이터 셋의 각 요소값의 항목은 스위스 48개 주의 통계 정보를 나타낸다.

– Fertility: 인구의 생산성

– Agriculture: 농업 지분

– Examination: 교육 수준

– Education: 교육 지출

– Catholic: 가톨릭 교회의 비율

– Infant.Mortality: 영유아 사망률

표 6. swiss 데이터 셋 구조

		Fertility	Agriculture	Examination	Education	Catholic	Infant.Mortality
1	Courtelary	80.2	17.0	15	12	9.96	22.2
2	Delemont	83.1	45.1	6	9	84.84	22.2
3	Franches-Mnt	92.5	39.7	5	5	93.40	20.2
4	Moutier	85.8	36.5	12	7	33.77	20.3
5	Neuveville	76.9	43.5	17	15	15.16	20.6
:	:	:	:	:	:	:	:
47	Rive Gauche	42.8	27.2	22	29	58.33	19.3

각 데이터 셋을 확인해 본다.

head( ) 함수를 사용해서 각 데이터 셋의 처음부터 6개까지의 요소값들을 나타낸다. 맨 마지막에서 6개까지의 데이터를 알아볼때는 tail( )함수를 사용하면 된다.

```
> head(cars)
  speed dist
1     4    2
2     4   10
3     7    4
4     7   22
5     8   16
6     9   10
> head(mtcars)
                   mpg cyl disp  hp drat    wt  qsec vs am gear carb
Mazda RX4         21.0   6  160 110 3.90 2.620 16.46  0  1    4    4
Mazda RX4 Wag     21.0   6  160 110 3.90 2.875 17.02  0  1    4    4
Datsun 710        22.8   4  108  93 3.85 2.320 18.61  1  1    4    1
Hornet 4 Drive    21.4   6  258 110 3.08 3.215 19.44  1  0    3    1
Hornet Sportabout 18.7   8  360 175 3.15 3.440 17.02  0  0    3    2
Valiant           18.1   6  225 105 2.76 3.460 20.22  1  0    3    1
> head(iris)
  Sepal.Length Sepal.Width Petal.Length Petal.Width Species
1          5.1         3.5          1.4         0.2  setosa
2          4.9         3.0          1.4         0.2  setosa
3          4.7         3.2          1.3         0.2  setosa
4          4.6         3.1          1.5         0.2  setosa
5          5.0         3.6          1.4         0.2  setosa
6          5.4         3.9          1.7         0.4  setosa
> head(airquality)
  Ozone Solar.R Wind Temp Month Day
1    41     190  7.4   67     5   1
2    36     118  8.0   72     5   2
3    12     149 12.6   74     5   3
4    18     313 11.5   62     5   4
5    NA      NA 14.3   56     5   5
6    28      NA 14.9   66     5   6
```

```
> head(swiss)
              Fertility Agriculture Examination Education Catholic Infant.Mortality
Courtelary         80.2        17.0          15        12     9.96             22.2
Delemont           83.1        45.1           6         9    84.84             22.2
Franches-Mnt       92.5        39.7           5         5    93.40             20.2
Moutier            85.8        36.5          12         7    33.77             20.3
Neuveville         76.9        43.5          17        15     5.16             20.6
Porrentruy         76.1        35.3           9         7    90.57             26.6
```

6 데이터 셋을 이용하여 실습해 보기

많은 데이터를 가지고 있는 데이터 셋은 연산, 비교, 분석, 요소값 추출 등 다양하게 사용될 수 있다. 데이터프레임 형식을 가지는 데이터 셋은 [행, 열]의 형식으로 원하는 요소값을 추출할 수 있고, 계산이 가능하다.

형식 데이터 셋[행, 열]

iris 데이터 셋을 이용하여 간단한 실습을 해본다.

실습

iris[1,]는 행은 1이고, 열은 값을 입력하지 않았으므로 전체를 의미한다. 따라서 iris[1,]은 iris의 1행 전체 내용을 가져온다.

```
> iris[1, ]
  Sepal.Length Sepal.Width Petal.Length Petal.Width Species
1          5.1         3.5          1.4         0.2  setosa
```

iris[1:3,]의 경우 행은 1~3까지를 의미하고, 열은 전체이므로 아래와 같이 나타낸다.

```
> iris[1:3, ]
   Sepal.Length Sepal.Width Petal.Length Petal.Width Species
1          5.1         3.5          1.4         0.2  setosa
```

```
2         4.9        3.0         1.4        0.2  setosa
3         4.7        3.2         1.3        0.2  setosa
```

iris[3, 1:3]의 경우 행은 3, 열은 1~3까지를 나타내므로 iris에서 3행, 1~3까지 열의 원소값을 나타낸다.

```
> iris[3, 1:3]
  Sepal.Length Sepal.Width Petal.Length
3         4.7        3.2         1.3
```

iris[1:3, 5]의 경우 행은 1~3까지, 열은 5이므로 5열의 데이터 'setosa'가 3번 연속으로 나타난다. 이때 아래와 같이 출력될 것으로 보이나 실제는 'setosa'가 한 줄에 모두 나타난다. 또한 숫자를 가지는 Sepal.Length와 같은 데이터를 출력할 때는 해당 요소값만 나타내는 데 비하여 iris의 5번째 항목은 품종을 나타내는 문자형이므로 마지막에 각 요소값들의 종류를 나타내는 Levels가 나타난다.

```
1        setosa
2        setosa
3        setosa
```

```
> iris[1:3, 5]
[1] setosa setosa setosa
Levels: setosa versicolor virginica
```

이러한 결과는 아래와 같이 인덱스를 주지 않고 직접 항목값을 주어도 같은 결과를 나타낸다.

```
> iris[1:3, 'Species']
[1] setosa setosa setosa
Levels: setosa versicolor virginica
```

iris[, "Species"]는 iris의 품종 정보간을 나타내는데, 이때 head( ) 함수를 같이 사용하면 출력되는 값은 처음 6개의 데이터인 'setosa'만 나타내고, Levels는 전체 데이터의 종류를 나타낸다.

```
> head(iris[, "Species"])
[1] setosa setosa setosa setosa setosa setosa
Levels: setosa versicolor virginica
```

3장에서 학습한 apply( )함수를 사용해 본다.

apply(iris[, 1:4], 2, mean)은 iris 데이터 셋에서 모든 행에 대해 1~4열까지의 데이터만을 추출한 다음, 두 번째 인수가 2이므로 열의 방향으로 평균(mean)을 구하는 내용이다. iris의 5열은 문자형으로서 평균값을 계산할 수 없으므로 제외한 것이다.

```
> apply(iris[, 1:4], 2, mean)
Sepal.Length  Sepal.Width Petal.Length  Petal.Width
    5.843333     3.057333     3.758000     1.199333
```

subset( ) 함수와 apply( ) 함수를 같이 사용하면 데이터 셋의 부분합 또는 부분별 평균값을 구할 수 있다. 먼저 iris의 품종별 그룹을 만든다. group1은 'setosa' 품종을, group2는 'versicolor' 품종을, group3는 'virginica' 품종의 값을 저장한다.

```
> group1 = subset(iris, Species=='setosa')
> group2 = subset(iris, Species=='versicolor')
> group3 = subset(iris, Species=='virginica')
```

각 group1, 2, 3를 apply( )에 적용하면 품종별 부분 평균값을 구할 수 있다. 이때 group1[, -5]은 문자형인 5번째 품종(Species) 데이터는 제외하는 것으로 group1[, 1:4]와 의미가 같다.

```
> apply(group1[, -5], 2, mean) #'setosa'에 대한 각 항목의 평균값
Sepal.Length  Sepal.Width Petal.Length  Petal.Width
       5.006        3.428        1.462        0.246

> apply(group2[, 1:4], 2, mean) #'versicolor'에 대한 각 항목의 평균값
Sepal.Length  Sepal.Width Petal.Length  Petal.Width
       5.936        2.770        4.260        1.326

> apply(group3[, -5], 2, mean) #'virginica'에 대한 각 항목의 평균값
Sepal.Length  Sepal.Width Petal.Length  Petal.Width
       6.588        2.974        5.552        2.026
```

응용학습 1 iris 평균값 구하기

iris의 virginica 품종 중에서 Petal.Length가 2.0 보다 크거나 같은 데이터에 대한 각 항목의 평균값을 구하시오.

실습

with( ) 함수를 사용하여 iris의 Sepal.Length에 대한 평균값을 구하는 명령으로 with(iris, mean(iris[, 1]))을 실행하면 아래와 같다. 이때 with( ) 함수의 두 번째 인수인 mean( )에 여러 개의 항목을 설정하면 안 되며, 하나의 항목만을 선택하고 이 항목은 숫자형이어야 평균값을 계산할 수 있다.

```
> with(iris, mean(iris[, 1]))
[1] 5.843333

> with(iris, mean(iris[, 1:3]))
[1] NA
경고메시지(들):
mean.default(iris[, 1:3])에서:
  인수가 수치형 또는 논리형이 아니므로 NA를 반환합니다
```

데이터 셋에 str(iris)를 사용하면 인수로 설정한 데이터 셋의 정보를 보여준다.

- 'data.frame': 150 obs. of 5 variables:은 iris가 데이터프레임이며 150개, 5개 항목의 데이터를 구성됨을 나타낸다.
- $ Sepal.Length: num 5.1 ..은 iris의 Sepal.Length 항목을 의미하고 num은 숫자형 데이터, 2.1 4.9 ..은 숫자로 된 각 요소값을 의미한다. ..은 이후 더 많은 값이 있지만 생략된 것이다.
- $ Species: Factor w/ 3 levels "setosa","versicolor",..: 1 1 1 ..은 문자형을 가지며 팩터형이고 "setosa","versicolor" 등과 같은 종류의 값을 가짐을 의미한다. 마지막 1 1 1 ..은 "setosa"가 1, "versicolor"가 2, "virginica"가 3을 의미하며, 출력 화면 크기로 인해 "setosa"을 의미하는 1 1 1 1 1 .. 이후 여러 값이 생략된 것을 나타낸다.

```
> str(iris)
'data.frame':    150 obs. of  5 variables:
 $ Sepal.Length: num  5.1 4.9 4.7 4.6 5 5.4 4.6 5 4.4 4.9 ...
 $ Sepal.Width : num  3.5 3 3.2 3.1 3.6 3.9 3.4 3.4 2.9 3.1 ...
 $ Petal.Length: num  1.4 1.4 1.3 1.5 1.4 1.7 1.4 1.5 1.4 1.5 ...
 $ Petal.Width : num  0.2 0.2 0.2 0.2 0.2 0.4 0.3 0.2 0.2 0.1 ...
 $ Species     : Factor w/ 3 levels "setosa","versicolor",..: 1 1 1 1 1 1 1 1 1 1 ...
```

문자형을 가지는 Species 항목을 제외한 iris의 1~4번째까지의 데이터만을 선택하면 아래와 같이 나타낸다.

```
> str(iris[, 1:4])
'data.frame':	150 obs. of  4 variables:
 $ Sepal.Length: num  5.1 4.9 4.7 4.6 5 5.4 4.6 5 4.4 4.9 ...
 $ Sepal.Width : num  3.5 3 3.2 3.1 3.6 3.9 3.4 3.4 2.9 3.1 ...
 $ Petal.Length: num  1.4 1.4 1.3 1.5 1.4 1.7 1.4 1.5 1.4 1.5 ...
 $ Petal.Width : num  0.2 0.2 0.2 0.2 0.2 0.4 0.3 0.2 0.2 0.1 ...
```

class 함수를 사용하여 iris가 데이터프레임인 것을 확인할 수 있다.

```
> class(iris)
[1] "data.frame"
```

7 유용한 함수 사용하기

데이터 셋에서 사용할 수 있는 다양한 함수들이 있는데, 각 항목에 대한 요소값의 개수, 부분합 등을 쉽게 구할 수 있다.

- **행과 열의 개수를 구하는 함수**
  - nrow(데이터 셋): 데이터 셋의 행의 개수를 나타낸다.
  - ncol(데이터 셋): 데이터 셋의 열의 개수를 나타낸다.
  - dim(데이터 셋): 데이터 셋의 행과 열의 개수를 나타낸다.

iris 데이터 셋의 행의 개수를 구한다. iris는 150개의 데이터를 제공하기 때문에 행의 개수는 150을 나타낸다.

```
> nrow(iris)
[1] 150
```

iris 데이터 셋의 열의 개수를 구한다. iris는 "Sepal.Length", "Sepal.Width", "Petal.Length", "Petal.Width", "Species" 의 5개 항목으로 데이터를 제공하기 때문에 열의 개수는 5를 나타낸다.

```
> ncol(iris)
[1] 5
```

dim( ) 함수는 데이터 셋의 행과 열의 개수를 구하므로, iris에서는 150개의 데이터를 5개 항목으로 제공하여 150과 5를 나타낸다.

```
> dim(iris)
[1] 150   5
```

행과 열의 합과 평균을 구하는 함수

- rowSums(데이터 셋의 항목): 데이터 셋의 행에 대한 요소값의 합계를 나타낸다.
- rowMeans(데이터 셋의 항목): 데이터 셋의 행에 대한 요소값의 평균을 나타낸다.
- colSums(데이터 셋의 항목): 데이터 셋의 열에 대한 요소값의 합계를 나타낸다.
- colMeans(데이터 셋의 항목): 데이터 셋의 열에 대한 요소값의 평균을 나타낸다.

rowSums(iris[, -5])는 iris의 문자형 데이터를 가지는 품종을 제외하고 나머지 항목들에 대한 행의 요소값 별 합계를 나타낸다. 즉 iris의 1번째 행에 대한 데이터 5.1 + 3.5 + 1.4 + 0.2 값의 합계는 10.2가 되어 첫 번째 결괏값을 나타낸다. 2번째 행의 데이터 4.9 + 3.0 + 1.4 + 0.2의 합계는 9.5이며 두 번째 결괏값을 나타낸다. 이러한 방식으로 150개의 결괏값을 나타낸다. 아래의 내용은 iris 데이터 셋 내용이니 참조하면 이해가 쉽다.

```
     Sepal.Length Sepal.Width Petal.Length Petal.Width    Species
1         5.1         3.5          1.4         0.2     setosa
2         4.9         3.0          1.4         0.2     setosa
:          :           :            :           :        :
```

```
> rowSums(iris[, -5])
  [1] 10.2  9.5  9.4  9.4 10.2 11.4  9.7 10.1  8.9  9.6 10.8 10.0  9.3
```

```
[14]  8.5 11.2 12.0 11.0 10.3 11.5 10.7 10.7 10.7  9.4 10.6 10.3  9.8
[27] 10.4 10.4 10.2  9.7  ......
```

rowMeans(iris[, 1:4])도 같은 방식이다. iris의 1번째 행에 대한 데이터 5.1, 3.5, 1.4, 0.2 값의 평균은 2.550이고, 첫 번째 결괏값이 된다. iris의 2번째 행에 대한 데이터 4.9, 3.0, 1.4, 0.2 값의 평균은 2.375이고, 두 번째 결괏값으로 나타난다. 이러한 방식으로 150개의 결괏값이 출력된다.

```
> rowMeans(iris[, 1:4])
  [1] 2.550 2.375 2.350 2.350 2.550 2.850 2.425 2.525 2.225 2.400
 [11] 2.700 2.500 2.325 2.125 2.800 3.000 2.750 2.575 2.875 2.675
```

colSums(iris[, 1:4])은 1~4열까지 각 열별로 전체 합계를 나타낸다. 즉, Sepal.Length의 150개 데이터의 합계가 876.5가 되며, Petal.Width까지 같은 방법으로 계산된다.

```
> colSums(iris[, 1:4])
Sepal.Length  Sepal.Width Petal.Length  Petal.Width
     876.5        458.6        563.7        179.9
```

colMeans(iris[, 1:4])은 1~4열까지 각 열별로 전체 평균값을 나타낸다. 즉, Sepal.Length의 150개 데이터의 평균이 5.843333이 되며, Petal.Width까지 같은 방법으로 계산된다.

```
> colMeans(iris[, 1:4])
Sepal.Length  Sepal.Width Petal.Length  Petal.Width
   5.843333     3.057333     3.758000     1.199333
```

- **행과 열의 이름을 구하는 함수**
  - colnames(데이터 셋 또는 매트릭스 또는 데이터프레임): 데이터 셋의 열의 이름을 나타내거나 붙여준다.
  - rowname(데이터 셋 또는 매트릭스 또는 데이터프레임): 데이터 셋의 행의 개수를 나타내거나 붙여준다.

colnames(iris)는 iris 데이터 셋의 열의 이름, 즉 5개의 항목 이름을 나타낸다.

```
> colnames(iris)
[1] "Sepal.Length" "Sepal.Width"  "Petal.Length" "Petal.Width"
[5] "Species"
```

rownames(iris)는 iris 데이터 셋의 행 이름으로, 150개의 데이터를 나타내는 각 행의 번호를 출력한다.

```
> rownames(iris)
  [1]   "1"   "2"   "3"   "4"   "5"   "6"   "7"   "8"   "9"  "10"
 [11]  "11"  "12"  "13"  "14"  "15"  "16"  "17"  "18"  "19"  "20"
 [21]  "21"  "22"  "23"  "24"  "25"  "26"  "27"  "28"  "29"  "30"
 [31]  "31"  "32"  "33"  "34"  "35"  "36"  "37"  "38"  "39"  "40"
 [41]  "41"  "42"  "43"  "44"  "45"  "46"  "47"  "48"  "49"  "50"
 [51]  "51"  "52"  "53"  "54"  "55"  "56"  "57"  "58"  "59"  "60"
 [61]  "61"  "62"  "63"  "64"  "65"  "66"  "67"  "68"  "69"  "70"
 [71]  "71"  "72"  "73"  "74"  "75"  "76"  "77"  "78"  "79"  "80"
 [81]  "81"  "82"  "83"  "84"  "85"  "86"  "87"  "88"  "89"  "90"
 [91]  "91"  "92"  "93"  "94"  "95"  "96"  "97"  "98"  "99" "100"
[101] "101" "102" "103" "104" "105" "106" "107" "108" "109" "110"
[111] "111" "112" "113" "114" "115" "116" "117" "118" "119" "120"
[121] "121" "122" "123" "124" "125" "126" "127" "128" "129" "130"
[131] "131" "132" "133" "134" "135" "136" "137" "138" "139" "140"
[141] "141" "142" "143" "144" "145" "146" "147" "148" "149" "150"
```

- **행과 열의 종류나 구조를 구하는 함수**
  - levels(데이터 셋의 항목): 데이터 셋에서 문자열의 데이터 타입을 가지는 항목에 대한 요소값의 종류를 나타낸다. 예를 들어 iris의 Species(품종)은 몇 종류인가를 알아보려면 levels(iris[, 5])를 실행하견 된다.
  - table(데이터 셋의 항목): 인수로 설정한 데이터 셋의 항목에서 종류 또는 값과 같은 데이터가 몇 개 있는지 알아본다. 예를들면 iris의 Species(품종)별 데이터는 몇 개가 있는가를 알아보려면 table(iris[, 5])를 실행하면 된다.

levels(iris[, 5])은 iris 데이터 셋에서 5번째 항목인 품종 데이터의 종류를 나타낸다. 이때 levels(iris$Species)와 같이 사용해도 같은 결과를 나타낸다.

```
> levels(iris[, 5])
[1] "setosa"     "versicolor" "virginica"
> levels(iris$Species)
[1] "setosa"     "versicolor" "virginica"
```

그러나 데이터 타입이 문자형이 아닌 숫자형의 경우는 종류를 나타낼 수 없으므로 NULL을 출력한다.

```
> levels(iris[, 1])
NULL
```

table(iris[, 5])은 iris의 품종 별 몇 개의 데이터가 있는지 나타낸다.

```
> table(iris[, 5])
    setosa versicolor  virginica
        50         50         50
```

이때 숫자형인 경우에도 해당 숫자가 몇 개 있는지 나타낸다. cars 데이터 셋을 간략히 나타내면 아래와 같이 구성되어있다.

```
> head(cars)
  speed dist
1     4    2
2     4   10
3     7    4
4     7   22
5     8   16
6     9   10
```

table(cars[, 1])은 cars의 첫 번째 열인 speed에서 데이터 4가 2개, 7이 2개, 8이 1개 등으로 구성된 것을 알 수 있다.

```
> table(cars[, 1])
 4  7  8  9 10 11 12 13 14 15 16 17 18 19 20 22 23 24 25
 2  2  1  1  3  2  4  4  4  3  2  3  4  3  5  1  1  4  1
```

- **요소값에 따른 합/평균 구하는 함수**
  - aggregate(데이터 셋의 항목~데이터 셋의 기준 항목, 데이터 셋, 연산 함수): 지정한 데이터 셋에서 기준 항목을 중심으로 데이터 셋의 항목의 요소값들을 연산 함수에 따라 실행한 결과값을 반환한다는 의미이다. aggregate( ) 함수는 데이터 셋에서 일부 조건에 따라 연산을 구하는 함수라기보다는 보다 폭넓게 사용되는 기능이다. 여기에서는 합이나 평균을 구하는 방법으로 설명한다.

iris 데이터 셋에서 품종인 Species에 따라 Sepal.Length의 평균을 구하는 명령이다. 합을 구하고자 할 때는 mean을 sum으로 변경하면 된다.

```
> aggregate(Sepal.Length ~ Species, iris, mean)
     Species Sepal.Length
1     setosa        5.006
2 versicolor        5.936
3  virginica        6.588
```

- **원하는 항목(열의 이름) 선택 함수**
  - select(데이터 셋, 항목$_1$, 항목$_2$, …): 데이터 셋을 중심으로 찾고자 하는 항목을 나타내준다. select( ) 함수는 티블(tibble)이나 데이터프레임을 기준으로 찾고자 하는 데이터를 나타내준다. 아래와 같이 실습해 본다.

실습

dplyr 패키지를 설치한다.

```
> install.packages("dplyr")
WARNING: Rtools is required to build R packages but is not currently installed.
Please download and install the appropriate version of Rtools before proceeding:

https://cran.rstudio.com/bin/windows/Rtools/
'C:/Users/Michael/AppData/Local/R/win-library/4.4'의 위치에 패키지(들)을 설치합
니다.
```

```
(왜냐하면 'lib'가 지정되지 않았기 때문입니다)
'generics', 'tidyselect'(들)을 또한 설치합니다.
:
:

패키지 'dplyr'를 성공적으로 압축해제하였고 MD5 sums 이 확인되었습니다

다운로드된 바이너리 패키지들은 다음의 위치에 있습니다
        C:\Users\Michael\AppData\Local\Temp\RtmpU1QD7C\downloaded_packages
```

빨간 글씨로 설치 내용들을 설명해서 마치 에러가 발생한 것처럼 보이지만 성공적으로 패키지 설치가 완료되었다. library를 통해 dplyr 패키지를 로드한다.

```
> library(dplyr)
다음의 패키지를 부착합니다: 'dplyr'
The following objects are masked from 'package:stats':
   filter, lag
The following objects are masked from 'package:base':
   intersect, setdiff, setequal, union
경고메시지(들):
패키지 'dplyr'는 R 버전 4.4.3에서 작성되었습니다
```

iris 데이터를 간략히 확인한다.

```
> head(iris)

  Sepal.Length Sepal.Width Petal.Length Petal.Width Species
1          5.1         3.5          1.4         0.2  setosa
2          4.9         3.0          1.4         0.2  setosa
3          4.7         3.2          1.3         0.2  setosa
4          4.6         3.1          1.5         0.2  setosa
5          5.0         3.6          1.4         0.2  setosa
6          5.4         3.9          1.7         0.4  setosa
```

select(iris, Sepal.Length, Petal.Length)는 iris에서 Sepal.Length와 Petal.Length를 추출하여 나타낸다.

```
> select(iris, Sepal.Length, Petal.Length)
  Sepal.Length Petal.Length
1          5.1          1.4
2          4.9          1.4
3          4.7          1.3
4          4.6          1.5
5          5.0          1.4
:           :            :
```

파이프 방법으로 사용하면 아래와 같이 동일한 결과를 나타낸다.

```
> iris %>% select(Sepal.Length, Petal.Length)
  Sepal.Length Petal.Length
1          5.1          1.4
2          4.9          1.4
3          4.7          1.3
4          4.6          1.5
5          5.0          1.4
:           :            :
```

select( ) 함수 안에 c( ) 함수를 사용하거나 select_( )를 사용해도 같은 결과를 나타낸다. one_of( )를 사용해도 결과가 같다.

```
> iris %>% select(c(Sepal.Length, Petal.Length))
> iris %>% select_('Sepal.Length', 'Petal.Length')
> iris %>% select(one_of('Sepal.Length', 'Petal.Length'))
```

– filter(선택 조건): 데이터 셋에서 선택 조건에 맞는 요소값들을 추출한다.

filter( ) 함수를 사용하여 iris에서 품종 정보 중에서 'virginica'의 50개 데이터만을 추출해서 나타낸다.

```
> iris %>% filter(Species == 'virginica')
  Sepal.Length Sepal.Width Petal.Length Petal.Width   Species
1          6.3         3.3          6.0         2.5 virginica
2          5.8         2.7          5.1         1.9 virginica
```

```
3       7.1       3.0       5.9       2.1 virginica
4       6.3       2.9       5.6       1.8 virginica
5       6.5       3.0       5.8       2.2 virginica
:        :         :         :         :    :
50      5.9       3.0       5.1       1.8 virginica
```

Species %in% c('setosa', 'virginica')은 품종(Species) 정보에서(in) 'setosa'의 데이터 50개와 'virginica'의 데이터 50개를 추출해서 나타낸다.

```
> iris %>% filter(Species %in% c('setosa', 'virginica'))
    Sepal.Length Sepal.Width Petal.Length Petal.Width   Species
1            5.1         3.5          1.4         0.2    setosa
2            4.9         3.0          1.4         0.2    setosa
3            4.7         3.2          1.3         0.2    setosa
4            4.6         3.1          1.5         0.2    setosa
5            5.0         3.6          1.4         0.2    setosa
6            5.4         3.9          1.7         0.4    setosa
:             :           :            :           :       :
51           6.3         3.3          6.0         2.5 virginica
52           5.8         2.7          5.1         1.9 virginica
:             :           :            :           :       :
100          5.9         3.0          5.1         1.8 virginica
```

– slice(범위): 해당 범위에 따라 데이터를 추출한다.

iris의 1~8행까지의 데이터만 추출해서 나타낸다.

```
> iris %>% slice(1:8)
  Sepal.Length Sepal.Width Petal.Length Petal.Width Species
1          5.1         3.5          1.4         0.2  setosa
2          4.9         3.0          1.4         0.2  setosa
3          4.7         3.2          1.3         0.2  setosa
4          4.6         3.1          1.5         0.2  setosa
5          5.0         3.6          1.4         0.2  setosa
6          5.4         3.9          1.7         0.4  setosa
7          4.6         3.4          1.4         0.3  setosa
8          5.0         3.4          1.5         0.2  setosa
```

1~3행, 7행, 9~12행의 데이터가 나타나지만 순서는 일련번호로 나타난다. 즉, 7행의 데이터는 4행, 9~12행의 데이터는 5~8행까지 연속해서 나타낸다. 만일 c( ) 함수 안에 범위를 설정할 때 음수를 할 경우 해당 행은 제외된다.

```
> iris %>% slice(c(1:3, 7, 9:12))
  Sepal.Length Sepal.Width Petal.Length Petal.Width Species
1          5.1         3.5          1.4         0.2  setosa
2          4.9         3.0          1.4         0.2  setosa
3          4.7         3.2          1.3         0.2  setosa
4          4.6         3.4          1.4         0.3  setosa
5          4.4         2.9          1.4         0.2  setosa
6          4.9         3.1          1.5         0.1  setosa
7          5.4         3.7          1.5         0.2  setosa
8          4.8         3.4          1.6         0.2  setosa
```

– summarize(데이터 셋, 연산 함수(항목)): 데이터 셋을 기준으로 해당 항목의 연산 결과를 나타낸다. 연산 함수는 sum, mean, max, median 등이 된다.

summarize( ) 함수를 사용하여 iris에서 Sepal.Length의 평균을 구한다.

```
> summarize(iris, mean(Sepal.Length))
  mean(Sepal.Length)
1           5.843333
```

위와 같은 방법이지만 파이프 기능을 사용하면, iris 데이터 셋을 맨 앞에 두고 summarize( ) 함수의 인수에는 추출하거나 연산하고자 하는 내용만 기술할 수 있어서 편리하다. 여기서는 Sepal.Length의 평균을 구한다.

```
> iris %>% summarize(mean(Sepal.Length))
  mean(Sepal.Length)
1           5.843333
```

summarize( ) 함수의 인수에 하나의 연산뿐만 아니라 여러 개의 연산을 함께 사용할 수 있다. 즉 a는 Sepal.Length의 평균을, b는 Sepal.Width의 평균을, c는 Petal.Length의 평균을, d는 Petal.Width의 합계를 산출해서 나타낸다.

```
> iris %>% summarize(a = mean(Sepal.Length), b = mean(Sepal.Width), c =
mean(Petal.Length), d = sum(Petal.Width))
         a        b     c     d
1 5.843333 3.057333 3.758 179.9
```

– group_by(항목): 데이터 셋을 해당 항목에 따라 그룹으로 만들고, 그룹별로 해당 연산 함수를 실행시킨다. 즉 항목을 기준으로 데이터를 나눈 다음, 해당 함수를 실행한 후의 결과를 데이터프레임 또는 tbl 객체를 summarized에 넘긴다.

```
iris에서 summarize( ) 함수를 사용하여 Sepal.Length의 평균을 구하는데, 품종인
Species 별로 묶어서 티블로 나타낸다.

> iris %>% group_by(Species) %>% summarize(mean(Sepal.Length))
# A tibble: 3 × 2\

  Species    'mean(Sepal.Length)'
  <fct>                     <dbl>
1 setosa                     5.01
2 versicolor                 5.94
3 virginica                  6.59

  Sepal.Length와 Petal.Length의 평균을 구해서 Species 별로 묶어서 티블로 나타
낸다.

> iris %>% group_by(Species) %>% summarize(a = mean(Sepal.Length), b = mean(Petal.
Length))
# A tibble: 3 × 3
  Species        a     b
  <fct>      <dbl> <dbl>
1 setosa      5.01  1.46
2 versicolor  5.94  4.26
3 virginica   6.59  5.55
```

```
Sepal.Length의 표준편차와 Petal.Length의 중위값을 구해서 Species 별로 묶어서 티블로 나타낸다.

> iris %>% group_by(Species) %>% summarize(a = sd(Sepal.Length), b = median(Petal.
Length))
# A tibble: 3 × 3
  Species        a     b
  <fct>      <dbl> <dbl>
1 setosa     0.352  1.5
2 versicolor 0.516  4.35
3 virginica  0.636  5.55
```

다음은 summarize( )와 같이 사용할 수 있는 연산 함수들이다.

표 7. summarize( )와 같이 사용하는 함수들

함수	의미
max( )	최댓값
min( )	최솟값
sum( )	합계
mean( )	평균
median( )	중위값
var( )	분산
sd( )	표준편차
n( )	요소값의 개수(또는 빈도수)
IQR( )	4분위값(Inter–Quartile Range)

– arrange(항목): 데이터 셋을 해당 항목에 따라 오름차순(기본)으로 정렬하여 나타낸다. 내림차순으로 나타내고자 할 때는 arrange(desc(항목))로 desc를 붙여주면 된다.

summarize( ) 함수의 인수를 통해 iris의 Sepal.Length 평균은 a에, Petal.Length의 평균은 b에 저장되었다. 이것을 arrange(a)를 통해 a 값을 기준으로 오름차순으로 정렬한 것이다.

```
> iris %>% group_by(Species) %>% summarize(a = mean(Sepal.Length), b = mean(Petal.
Length)) %>% arrange(a)
# A tibble: 3 × 3
  Species       a     b
  <fct>       <dbl> <dbl>
1 setosa       5.01  1.46
2 versicolor   5.94  4.26
3 virginica    6.59  5.55
```

위 결과에서 arrange(desc(a))를 통해 a 값을 기준으로 내림차순으로 정렬하면 다음과 같다.

```
> iris %>% group_by(Species) %>% summarize(a = mean(Sepal.Length), b = mean(Petal.
Length)) %>% arrange(desc(a))
# A tibble: 3 × 3
  Species       a     b
  <fct>       <dbl> <dbl>
1 virginica    6.59  5.55
2 versicolor   5.94  4.26
3 setosa       5.01  1.46
```

8 매트릭스와 데이터프레임 사용하기

매트릭스를 데이터프레임으로, 또는 그 역으로 변경이 가능하다.

- **매트릭스를 데이터프레임으로 변경하기**
  - data.frame(매트릭스): 인수로 매트릭스를 지정하면 데이터프레임으로 변경하여 결과를 반환한다.

• 데이터프레임을 매트릭스로 변경하기

– as.matrix(데이터프레임): 인수로 지정된 데이터프레임을 지정하면 매트릭스로 변경하여 결과를 반환한다.

예제 4 성적 데이터프레임 작성 및 매트릭스 변경

데이터프레임과 매트릭스의 내용을 실습하기 위해 아래와 같은 표를 구상해 본다. 성적 테이블에는 홀길동, 홍길똥, 김길동의 중간, 기말, 과제, 출석 점수를 가진다.

이름	중간고사	기말고사	과제	출석
홍길동	28	34	10	20
홍길똥	21	38	7	19
김길동	26	32	9	19

아래의 그림과 같이 File -> New File -> R Script를 클릭하여 스크립트 창을 연다.

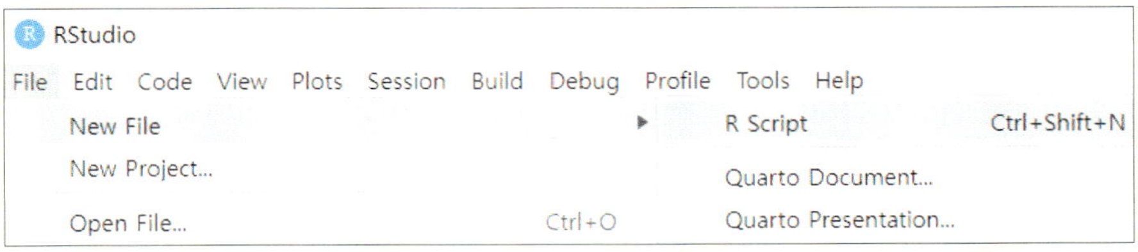

중간고사, 기말고사, 과제, 출석을 각 변수에 저장한다.

```
middle <- c(28, 21, 26)
final <- c(34, 38, 32)
report <- c(10, 7, 9)
attend <- c(20, 19, 19)
```

data.frame( ) 함수의 각 인수에 해당 변수를 넣어 데이터프레임으로 변경한 뒤 score 변수에 저장한다.

```
score <- data.frame(middle, final, report, attend)
```

colnames( )과 rownames( )은 위에서 설명한 것처럼 이름을 가져올 수도 있고, 매트릭스에 이름을 붙일 수도 있다. rownames( ) 함수의 인수로 score를 지정하고 '홍길동', '홀길똥', '김길동'을 저장하면, 데이터프레임 score의 행 이름을 추가한다.

```
rownames(score) <- c('홍길동', '홀길똥', '김길동')
print(score)
```

작성된 스크립트 코드 전체를 한꺼번에 실행시킬 때는 Ctrl + Alt + R을 동시에 누르거나 run(스크립트 코드 화면 오른쪽 상단) 을 실행시킨다.

```
> print(score)
       middle final report attend
홍길동     28    34     10     20
홀길똥     21    38      7     19
김길동     26    32      9     19
```

위 코드에 이어서 아래와 같이 작성해 본다. colnames(score)에 c( ) 함수를 사용하여 열 이름을 추가(변경)한다.

```
colnames(score) <- c('중간고사', '기말고사', '과제', '출석')
print(score)
```

```
> print(score)
       중간고사 기말고사 과제 출석
홍길동       28       34   10   20
홀길똥       21       38    7   19
김길동       26       32    9   19
```

class( ) 함수를 통해 score가 데이터프레임임을 확인한다.

```
> class(score)
[1] "data.frame"
```

이어서 아래의 코드를 추가하면 데이터프레임 score는 매트릭스 score_mt로 변경한다.

```
score_mt <- as.matrix(score)
class(score_mt)
```

이때 결과는 "matrix" "array"로 나타나는데, score_mt가 매트릭스이면서 매트릭스의 상위개념인 어레이(array)도 된다는 것을 의미한다.

```
> class(score_mt)
[1] "matrix" "array"
```

매트릭스와 데이터프레임은 행렬의 구조를 가지고 있으며, +, −, *, / 등의 연산이 가능하다.

실습

실습을 위해 cars 데이터 셋을 확인해 본다.

```
> head(cars)
  speed dist
1     4    2
2     4   10
3     7    4
4     7   22
5     8   16
6     9   10
```

cars 데이터 셋에서 속도가 10보다 작은 그룹을 car01에 저장하고, 속도가 22보다 큰 그룹을 car02에 저장하였다. 이로써 6 x 2 행렬을 가진 두 개의 데이터프레임을 가지고 실습해 보기로 한다. 이때 주의할 점은 데이터프레임의 요소값들이 모두 숫자형이어야 연산이 가능하다.

```
> car01 <- subset(cars, speed < 10)
> car02 <- subset(cars, speed > 22)
> car01
  speed dist
1     4    2
2     4   10
3     7    4
```

```
4    7  22
5    8  16
6    9  10
```

```
> car02
   speed dist
45    23   54
46    24   70
47    24   92
48    24   93
49    24  120
50    25   85
```

두 개의 데이터프레임을 더하는 연산은 아래와 같다. 간단하게 car01 + car02를 사용하면 된다.

```
> car_add <- car01 + car02
> car_add
  speed dist
1    27   56
2    28   80
3    31   96
4    31  115
5    32  136
6    34   95
```

같은 방법으로 -, *, / 의 연산을 모두 수행해 본다.

```
> car_sub <- car02 - car01
> car_mul <- car01 * car02
> car_div <- car01 / car02
```

결과를 확인하면 아래와 같다.

```
> car_sub
   speed dist
45    19   52
46    20   60
```

```
47   17  88
48   17  71
49   16 104
50   16  75
```

```
> car_mul
  speed dist
1    92  108
2    96  700
3   168  368
4   168 2046
5   192 1920
6   225  850
```

```
> car_div
      speed       dist
1 0.1739130 0.03703704
2 0.1666667 0.14285714
3 0.2916667 0.04347826
4 0.2916667 0.23655914
5 0.3333333 0.13333333
6 0.3600000 0.11764706
```

데이터프레임의 연산을 해 보았으니 매트릭스를 실습해 본다. 데이터프레임 car01과 car02를 각각 매트릭스 car01_mt과 car02_mt로 변환하고 확인해 보자.

```
> car01_mt <- as.matrix(car01)
> car02_mt <- as.matrix(car02)
> class(car01_mt)
[1] "matrix" "array"
```

변환된 각 매트릭스를 연산하면 아래와 같다.

```
> carm_add <- car01_mt + car02_mt
> carm_sub <- car02_mt - car01_mt
> carm_mul <- car01_mt * car02_mt
> carm_div <- car02_mt / car01_mt
```

매트릭스의 연산 결과도 데이터프레임과 같이 이루어지는 것을 알 수 있다.

```
> carm_add
  speed dist
1    27   56
2    28   80
3    31   96
4    31  115
5    32  136
6    34   95

> carm_sub
   speed dist
45    19   52
46    20   60
47    17   88
48    17   71
49    16  104
50    16   75

> carm_mul
  speed dist
1    92  108
2    96  700
3   168  368
4   168 2046
5   192 1920
6   225  850

> carm_div
      speed      dist
45 5.750000 27.000000
46 6.000000  7.000000
47 3.428571 23.000000
48 3.428571  4.227273
49 3.000000  7.500000
50 2.777778  8.500000
```

carm_div에 1을 더하면 그 결과는 각 요소값에 1을 더한 값이 출력된다. 이는 메트릭스와 매트릭스의 연산뿐만 아니라 매트릭스와 상수의 연산도 가능하다.

```
> carm_div + 1
```

```
      speed      dist
45 6.750000 28.000000
46 7.000000  8.000000
47 4.428571 24.000000
48 4.428571  5.227273
49 4.000000  8.500000
50 3.777778  9.500000
```

위에서 만든 데이터프레임인 car01의 내용은 아래와 같다.

```
> car01
  speed dist
1     4    2
2     4   10
3     7    4
4     7   22
5     8   16
6     9   10
```

데이터프레임 * 2를 수행해도 각 요소값에 2를 곱한 연산을 수행한 결과를 나타낸다.

```
> car01 * 2
  speed dist
1     8    4
2     8   20
3    14    8
4    14   44
5    16   32
6    18   20
```

제곱을 나타내는 **의 연산도 같은 방식이다.

```
> car01 ** 2
  speed dist
1    16    4
2    16  100
3    49   16
4    49  484
5    64  256
6    81  100
```

9 데이터 테이블

데이터 테이블은 데이터프레임과 비슷한 구조를 가지며, data.table 패키지에서 제공한다.

아래와 같이 실습해 본다.

실습

간략히 데이터프레임을 만들어 본다.

```
> score_frame <- data.frame(a = c(28, 21, 26), b = c(34, 38, 32), c = c(10, 7, 9), d
= c(20, 19, 19))
> score_frame
   a  b  c  d
1 28 34 10 20
2 21 38  7 19
3 26 32  9 19
```

data.table 패키지를 설치한 후, data.table( ) 함수를 사용하여 아래와 같은 데이터를 가지는 데이터 테이블을 만든다.

```
> install.packages("data.table")
> library(data.table)
> score_table <- data.table(num = c(1:9), dept = rep(c('한국학과', '자율학과', '
공학과'), length.out = 9), a = c(20:28), b = c(31:39), c = rep(c(10, 9, 8), length.
out = 9), d = rep(c(20, 18, 16), length.out = 9))
```

위에서 만든 데이터프레임인 score_frame과 score_table의 결과를 비교하면 다른 형태임을 알 수 있다. 즉, 티블과 유사하게 각 열이 가지는 데이터 타입까지 같이 나타나는 것을 알 수 있다.

```
> score_table
     num    dept     a     b     c     d
   <int>  <char> <int> <int> <num> <num>
1:     1 한국학과    20    31    10    20
2:     2 자율학과    21    32     9    18
3:     3   공학과    22    33     8    16
4:     4 한국학과    23    34    10    20
5:     5 자율학과    24    35     9    18
6:     6   공학과    25    36     8    16
7:     7 한국학과    26    37    10    20
8:     8 자율학과    27    38     9    18
9:     9   공학과    28    39     8    16
```

score_table에서 a > 25의 데이터만 추출하여 나타낸다.

```
> score_table[a > 25, ]
     num    dept     a     b     c     d
   <int>  <char> <int> <int> <num> <num>
1:     7 한국학과    26    37    10    20
2:     8 자율학과    27    38     9    18
3:     9   공학과    28    39     8    16
```

score_table에서 a와 d열의 데이터만 추출한다.

```
> score_table[, list(a, d)]
       a     d
   <int> <num>
1:    20    20
2:    21    18
3:    22    16
4:    23    20
5:    24    18
6:    25    16
7:    26    20
8:    27    18
9:    28    16
```

score_table에서 dept를 키로 설정한다. 이 경우 dept의 요소값들은 자동으로 정렬된다.

```
> setkey(score_table, dept)
> score_table
Key: <dept>
     num    dept     a     b     c     d
   <int>  <char> <int> <int> <num> <num>
1:     3  공학과    22    33     8    16
2:     6  공학과    25    36     8    16
3:     9  공학과    28    39     8    16
4:     2 자율학과    21    32     9    18
5:     5 자율학과    24    35     9    18
6:     8 자율학과    27    38     9    18
7:     1 한국학과    20    31    10    20
8:     4 한국학과    23    34    10    20
9:     7 한국학과    26    37    10    20
```

score_table에서 키가 무엇으로 설정되었는지 확인할 수 있다.

```
> key(score_table)
[1] "dept"
```

키의 값이 설정되었다면 요소값을 찾을 때 찾고자 하는 킷값을 그대로 설정해도 된다. dept의 값이 '한국학과'와 '자율학과'인 데이터만 추출한다.

```
> score_table[c('한국학과', '자율학과'), ]
     num    dept     a     b     c     d
   <int>  <char> <int> <int> <num> <num>
1:     1 한국학과    20    31    10    20
2:     4 한국학과    23    34    10    20
3:     7 한국학과    26    37    10    20
4:     2 자율학과    21    32     9    18
5:     5 자율학과    24    35     9    18
6:     8 자율학과    27    38     9    18
```

score_table에서 학과(dept)에 따라 성적(b)의 평균을 구하고자 할 때 아래와 같이 작성한다.

```
> score_table[, mean(b), by = dept]
Key: <dept>
     dept    V1
   <char> <num>
1:   공학과    36
2: 자율학과    35
3: 한국학과    34
```

여러 개의 항목에 대한 지정도 가능하다. 아래 명령은 score_table에서 학과(dept)를 기준으로 a의 평균, b의 평균, c의 합계를 나타낸다.

```
> score_table[, list(a = mean(a), b = mean(b), c = sum(c)), by = dept]
Key: <dept>
     dept     a     b     c
   <char> <num> <num> <num>
1:   공학과    25    36    24
2: 자율학과    24    35    27
3: 한국학과    23    34    30
```

연습문제

01. 다음 중 아래와 같은 표를 저장하려고 할 때 알맞은 것은?

이름	과목	중간고사	기말고사	과제	출석
홍길동	R분석	28	34	10	20
홍길똥	R코딩	21	38	7	19
김길동	빅데이터 분석	26	32	9	19

① 벡터　　② 변수
③ 매트릭스　　④ 상수
⑤ 데이터프레임

02. 데이터프레임을 만드는 형식으로 옳은 것은?

① 데이터프레임 변수 = data.frame(x_1, x_2,...x_n)
② 데이터프레임 변수 = dataframe(x_1, x_2,...x_n)
③ 데이터프레임 변수 = data_frame(x_1, x_2,...x_n)
④ 데이터프레임 변수 = make(data.frame(x_1, x_2,...x_n))
⑤ 데이터프레임 변수 = creat(data.frame(x_1, x_2,...x_n))

[3~8] 데이터프레임 student는 아래와 같다. 각 물음에 답하시오.

```
student
   name     dept      id classes score grade mark
1 홍길동 대한학과 2560120  R기초    98    A+ 재학
2 홍길똥 한국학과 2601320  R응용    87    B+ 휴학
3 김길동 자율학과 2501237  R실습    91     A 재학
```

03. 성적을 모두 합하여 변수 tot에 저장하는 명령으로 옳은 것은?

① tot = 홍길동$score + 홍길똥$score + 김길동$score
② tot = student.score[1] + student.score[2] + student.score[3]
③ tot = student$score[1] + student$score[2] + student$score[3]
④ tot = student->score[1] + student->score[2] + student->score[3]
⑤ tot = student$score[0] + student$score[1] + student$score[2]

04. student[1, 2] 의 실행결과는?

① 대한학과
② 대한학과
Levels: 대한학과 자율학과 한국학과
③ 2560120
④ "2560120"
⑤ "2560120"
Levels: "2560120" "2601320" "2501237"

05. 아래와 같은 결과를 출력하는 명령은?

```
  classes grade mark
2   R응용    B+ 휴학
```

① student[student.name=='홍길똥', ('classes', 'grade', 'mark')]
② student(student$name=='홍길똥', ('classes', 'grade', 'mark'))
③ student[student$name=='홍길똥', c('classes':'mark')]
④ student(student$name=='홍길똥', c('classes', 'grade', 'mark'))
⑤ student[student$name=='홍길똥', c('classes', 'grade', 'mark')]

06. 아래와 같은 정보를 나타내는 명령은?

```
'data.frame':     3 obs. of  7 variables:
 $ name   : chr  "홍길동" "홍길똥" " 김길동"
 $ dept   : Factor w/ 3 levels "대한학과","자율학과",..: 1 3 2
 $ id     : chr  "2560120" "2601320" "2501237"
 $ classes: Factor w/ 3 levels "R기초","R실습",..: 1 3 2
 $ score  : num  98 87 91
 $ grade  : Factor w/ 3 levels "A","A+","B+": 2 3 1
 $ mark   : Factor w/ 2 levels "재학","휴학": 1 2 1
```

① str(student)
② class(student)
③ inform(student)
④ frame(student)
⑤ get(student).3

07. 아래와 같은 결과를 출력하는 명령은??

```
"data.frame"
```

① subset(student)
② class(student)
③ with(student)
④ detach(student)
⑤ attach(student)

08. 3명의 학생들의 점수(score)의 평균을 구하는 명령은?

① mean(score)
② student.mean(score)
③ student.mean(student$score)
④ with(student, mean(score))
⑤ with(student$score, mean(score))

09. iris 데이터셋을 이용하여 아래와 같은 결과를 나타내는 명령은?

```
  Sepal.Length Sepal.Width Petal.Length
3          4.7         3.2          1.3
```

① iris[2, 0:2]
② iris[3, 0:2]
③ iris[2, 1:3]
④ iris[3, 1:3]
⑤ iris[3, 1~3]

10. iris 데이터셋을 이용하여 아래와 같은 결과를 나타내는 명령은?

```
[1] setosa setosa setosa
Levels: setosa versicolor virginica
```

① iris[1:3, 'Species']
② iris[c(1,3), 'Species']
③ iris[1:3, c(4,5)]
④ iris[c(1:3), 'Species']
⑤ levels(iris[1:3, 'Species'])

11. 아래 명령의 실행결과는?

```
apply(iris[, ], 2, mean)
```

① Sepal.Length Sepal.Width Petal.Length Petal.Width Species
5.843333 3.057333 3.758000 1.199333 NA
② Sepal.Length Sepal.Width Petal.Length Petal.Width NA
5.843333 3.057333 3.758000 1.199333 NA
③ Sepal.Length Sepal.Width Petal.Length Petal.Width Species
NA NA NA NA NA
④ Sepal.Length Sepal.Width Petal.Length Petal.Width Species
⑤ 에러

12. 아래 명령의 실행결과는?

```
apply(iris[, -5], 2, mean)
```

① Sepal.Length Sepal.Width Petal.Length Petal.Width Species
5.843333 3.057333 3.758000 1.199333 NA

② Sepal.Length Sepal.Width Petal.Length Petal.Width
5.843333 3.057333 3.758000 1.199333

③ 5.843333 3.057333 3.758000 1.199333 NA

④ Sepal.Length Sepal.Width Petal.Length Petal.Width

⑤ 에러

13. apply(iris[, −5], 2, mean)의 명령과 같은 의미의 명령은?

① apply(iris[, 1:4], 2, mean)
② apply(iris[, 0], 2, mean)
③ apply(iris[, 1], 2, mean)
④ apply(iris[,], 2, mean)
⑤ apply(iris[, 4], 2, mean)

14. nrow(iris) 의 실행결과는?

① 0
② 1
③ 5
④ 150
⑤ 200

15. dim(iris) 의 실행결과는?

① 150
② 5
③ 150 5
④ 5 150
⑤ 0 5

16. iris 데이터셋을 매트릭스로 변경하는 명령은?

① as.matrix(iris)
② make.matrix(iris)
③ change.matrix(iris)
④ to.matrix(iris)
⑤ modified.matrix(iris)

17. "iris의 Species(품종)별 데이터는 몇 개가 있는가"를 알아볼 때 실행하는 명령으로 옳은 것은?

① table(iris[, 5])
② levels(iris[, 5])
③ count(iris[, 5])
④ rownames(iris)
⑤ rowMeans(iris)

18. iris의 Species(품종)은 몇 종류인가?를 알아볼 때 실행하는 명령으로 옳은 것은?

① table(iris[, 5])
② levels(iris[, 5])
③ count(iris[, 5])
④ rownames(iris)
⑤ rowMeans(iris)

19. 데이터셋의 행에 대한 요소값의 평균을 나타내는 명령어는?

① rowSums(데이터셋의 항목)
② rowMeans(데이터셋의 항목)
③ colSums(데이터셋의 항목)
④ colMeans(데이터셋의 항목)

20. 아래 명령의 실행결과는?

```
x <- matrix(1:4, 2, 2)
y <- matrix(11:14, 2, 2)
x + y
```

①
```
     [,1] [,2]
[1,]    1    3
[2,]    2    4
```

②
```
     [,1] [,2]
[1,]   11   13
[2,]   12   14
```

③
```
     [,1] [,2]
[1,]    3    5
[2,]    4    6
```

④
```
     [,1] [,2]
[1,]   13   15
[2,]   14   16
```

⑤
```
     [,1] [,2]
[1,]   12   16
[2,]   14   18
```

21. iris의 virginica 품종 중에서 Petal.Length가 2.0 보다 크거나 같은 데이터에 대한 각 항목의 평균값을 구하시오.

22. 프랜차이즈를 하는 카페가 있다. 이 카페는 장소에 따라 음료의 가격이 다소 다르게 책정되었다. 각 지점별 메뉴의 가격은 아래와 같다.

표 A. 메뉴 가격

메뉴	A지점	B지점	C지점
아메리카노	2000	2100	2300
라테	3300	3100	3100
모카치노	3500	3600	3300

각 지점에서 하루에 판매된 각 음료의 수량은 아래와 같다.

표 B. 판매수(잔수)

메뉴	A지점	B지점	C지점
아메리카노	133	185	235
라테	135	175	242
모카치노	176	165	189

표 A와 B를 각각 데이터 프레임으로 작성하고 전체 판매금액(메뉴가격 * 판매수)을 나타내는 표 C를 데이터 프레임으로 완성하시오.

표 C. 전체 판매금액

메뉴	A지점	B지점	C지점
아메리카노			
라테			
모카치노			

제5장

데이터 입·출력

1. 데이터 입력 함수
2. 데이터 출력 함수
3. 파일 저장하기 읽기

1 데이터 입력 함수

1.1. c( )함수 이용

이제껏 실습해 온 것과 같이 c( ) 함수를 사용하면 쉽게 많은 데이터를 저장할 수 있다.

```
> a <- c(1:10)
> a
 [1]  1  2  3  4  5  6  7  8  9 10
> b <- matrix(1:12, 3, 4)
> b
     [,1] [,2] [,3] [,4]
[1,]    1    4    7   10
[2,]    2    5    8   11
[3,]    3    6    9   12
> c <- c(b)
> c
 [1]  1  2  3  4  5  6  7  8  9 10 11 12
```

1.2. dlgInput( )

svDialogs 패키지에서 제공하는 다이얼로그 방식의 입력 창을 만들어 준다. 입력창을 통해 데이터를 입력하면 모두 문자형으로 반환한다. 즉 '이십'을 입력하거나 20을 입력해도 모두 문자형으로 인식된다.

형식 `dlgInput('설명 문자열')$res`

- 설명 문자열: 입력창에 띄워지는 설명문이다. 생략이 가능하지만 생략하면 무엇을 입력하여야 하는지 모르게 되니 설명문을 자유롭게 작성하면 된다.
- $res: 입력값만 추출하여 반환한다. 만일 $res를 생략하면 입력값과 함께 해당 속성값까지 모두 반환하게 되므로, 사용자가 입력한 값만 얻고자 할 때는 반드시 붙여준다.

예제 1 값을 입력받아 제곱근 구하기

svDialogs 패키지를 설치한다.

```
> install.packages('svDialogs')
> library(svDialogs)
```

dlgInput( ) 함수를 통해 값을 입력받는다.

```
> num <- dlgInput('로그값을 구하고자 하는 수를 입력하세요. ')$res
```

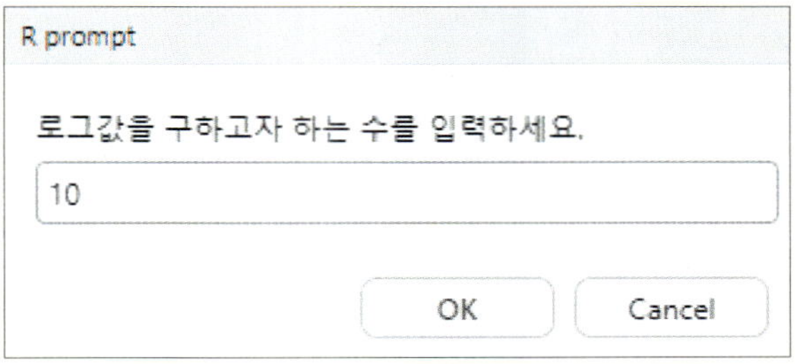

그림 1. dlgInput( ) 함수를 사용한 입력창

dlgInput( )으로 얻은 입력값은 모두 문자형이므로 로그값을 구하기 위해서는 숫자형으로 변경하여야 한다. 이때 as.numeric(num)을 사용하면 문자형 num 값이 숫자형으로 변경된다.

```
> result <- log(as.numeric(num))
```

계산된 로그값을 출력한다. 이때 그림 6과 같이 10을 입력하였다면 연산은 ln 10의 결괏값이 된다. sprintf( ) 함수를 통해 출력된 내용은 "입력한 값의 로그값은 2.302585입니다"가 된다.

```
> sprintf('입력한 값의 로그값은 %f입니다', result)
[1] "입력한 값의 로그값은 2.302585입니다"
```

2 데이터 출력 함수

2.1. print( )

print( ) 함수는 하나의 변수, 데이터셋, 데이터프레임, 매트릭스 등을 출력할 때 사용한다. R을 출력해서 확인할 때 많이 사용되는 함수이나, 여러개의 변수나 데이터를 출력하지는 못한다.

형식 print(x)

- x: 출력하고자 하는 변수, 데이터셋, 데이터프레임, 매트릭스 등

실습

변수 a에 1부터 5까지의 데이터를 저장 후 출력한다.

```
> a <- c(1:5)
> print(a)
[1] 1 2 3 4 5
```

변수 b에 4행 5열의 매트릭스 데이터를 저장 후 출력한다.

```
> b <- matrix(1:20, 4, 5)
> print(b)
     [,1] [,2] [,3] [,4] [,5]
[1,]    1    5    9   13   17
[2,]    2    6   10   14   18
[3,]    3    7   11   15   19
[4,]    4    8   12   16   20
```

매트릭스 b를 데이터프레임으로 변경하여 c에 저장 후 출력한다. 이때 데이터프레임 c에 붙여진 열의 이름(X1 X2 X3 X4 X5)는 데이터프레임으로 변경되면서 붙여진 이름으로, 변경하려면 colnames( )를 사용하면 된다.

```
> c <- data.frame(b)
> class(c)

[1] "data.frame"
> print(c)
  X1 X2 X3 X4 X5
1  1  5  9 13 17
2  2  6 10 14 18
3  3  7 11 15 19
4  4  8 12 16 20
```

데이터프레임 c의 각 요소값에 2를 곱하여 출력한다.

```
> print(c * 2)
  X1 X2 X3 X4 X5
1  2 10 18 26 34
2  4 12 20 28 36
3  6 14 22 30 38
4  8 16 24 32 40
```

print( ) 함수의 인자로 여러 개의 변수나 객체를 넣으면 정상적인 출력값이 나타나지 않거나 에러가 된다.

print( ) 함수를 통해 두 개의 값을 모두 출력하면 매트릭스 b의 값이 출력되지 않는다.

```
> print(a, b)
[1] 1 2 3 4 5
```

또한, 데이터프레임 c의 값을 출력하면 에러가 발생한다.

```
> print(a, c)
print.default(a, c)에서 다음과 같은 에러가 발생했습니다:invalid printing digits
-2147483648
```

2.2. cat( )

cat( ) 함수도 print( ) 함수와 같이 값을 출력할 때 많이 사용된다. 그러나 cat( )는 print( )와 달리 여러 개의 값을 출력하는 것이 가능하다. 단, 데이터프레임을 출력하지 못하며, 2차원 구조의 값은 1차원으로 출력한다. 형식은 아래와 같다.

print( )는 하나의 변수나 객체를 출력할 때 사용하며, cat( )는 여러 개의 변수나 객체를 출력할 때 사용하면 유용하다.

형식 cat(x1, x2,...xn)

• x_1, x_2,...x_n: 출력하고자 하는 변수, 데이터셋, 매트릭스 등

실습

변수 a의 값 하나만 출력해도 문제없다.

```
> cat(a)
1 2 3 4 5
```

cat( ) 함수는 여러 개의 값을 출력할 수 있으니 아래와 같은 조합이 가능하다.

```
> cat('a 변수의 값은 ', a, '입니다')
a 변수의 값은  1 2 3 4 5 입니다
```

연속된 값을 가지는 변수 a와 2차원 구조를 가지는 매트릭스 b를 함께 출력하였다. a의 값을 출력하는 것은 문제없으나 2차원 구조를 가지는 매트릭스는 1차원 형태로 하여 한 줄로 출력되는 것을 알 수 있다. 또한 매트릭스 b의 값도 정상적으로 출력되지 않음을 볼 수 있다.

```
> b
     [,1] [,2] [,3] [,4] [,5]
[1,]    1    5    9   13   17
[2,]    2    6   10   14   18
[3,]    3    7   11   15   19
[4,]    4    8   12   16   20
```

```
> cat('a값은 ', a, 'b의 값은 ', b)
a값은  1 2 3 4 5 b의 값은  1 2 3 4 5 6 7 8 9 10 11 12 13 14 15 16 17 18 19 20
```

매트릭스와 같은 2차원 구조를 가지는 데이터프레임은 cat( ) 함수로 출력하지 못한다.

```
> class(c)
[1] "data.frame"
> cat(c)
cat(c)에서 다음과 같은 에러가 발생했습니다:
  타입 'list'인 인자 1는 'cat'에 의하여 다루어 질 수 없습니다
```

2.3. sprintf( )

sprintf( ) 함수는 문자열 속에 변수값이 사이에 들어가야 할 때 유용하게 사용된다. 즉, print( ) 함수 또는 cat( ) 함수는 나타내고자 하는 출력 메시지 사이에 변수값을 넣어서 나타낼 때 매우 번거로운 작업을 하여야 하지만 sprintf( ) 함수는 쉽게 작성이 가능하다. 형식은 아래와 같다.

형식 sprintf('문자열 %s, %s,...%d', x_1, x_2,...x_n)

- x_1, x_2,...x_n: 출력하고자 하는 문자열 사이에 삽입하려는 변수값
- 단, %s, %s,...%d의 개수와 x_1, x_2,...x_n의 개수가 일치하여야 한다.
  %s는 string (문자열)
  %d는 digit (숫자)
  %f는 float(소수점)을 의미한다.

실습

```
> t1 <- 27
> t2 <- 55
```

먼저 여러 개의 변수나 객체값을 출력할 수 있는 cat( ) 함수를 사용해 본다.

```
> cat('오늘의 기온은', t1, '도 이고 습도는', t2, '입니다')
```

```
오늘의 기온은 27 도 이고 습도는 55입니다
```

출력 메시지는 잘 나타나 있으나, cat( ) 안의 인자에 문자열과 변수가 뒤섞여서 구성된다. 즉, 문자열 안에 변수가 중간중간에 섞여 있게 되면, 나중에 출력 메시지를 수정하거나 변수의 배치를 바꿀 때 일일이 수정해야 하는 번거로움과 관리의 어려움이 나타난다.

sprintf( ) 함수는 이러한 방법에서 문자열과 변수들을 분리하여 작성하게 된다. 첫 번째의 %d에는 t1, 두 번째 %d에는 t2의 값이 삽입되어 전체 출력 메시지를 완성한다. 이때 %d는 숫자를 의미한다.

```
> sprintf('오늘의 기온은 %d도 이고 습도는 %d입니다', t1, t2)
[1] "오늘의 기온은 27도 이고 습도는 55입니다"
```

t1 자리에 %f를 사용하면 27이 아니라 27.000000인 소수점이 들어간다.

```
> sprintf('오늘의 기온은 %f도 이고 습도는 %d입니다', t1, t2)
[1] "오늘의 기온은 27.000000도 이고 습도는 55입니다"
```

만일 출력 문자열과 인자(t1, t2)를 각각 사용하면, 처음의 출력 문자열에 있는 내용만 완성해서 나타내고 두 번째 문자열의 내용은 무시된다. 따라서 sprintf( ) 안에는 "문자열..%d %d"와 같이 출력될 문자열을 모두 완성하고, 뒤에 %d %d의 개수만큼 변수를 추가한다.

```
> sprintf('오늘의 기온은 %d', t1, '이고 습도는 %d 입니다', t2)
[1] "오늘의 기온은 27"
경고메시지(들):
sprintf("오늘의 기온은 %d", t1, "이고 습도는 %d 입니다", t2)에서:
  2 arguments not used by format '오늘의 기온은 %d'
```

문자열을 추가하여 출력하면 아래와 같다.

```
> hi <- '안녕하시와요. '
> sprintf('%s오늘의 기온은 %d도 이고 습도는 %d입니다', hi, t1, t2)
[1] "안녕하시와요. 오늘의 기온은 27도 이고 습도는 55입니다"
```

문자열 안에 %s, %d, %d와 같이 3개를 지정하였는데, 뒤의 인자가 t1, t2와 같이 2개밖에 없으면 개수가 맞지 않아 에러가 발생한다.

```
> sprintf('%s오늘의 기온은 %d도 이고 습도는 %d입니다', t1, t2)
sprintf("%s오늘의 기온은 %d도 이고 습드는 %d입니다", t1, t2)에서 다음과 같은 에
러가 발생했습니다:
  인자들의 수가 너무 적습니다
```

여기서 잠깐 - paste( ) 함수

paste( ) 함수는 인자들을 모두 합하여 문자열을 만들어 준다. 이때 옵션인 마지막 인자 sep = ' '는 각 문자열들을 합할 때 중간에 삽입되는 구분자이다.

h1, h2에 인사말을 저장한 후 paste( ) 함수를 사용하여 묶으면 정상적인 인사말이 출력된다.

```
> h1 <- '그간 '
> h2 <- '헬로우 하셨습니까?'
> paste(h1, h2)
[1] "그간  헬로우 하셨습니까?"
```

구분자 sep = ','를 추가하면 h1과 h2 사이에 ','으로 구분해서 출력된다.

```
> paste(h1, h2, sep = ',')
[1] "그간 ,헬로우 하셨습니까?"
```

그런데 h1, h2의 인사말 사이가 많이 띄어진 것을 알 수 있다. 이것은 한글을 표현하는 데 필요한 자릿수 때문으로, 영문으로 인사말을 저장하여 paste( ) 함수를 사용하여 출력하면 어색하게 띄어지지 않는다.

```
> hi1 <- 'Hi'
> hi2 <- 'How are'
> hi3 <- 'you'
> paste(hi1, hi2, hi3)
[1] "Hi How are you"
```

구분자를 sep = '*'를 지정하면 hi1, hi2, hi3 사이에 '*'이 삽입된다.

```
> paste(hi1, hi2, hi3, sep = '*')
[1] "Hi*How are*you"
```

응용학습 1 개인 정보 샘플 데이터를 생성 후 출력하기

개인 정보 샘플 데이터를 만든 후 print(), cat(), sprintf(), paste() 함수를 사용하여 출력하시오. 개인 정보 샘플 데이터는 리스트로 생성한다.

- 개인 정보 샘플 데이터는 아래와 같이 할 것

```
name = "홍길똥",
age = 30,
salary = 250,
hobbies = c("숙면하기", "취침하기", "잘자기")
```

- print() 함수: 생성된 개인 정보 샘플 데이터를 출력할 것

```
---실행결과---
$name
[1] "홍길똥"
$age
[1] 30
$salary
[1] 250
$hobbies
[1] "숙면하기" "취침하기" "잘자기"
```

- cat() 함수: 탭으로 구분된 개인 정보 샘플 데이터를 출력할 것. 이때 cat() 안에 소수점 둘째 자리까지 표시하기 위해 sprintf() 함수를 cat() 함수 내에서 사용할 것. 또한 리스트를 쉼표로 연결 paste() 함수를 cat() 함수 내에서 사용할 것

```
---실행결과---
이름:	홍길똥
나이:	30 세
월급:	250.00 만원
취미:	숙면하기, 취침하기, 잘자기
```

- sprintf() 함수: 형식화된 개인 정보 샘플 데이터를 출력할 것

```
---실행결과---
현재 월급은 250만원으로, 작년 대비 5% 인상되었습니다.
```

- paste() 함수 문자열 연결하여 출력할 것

```
---실행결과---
홍길똥 님, 오늘도 화이팅입니다요!
```

3 파일 저장하기 읽기

3.1. 파일에 저장하기

• sink( )

데이터를 파일에 저장할 때 매우 간단한 방법으로 sink( ) 함수를 사용할 수 있다. 특히 프로그램의 실행 중의 중간 결과나 최종 결과를 텍스트(txt) 파일의 형식으로 저장할 때 유용하다. 형식은 다음과 같다.

형식 `sink('파일 이름', append = T/F)`

- 파일 이름: 경로를 포함한 파일 이름을 넣는다. 이때 파일 이름은 ' ' 사이에 써주며 확장자까지 모두 포함한다. 예를 들어 파일 경로를 C 드라이브 밑에 R 폴더에 텍스트로 test라는 파일을 저장한다면 sink('c:\\r\\test.txt', append=T)라고 지정하면 된다.
- append:
  T(True)의 경우는 기존의 파일 내용 뒤에 데이터를 추가한다.
  F(False)의 경우는 기존의 내용을 모두 지우고 새로이 덮어쓴다.

sink( ) 함수의 작동은 sink('c:\\r\\test.txt', append=T) 다음부터 작성된 print( )나 cat( )의 출력은 화면이 아니라 지정된 파일에 저장하게 되며 sink( )에서 저장을 종료한다. 또한 이때의 내용은 화면에 나타나지 않는다. 이때 주의할 점은 sink( ) 함수는 파일을 만들어 주지만 폴더까지 만들어 주지는 않는다. 따라서 폴더는 미리 만들어 놓는다.

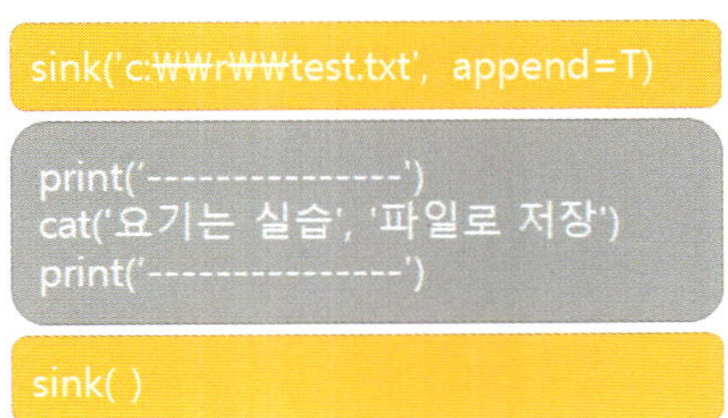

그림 2. sink( ) 함수의 작동

예제 2 텍스트 파일 저장

데이터 저장을 위해 파일 설정을 sink( ) 함수를 이용해 시작한다.

```
> sink('c:\\r\\test.txt', append=T)
```

파일 설정이 된 sink( ) 함수가 시작되면 이제부터는 출력함수 print( ), cat( ), sprintf( ) 등의 내용은 모두 화면이 아니라 파일로 저장된다.

```
> print('이제부터 파일 저장을 실습합니다.')
> temp = 28
> sprintf('오늘의 날씨는 %d도 입니다.', temp)
> cat('아싸...', '날씨가 좋군요..')
```

인자가 없는 sink( )를 실행하면 파일 저장을 중단한다.

```
> sink()
```

저장된 내용을 확인하기 위해 윈도우 탐색기를 열어 R 폴더에 있는 test.txt 파일이 있는지 확인한 후 내용을 보면 출력함수로 나타낸 데이터들이 모두 저장된 것을 알 수 있다.

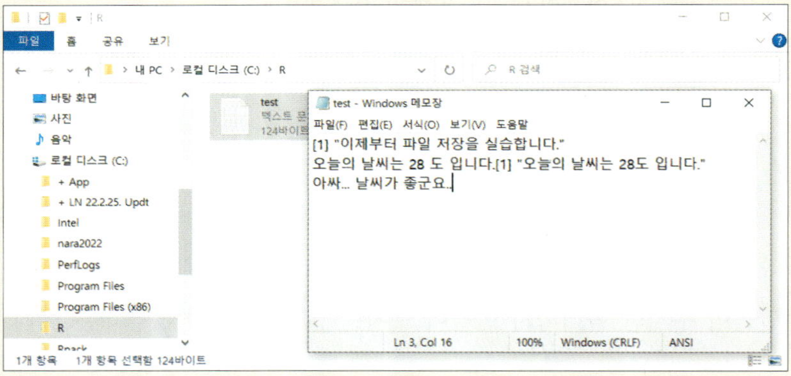

그림 3. R 폴더에 생성된 test.txt 파일과 내용

sink( )의 인자를 지정할 때 파일의 경로에 폴더(rr)가 없는 경우 아래와 같은 에러가 발생한다.

```
> sink('c:\\rr\\test.txt', append=T)
file(file, if (append) "a" else "w")에서 다음과 같은 에러가 발생했습니다:커넥션을 열 수 없습니다
추가정보: 경고메시지(들):
file(file, if (append) "a" else "w")에서:
  파일 'c:\rr\test.txt'를 여는데 실패했습니다: No such file or directory
```

- save( )

save( ) 함수를 이용하면 객체의 값을 저장할 수 있다. 인자로 여러 개의 객체 들을 설정할 수 있으며, 각 객체의 값들이 객체 또는 변수의 이름과 함께 저장된다.

형식 save(객체$_1$, 객체$_2$, ..., 객체$_n$, '파일 이름')

- 객체$_1$, 객체$_2$, ..., 객체$_n$: 저장하고자 하는 여러 개의 객체를 지정할 수 있으며, 객체는 변수, 리스트, 매트릭스, 데이터프레임 등을 사용할 수 있다.
- 파일 이름: 파일 이름은 ' ' 사이에 기술하여야 하며, 경로를 포함해서 작성해 주어야 한다.

아래와 같이 실습해 본다.

예제

매트릭스 a, 데이터프레임 b, 여러 개의 값을 가지는 변수 c를 준비한다.

```
> a <- matrix(1:12, 4, 3)
> b <- data.frame(a)
> c <- c(1:15)
```

save( ) 함수를 사용하여 a, b, c의 값을 모두 저장한다. 이때의 파일 이름은 C 드라이브의 R 폴더에 testagain.txt로 하였다.

```
> save(a, b, c, file = "c:\\r\\testagain.txt")
```

저장이 완료되었으니 사용했던 a, b, c를 모두 삭제한 후 저장된 파일을 다시 불러서 a, b, c가 복원되는지 확인하려 한다. rm(a)는 매트릭스 a를 삭제하는 명령이다(같은 의미로 remove(a)를 사용할 수도 있다). 물론 rm(a, b, c)를 사용해서 a, b, c를 한꺼번에 삭제할 수도 있다.

```
> rm(a)
> rm(b)
> rm(c)
```

a를 확인하면 객체가 없다고 나타남으로써 a가 정상적으로 삭제된 것을 알 수 있다. b, c도 마찬가지로 모두 삭제한다.

```
> a
에러: 객체 'a'를 찾을 수 없습니다
> b
에러: 객체 'b'를 찾을 수 없습니다
> c
에러: 객체 'c'를 찾을 수 없습니다
```

위에서 저장했던 C 드라이브의 R 폴더에 testagain.txt를 읽는다.

```
> load("c:\\r\\testagain.txt")
```

testagain.txt을 읽음으로써 그 안에 객체 이름 a, b, c뿐만 아니라 데이터의 내용도 모두 읽어오는 것을 확인한다.

```
> a
     [,1] [,2] [,3]
[1,]    1    5    9
[2,]    2    6   10
[3,]    3    7   11
[4,]    4    8   12
> b
  X1 X2 X3
1  1  5  9
2  2  6 10
3  3  7 11
4  4  8 12
> c
 [1]  1  2  3  4  5  6  7  8  9 10 11 12 13 14 15
```

testagain.txt을 탐색기를 통해 메모장으로 읽으면 아래 그림과 같이 나타난다. 이는 객체의 이름과 값을 같이 저장했기 때문이다.

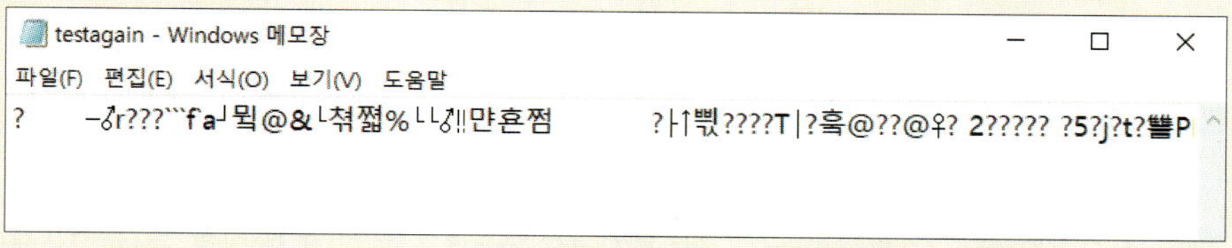

그림 4. save( ) 함수를 통해 저장된 객체 이름과 값

- write.csv( )

csv 파일로 저장할 때 사용하는 함수로 write.csv( )를 들 수 있다. 형식은 아래와 같다. write.csv( ) 안의 많은 인자들이 있지만 주로 사용되는 옵션을 설명한다.

형식 `write.csv(객체, '파일 이름', rcw.names=T/F)`

- 객체: csv 파일로 저장하고자 하는 데이터를 가진 변수, 매트릭스, 데이터프레임 등을 지정한다.
- 파일 이름: ' ' 사이에 기술하여야 하며, 경로를 포함해서 작성해 주어야 한다.
- row.names: T는 csv 파일을 저장할 때 행 이름과 번호를 포함하고, F는 제외하고 저장한다.

iris 데이터 셋을 가지고 다음과 같이 실습해 본다.

실습

iris를 저장할 때 행의 이름과 번호는 제외하고 저장한다.

```
> write.csv(iris, 'c:\\r\\iris.csv', row.names = F)
```

탐색기를 통해 R 폴더에 있는 iris.csv 파일을 엑셀로 열면 아래와 같이 저장된 것을 알 수 있다.

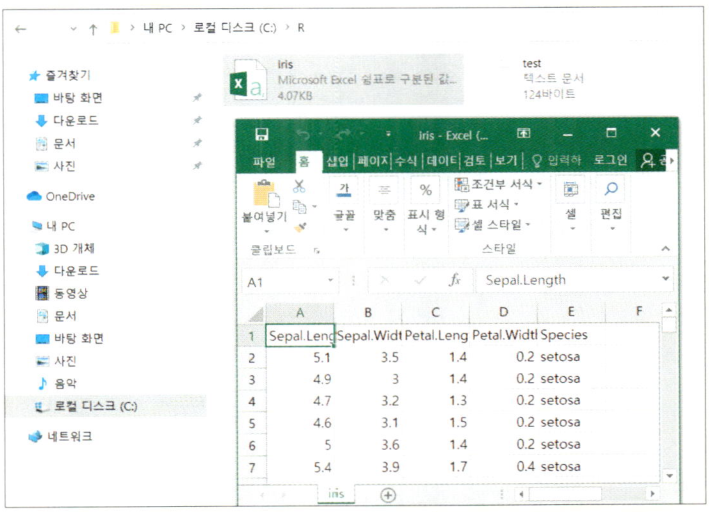

그림 5. 저장된 iris.csv 파일 확인

- write.xlsx( )

엑셀 파일로 저장할 때 사용하는 함수로 write.xlsx( )를 들 수 있다. 이 함수를 사용하기 위해서는 xlsx 패키지를 먼저 설치하여야 한다. 형식은 아래와 같다.

> **형식** write.xlsx(객체, '파일 이름', row.names=T/F)
>
> - 객체: 엑셀 파일로 저장하고자 하는 데이터를 가진 변수, 매트릭스, 데이터프레임 등을 지정한다.
> - 파일 이름: ' ' 사이에 기술하여야 하며, 경로를 포함해서 작성해 주어야 한다.
> - row.names: T는 엑셀 파일을 저장할 때 행 이름과 번호를 포함하고, F는 제외하고 저장한다.

실습

xlsx 패키지를 설치한 후 write.xlsx( ) 함수를 사용해서 iris.xlsx 파일을 읽어 test에 저장한다.

```
> install.packages('xlsx')
> library(xlsx)
> write.xlsx(iris, 'c:\\r\\iris.xlsx', row.names = F)
```

윈도우 탐색기를 통해 R 폴더에 있는 iris.xlsx 파일의 내용을 확인해 본다.

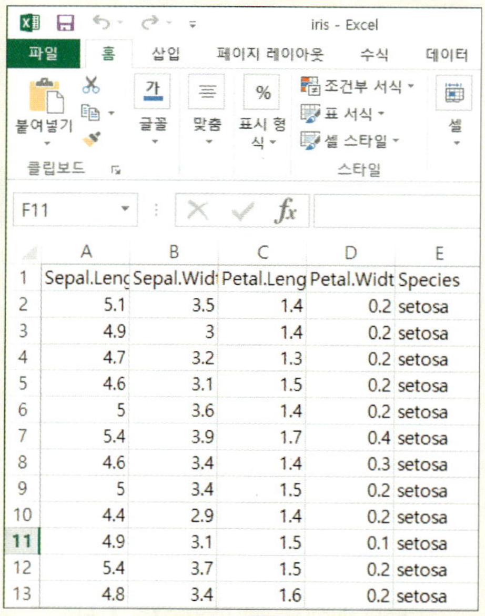

	A	B	C	D	E
1	Sepal.Leng	Sepal.Widt	Petal.Leng	Petal.Widt	Species
2	5.1	3.5	1.4	0.2	setosa
3	4.9	3	1.4	0.2	setosa
4	4.7	3.2	1.3	0.2	setosa
5	4.6	3.1	1.5	0.2	setosa
6	5	3.6	1.4	0.2	setosa
7	5.4	3.9	1.7	0.4	setosa
8	4.6	3.4	1.4	0.3	setosa
9	5	3.4	1.5	0.2	setosa
10	4.4	2.9	1.4	0.2	setosa
11	4.9	3.1	1.5	0.1	setosa
12	5.4	3.7	1.5	0.2	setosa
13	4.8	3.4	1.6	0.2	setosa

그림 6. 저장된 iris.xlsx 파일 확인

3.2. 파일 읽기

프로그램이나 실행결과를 화면이 아닌 파일에 저장할 수 있으며, 필요할 때 내용을 읽어서 사용할 수 있다. 이때 사용할 수 있는 함수를 알아본다.

3.2.1. csv

csv 파일은 데이터의 행과 열이 구분되어 데이터분석에서 많이 이용되는 파일 형식이다. R에서는 csv 파일을 읽는 방법으로 다양한 함수들을 제공하는데, 여기서는 대표적으로 read.table( ), read.csv( ), fread( ) 함수에 대해 알아본다.

- read.table( )

read.table( )은 csv 파일뿐만 아니라 텍스트 파일과 같은 다른 형식의 파일도 읽을 수 있다.

형식 read.table('파일 이름', header = T/F, sep = ' ')

- 파일 이름: 파일 이름은 ' ' 사이에 기술하여야 하며, 경로를 포함해서 작성해 주어야 한다.
- header: T의 경우는 데이터의 첫 행이 열의 이름으로 사용되며, F의 경우는 첫 행이 데이터로 사용된다.
- sep: 파일을 읽을 때의 구분자로서, csv의 경우 기본값은 ','(콤마)으로 되어있기 때문에 ','을 설정한다.

위에서 저장한 iris.csv를 이용하여 읽기로 한다.

iris.csv에 저장된 첫 행의 데이터(Sepal.Length Sepal.Width Petal.Length Petal.Width Species)는 열의 이름으로 사용할 것이므로 header = T를 설정한다. 또한 csv 파일을 읽는 것이므로 sep = ','으로 지정한다.

```
> a <- read.table('c:\\r\\iris.csv', header = T, sep = ',')
> head(a)
  Sepal.Length Sepal.Width Petal.Length Petal.Width Species
1          5.1         3.5          1.4         0.2  setosa
2          4.9         3.0          1.4         0.2  setosa
```

```
3        4.7       3.2       1.3       0.2  setosa
4        4.6       3.1       1.5       0.2  setosa
5        5.0       3.6       1.4       0.2  setosa
6        5.4       3.9       1.7       0.4  setosa
```

만일 구분자를 다르게 사용하면 어떻게 될까? sep = ','을 sep = '/'으로 변경해 본다.

```
> a <- read.table('c:\\r\\iris.csv', header = T, sep = '/')
> head(a)
  Sepal.Length.Sepal.Width.Petal.Length.Petal.Width.Species
1                                    5.1,3.5,1.4,0.2,setosa
2                                      4.9,3,1.4,0.2,setosa
3                                    4.7,3.2,1.3,0.2,setosa
4                                    4.6,3.1,1.5,0.2,setosa
5                                      5,3.6,1.4,0.2,setosa
6                                    5.4,3.9,1.7,0.4,setosa
```

- read.csv( )

매우 간단하게 csv 파일을 읽는 방법으로 read.csv( ) 함수를 들 수 있다. 형식은 아래와 같다.

형식 read.csv('파일 이름', header = T/F)

- 파일 이름: 파일 이름은 ' ' 사이에 기술하여야 하며, 경로를 포함해서 작성해 주어야 한다.
- header: 데이터의 첫 행이 열의 이름으로 사용(T)하거나 데이터(F)로 사용된다.

실습

iris.csv에 저장된 첫 행의 데이터는 열의 이름으로 사용할 것이므로 header = T를 설정한다.

```
> a <- read.csv('c:\\r\\iris.csv', header = T)
> head(a)
  Sepal.Length Sepal.Width Petal.Length Petal.Width Species
1          5.1         3.5          1.4         0.2  setosa
2          4.9         3.0          1.4         0.2  setosa
```

```
3        4.7      3.2      1.3      0.2  setosa
4        4.6      3.1      1.5      0.2  setosa
5        5.0      3.6      1.4      0.2  setosa
6        5.4      3.9      1.7      0.4  setosa
```

• fread( )

data.table 패키지에서 파일을 읽는 기능으로 제공하는 함수이다. 형식은 아래와 같다.

형식 `fread('파일 이름', sep = ' ', header = T/F)`

- 파일 이름: 파일 이름은 ' ' 사이에 기술하여야 하며, 경로를 포함해서 작성해 주어야 한다.
- sep: 구분자로 csv의 경우 ','을 지정한다.
- header: 데이터의 첫 행이 열의 이름으로 사용(T)하거나 데이터(F)로 사용된다.

실습

fread( )를 사용하기 위해서는 data.table 패키지가 설치되어야 한다.

```
> library(data.table)
> a <- fread('iris.csv', sep = ',', header = T)
> head(a)
 Sepal.Length Sepal.Width Petal.Length Petal.Width Species
1        5.1      3.5      1.4      0.2  setosa
2        4.9      3.0      1.4      0.2  setosa
3        4.7      3.2      1.3      0.2  setosa
4        4.6      3.1      1.5      0.2  setosa
5        5.0      3.6      1.4      0.2  setosa
6        5.4      3.9      1.7      0.4  setosa
```

• read_delim( )

readr 패키지에서 제공하는 함수로 csv 파일을 읽을 때 열의 이름뿐만 아니라 데이터 타입까지도 나타내주는 티블(tibble)의 형태로 데이터를 가져온다.

형식 read_delim('파일 이름', delim = ' ')

- 파일 이름: 파일 이름은 ' ' 사이에 기술하여야 하며, 경로를 포함해서 작성해 주어야 한다.
- delim: 구분자이며 기본값은 NULL이다. 그러나 일반적으로 명시적인 값을 지정하므로 ',', ' ', '|' 등과 같은 값을 입력한다.

실습

```
> install.packages("readr")
> library(readr)
```

read_delim( )은 iris.csv 파일을 읽어오지만 티블 형태로 데이터를 가져온다.

```
> a <- read_delim('c:\\r\\iris.csv', delim = ',')
Rows: 150 Columns: 5
── Column specification ──────────────────────────────────
Delimiter: ","
chr (1): Species
dbl (4): Sepal.Length, Sepal.Width, Petal.Length, Petal.Width

i Use 'spec()' to retrieve the full column specification for this data.
i Specify the column types or set 'show_col_types = FALSE' to quiet this message.
```

a의 값을 확인해 보면 iris가 티블 형태인 것을 알 수 있다.

```
> a
# A tibble: 150 × 5
   Sepal.Length Sepal.Width Petal.Length Petal.Width Species
          <dbl>       <dbl>        <dbl>       <dbl> <chr>
 1          5.1         3.5          1.4         0.2 setosa
 2          4.9         3            1.4         0.2 setosa
 3          4.7         3.2          1.3         0.2 setosa
 4          4.6         3.1          1.5         0.2 setosa
 5          5           3.6          1.4         0.2 setosa
 6          5.4         3.9          1.7         0.4 setosa
 7          4.6         3.4          1.4         0.3 setosa
 8          5           3.4          1.5         0.2 setosa
 9          4.4         2.9          1.4         0.2 setosa
10          4.9         3.1          1.5         0.1 setosa
# i 140 more rows
# i Use 'print(n = ...)' to see more rows
```

3.2.2. xlsx

엑셀 데이터를 읽기 위해서는 필요한 패키지를 먼저 설치하여야 한다. read.xlsx( ) 함수를 사용하기 위해서는 xlsx 패키지를 설치해야 하고, read_excel( ) 함수를 사용하기 위해서는 readxl 패키지를 설치해야 사용할 수 있다.

- read.xlsx( )

함수의 형식은 아래와 같다.

형식 read_xlsx('파일 이름', header = T/F, sheetIndex = 1)

- 파일 이름: 파일 이름은 ' ' 사이에 기술하여야 하며, 경로를 포함해서 작성해 주어야 한다.
- header: 데이터의 첫 행이 열의 이름으로 사용(T)하거나 데이터(F)로 사용된다.
- sheetIndex: 데이터를 읽을 엑셀의 sheet 인덱스를 의미한다. 하나의 엑셀 파일에는 여러 개의 sheet들이 있을 수 있기 때문에 어떤 sheet를 읽을지를 지정해 주어야 한다. 1은 첫 번째 sheet, 2는 두 번째 sheet와 같은 형식으로 지정된다.

실습

xlsx 패키지를 설치한 후 read_xlsx( ) 함수를 사용해서 iris.xlsx 파일을 읽어 test에 저장한다. 이때 iris 엑셀 파일의 첫 번째 sheet를 읽으며, 데이터의 첫 행은 열의 이름으로 사용한다.

```
> install.packages('xlsx')
> library(xlsx)
> test <- read.xlsx('c:\\r\\iris.xlsx', header = T, sheetIndex = 1)
> head(test)
  Sepal.Length Sepal.Width Petal.Length Petal.Width Species
1          5.1         3.5          1.4         0.2  setosa
2          4.9         3.0          1.4         0.2  setosa
3          4.7         3.2          1.3         0.2  setosa
4          4.6         3.1          1.5         0.2  setosa
5          5.0         3.6          1.4         0.2  setosa
6          5.4         3.9          1.7         0.4  setosa
```

- read_excel( )

readxl 패키지에서 제공하는 함수로 엑셀 파일인 .xls 또는 .xlsx을 쉽게 읽게 해준다. read_excel( )은 기본적으로 첫 번째 시트를 읽어온다.

형식 read_excel('파일 이름')

- 파일 이름: 파일 이름은 ' ' 사이에 기술하여야 하며, 경로를 포함해서 작성해 주어야 한다.

실습

readxl 패키지를 설치한 후 iris.xlsx 파일을 읽어 a에 저장한다. a의 값을 확인해 보면 iris 데이터가 정상적으로 나타나는 것을 알 수 있다. 단, read_excel( )로 읽은 결과는 티블이 된다.

```
> install.packages("readxl")
> library(readxl)
> a <- read_excel('c:\\r\\iris.xlsx')
> a
# A tibble: 150 × 5
  Sepal.Length Sepal.Width Petal.Length Petal.Width Species
         <dbl>       <dbl>        <dbl>       <dbl> <chr>
1          5.1         3.5          1.4         0.2 setosa
2          4.9         3            1.4         0.2 setosa
3          4.7         3.2          1.3         0.2 setosa
4          4.6         3.1          1.5         0.2 setosa
5          5           3.6          1.4         0.2 setosa
6          5.4         3.9          1.7         0.4 setosa
7          4.6         3.4          1.4         0.3 setosa
8          5           3.4          1.5         0.2 setosa
9          4.4         2.9          1.4         0.2 setosa
10         4.9         3.1          1.5         0.1 setosa
# i 140 more rows
# i Use 'print(n = ...)' to see more rows
```

부가적으로 readxl 패키지에서는 엑셀 파일 안에 어떤 시트들이 있는지 시트 이름만 반환하는 함수가 있다.

형식 excel_sheets('파일 이름')

실습

iris.xlsx 파일 안의 시트 이름들을 알려준다. 현재의 iris.xlsx 파일 안에는 "Sheet1" 하나밖에 없다.

```
> excel_sheets('c:\\r\\iris.xlsx')
[1] "Sheet1"
```

3.2.3. txt

텍스트 파일을 읽을 때는 read.table( ) 함수를 사용하여 쉽게 읽을 수 있다. 형식은 위에서 설명한 순서에 따라 지정하면 된다.

실습

위에서 작성한 C 드라이브 아래의 R 폴더에 있는 'test.txt' 파일을 읽어본다. 그런데 경고메시지가 뜬다. 이유는 test.txt 파일의 내용이 헤더와 구분자를 갖추지 않은 일반 텍스트 문장의 데이터이기 때문이다.

맨 처음의 데이터 "X.1..이제부터.파일.저장을.실습합니다."도 "1 X.1..이제부터.파일.저장을.실습합니다."와 같이 다른 데이터와 연속적으로 나타나지 않고 오른쪽 정렬처럼 혼자 떨어진 것도 header = T와 같이 옵션을 설정하였기 때문에 처음의 데이터가 데이터로 나타나지 않고 열의 이름으로 사용되었기 때문이다.

```
> read.table('c:\\r\\test.txt', header = T, sep = ',')
                  X.1..이제부터.파일.저장을.실습합니다.
1 오늘의 날씨는 28 도 입니다.[1] 오늘의 날씨는 28도 입니다.
2                            아싸... 날씨가 좋군요..
경고메시지(들):
read.table("c:\\r\\test.txt", header = T, sep = ",")에서:
  'c:\r\test.txt'에서 readTableHeader에 의하여 발견된 완성되지 않은 마지막 라인
입니다
```

이때 헤더나 구분자가 없는 데이터라 하여 옵션을 생략하면 에러를 발생한다.

```
> read.table('c:\\r\\test.txt')
scan(file = file, what = what, sep = sep, quote = quote, dec = dec, 에서 다음과 같은
에러가 발생했습니다:
  line 1 did not have 6 elements
추가정보: 경고메시지(들):
read.table("c:\\r\\test.txt")에서:
  'c:\r\test.txt'에서 readTableHeader에 의하여 발견된 완성되지 않은 마지막 라인
입니다
```

헤더와 구분자를 가지는 텍스트 파일을 열면 정상적인 결과를 얻게 된다. 실습을 위하여 iris 데이터 셋을 텍스트 파일로 저장한다. 우선 R 폴더에 있는 iris.xlsx 파일을 엑셀로 열어서 "다른 이름으로 저장"을 선택한 후, "파일 형식"에서 "텍스트"를 선택하고 저장하면, iris.txt 파일이 생성된다.

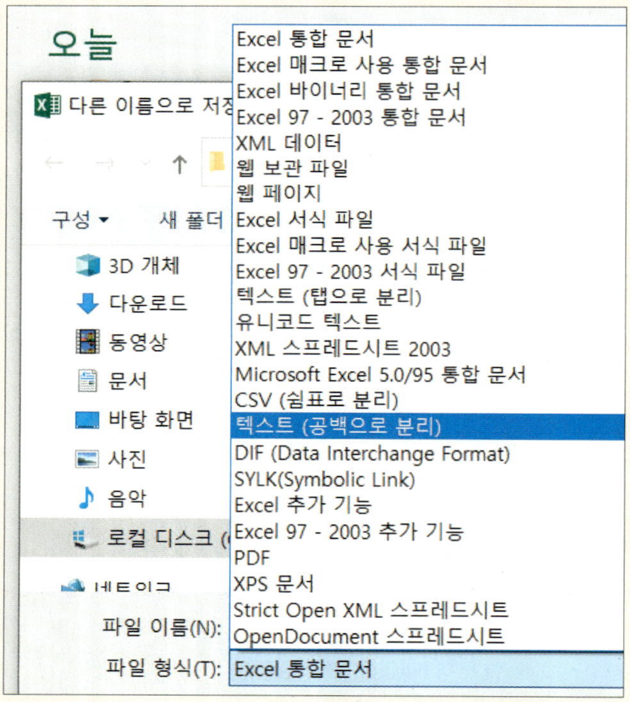

그림 7. 엑셀에서 다른 이름으로 저장

엑셀에서 텍스트 파일로 저장 시에 손실에 관한 경고가 나타나는데 "예"를 클릭하여 진행한다.

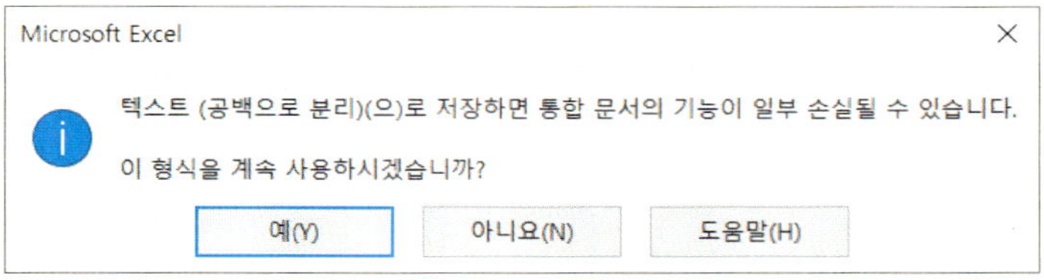

그림 8. 엑셀에서 텍스트 파일 저장 시의 경고

탐색기를 통해 보면 iris.txt 파일이 있는 것을 확인할 수 있다.

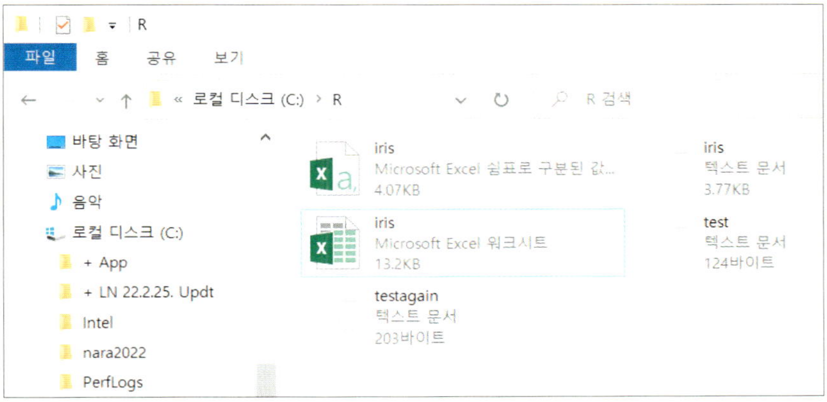

그림 9. 탐색기에서 iris.txt 파일 확인

read.table( ) 함수를 통해 헤더는 TRUE, 구분자는 별도로 설정하지 않고 따옴표(') 두 개를 연속으로 설정하였다. 읽은 데이터는 a에 저장 후 a의 값을 확인해 보면 정상적으로 데이터가 출력되는 것을 알 수 있다.

```
> a <- read.table('c:\\r\\iris.txt', header = T, sep = '')
> a
  Sepal.Length Sepal.Width Petal.Length Petal.Width  Species
1          5.1         3.5          1.4         0.2   setosa
2          4.9         3.0          1.4         0.2   setosa
3          4.7         3.2          1.3         0.2   setosa
4          4.6         3.1          1.5         0.2   setosa
5          5.0         3.6          1.4         0.2   setosa
:          :           :            :           :       :
:          :           :            :           :       :
```

응용학습 2 데이터프레임을 생성하고 저장 및 읽어오기

아래의 정보로 데이터프레임을 생성하고 CSV 파일로 저장 및 읽어오시오. 이때 변수이름에 한글도 가능하다.

- 데이터

```
'이름' = c("홍길동", "홍길똥", "흥길똥"),
'나이' = c(25, 30, 35),
'월급' = c(200, 250, 280)
```

- 파일 이름은 data.csv로 할 것

```
---실행결과---
    이름 나이 월급
1 홍길동   25  200
2 홍길똥   30  250
3 흥길똥   35  280
```

연습문제

01. 아래 명령의 실행결과는? (단, 입력창이 나타나면 2를 입력하였다)

```
> install.packages('svDialogs')
> library(svDialogs)
> num <- dlgInput('값을 입력하세요. ')
> num + 3
```

① 2
② 3
③ 5
④ 6
⑤ 에러

02. 아래와 같은 창을 띄울 때 필요한 패키지는?

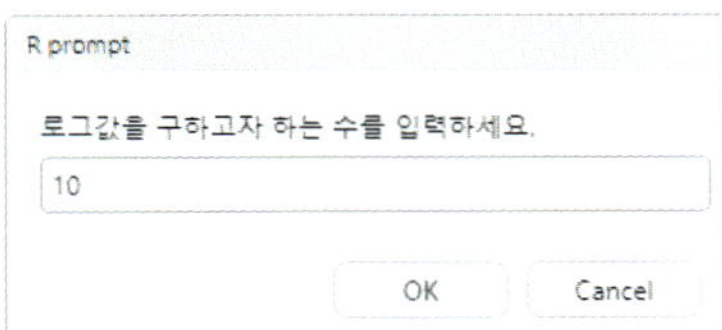

① svDialogs
② svDlg
③ inputDialogs
④ inputscreen
⑤ inputDlg

03. 아래 명령의 실행결과는?

```
> a <- c(1:5)
> b <- matrix(1:20, 4, 5)
> print(a, b)
```

① 1 2 3 4 5

②
```
      [,1] [,2] [,3] [,4] [,5]
[1,]    1    5    9   13   17
[2,]    2    6   10   14   18
[3,]    3    7   11   15   19
[4,]    4    8   12   16   20
```

③
```
1 2 3 4 5
      [,1] [,2] [,3] [,4] [,5]
[1,]    1    5    9   13   17
[2,]    2    6   10   14   18
[3,]    3    7   11   15   19
[4,]    4    8   12   16   20
```

④
```
      [,1] [,2] [,3] [,4] [,5]
[1,]    1    5    9   13   17
[2,]    2    6   10   14   18
[3,]    3    7   11   15   19
[4,]    4    8   12   16   20
      1 2 3 4 5
```

⑤ 에러

04. 아래 명령을 실행 후 화면에 나타나는 결과는?

```
sink('c:\\r\\test.txt', append=T)
print('이제부터 실습합니다.')
temp = 28
sprintf('오늘의 날씨는 %d도 입니다.', temp)
sink()
cat('아싸...', '날씨가 좋군요..')
```

① c:\\r\\test.txt

② 이제부터 실습합니다.

③ 오늘의 날씨는 %d도입니다.

④ 오늘의 날씨는 28d도 입니다

⑤ 아싸... 날씨가 좋군요..

05. 아래 명령의 실행결과는?

```
a <- 1:2
b <- data.frame(a)
a <- a + b
rm(a)
print(a)
```

① 1 2 3

②
```
  a
1 1
2 2
3 3
```

③
```
  a
1 2
2 4
3 6
```

④ 2 4 6

⑤ 에러

06. 엑셀파일을 읽고 저장하기 위해 필요한 패키지는?

① excel
② xlsx
③ python
④ anaconda
⑤ jupyter

07. iris.csv이 있을 때 이 파일을 읽는 명령으로 옳은 것은?

① read.table('iris.csv', header = T, sep = ',')
② read.csvfile('iris.csv', header = T, sep = ',')
③ read.file('iris.csv', header = T, sep = ',')
④ readcsv.file('iris.csv', header = T, sep = ',')
⑤ read.file(table = 'iris.csv', header = T, sep = ',')

08. fread( ) 함수를 사용하기 위해 필요한 패키지는?

① file
② data.table
③ data.file
④ file.table
⑤ fileread

09. csv 파일을 읽을 때 티블(tibble)의 형태로 데이터를 가져오는 함수는?

① read_delim( )

② read_csv( )

③ read_file( )

④ read_tibble( )

⑤ tibble( )

10. 다음 중 read.xlsx( )함수를 사용하는 방법으로 옳은 명령은? (단 파일 이름은 iris.xlsx이며, 필요한 패키지는 이미 설치되어 있다)

① read.xlsx('iris.xlsx')

② read.xlsx('iris.xlsx', header = T, sep = ',')

③ read.xlsx('iris.xlsx', header = F, sep = ',')

④ read.xlsx('iris.xlsx', header = T, sheetIndex = 1)

⑤ read.xlsx('iris.xlsx', +sheetIndex = 1)

11. iris.xlsx 파일안의 시트 이름들을 알려주는 명령으로 옳은 것은?

① excel_sheets('iris.xlsx')

② sheets('iris.xlsx')

③ excel('iris.xlsx')

④ sheets_list('iris.xlsx')

⑤ excel_list('iris.xlsx')

12. xlsx 파일을 읽어서 티블(tibble)의 형태로 데이터를 가져오는 함수는?

① read_xlsx( )

② read_excel( )

③ read_file( )

④ read_tibble( )

⑤ tibble( )

13. iris.xlsx파일을 읽어서 세 번째 시트의 내용을 가져오는 명령은?

① read.xlsx('iris.xlsx', header = T, sheetIndex = 3)

② read.xlsx('iris.xlsx', header = T, sheetSerial = 3)

③ read.xlsx('iris.xlsx', header = T, sheetNumber = 3)

④ read.xlsx('iris.xlsx', header = T, sheetOrder = 3)

⑤ read.xlsx('iris.xlsx', header = T, sheet = 3)

14. 변수 a를 삭제하려 한다. 옳은 명령은?

① removed(a)

② rm(a)

③ delete(a)

④ del(a)

⑤ clear(a)

15. 아래의 명령에서 a, b, c의 값을 모두 저장하려할 때 (A)에 알맞은 명령은? (파일명은 test.txt라고 한다)

```
c <- load("testagain.txt")
a <- matrix(1:12, 4, 3)
b <- data.frame(a)
c <- c(1:15)
(    A    )
```

① store(a, b, c, test.txt)

② save(a, b, c, test.txt)

③ store(a, b, c, file = "test.txt")

④ save(a, b, c, file = "test.txt")

⑤ store(c(a, b, c), file = "test.txt")

16. txt 파일을 읽고 저장할 때 사용하는 함수로 옳은 것은?

① sink( )

② txtfile( )

③ txt( )

④ file( )

⑤ text( )

17. 아래의 실행결과에 맞는 (A)에 알맞은 명령은?

```
id <- 'hohoho'
pass <- 1234
( A )
-- 출력결과 --
"id는 hohoho이고, 비밀번호는 1234이군요"
```

① cat('id는 %s이고, 비밀번호는 %s이군요', id, pass)

② print('id는 %s이고, 비밀번호는 %s이군요', id, pass)

③ sprintf('id는 %d이고, 비밀번호는 %d이군요', id, pass)

④ sprintf('id는 %s이고, 비밀번호는 %d이군요', id, pass)

⑤ sprintf('id는 %s이고, 비밀번호는 %f이군요', id, pass)

18. 아래 명령의 실행결과는?

```
b <- matrix(1:20, 4, 5)
class(b)
```

① "matrix"

② "array"

③ "matrix" "array"

④ "matrix" "list"

⑤ "list"

19. 아래 명령의 실행결과는?

```
a <- matrix(1:12, 4, 3)
b <- data.frame(a)
c <- c(1:15)
print(a,b,c)
```

①
```
     [,1] [,2] [,3]
[1,]    1    2    3
```

②
```
  X1 X2 X3
1  1  2  3
```

③ 1 2 3 4

④
```
     [,1] [,2] [,3]
[1,]    1    2    3
  X1 X2 X3
1  1  2  3
1  1  2  3
```

⑤ 에러

20. svDialogs 패키지를 사용하여 사용자에게 데이터를 입력받을 수 있는 함수는?

① Input( )

② dlgInput( )

③ dialoginput( )

④ getinput( )

⑤ get( )

제6장

함수

1. 함수
2. 함수 만들기
3. 반환값을 가지는 함수 만들기
4. 함수의 연속 호출
5. 함수를 파일에 저장해 두고 사용하기
6. 제어문
7. 패키지의 함수

1 함수

1.1. 함수란?

함수는 일련의 작업이나 처리들을 한데 묶어서 별도로 구성한 것을 말한다. 함수가 실행되기 위해서는 별도로 함수를 구성하는 부분이 필요하고, 본 프로그램에서 이것을 호출해서 사용하는 부분이 필요하다. 본 프로그램과 함수와의 관계는 그림 1과 같다. 즉, 함수는 본 프로그램과는 별도로 작성하여 관리할 수 있다. R에서는 자주 사용하는 기능이나 처리, 또는 중요한 코드의 내용들을 함수를 통해 별도로 만들어 두면 마치 패키지에서 제공하는 함수들처럼 관리하면서 사용할 수 있어서 매우 유용하다.

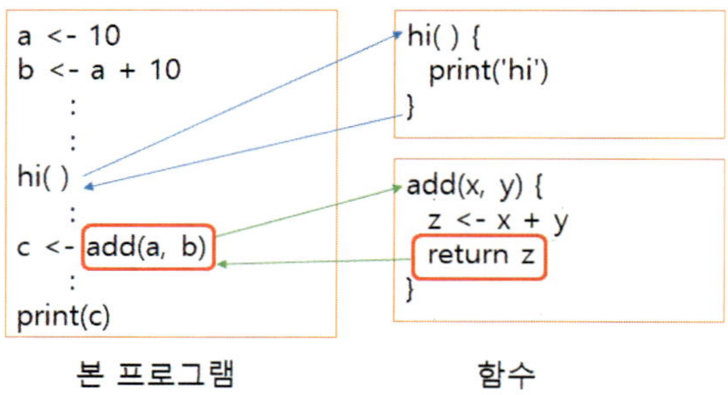

그림 1. 본 프로그램과 함수의 관계

그림에서 나타낸 함수는 2개로, hi( )와 add(x, y)가 있다. 일반적으로 함수는 ( )를 붙여서 나타내기 때문에 구별이 쉽다. 즉, print( )나 cat( ) 등도 모두 함수이다. 다만 여기에서의 hi( )나 add(x, y)는 R에서 제공하는 것이 아닌 사용자가 임의로 필요에 의해서 작성된 함수들로서 사용자 함수라고 한다.

- **hi( ) 함수 실행**

본 프로그램에서 hi( ) 함수가 호출되면 hi( )가 실행되어 print('hi')를 실행한다. 함수 실행이 종료되면 다시 본 프로그램으로 돌아와 hi( ) 함수 호출 다음부터 계속 다음 명령들을 실행한다.

• add( ) 함수 실행

본 프로그램에서 c <- add(a, b)를 실행하면 변수 a와 b의 값이 대입되어 add(10, 20)이 호출되고, add(x, y) 함수가 이를 받아 실행한다. 이때 x가 10, y가 20으로 각각 대입되어 함수를 실행한다. 함수 안에는 z <- x + y 명령이 있으므로 z <- 10 + 20 이 실행된 후 return z에 따라 z의 값 30이 본 프로그램에서 add(a, b)를 호출하였던 곳으로 되돌아간다. 결국 add(a, b)의 실행결과는 30이 되며, 이를 다시 정리하면 c <- 30과 같이 되어 c에 30이 저장되고, print(c)에 의해 화면에 30이 출력된다.

• 매개변수와 인수

위 예에서 hi( )와 같이 아무것도 없이 함수 이름만을 호출하는 경우도 있으나 본 프로그램의 add(a, b)에서와 같이 함수를 실행할 때 필요한 값을 같이 호출하는 경우도 있다. 이때 본 프로그램의 add(a, b)에서 함수의 괄호'( )'안에 지정하는 a와 b를 인수라고 하고, 호출받는 함수 add(x, y)에서 값을 대입하여 처리하는 x와 y를 매개변수 또는 parameter라고 한다. 인수와 매개변수는 데이터 타입을 맞추어야 한다. 즉 인수는 문자형으로 하고 매개변수는 숫자형으로 사용하면 원하는 결과를 얻지 못하거나 에러가 발생된다.

1.2. 사용자 정의 함수

사용자 정의 함수를 만드는 형식은 아래와 같다.

형식

```
함수명 <- function(매개변수1, 매개변수2,... 매개변수n) {
    함수 안의 실행 명령들
          :
          :
    return(실행 결과)
}
```

• 함수명: 이름은 변수이름 규칙에 맞게 사용자 임의로 작성한다. 일반적으로 함수의 실행 목적이나 기능에 따라 유추할 수 있는 이름을 사용한다.

- 매개변수$_1$, 매개변수$_2$,... 매개변수$_n$: 매개변수는 옵션이다. 함수의 실행에서 외부로부터 값을 받아와서 실행하여야 할 때 사용한다. 또한 매개변수는 함수 안에서만 사용이 가능하다.
- return: 함수의 실행 결과나 함수가 호출되었던 곳으로 값을 반환하고자 할 때 사용한다. 반환할 값이 없다면 생략해도 된다.
- 본 프로그램에서 함수의 호출은 함수명으로 사용한다.

아래와 같이 실습해 본다. 함수 실습은 "File → New File → R Script"에서 작성한 후 run을 클릭해서 실행하거나 "Ctrl + Alt + R"을 눌러 한꺼번에 실행한다.

예제 1 인사말 함수

함수명은 greeting이며 매개변수와 return은 없다.

```
greeting <- function( ) {
  hello <- '그간 기체후 일양만강 하셨사옵니까?'
  print(hello)
}
```

본 프로그램에서 함수를 호출할 때는 greeting( ) 함수의 매개변수가 없으므로 호출할 때도 인수가 없다.

```
> print('인사 시작..')
[1] "인사 시작.."

> greeting( )
[1] "그간 기체후 일양만강 하셨사옵니까?"
```

2 함수 만들기

2.1. 매개변수를 가지는 함수

매개변수를 가지는 함수를 아래와 같이 실습해 본다.

예제 2 매개변수를 가지는 인사말 함수

위 예제 1의 내용과 다른 것은 greeting 함수에 매개변수 name을 사용하였으며, 함수에 매개변수가 있으므로 본 프로그램에서 greeting 함수를 호출할 때 greeting('홍길동')과 같이 인수로 '홍길동'을 삽입하였다. 인수로 써준 '홍길동'이 greeting의 매개변수로 가서 완성된 인사말이 출력되는 것을 알 수 있다.

```
greeting <- function(name) {
  hello <- '그간 기체후 일양만강 하셨사옵니까?'
  sprintf("%s님 %s", name, hello)
}

> print('인사 시작..')
[1] "인사 시작.."

> greeting('홍길동')
[1] "홍길동님 그간 기체후 일양만강 하셨사옵니까?"
```

단, 이때 함수의 매개변수 name과 본 프로그램에서 같은 이름의 변수 name을 사용하거나 함수에서 매개변수를 지정하고도 본 프로그램에서 사용하지 않으면 어떻게 될까?

예제 3 본 프로그램에서 매개변수와 같은 이름을 가지는 인사말 함수

아래의 프로그램은 greeting( ) 함수에서 name을 매개변수로 사용하였고, 본 프로그램에서도 name = '김길동'을 사용하였다. 본 프로그램에서 greeting('홍길동') 함수를 호출하면 greeting( ) 함수 안에 있는 name의 값이 '홍길동'이 된다. 함수 실행이 끝나고 본 프로그램으로 돌아가서 cat('본 프로그램에서의 name은', name)를 실행하면 '홍길동'이 출력될까?

```
greeting <- function(name) {
  hello <- '그간 기체후 일양만강 하셨사옵니까?'
  cat('함수에서의 name은', name) # '함수에서의 name은 홍길동' 이 출력된다.
  sprintf("%s님 %s", name, hello)
}

> name = '김길동'
```

```
> print('인사 시작..')
> greeting('홍길동')
> cat('본 프로그램에서의 name은', name) # '본 프로그램에서의 name은 김길동'이 출력된다.
```

출력된 결과를 보면 함수 안에서의 name과 본 프로그램에서는 name은 다르게 출력된 것을 알 수 있다. 즉 함수 안에서의 name은 함수 안에서만 사용하는 것임을 주의한다.

2.2. 기본값을 가지는 함수

예제 3에서 함수는 매개변수를 가지지만 호출하는 함수에 인수를 넣지 않았을 때는 어떻게 될까? 예제 3의 소스에 호출하는 함수의 인수를 생략해 본다.

```
greeting <- function(name) {
  hello <- '그간 기체후 일양만강 하셨사옵니까?'
  sprintf("%s님 %s", name, hello)
}

> name = '김길동'
> print('인사 시작..')
> greeting( )
```

greeting( )이 실행되면서 아래와 같은 에러가 발생된다.

```
sprintf("%s님 %s", name, hello)에서 다음과 같은 에러가 발생했습니다:
  기본값이 없는 인수 "name"가 누락되어 있습니다
```

함수를 사용하다 보면 실수로 지정하지 않을 수 있으니, 매개변수에 기본값을 설정하면 어떨까? 다음과 같이 작성한다.

예제 4 기본값을 가지는 인사말 함수

greeting( ) 함수의 매개변수로 name = '아무개'로 설정하면 본 프로그램에서 호출할 때 인수가 없으면 기본값인 '아무개'가 name에 적용된다. 본 프로그램에서 인수가 없는 greeting( )과 greeting(name)을 각각 호출하여 그 결과를 비교해 본다.

```
greeting <- function(name = '아무개') {
  hello <- '그간 기체후 일양만강 하셨사옵니까?'
  sprintf("%s님 %s", name, hello)
}

> name = '김길동'
> print('인사 시작..')
[1] "인사 시작.."

> greeting( )
[1] "아무개님 그간 기체후 일양만강 하셨사옵니까?"

> greeting(name)
[1] "김길동님 그간 기체후 일양만강 하셨사옵니까?"
```

3 반환값을 가지는 함수 만들기

3.1. list를 반환하는 함수

함수가 실행된 후 결과를 함수를 호출했던 본 프로그램에 반환해야 하는 경우도 있다. 즉, 본 프로그램에서 함수 호출 후 실행결과를 받아 사용해야 하는 경우이다.

예제 5 return을 가지는 합계 함수

cal( ) 함수는 매개변수로 받는 5개의 숫자를 모두 합한 결과를 return (fsum)을 통해 본 프로그램으로 돌려준다(반환).

본 프로그램에서는 cal(x1, x2, x3, x4, x5)의 실행 결과인 187을 tot 변수에 저장하게 되며, sprintf( )를 통해 화면에 나타낸다. 정상적으로 "합계는 187 입니다"가 출력된 것을 알 수 있다.

```
cal <- function(a, b, c, d, e) {
  fsum <- sum(a, b, c, d, e)
  return (fsum)
}
```

```
x1 <- 20
x2 <- 10
x3 <- 50
x4 <- 65
x5 <- 42
tot <- cal(x1, x2, x3, x4, x5)
sprintf("합계는 %d 입니다", tot)

[1] "합계는 187 입니다"
```

그런데 함수의 실행결과를 합계와 평균과 같이 함께 반환받으려면 함수를 어떻게 구성해야 할까? 아래와 같이 함수의 내용을 수정한다.

예제 6 리스트를 return하는 함수

위 예제 5에서 cal( ) 함수 안에는 평균을 구하는 mean( )을 추가하였다. 두 개 이상의 값을 반환할때는 리스트형으로 만들면 된다. 따라서 합계와 평균을 리스트로 만들어 list(s = fsum, m = fmean)와 같이 하고 return에 적용시킨다.

본 프로그램에서 cal(x1, x2, x3, x4, x5)을 호출한 후 실행 결과는 리스트형으로 받을 것이므로 tot는 리스트가 된다. 이때 cal( ) 함수에서 return에 list(s = fsum, m = fmean)으로 해서 s와 m을 반환하였기에 tot는 이를 받아 tots, totm으로 구분해서 사용하면 된다. 실행결과는 "합계는 187 이고, 평균은 20.000000 입니다"와 같다.

```
cal <- function(a, b, c, d, e) {
  fsum <- sum(a, b, c, d, e)
  fmean <- mean(a, b, c, d, e)
  return (list(s = fsum, m = fmean))
}

x1 <- 20
x2 <- 10
x3 <- 50
x4 <- 65
x5 <- 42
tot <- cal(x1, x2, x3, x4, x5)
sprintf("합계는 %d 이고, 평균은 %f 입니다", tot$s, tot$m)

[1] "합계는 187 이고, 평균은 20.000000 입니다"
```

3.2. do.call( ) 함수

do.call( ) 함수는 리스트를 인수로 전달해서 함수를 실행할 수 있다.

예제 7 리스트를 인수로 호출

cal_sum( ) 함수의 매개변수 a, b는 하나의 숫자일 수도 있고 여러 개의 숫자로 구성될 수도 있다. 매개변수 a와 b를 받아 합계를 구하고 리스트로 반환하는 함수이다.

```
cal_sum <- function(a, b) {
  sum_a <- sum(a)
  sum_b <- sum(b)
  return (list(aa = sum_a, bb = sum_b))
}
```

본 프로그램에서는 x1과 x2를 준비하고 do.call( ) 함수를 사용하여 인수를 리스트로 보내 호출한다. 호출하는 방법은 함수 이름을 직접 사용하여 호출하는 것이 아니라 do.call( ) 함수의 인수에 함수 이름과 리스트를 함께 포함해서 같이 호출하는 방식이다.

즉, do.call(cal_sum, list(x1, x2))에서 cal_sum은 함수 이름이고, list(x1, x2)이 cal_sum을 호출할 때 사용하는 인수이다. 따라서 리스트 x1이 cal_sum( ) 함수의 a가 되고, x2가 b가 되어 실행한다. 실행 결과는 "a 합계는 55 이고, b 합계는 255입니다" 이다.

```
x1 <- 1:10
x2 <- 21:30
tot <- do.call(cal_sum, list(x1, x2))
sprintf("a 합계는 %d 이고, b 합계는 %d 입니다", tot$aa, tot$bb)
```

```
[1] "a 합계는 55 이고, b 합계는 255 입니다"
```

3.3. 표준편차와 분산을 구하는 함수

표준편차는 변수의 값이 평균으로부터 얼마나 떨어져 있느냐를 나타내는 척도로서, 표준편차가 낮으면 변수의 값이 집합의 평균에 가까운 것을 나타내고, 표준편차가 높으면 변수의 값이 더 넓은 범위에 걸쳐 분포되어 있다는 것을 나타낸다. 표준편차를 구하는 함수가 있지만 사용자 함수로 직접 만들어서 사용해 본다.

예제 8 표준편차값을 return하는 함수

calc_sd( ) 사용자 함수는 매개변수의 벡터의 표준 편차를 계산하여 결과를 돌려주는 함수이다. 매개변수 x에는 벡터의 값을 받아서 벡터의 길이를 구하여 n에 저장한다. 만일 벡터의 길이가 1보다 작으면,

즉, 벡터값이 한 개만 있을 경우는 표준편차를 구할 수 없으므로 함수를 stop( ) 한다. 벡터의 길이가 2 이상이면 mean( ) 함수를 이용하여 벡터의 평균을 계산하여 m_value에 저장한다. 표준편차를 구하기 위하여 벡터 x와 평균값 m_value와의 차이에 대한 제곱을 구하여 diffs에 저장한다. diffs의 모든 합을 구한 뒤 벡터길이(n) – 1로 나눈 값 var을 제곱근으로 구한 값이 표준편차가 된다. 표준편차가 구해졌으니 return을 통해 값을 반환한다.

```
calc_sd <- function(x) {
  n <- length(x)
  if (n <= 1) {
    stop("벡터의 길이가 2 이상이어야 합니다.")
  }

  m_value <- mean(x, na.rm = TRUE)
  diffs <- (x - m_value) ^ 2
  var <- sum(diffs, na.rm = TRUE) / (n - 1)
  result <- sqrt(var)
  return(result)
}
```

변수 a에는 표준편차를 구할 대상인 벡터값을 저장한다. calc_sd(a)를 수행하여 벡터값이 있는 변수 a에 대한 표준편차를 구한 결과를 sd_result에 저장한 후 출력하면 벡터 a의 표준편차값이 나타난다.

```
a <- c(6, 9, 3, 5, 2, 7, 12, 6)
sd_result <- calc_sd(a)
print(sd_result)

---실행결과---
> print(sd_result)
[1] 3.19598
```

분산은 관측값이 평균값으로부터 얼마나 떨어진 곳에 분포하는지를 나타내는 것으로, 관측값에서 평균을 뺀 값을 제곱한 후 모두 더한 다음 전체 개수로 나눈 결괏값이다. 분산을 구하는 함수가 있지만 사용자 함수로 직접 만들어서 사용해 본다.

예제 9 분산 값을 return하는 함수

Variance( ) 함수는 벡터 x를 매개변수로 받아 분산을 구한다. 매개변수 x에는 벡터의 값을 받아서 벡터의 길이를 구하여 n에 저장한 다음, 벡터의 평균을 계산하여 mean_v에 저장한다. 분산을 구하기 위하여 벡터 x와 평균값 mean_v와의 차이에 대한 제곱을 구하여 diffs에 저장한다. diffs의 모든 합을 구한 뒤 벡터길이(n) - 1로 나눈 값 var가 분산이 된다. return을 통해 분산값을 반환한다.

```
Variance <- function(x) {
  n <- length(x)  # 벡터의 길이
  mean_v <- mean(x, na.rm = TRUE)  # 벡터의 평균 계산
  diffs <- (x - mean_v) ^ 2  # 평균과의 차이를 제곱
  var <- sum(diffs, na.rm = TRUE) / (n - 1)  # 분산 계산
  return(var)  # 분산 반환
}
```

변수 a에 분산을 구할 벡터값을 저장한 후 Variance( ) 함수를 호출하여 분산을 구한다.

```
a <- c(6, 9, 3, 5, 2, 7, 12, 6)
result <- Variance(a)
print(result)

---실행결과---
> print(result)
[1] 10.21429
```

응용학습 1 데이터의 통계량을 계산해 리스트로 반환하는 함수

데이터의 평균, 중앙값, 표준편차를 계산해 리스트로 반환하는 함수를 만들고 함수 호출 및 실행 결과를 출력하시오.

- 함수에는 평균 계산, 중앙값 계산, 표준편차 계산하고 그 결과를 리스트로 반환할 것
- 테스트 데이터는 rnorm(1000, mean = 50, sd = 10)으로 사용할 것
- 함수 호출 및 실행결과는 아래와 같을 것

```
---실행결과---
평균: 49.94342
중앙값: 50.38486
표준편차: 10.05437
```

4 함수의 연속 호출

함수로 만들면 해당 기능이 필요할 때 언제든 횟수 제한 없이 호출해서 실행 결과를 얻을 수 있어 편리하다. 그러면 함수를 두 번 연속해서 호출하면 어떻게 될까?

예제 8 함수의 연속 호출

cal_sum( ) 함수는 매개변수 두 개를 받아 합하여 결과를 반환하는 단순한 구조를 가진다. 이것을 본 프로그램에서 다양한 방법으로 호출해 보았다.

```
cal_sum <- function(a, b) {
  sum <- sum(a, b)
  return (sum)
}

x <- 10
y <- 20
```

cat( ) 함수 안에서 인수로 cal_sum(x, y)을 호출해도 결과를 받아 바로 출력되는 것을 알 수 있다.

```
> cat("cat( ) 함수에서 직접 호출하면 결과는", cal_sum(x, y))
[1] cat( )  함수에서 직접 호출하면 결과는 30

> print("print( ) 함수에 호출해도 되는군요.")
[1] "print( ) 함수에 호출해도 되는군요."
```

cat( ) 함수처럼 print( ) 함수 안의 인수로 함수를 호출해도 결과를 받아 출력하는 것을 알 수 있다.

```
> print(cal_sum(x, y))
[1] 30

tot <- cal_sum(cal_sum(x, y), y)
```

cal_sum(cal_sum(x, y), y)은 cal_sum( ) 함수의 인수로 cal_sum( ) 함수를 호출하는 경우이다. 방법은 매우 간단하여 괄호 ( ) 안의 함수 호출부터 실행하고 난 결괏값을 가지고 다시 cal_sum( ) 함수를 호출하여 결과를 받으면 된다.

즉, 먼저 cal_sum(x, y)를 실행하면 결과는 30이 된다. 함수 실행 결과를 받은 후의 상태는 cal_sum(30, y)이 되어 함수 호출이 실행되고 최종 결과는 50을 return 받는다. 결국 tot <- 50의 의미를 갖게 된다. sprintf( ) 함수의 마지막에 삽입된 '\n'은 개행 문자(new line)로 결과를 출력한 후 다음의 출력문을 나타낼 땐 다음 라인에서 새로 시작하라는 의미이다.

```
> sprintf("x의 값 %d과 y의 값 %d을 연속으로 합하면 %d이군요 \n", x, y, tot)
[1] "x의 값 10과 y의 값 20을 연속으로 합하면 50이군요"

tot2 <- cal_sum(cal_sum(x, y) / 2, cal_sum(x, y))
```

cal_sum(cal_sum(x, y) / 2, cal_sum(x, y))의 명령도 같은 방식이다. 먼저 괄호 ( ) 안의 인수로 된 함수 cal_sum(x, y) / 2를 실행하면 결괏값은 15가 된다. 또한 cal_sum(x, y)을 실행한 결과는 30이 되기 때문에 결국 cal_sum(15, 30)의 결괏값 45를 return 받아 tot2에 저장된다.

```
> sprintf("cal_sum(cal_sum(x, y) / 2, cal_sum(x, y))의 결과는 %d이군요", tot2)
[1] "cal_sum(cal_sum(x, y) / 2, cal_sum(x, y))의 결과는 45이군요"
```

5 함수를 파일에 저장해 두고 사용하기

함수를 만들어 놓고 필요할 때 호출해서 사용하는 것은 편리하나 새로운 프로그램을 시작할 때마다 만들어 놓았던 함수를 먼저 코딩을 하거나 실행해 놓으려면 불편하다. 이것을 하지 않으면 함수를 인식하지 못하기 때문에 만들었던 함수들을 본 프로그램 위에 작성해 놓거나 실행해 놓아야 하는 것이다.

함수들을 만들어서 파일에 저장하고 필요할 때 파일을 첨부하는 방식으로 이러한 문제를 해결할 수 있다.

예제 9 여러 가지 사용자 함수

아래와 같이 함수를 3개 만들어 본다. cal_sum( )은 매개변수 a, b를 합하는 기능이고, cal_sum_list( )은 매개변수 a, b를 각각 합하여 리스트로 반환하는 기능이며, cal_mul( )는 매개변수 a, b를 곱하는 기능이다. return(sum)과 같이 return 다음에 괄호( )는 띄어도 되고 붙여도 된다. R에서는 일반적으로 붙여서 사용한다. 여기서는 함수만 작성하고, 본 프로그램은 아직 작성하지 않는다.

```
cal_sum <- function(a, b) {
  sum <- sum(a, b)
  return(sum)
}

cal_sum_list <- function(a, b) {
  sum_a <- sum(a)
  sum_b <- sum(b)
  return(list(aa = sum_a, bb = sum_b))
}

cal_mul <- function(a, b) {
  mul <- a * b
  return(mul)
}
```

함수만 저장한다. R Studio에서 “File -> Save As”를 클릭한다.

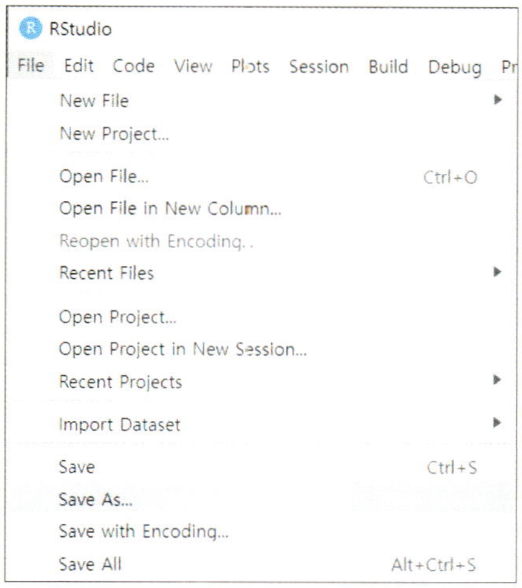

그림 2. R Studio의 “File -> Save As”

해당 폴더를 찾아서 파일로 저장한다. 여기서 파일 이름은 calc.r(확장자 .r 은 자동으로 붙는다)으로 하였다. 작업 폴더에 저장해도 좋다.

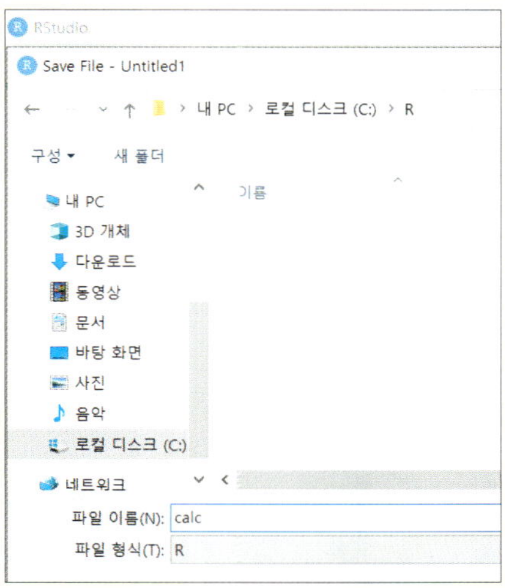

그림 3. 폴더에 함수를 파일로 저장

저장된 함수를 아래와 같이 사용해 본다.

예제 10 사용자 함수 활용

source('c:\\r\\calc.r')을 통해 calc.r을 불러온다, source( ) 함수는 인수로 지정된 파일을 내 프로그램 위에 얹어놓는 역할을 한다. 따라서 아래의 프로그램을 실행하면 본 프로그램을 실행하기 전에 source( )에 지정된 파일을 먼저 실행하고 난 후, a <- 10부터 실행을 시작하기 때문에 calc.r에 저장해둔 사용자 함수들이 모두 메모리에 먼저 저장되어서 함수들을 사용하는 데 문제가 없게 된다.

```
source('c:\\r\\calc.r')
```

함수들을 등록한 후 실습을 위해 a부터 g까지의 변수에 매트릭스를 포함한 다양한 데이터 타입을 가지는 형태로 준비한다.

```
a <- 10
b <- 20
c <- 1:10
d <- 11:20
e <- 11:15
f <- matrix(1:20, 4, 5)
g <- matrix(11:30, 4, 5)
```

cal_sum( ) 함수는 인수 두 개를 더하는 기능을 수행한다.

```
> cat("cal_sum(a, b) = ", cal_sum(a, b))
cal_sum(a, b) =  30
```

c + d의 실행 결과는

[1] 12 14 16 18 20 22 24 26 28 30이지만,

```
> sum(c, d)
[1] 210
```

으로서 모든 요소값을 합한 결과를 나타낸다.

```
> cat("cal_sum(c, e) = ", cal_sum(c, e))
cal_sum(c, e) =  120
```

매트릭스 f와 g를 합하면 아래와 같다.

```
> f + g
     [,1] [,2] [,3] [,4] [,5]
[1,]   12   20   28   36   44
[2,]   14   22   30   38   46
[3,]   16   24   32   40   48
[4,]   18   26   34   42   50
```

그런데 sum(f, g)를 실행하면 모든 요소값을 더한 결과를 나타내므로 320이 출력된다.

```
> sum(f, g)
[1] 620

> cat("cal_sum(f, g) = ", cal_sum(f, g))
cal_sum(f, g) =  620
```

cal_sum_list(a, b)는 리스트로 반환하는 함수이기 때문에 리스트의 요소값으로 출력하여야 한다. 따라서 cal_sum_list(a, b)로만 출력하면 에러를 발생한다. 반환받는 리스트 타입으로 cal_sum_list(a, b)$aa와 cal_sum_list(a, b)$bb같이 사용하여야 한다.

```
> cat("cal_sum_list(a, b) = ", cal_sum_list(a, b))
cal_sum_list(a, b) =  cat("cal_sum_list(a, b) = ", cal_sum_list(a, b))에서 다음과 같은 에러가 발생했습니다:타입 'list'인 인자 2는 'cat'에 의하여 다루어 질 수 없습니다

> sprintf("cal_sum_list(a, b) = aa값은 %d, bb값은 %d", cal_sum_list(a, b)$aa, cal_sum_list(a, b)$bb)
[1] "cal_sum_list(a, b) = aa값은 10, bb값은 20"
```

출력함수를 사용하지 않고 함수의 실행결과를 그대로 출력하면 내용을 쉽게 이해할 수 있다.

```
> cal_sum_list(c, d)
$aa
[1] 55
```

```
$bb
[1] 155

> cal_sum_list(c, e)
$aa
[1] 55

$bb
[1] 65
```

인수로 매트릭스를 주어도 합산 결과를 리스트로 반환받을 수 있다.

```
> cal_sum_list(f, g)
$aa
[1] 210

$bb
[1] 410
```

cal_mul( ) 함수는 두 인수를 받아 곱하는 기능을 수행한다.

```
> sprintf("cal_mul(a, b) = %d", cal_mul(a, b))
[1] "cal_mul(a, b) = 200"
```

여러 개의 숫자를 가진 c와 d의 곱은 아래와 같이 나타낸다.

```
> c * d
[1]  11  24  39  56  75  96 119 144 171 200
```

이것을 함수의 결괏값으로 반환받으면 각각에 대해 내용을 출력하게 된다.

```
> sprintf("cal_mul(c, d) = %d", cal_mul(c, d))
 [1] "cal_mul(c, d) = 11"  "cal_mul(c, d) = 24"  "cal_mul(c, d) = 39"
 [4] "cal_mul(c, d) = 56"  "cal_mul(c, d) = 75"  "cal_mul(c, d) = 96"
 [7] "cal_mul(c, d) = 119" "cal_mul(c, d) = 144" "cal_mul(c, d) = 171"
[10] "cal_mul(c, d) = 200"
```

c * e에 대한 연산 결과도 아래와 같다. 이것을 각각 출력한다.

```
> c * e
 [1]  11  24  39  56  75  66  84 104 126 150

> sprintf("cal_mul(c, e) = %d", cal_mul(c, e))
 [1] "cal_mul(c, e) = 11"  "cal_mul(c, e) = 24"  "cal_mul(c, e) = 39"
 [4] "cal_mul(c, e) = 56"  "cal_mul(c, e) = 75"  "cal_mul(c, e) = 66"
 [7] "cal_mul(c, e) = 84"  "cal_mul(c, e) = 104" "cal_mul(c, e) = 126"
[10] "cal_mul(c, e) = 150"
```

2차원의 매트릭스 f와 g의 곱은 아래와 같다.

```
> f * g
     [,1] [,2] [,3] [,4] [,5]
[1,]   11   75  171  299  459
[2,]   24   96  200  336  504
[3,]   39  119  231  375  551
[4,]   56  144  264  416  600
```

함수를 통해 반환받은 결과는 1차원의 형태로 각각 출력된다.

```
> sprintf("cal_mul(f, g) = %d", cal_mul(f, g))
 [1] "cal_mul(f, g) = 11"  "cal_mul(f, g) = 24"  "cal_mul(f, g) = 39"
 [4] "cal_mul(f, g) = 56"  "cal_mul(f, g) = 75"  "cal_mul(f, g) = 96"
 [7] "cal_mul(f, g) = 119" "cal_mul(f, g) = 144" "cal_mul(f, g) = 171"
[10] "cal_mul(f, g) = 200" "cal_mul(f, g) = 231" "cal_mul(f, g) = 264"
[13] "cal_mul(f, g) = 299" "cal_mul(f, g) = 336" "cal_mul(f, g) = 375"
[16] "cal_mul(f, g) = 416" "cal_mul(f, g) = 459" "cal_mul(f, g) = 504"
[19] "cal_mul(f, g) = 551" "cal_mul(f, g) = 600"
```

6 제어문

제어문이란 조건이나 처리에 따라 프로그램의 흐름을 변경할 수 있는 명령어를 말한다. R에서의 제어문은 대표적으로 조건문과 반복문을 들 수 있다.

6.1. 조건문

조건문은 특정 조건에 따라 프로그램의 실행을 변경하는 데 사용한다. 즉, 조건이 참일 때와 거짓일 때를 구분하여 각 조건에 따른 실행 코드를 다르게 구성할 수 있다.

6.1.1. if 문

if 문의 형식은 아래와 같다.

형식

```
if (조건) {
  조건이 참(TRUE)일 때 수행하는 명령
}
```

if 문을 사용한 간단한 예제를 실습해 보자.

예제 11 if 문을 사용한 성적입력

R 스크립트 모드에서 아래와 같이 코딩해 본다. 입력 화면을 통해 성적을 입력받으려면 svDialogs 패키지를 설치 및 로드한다.

```
install.packages('svDialogs')
library(svDialogs)
```

dlgInput을 통해 입력 화면을 띄우고 아래와 같이 점수를 입력받는다.

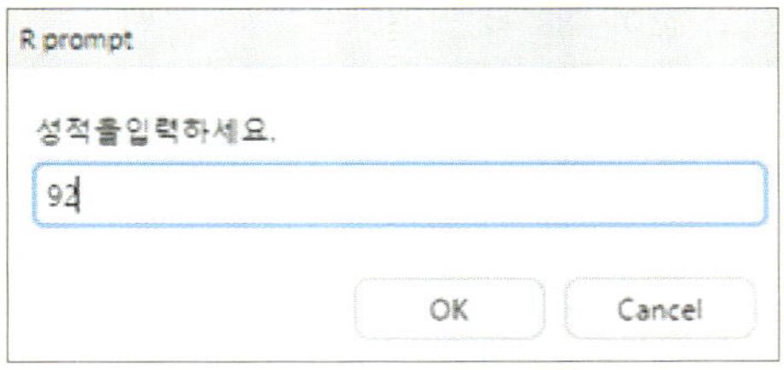


```
score <- dlgInput("성적을입력하세요.")$res
```

입력받은 score의 값은 92이다. if 문에서의 조건은 score가 90보다 크거나 같은지를 확인하므로 조건 "score >= 90"은 참(TRUE)이 된다. 따라서 print("합격입니다.")가 수행된다.

```
if (score >= 90) {
  print("합격입니다.")
}
```

```
---실행결과---
[1] "합격입니다."
```

6.1.2. if-else 문

만일 조건에서 참과 거짓에 따라 실행 명령이 다른 경우는 어떻게 할까? 이때 사용하는 명령으로 if-else 문이 있다. 형식은 다음과 같다.

형식

```
if (조건) {
  조건이 참(TRUE)일 때 수행하는 명령
} else {
  조건이 거짓(FALSE)일 때 수행하는 명령
}
```

예제 12 if-else 문을 사용한 성적입력

위 예제 13에서 거짓일 때의 명령만 추가해 본다.

```
score <- dlgInput("성적을입력하세요.")$res
```

입력 화면에서는 아래와 같이 "88"을 입력하였다.

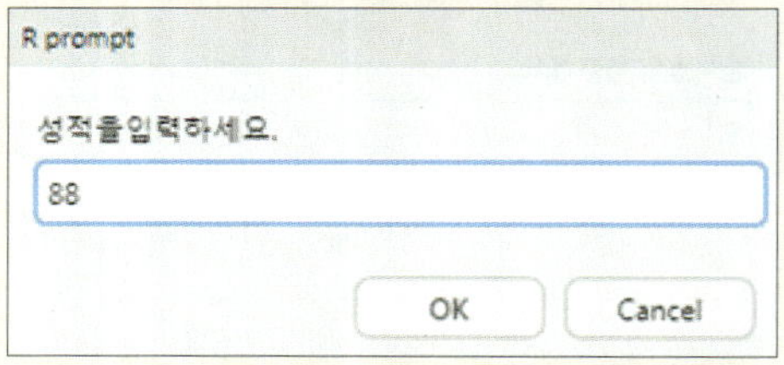

score가 90보다 크거나 같으면 "합격입니다."를 출력하고, 아니면 "조금만 더 노력을..."을 출력하는 명령이다. 즉, else 다음의 명령은 조건이 거짓(FALSE)이 될 때의 명령을 구성한다.

```
if (score >= 90) {
  print("합격입니다.")
} else {
  print("조금만 더 노력을...")
}
```

```
---실행결과---
[1] "조금만 더 노력을..."
```

예제 13 if–else–if–else 문을 사용한 성적입력

조건문에서 거짓의 경우에 다시 조건을 확인하여 명령이 나뉘는 경우도 있다. 즉, 조건에서 참인 경우의 명령과 거짓의 경우의 명령으로 끝나는 것이 아니라, 조건이 거짓이 되는 경우 다시 조건을 확인하여 명령이 나뉘는 경우이다. 이때는 else 다음에 if 조건문을 다시 사용하면 된다. 예제 14에서 했던 내용에서 if 문만 변경해 본다.

```
score <- dlgInput("성적을입력하세요.")$res
```

입력 화면에서는 아래와 같이 "82"를 입력하였다.

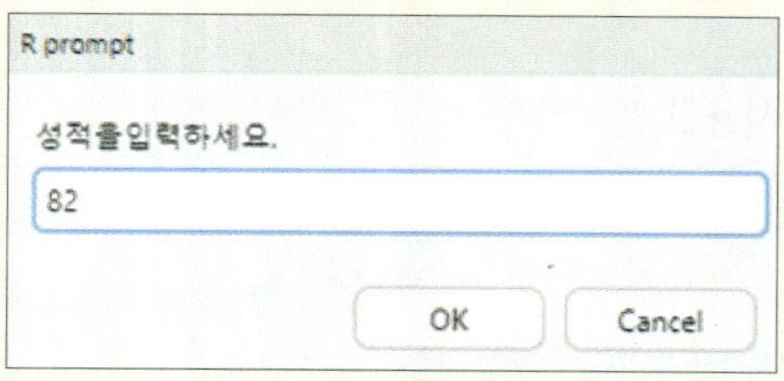

score가 90보다 크거나 같으면 "학점은 A 입니다."를 출력하고, 아니면 score가 80보다 크거나 같고 90보다 작은 경우 "학점은 B 입니다."를 출력한다. 만일 score가 70보다 크거나 같고 80보다 작으면 "학점은 C 입니다."를 출력하고, score가 60보다 크거나 같고 70보다 작으면 "학점은 D 입니다."를 출력하고, 모든 조건에 맞지 않으면 "학점은 F 입니다."를 출력한다.

```
score <- dlgInput("성적을입력하세요.")$res
if (score >= 90) {
  print("학점은 A 입니다.")
} else if (score >= 80) {
  print("학점은 B 입니다.")
} else if (score >= 70) {
  print("학점은 C 입니다.")
} else if (score >= 60) {
  print("학점은 D 입니다.")
} else {
  print("학점은 F 입니다.")
}
```

```
---실행결과---
[1] "학점은 B 입니다."
```

6.1.3. ifelse 문

ifelse 문은 조건문에서 참과 거짓의 명령이 하나씩이거나 값이 하나씩 있을 때 사용하면 편리하다. 즉, 참과 거짓의 조건 명령을 한 줄로 모두 작성하기 때문에 조건문이라기보다 조건식으로도 불린다.

> **형식** ifelse(조건, 조건이 참일 때 수행하는 명령(값), 조건이 거짓일 때 수행하는 명령(값))

위 예제를 다시보자. 이 명령은 참일 때의 명령이 한 문장이고, 거짓일 때의 명령도 한 문장이다. 이러한 경우 ifelse 문을 이용하여 한 문장으로 작성이 가능하다.

```
if (score >= 90) {
  print("합격입니다.")
} else {
  print("조금만 더 노력을...")
}
```

아래와 같이 ifelse 문을 위와 같은 명령을 작성할 수 있다.

```
ifelse(score >= 90, print("합격입니다."), print("조금만 더 노력을..."))
```

예제 14 ifelse 문을 이용한 큰 값 구하기

ifelse 문에 명령이 아니라 값을 지정할 수도 있다. 먼저 두 개의 수를 입력받도록 한다.

```
first <- dlgInput("첫번째 값을입력하세요.")$res
```

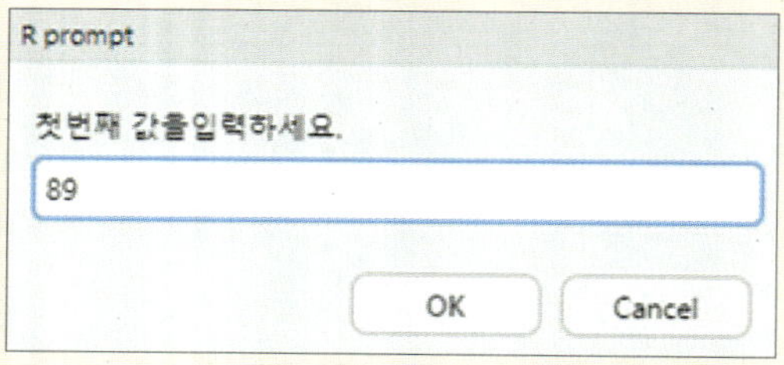


```
second <- dlgInput("두번째 값을입력하세요.")$res
```

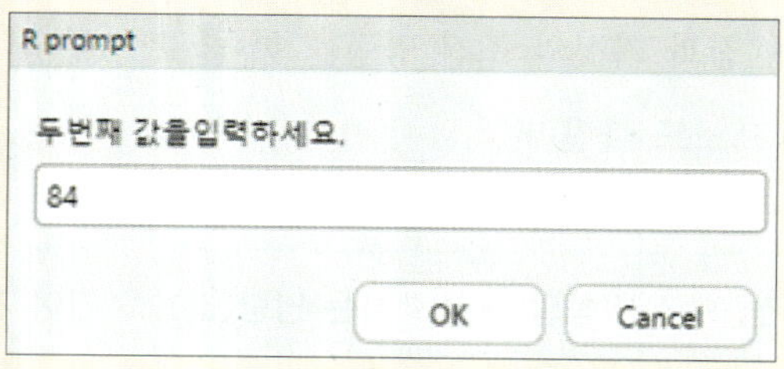

입력한 두 개의 수, 89와 84를 각각 first와 second에 저장하였다. ifelse 문 안의 조건은 first > second이므로 first가 크면 max_value = first가 되고, 아니면 max_value = second가 된다.

```
max_value = ifelse(first > second, first, second)
cat("입력한 두개의 수 중에서 큰값은", max_value, "입니다")

---실행결과---
입력한 두개의 수 중에서 큰값은 89 입니다
```

6.2. 반복문

반복문은 특정 코드 블록을 조건에 따라 여러 번 실행할 수 있는 수행 구조를 말한다. 반복문을 사용하는 코드를 만들 때는 실행하는 코드의 반복 패턴을 추출하는 것이 중요하다. 즉 반복되는 구조가 있거나 처리를 수행하는 형태는 반복되는 코드 블록을 반복문으로 코드를 줄일 수 있고, 이는 프로그램 구조를 단순하거나 간단하게 만들어 프로그램의 가독성을 높일 수 있다. R에서 반복문은 대표적으로 for와 while 문이 있다.

6.2.1. for 문

for 문은 반복되는 범위를 알고 있을 때 사용하면 편리하다. for 문의 형식은 아래와 같다. 즉 반복 변수에는 지정된 반복 범위 내에서 하나씩 차례로 반복 변수에 대입되고 반복 명령문을 수행한다. 또는 "반복할 값이 있는 변수"를 지정한 경우에는 반복 변수에 "반복할 값이 있는 변수"의 값에서 하나씩 대입하면서 반복 명령문을 수행한다.

형식

```
for(반복 변수 in 반복 범위(반복할 값이 있는 변수)) {
  반복 명령문
  반복 명령문
  반복 명령문
}
```

실습

for 문에서 반복 범위를 1~10까지로 설정했으니, 변수 a에 처음에는 1이 대입되어 a의 값은 1이 되어 print(a)에서 1을 출력하고, 다시 a에 2가 대입되어 print(a)에서 2를 출력하면서 10까지 반복 수행한다.

```
for(a in 1:10) {
  print(a)
}
```

```
---실행결과---
[1] 1
[1] 2
[1] 3
[1] 4
[1] 5
[1] 6
[1] 7
[1] 8
[1] 9
[1] 10
```

for 문의 반복 명령에서 a <- a + a를 추가하였다. 이때 처음에는 a 값이 1이므로 a <- 1 + 1이 되어 2를 출력한다. 다음에는 a는 2가 되며 a <- 2 + 2가 되고 4를 출력한다. 이때 a의 값이 4가 된다고 해서 for 문에 의해 다시 반복을 수행할 때 a의 4가 적용되는 것이 아니라 1에서 10까지 범위를 지정하였으니 a의 다음 값인 3이 적용된다. 따라서 a < 3 + 3이 되어 6을 출력한다. 이러한 방식으로 10까지 a 값을 대입하면서 반복문이 수행된다.

```
for(a in 1:10) {
  a <- a + a
  print(a)
}
```

```
---실행결과---
[1] 2
[1] 4
[1] 6
[1] 8
```

```
[1] 10
[1] 12
[1] 14
[1] 16
[1] 18
[1] 20
```

반복 범위가 반복할 값이 있는 변수인 경우는 다음과 같다. 즉, 반복 변수 i는 변수 a의 값을 하나씩 추출하여 대입한다. 반복은 변수 a의 값을 모두 대입하여 처리할 때까지 수행한다. 처음에 i 값은 변수 a의 첫 번째 값인 6이 되어 6을 출력하고, 다시 i 값은 변수 a의 두 번째 값인 9가 되어 9를 출력하는 방식이다. 이것을 마지막 값인 6을 출력할 때까지 반복한다.

```
a <- c(6, 9, 3, 5, 2, 7, 12, 6)
for (i in a) {
  print(i)
}
```

```
---실행결과---
[1] 6
[1] 9
[1] 3
[1] 5
[1] 2
[1] 7
[1] 12
[1] 6
```

예제 15 for 문을 이용해서 평균값 구하기

반복문을 사용하면 벡터값을 연속으로 대입하여 합산하는 명령문을 간략하게 작성할 수 있다. 이번 예제에서는 벡터 a 값의 합계를 구하고 이를 통해 평균을 구하는 명령을 실습해 본다. 합계를 구하는 변수는 total이며 초깃값은 0으로 시작한다. for 문에서 "total <- total + I"를 수행하는 명령문에서 i는 벡터 a의 값을 처음부터 하나씩 대입하면서 total에 누적하여, 벡터 a 원소값의 전체 합계(total)를 구한다. 평균을 구할 때 length(a)는 벡터 a 원소값의 개수를 구하는 함수이므로 total / length(a)은 벡터 a 원소값의 평균이 된다. 이것을 mean_a에 저장한 후 cat( )을 이용해서 출력하면 된다.

```
a <- c(6, 9, 3, 5, 2, 7, 12, 6)
total <- 0
for (i in a) {
  total <- total + i
}
mean_a <- total / length(a)
cat("변수 a의 평균:", mean_a)

---실행결과---
변수 a의 평균: 6.25
```

예제 16 for 문을 이용해서 분산 구하기

이 예제에서는 두 번의 for 문을 사용하여 먼저 평균을 계산하고, 각 요소와 평균의 차이를 제곱하여 합산한 후, 그 결과를 사용하여 분산을 산출한다. 이때 표본 분산을 구하기 위해 자유도를 고려하여 length(numbers) - 1로 나누었다.

먼저, 분산을 구하기 위해 평균을 산출한다.

```
total <- 0
for (i in a) {
  total <- total + i
}
mean_a <- total / length(a)
cat("변수 a의 평균:", mean_a)
```

제곱합을 저장하기 위한 변수를 만들고 초기화한다. 초기화를 하지 않으면 for 문에서 이 변수를 누적할 수 없으니 반드시 초기화까지 하여야 한다.

```
sum_value <- 0
```

벡터 a의 각 요소에 대해 제곱 차이를 계산하여 합산하고 sum_value에 누적한다. sum_value를 length(numbers) - 1로 나누면 분산 v를 구할 수 있다.

```
for (num in a) {
  sum_value <- sum_value + (i - mean_a)^2
}
v <- sum_value / (length(a) - 1)
```

```
cat("변수 a의 분산:", v)

---실행결과---
변수 a의 분산: 10.21429
```

예제 17 for 문을 이용해서 복리로 예금 계산하기

은행에 1,000,000원을 입금하였다. 원금 1,000,000원에 대해 연이율을 5%로 가정하고, 10년 동안 예금을 하였을 때 이자와 원금을 합한 전체 금액은 얼마가 되는지를 계산해 본다. 이때 for 문을 사용하여 매년 원금에 이자를 더하는 방식으로 복리 계산을 수행한다. 매년 원금에 대해 (1 + rate)를 곱하여 누적된 금액을 구하면서 10년을 반복 누적한다. 마지막으로 10년 후의 원리금과 이자를 합한 합계를 출력하면 된다.

이때 기간을 10년으로 하였으나 years <- 10으로 사용함으로써 기간을 변경하고자 할 때는 years의 값만 변경하면 된다. 또한 연이율도 rate에 저장하였기 때문에 연이율을 변경하면 원하는 기간과 이율에 맞게 값을 구할 수 있다. 전체 합계를 출력할 때 round(money, 2)는 소수점 뒤 2자리를 반올림한 값이다. 즉, 원 단위 이하 2자리에서 반올림을 적용한 금액을 나타낸다.

```
money <- 1000000          # 원금
rate <- 0.05              # 연이율 5%
years <- 10               # 예금 기간

for (i in 1:years) {      # 복리 계산
  money <- money * (1 + rate)
}

cat("10년 후의 합계 금액:", round(money, 2))

---실행결과---
10년 후의 합계 금액: 1628895
```

6.2.2. while 문

while 문은 단계값이나 시작값이 지정되지 않는 반복문의 경우에 매우 유용하다. 다만 주의할 점은 for 문과 다르게 종료 조건이 없다. 따라서 while 문 안에서 반드시

반복을 중단하는 종료 명령이 있어야 무한 반복으로 빠지지 않는다. while 문의 형식은 다음과 같다.

형식

```
while(조건문) {
        반복 명령문 1
        반복 명령문 2
            :
            :
        반복 명령문 n
}
```

그림 4와 같이 명령문에서 while 문을 만나면 while 안의 조건문을 먼저 확인한다. 조건문이 참인 경우에는 { } 안의 반복 명령문들을 수행하지만 조건문이 거짓인 경우에는 반복을 하지 않고 while { } 밖으로 빠져나온다.

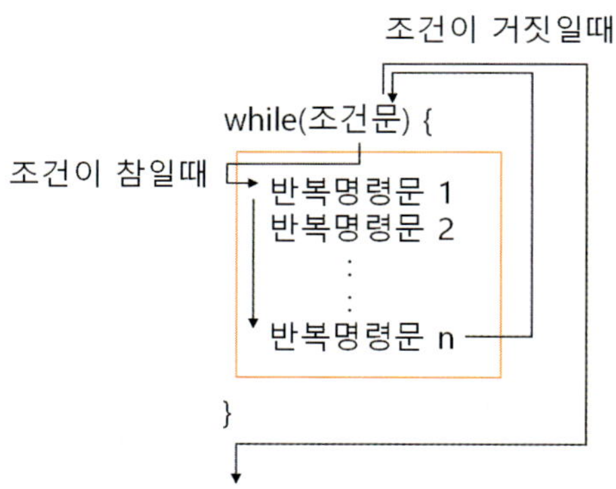

그림 4. while 문의 처리

실습

1에서부터 10까지 출력하는 명령을 while 문을 이용하였다. 이때 시작값(a <- 1)을 while 문 전에 설정하여 반복문에 대한 조건이 확인되기 전에 초기화하였다. 반복문 안에 있는 a <= 10의 조건문은 a의 값이 10보다 크면 반복문 실행을 중단하는 것이다. 이때 주의할 사항은 while 문 안의 a <- a + 1과 같이 a의 값이 조건문에 거짓이 되도록 변경되어야 한다. 만일 a <- a + 1이 없다면 while 문은 1만을 무한 출력할 것이다.

```
a <- 1
while(a <= 10) {
  print(a)
  a <- a + 1
}

---실행결과---
[1] 1
[1] 2
[1] 3
[1] 4
[1] 5
[1] 6
[1] 7
[1] 8
[1] 9
[1] 10
```

예제 18 while 문을 이용해서 평균값 구하기

예제 15의 for 문을 이용한 평균값 구하기를 while 문으로 변경하였다. for 문과 다른 점은 변수 i를 초기화하였으면 a의 크기를 구하여 while의 조건문에서 반복의 종료 조건으로 활용하였다. for 문보다는 다소 복잡해 보이나 평균값과 같이 구해야 하는 값을 알고, 증감의 크기도 알고, 종료 시점도 알고 있을 때는 for 문이 while 문에 비해 간결하다.

```
a <- c(6, 9, 3, 5, 2, 7, 12, 6)
total <- 0
i <- 1
len <- length(a)
while (i <= len) {
  total <- total + a[i]
  i <- i + 1
}
mean_a <- total / length(a)
cat("변수 a의 평균:", mean_a)

---실행결과---
변수 a의 평균: 6.25
```

예제 19 while 문을 이용해서 평균값 구하기

예제 17의 for문을 이용해서 복리로 예금 계산하기를 while 문으로 변경하였다. 이때 변수 i는 반복문에서의 조건문을 위해 시작값을 초기화하였으며, 반복문 안의 조건문도 for 문에 비해 다소 간결해졌다. 이는 조건문에서 종료 조건만을 나타내었기 때문이다.

```
money <- 1000000  # 원금
rate <- 0.05              # 연이율 5%
years <- 10               # 예금 기간
i <- 1                    # 반복 시작값 초기화
while (i <= years) { # 복리 계산
  money <- money * (1 + rate)
  i <- i + 1
}
cat("10년 후의 원리합계:", round(money, 2)) # 결과 출력

---실행결과---
10년 후의 원리합계: 1628895
```

응용학습 2 1부터 10까지 짝수와 홀수 출력하기

1부터 10까지 짝수와 홀수를 구분하고 결과를 출력하는 프로그램을 만드시오.

- 숫자 데이터 생성 후 벡터로 활용할 것
- seq_along(numbers)을 사용할 것. 이 함수에서 인수 numbers는 1부터 10까지 설정할 것
- cat() 함수로 숫자와 결과를 탭(\t)으로 구분해 출력할 것

응용학습 3 1부터 100까지 3의 배수이면서 5의 배수가 아닌 수를 찾아 출력하기

- 1부터 100까지의 숫자를 생성하여 데이터로 활용할 것
- 결과는 벡터에 저장해서 출력할 것

```
---실행결과---
[1]  3  6  9 12 18 21 24 27 33 36 39 42 48 51 54 57 63 66 69 72 78 81 84 87 93 96 99
```

7 패키지의 함수

7.1. dplyr 패키지

이 패키지의 함수는 복잡한 데이터 전처리 작업을 간결하고 직관적인 함수로 해결할 수 있으며 주로 데이터 필터링, 변경, 집계, 정렬 등의 작업을 쉽게 수행할 수 있다.

표 1. dplyr 패키지의 함수들

함수명	내용
select	데이터프레임의 특정 열 선택
filter	조건에 맞는 데이터를 추출
group_by	그룹화할 변수를 지정하며 데이터를 그룹으로 나눔
summarise	데이터를 요약하며 그룹화된 변수를 기준으로 결괏값 계산
arrange	오름차순/내림차순으로 데이터 정렬
mutate	새로운 변수를 추가하거나 기존 변수 변경
inner_join, left_join, right_join, full_join	내부 결합, 왼쪽 데이터 기준 결합, 오른쪽 데이터 기준 결합, 전체 결합

여기서 잠깐 - %>% 연산자

%>% 연산자는 dplyr 패키지에서 지원하기 때문에 먼저 해당 패키지를 설치 및 로드하여야 한다. %>%의 역할은 오른쪽에 있는 함수를 왼쪽에 적용시켜 준다. 아래와 같이 실습해 보자. x %>% sum을 통해 x의 값에 sum 함수를 적용하여 x_sum에 저장한다. x_sum을 확인하면 합계인 135가 출력되는 것을 알 수 있다.

```
install.packages("dplyr")
library(dplyr)
x <- c(10, 20, 15, 25, 30, 35)
x_sum <- x %>% sum

> x_sum
[1] 135
```

예제 20 카페 데이터에 적용된 dplyr 패키지의 함수들

어떤 카페에서 운영하는 음료의 메뉴와 각 메뉴의 원가 및 판매가가 아래와 같이 구성되어 있다. 아래 표를 기준으로 dplyr 패키지의 각 함수를 적용해 보자.

표 2. 카페 메뉴의 원가와 판매가

번호(Num)	메뉴(Menu)	원가(Cost)	판매가(Selling_price)
1	Americano	2500	6000
2	Latte	3000	6500
3	Espresso	2000	4500
4	Moca	4000	7200
5	Cappuccino	4500	9500

위 표의 데이터를 데이터프레임으로 만들어 data 변수에 저장한다.

```
install.packages("dplyr")
library(dplyr)
data <- data.frame(
  Num = 1:5,
  Menu = c("Americano", "Latte", "Espresso", "Moca", "Cappuccino"),
  Cost = c(2500, 3000, 2000, 4000, 4500),
  Selling_price = c(6000, 6500, 4500, 7200, 9500)
)
```

select( ) 함수를 사용하여 카페 데이터프레임에서 메뉴와 판매가만 선택해 본다.

```
sd <- select(data, Menu, Selling_price)
> print(sd)
        Menu    Selling_price
1  Americano    6000
2      Latte    6500
3   Espresso    4500
4       Moca    7200
5 Cappuccino    9500
```

filter( ) 함수를 사용하여 원가가 3,000원 이상인 데이터만 추출해 본다.

```
fd <- filter(data, Cost >= 3000)
> print(fd)
  Num       Menu         Cost       Selling_price
1   2       Latte        3000       6500
2   4       Moca         4000       7200
3   5       Cappuccino   4500       9500
```

arrange( ) 함수를 사용하여 원가를 기준으로 오름차순 정렬한다.

```
ad <- arrange(data, Cost)
> print(ad)
  Num       Menu         Cost       Selling_price
1   3       Espresso     2000       4500
2   1       Americano    2500       6000
3   2       Latte        3000       6500
4   4       Moca         4000       7200
5   5       Cappuccino   4500       9500
```

위 결과에서 원가의 내림차순으로 정렬할 때는 desc(Cost)로 변경하면 된다.

mutate( ) 함수를 사용하여 새로운 변수(Remark)를 추가해 보자. 이때 변수의 값은 판매가가 6,500원 이상일 때는 "A"를, 그 이하일 때는 "B"를 지정한다.

```
md <- mutate(data, Remark = ifelse(Selling_price >= 6500, "A", "B"))
> print(md)
  Num       Menu         Cost      Selling_price     Remark
1   1       Americano    2500      6000              B
2   2       Latte        3000      6500              A
3   3       Espresso     2000      4500              B
4   4       Moca         4000      7200              A
5   5       Cappuccino   4500      9500              A
```

summarise( ) 함수를 사용하여 원가 평균과 판매가 평균을 산출해 본다.

```
sum_d <- summarise(data, Avg_Cost = mean(Cost), Avg_price = mean(Selling_price))
> print(sum_d)
  Avg_Cost  Avg_price
1    3200      6740
```

group_by( ) 함수를 사용해 Remark의 "A, B" 기준으로 데이터를 그룹화하고, 각 그룹별 판매가 평균을 구한다. 이때 Selling_price가 6500 이상이면 "A", 그렇지 않으면 "B"가 되도록 Remark = ifelse(Selling_price >= 6500, "A", "B")로 변수를 생성한다.

이렇게 만든 Remark를 기준으로 group_by(Remark)를 적용한 뒤, summarise(Avg_price = mean(Selling_price))를 사용해 그룹별 평균 판매가를 계산한다. 이 전체 과정은 %>% 연산자를 활용하면 더 간결하게 구현할 수 있다.

```
g_data <- data %>%
  mutate(Remark = ifelse(Selling_price >= 6500, "A", "B")) %>%
  group_by(Remark) %>%
  summarise(Avg_price = mean(Selling_price))
> print(g_data)
# A tibble: 2 × 2
  Grade Avg_price
 <chr>     <dbl>
1 A         7733.
2 B         5250
```

데이터 결합(join)을 위해 아래와 같이 새로운 데이터프레임을 만들어 보자.

```
data2 <- data.frame(
  Num = 2:6,
  Sale = c("On sale", "Sold out", "On sale", "Sold out", "Sold out")
)
```

내부 결합인 inner_join( ) 함수를 통해 Num을 기준으로 Sale 값을 결합한 결과를 나타낸다.

```
inj <- inner_join(data, data2, by = "Num")
> print(inj)
  Num  Menu        Cost   Selling_price    Sale
1   2  Latte       3000        6500        On sale
2   3  Espresso    2000        4500        Sold out
3   4  Moca        4000        7200        On sale
4   5  Cappuccino  4500        9500        Sold out
```

left_join( ) 함수를 사용하면 왼쪽 데이터(data)를 기준으로 결합이 이루어진다.

```
leftj <- left_join(data, data2, by = "Num")
> print(leftj)
  Num  Menu          Cost   Selling_price    Sale
1   1  Americano     2500        6000        <NA>
2   2  Latte         3000        6500        On sale
3   3  Espresso      2000        4500        Sold out
4   4  Moca          4000        7200        On sale
5   5  Cappuccino    4500        9500        Sold out
```

right_join( ) 함수를 사용하면 오른쪽 데이터(data2)를 기준으로 결합이 이루어진다.

```
rightj <- right_join(data, data2, by = "Num")
> print(rightj)
  Num  Menu          Cost   Selling_price    Sale
1   2  Latte         3000        6500        On sale
2   3  Espresso      2000        4500        Sold out
3   4  Moca          4000        7200        On sale
4   5  Cappuccino    4500        9500        Sold out
5   6  <NA>          NA          NA          Sold ou
```

full_join( ) 함수를 사용하면 모든 행을 결합한다.

```
fullj <- full_join(data, data2, by = "Num")
> print(fullj)
  Num  Menu          Cost   Selling_price    Sale
1   1  Americano     2500        6000        <NA>
2   2  Latte         3000        6500        On sale
3   3  Espresso      2000        4500        Sold out
4   4  Moca          4000        7200        On sale
5   5  Cappuccino    4500        9500        Sold out
6   6  <NA>          NA          NA          Sold out
```

여기서 잠깐 - summarise( ) 함수의 활용

summarise( ) 함수는 dplyr 패키지에서 지원하는 함수로, 일반적으로 데이터프레임에서 특정 열의 통계치를 계산해 요약 정보를 생성해 준다. 즉, group_by( )와 함께 사용하여 그룹별 요약 통계를 계산하거나, 단일 데이터프레임 전체에 대한 요약을 생성한다.

예를 들어 아래의 명령을 실행하면 mtcars 데이터 셋에서 전체 평균의 연비를 계산할 수 있다.

```
> summarise(mtcars, avg_mpg = mean(mpg, na.rm = TRUE))
  avg_mpg
1 20.09062
```

위에서 설명한 %>%과 group_by()를 묶어서 사용해 보자. mtcars 데이터 셋에서 기어(gear)별로 평균 마력(hp) 계산하면 아래와 같다.

```
> mtcars %>%
  group_by(gear) %>%
  summarise(avg_hp = mean(hp, na.rm = TRUE))
# A tibble: 3 × 2
   gear avg_hp
  <dbl>  <dbl>
1     3  176.
2     4   89.5
3     5  196.
```

응용학습 4 dplyr을 이용한 iris 데이터 셋의 종(Species)별 Petal 길이 평균 계산

dplyr을 이용하여 iris 데이터 셋의 종(Species)별 Petal.Length 평균을 계산하는 프로그램을 만드시오.

- Petal 길이가 5cm 이상인 데이터만 추출할 것
- 종별로 그룹화한 후 각 종의 평균 petal 길이와 표준편차를 계산할 것
- 종별 통계값을 출력할 것

```
---실행결과---
  Species    Mean_Petal_Length SD_Petal_Length
  <fct>                  <dbl>           <dbl>
1 setosa                  1.46           0.174
2 versicolor              4.26           0.470
3 virginica               5.55           0.552
```

7.2. stringr 패키지

이 패키지는 Rstudio의 Hadley Wickham이 개발한 것으로 문자열을 보다 쉽게 처리 및 작업할 수 있도록 다양한 함수들을 제공해 준다.

표 3. stringr 패키지의 함수들

함수명	내용
str_detect	주어진 데이터들에서 특정 문자가 있는지 검사, 즉 찾는 패턴의 포함 여부를 TRUE/FALSE로 나타냄
str_locate	주어진 문자열에서 특정 문자가 처음 나오는 위치와 마지막 위치를 출력
str_extract	첫 번째 매칭된 부분 추출
str_match	모든 매칭된 부분 벡터로 반환
str_replace	첫 번째 일치하는 패턴을 다른 값으로 치환
str_replace_all	모든 일치하는 패턴을 치환
str_split	문자열을 특정 구분자로 분할
str_length	문자열의 글자 수
str_count	찾는 문자 패턴이 나타난 횟수 계산
str_pad	문자열의 길이 제한, 방향 지정 등
str_trim	문자열의 공백 제거
str_sub	문자열의 특정 위치를 추출
str_to_lower, str_to_upper, str_to_title	문자열을 소문자, 대문자, 제목 형식으로 변환

stringr 패키지 함수들을 알아보기 위해 아래와 같이 실습해 본다.

실습

먼저 library(stringr)을 통해 패키지를 로드한다. 만일 에러가 발생하면 설치가 안 된 것이니 install.packages(stringr)를 먼저 실행한다.

```
library(stringr)
```

텍스트 데이터 t에 예제 글을 저장한다.

```
t <- c("This is a test. Test is just a test, not a drill!")
```

str_detect(t, pattern)는 텍스트 t에서 문자열 패턴 "test"를 찾는 명령이다. 찾고자 하는 "test"가 텍스트 데이터 t에 있으므로 TRUE가 나타난다.

```
pattern <- "test"
result <- str_detect(t, pattern)
> result
[1] TRUE
```

str_count(t, pattern)은 텍스트 데이터 t에서 pattern이 몇 번 있는지 알려주며, 결과는 2이다. 이때 대소문자를 구분하므로 test와 Test는 다른 문자열이다.

```
count <- str_count(t, pattern)
> count
[1] 2
```

str_replace(t, "test", "drill")는 텍스트 데이터 t에서 처음 나오는 "test"를 "drill"로 변경한다. 이때 대소문자를 구분하므로 "test"만 변경하고, "Test"는 해당 없다.

```
rep <- str_replace(t, "test", "drill")
> rep
[1] "This is a drill. Test is just a test, not a drill!"
```

str_replace_all(t, "test", "drill")은 t에 있는 모든 "test"를 "drill"로 변경한다.

```
rep <- str_replace_all(t, "test", "drill")
> rep
[1] "This is a drill. Test is just a drill, not a drill!"
```

str_split(t, ",")은 텍스트 데이터 t에서 ","를 기점으로 문자열을 분리한다.

```
split <- str_split(t, ",")
> split
[[1]]
[1] "This is a test. Test is just a test" " not a drill!"
```

str_sub(t, start = 1, end = 4)는 텍스트 데이터 t의 첫 번째(start = 1)부터 네 번째(end = 4)까지 잘라 부분 문자열을 추출한다. start = -3은 전체 문자열에서 뒤에서 3자리를 자른다.

```
str1 <- str_sub(t, start = 1, end = 4)
```

```
str2 <- str_sub(t, start = -3)
> str1
[1] "This"
> str2
[1] "ll!"
```

str_match()를 위해 전화번호와 같은 일정 패턴이 있는 문자열을 phone_numbers에 저장한다. 찾고자 하는 패턴은 "^([0-9]{2,3})-([0-9]{4})-([0-9]{4})$"이며, ([0-9]{2,3})은 0~9까지 2 또는 3자리를 의미하고, ([0-9]{4})은 숫자 4자리를 의미한다. 따라서 str_match(phone_numbers[1], pattern)은 phone_numbers의 첫 번째 데이터에서 숫자 2~3자리, 숫자 4자리, 숫자 4자리의 패턴에 일치하는 모든 부분을 벡터로 분리한다.

```
phone_numbers <- c("010-3456-7890", "011-222-3456")
pattern <- "^([0-9]{2,3})-([0-9]{4})-([0-9]{4})$"
matches <- str_match(phone_numbers[1], pattern)
> matches
     [,1]            [,2]  [,3]   [,4]
[1,] "010-3456-7890" "010" "3456" "7890"
```

str_extract_all(t, "\\d+")은 t에 저장된 문자열에서 d(digit: 숫자)를 모두 추출하는 명령이다.

```
t <- "상품 코드: ABC123XYZ, DEF456"
numbers <- str_extract_all(t, "\\d+")
> numbers
[[1]]
[1] "123" "456"
```

응용학습 5 stringr 패키지를 활용한 문자열 처리

stringr 패키지를 활용하여 문자열 검색, 치환, 분리, 특정 패턴 카운트 및 대소문자 변환 작업을 수행하는 프로그램을 만드시오.

- 샘플 문자열은 아래와 같다.
  "R은 데이터 분석과 시각화에 강력한 언어입니다. stringr 패키지는 문자열을 효율적으로 처리할 수 있게 도와줍니다."
- 문자열 검색은 첫 번째 "R"의 포함된 위치를 찾아 출력할 것
- 문자열 치환은 "R" → "S"로 바꿀 것
- 문자열 분리는 공백으로 분리해 단어를 추출할 것
- 특정 패턴 카운트는 데이터 내에서 숫자를 찾아 카운트한 결과를 출력할 것
- 대소문자 변환에서는 모두 대문자로 변환할 것

연습문제

01. 일련의 작업이나 처리들을 한데 묶어서 별도로 구성한 것을 무엇이라고 하는가?

① 변수　　② 인수
③ 매개변수　　④ 함수
⑤ 상수

02. 아래는 사용자 정의함수를 만드는 형식이다. (A)에 알맞은 것은?

```
( A )(매개변수1, 매개변수2,... 매개변수n) {
    함수 안의 실행 명령들
          :
          :
    return(실행결과)
}
```

① 함수명 <- function　　② 함수명 <- method
③ function(함수명)　　④ 함수명(method)
⑤ 함수명(메소드)

03. 아래 코드에서 (A)에 해당하는 것은?

```
greeting <- ( A ) {
  hello <- '그간 기체후 일양만강 하셨사옵니까?'
  print(hello)
}
```

① fun( )　　② function( )
③ method( )　　④ meth( )
⑤ return( )

04. 아래 코드의 실행결과는?

```
greeting <- function(name) {
  hello <- '그간 기체후 일양만강 하셨사옵니까?'
  sprintf("%s님 %s", name, hello)
}
greeting('홍길동')
```

① "홍길동님"

② "그간 기체후 일양만강 하셨사옵니까?"

③ "홍길동님 그간 기체후 일양만강 하셨사옵니까?"

④ "%s홍길동님%s 그간 기체후 일양만강 하셨사옵니까?"

⑤ "%s님%s 그간 기체후 일양만강 하셨사옵니까?"

05. 아래 코드의 실행결과는?

```
greeting <- function(name) {
  hello <- '그간 기체후 일양만강 하셨사옵니까?'
  sprintf("%s님 %s", name, hello)
}
name = '김길동'
greeting( )
```

① "김길동님"

② "그간 기체후 일양만강 하셨사옵니까?"

③ "김길동님 그간 기체후 일양만강 하셨사옵니까?"

④ "%s김길동님%s 그간 기체후 일양만강 하셨사옵니까?"

⑤ 에러 발생

06. 아래의 프로그램에서 (A)에 해당하는 것은?

```
cal <- function(a, b, c, d, e) {
  fsum <- sum(a, b, c, d, e)
  fmean <- mean(a, b, c, d, e)
  return (  A  )
}
x1 <- 20
x2 <- 10
x3 <- 50
x4 <- 65
x5 <- 42
tot <- cal(x1, x2, x3, x4, x5)
sprintf("합계는 %d 이고, 평균은 %f 입니다", tot$s, tot$m)
-- 실행결과 --
[1] "합계는 187 이고, 평균은 20.000000입니다"
```

① fsum, fmean　　② (fsum, fmean))
③ list(s = fsum, m = fmean)　　④ list(fsum)
⑤ list(fmean)

07. 아래의 프로그램에서 (A)에 해당하는 것은?

```
cal_sum <- function(a, b) {
  sum_a <- sum(a)
  sum_b <- sum(b)
  return (list(aa = sum_a, bb = sum_b))
}
x1 <- 1:10
x2 <- 21:30
tot <- (  A  )
sprintf("a 합계는 %d 이고, b 합계는 %d 입니다", tot$aa, tot$bb)
-- 실행결과 --
[1] "a 합계는 55 이고, b 합계는 255 입니다"
```

① do.call(cal_sum, list(x1, x2))　　② call(cal_sum, list(x1, x2))
③ do(cal_sum, list(x1, x2))　　④ do.call(cal_sum, (x1, x2))
⑤ do.call(cal_sum, x1, x2)

08. 다음 함수는 무엇을 계산하는 것인가?

```
calc <- function(x) {
  n <- length(x)
  if (n <= 1) {
    stop("벡터의 길이가 2 이상이어야 합니다.")
  }
  m_value <- mean(x, na.rm = TRUE)
  diffs <- (x - m_value) ^ 2
  var <- sum(diffs, na.rm = TRUE) / (n - 1)
  result <- sqrt(var)
  return(result)
}
```

① 매개변수 x에 대한 평균
② 매개변수 x에 대한 분산
③ 매개변수 x에 대한 표준편차
④ 매개변수 x에 대한 등분산
⑤ 매개변수 x에 대한 누적

09. c 드라이브 아래의 r 폴더에서 calc.r 파일을 불러오는 명령으로 옳은 것은?

① source('c:\\r\\calc.r')
② source(c:\\r\\calc.r)
③ source('c:/r/calc.r')
④ source('c://r//calc.r')
⑤ source(c:\\r\\calc.r)

10. 아래의 프로그램에서 (A)에 해당하는 것은?

```
cal_sum <- function(a, b) {
  sum_a <- sum(a)
  sum_b <- sum(b)
  return (list(aa = sum_a, bb = sum_b))
}
c <- 1:10
d <- 11:20
cat(   A  )
-- 실행결과 --
c와 d의 합은 =  210
```

① "c와 d의 합은 ", c, d
② "c와 d의 합은 ", (c, d)
③ "c와 d의 합은 ", cal_sum(c, d)
④ "c와 d의 합은 ", cal_sum("c, d")
⑤ "c와 d의 합은 ", cal_sum("c", "d")

11. 아래와 같은 입력창을 사용하기 위해 필요한 패키지는?

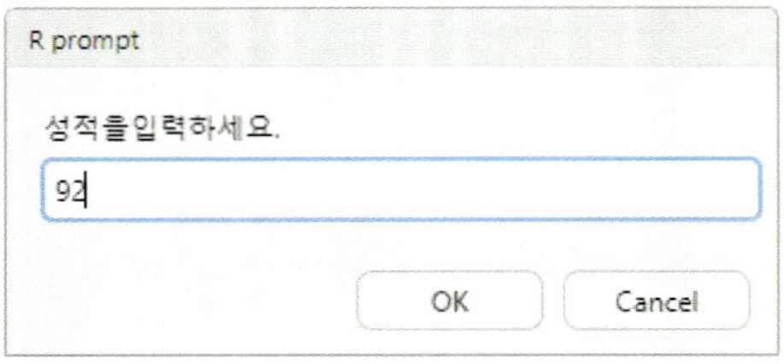

① inputWindows
② inputScreen
③ inputDialog
④ inputDialogs
⑤ svDialogs

12. 아래의 프로그램에서 (A)에 해당하는 것은? (단, 필요한 패키지는 사전에 설치 및 로드되었다)

```
score <- ( A )
if (score >= 90) {
  print("합격입니다.")
}
--- 실행결과 ---
```

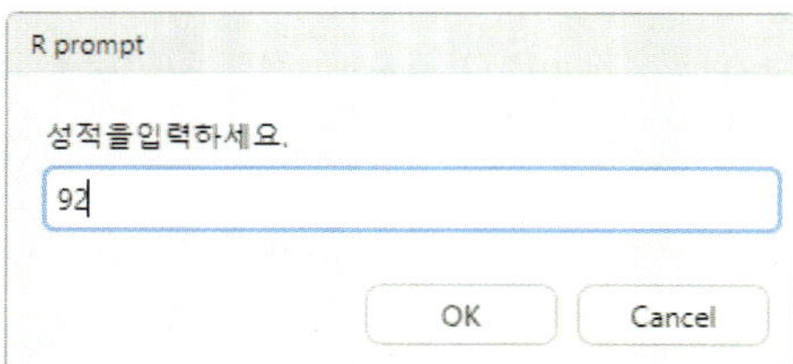


```
[1] "합격입니다."
```

① Input("성적을입력하세요.")$res
② dlgInput("성적을입력하세요.")$res
③ Input("성적을입력하세요.")
④ dlgInput("성적을입력하세요.")
⑤ dlgInput("성적을입력하세요.")$score

13. score가 90보다 크거나 같으면 "합격입니다."를 출력하고, 아니면 "조금만 더 노력을..."을 출력하는 명령으로 (A)에 알맞은 것은?

```
if (score >= 90) {
  print("합격입니다.")
} (  A  ) {
  print("조금만 더 노력을...")
}
```

① else ② then
③ but ④ other
⑤ others

14. 아래의 명령과 같은 의미의 명령은?

```
if (score >= 90) {
  print("합격입니다.")
} else {
  print("조금만 더 노력을...")
}
```

① if(score >= 90, print("합격입니다."), print('조금만 더 노력을..."))
② if(score >= 90, print("합격입니다.") else print("조금만 더 노력을..."))
③ ifelse(score >= 90, print("합격입니다."), print("조금만 더 노력을..."))
④ if–else(score >= 90, print("합격입니다."), print("조금만 더 노력을..."))
⑤ if–else–if(score >= 90, print("합격입니다 "), print("조금만 더 노력을..."))

15. 아래의 명령에서 (A)에 알맞은 것은?

```
for(  A  ) {
  print(a)
}
---실행결과 ---
[1] 1
[1] 2
[1] 3
```

① 1:3 ② a <– 1:3
③ c(1:3) ④ a in 1:3
⑤ a in c(1, 3)

16. 아래의 명령에서 (A)에 알맞은 것은?

```
a <- c(6, 9, 3, 5, 2, 7, 12, 6)
total <- 0
for (i in a) {
  ( A )
}
mean_a <- total / length(a)
cat("변수 a의 평균:", mean_a)
---실행결과 ---
변수 a의 평균: 6.25
```

① total <- i
② total <- + i
③ total <- total
④ total <- + total
⑤ total <- total + i

17. 아래의 명령에서 (A)에 알맞은 것은?

```
total <- 0
for (i in a) {
  total <- total + i
}
mean_a <- total / length(a)
sum_value <- 0
for (num in a) {
  (  A  )
}
v <- sum_value / (length(a) - 1)
cat("변수 a의 분산:", v)
```

① sum_value <- sum_value + (i - mean_a)
② sum_value <- sum_value + (i - mean_a)^2
③ sum_value <- sum_value + (i - mean_a)+2
④ sum_value <- sum_value + (i - mean_a)*2
⑤ sum_value <- sum_value + (i - mean_a)/2

18. 아래의 명령에서 (A)에 알맞은 것은?

```
a <- 1
( A ) {
  print(a)
  a <- a + 1
}
---실행결과 ---
[1] 1
[1] 2
[1] 3
```

① while(a <= 3)
② for(a <= 3)
③ repeat(a <= 3)
④ while(if(a <= 3))
⑤ for(if(a <= 3))

19. dplyr 패키지에서 조건에 맞는 데이터를 추출하는 함수는?

① select
② extract
③ filter
④ summarise
⑤ mutate

20. 오른쪽에 있는 함수를 왼쪽에 적용시켜주는 역할을 하는 연산자는?

① >>>
② %>%
③ %>
④ %>>
⑤ >>%

제7장 >>>>

그래프

1. 일변량 연속형 데이터 그래프
2. 일변량 범주형 데이터 그래프
3. 다변량 연속형 데이터 그래프
4. 다변량 범주형 데이터 그래프

그래프는 데이터의 유형에 따라 아래와 같이 분류될 수 있다.

변수 개수	데이터 형태	그래프
일변량	연속형	히스토그램, hist( )
		상자 그림, boxplot( )
	범주형	바 그래프, barplot( )
		원 그래프, pie( )
다변량	연속형	선 그래프, plot( )
	범주형	모자이크 플롯, mosaicplot( )

일변량이란 하나의 변수로만 분석하는 방법을 의미하며, 주로 변수의 분포, 평균, 중앙값 등의 산출, 분산이나 표준편차와 같은 변동성 자료 분석등에 활용된다. 여기에 연속형 데이터는 숫자로 측정 가능한 값(예를 들어 키, 몸무게, 온도 등)을 의미한다. 범주형 데이터는 특정 범주로 구분되는 값(예를 들어 성별, 제품 종류, 혈액형 등)을 의미한다.

퀴즈 아래의 표에서 연속형인지 범주형인지 구분하시오.

데이터	데이터 형태
학생들의 중간고사 점수	연속형 데이터
각 제품들의 판매량	
선호하는 음료 종류	
직원들의 월급	
도시별 인구 비율	범주형 데이터
매출 데이터	

1 일변량 연속형 데이터 그래프

1.1. 히스토그램

히스토그램은 바 그래프보다는 단순한 형태를 나타내며, 데이터 수치의 상대적인 비교를 표현하고자 할 때 주로 사용한다.

형식 `hist(x, breaks, freq, col, border, main, xlim, ylim, xlab, ylab, axes, labels,...)`

- x: 히스토그램 바의 높이를 나타내는 값
- breaks: 히스토그램의 바의 개수를 설정한다. 다만 해당 데이터가 설정 단계값보다 크면 단계를 증가시켜서 나타냄
- freq: TRUE일 때 y축의 단위는 도수, FALSE일 때 y축의 단위는 상대도수 적용
- col: 히스토그램 바의 색상을 설정
- border: 히스토그램 바의 경계 색상을 설정
- main: 히스토그램의 제목을 표시
- xlim: 히스토그램의 x축 한계값을 설정
- ylim: 히스토그램의 y축 한계값을 설정
- xlab: 히스토그램의 x축 이름을 설정
- ylab: 히스토그램의 y축 이름을 설정
- axes: 히스토그램의 x축과 y축의 선을 나타내거나 숨김
- labels: 히스토그램 바의 데이터 값을 나타냄

여기서 잠깐 - islands 데이터 셋

islands 데이터 셋은 세계 주요 지역의 면적을 나타낸다. 다음은 islands 데이터 셋의 일부를 나타낸 것이다.

```
> islands
 Africa    Antarctica      Asia    Australia   Axel Heiberg
 11506        5500        16988       2968          16
 Baffin       Banks       Borneo     Britain      Celebes
 184           23         280         84           73
```

여기서 잠깐 - 화면 분할

par( ) 함수는 전체 화면을 분할하여 여러 개의 그래프를 나타낼 때 효과적이다. 이때 화면 분할 설정값은 mfrow로 저장한다. 설정 방법은 아래와 같다.

- par(mfrow = c(1, 1)): 화면에서 가로 1개, 세로 1개로 분할한다. 즉 하나의 화면을 모두 사용할 때 적용하며, 일반적으로 분할된 화면을 다시 원래대로 복원할 때 사용한다.
- par(mfrow = c(2, 2)): 화면에서 가로 2개, 세로 2개로 분할하기 때문에 전체 화면을 4등분하게 된다.

예제 1 islands 데이터 셋을 이용하여 히스토그램 작성

1) islands 데이터 셋의 히스토그램을 표현해 보자. 이때 아래와 같은 방법으로 표현한다.

- 히스토그램의 제목을 나타낸다.
- 바의 면 색상은 lightgray, 바의 선 색상은 red로 한다.
- 바의 개수는 기본 10로 설정한다.
- x축에는 islands를, y축에는 area로 이름을 나타낸다.
- 바의 각 데이터 값을 바 위에 표시한다.

이것을 나타내는 코드는 아래와 같다.

```
hist(islands, breaks = 10,
    freq = TRUE, col = "lightgray", border = "red",
    main = "Histogram of islands", xlab = "islands", ylab = "area",
    axes = TRUE, labels = FALSE)
```

---실행결과---

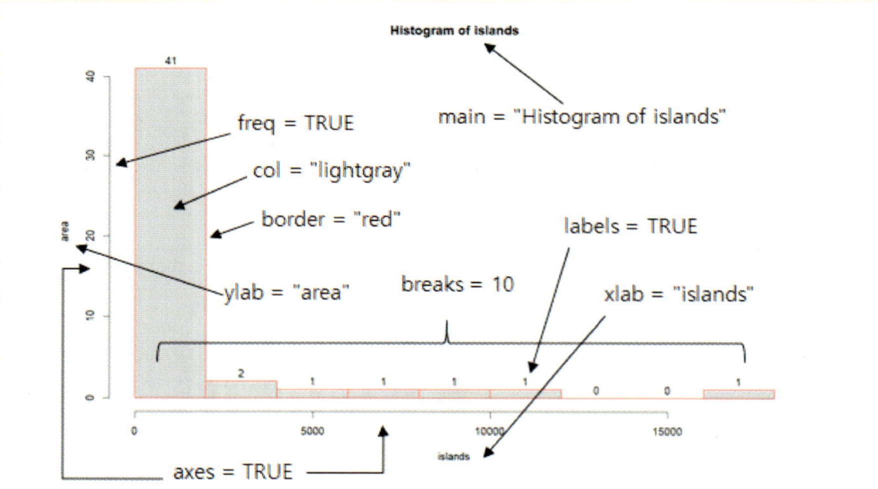

그림 1. islands 데이터 셋의 히스토그램

2) 화면을 4등분하여 각 히스토그램을 나타낸다.

- 첫 번째 화면: islands의 기본 히스토그램을 나타낸다.
- 두 번째 화면: breaks와 labels 매개변수만 설정한 히스토그램
- 세 번째 화면: 위 예제의 화면
- 네 번째 화면: x와 y축을 숨기고(axes = FALSE), 바 위의 데이터 값도 나타내지 않는 것으로(labels = FALSE) 매개변수를 변경한 히스토그램

이후 화면 분할 수를 복원한다. 먼저, par( ) 함수를 par(mfrow = c(2, 2))와 같이 사용하면 화면을 4등분으로 분할된다. 이후 각 히스토그램을 나타내면 분할된 화면에 표시된다. 순서대로 히스토그램을 나타낸 후 par(mfrow = c(1, 1))을 실행하여 분할된 화면을 하나로 변경한다. 전체 코드를 나타내면 아래와 같다.

```
par(mfrow = c(2, 2))
hist(islands)
x <- hist(islands, breaks = 10, labels = TRUE)
hist(islands, breaks = 10,
    freq = TRUE, col = "lightgray", border = "red",
    main = "Histogram of islands", xlab = "islands", ylab = "area",
    axes = TRUE, labels = TRUE)
hist(islands, breaks = 10,
        freq = TRUE, col = "lightgray", border = "red",
        main = "Histogram of islands", xlab = "islands", ylab = "area",
        axes = FALSE, labels = FALSE)
par(mfrow = c(1, 1))
```

---실행결과---

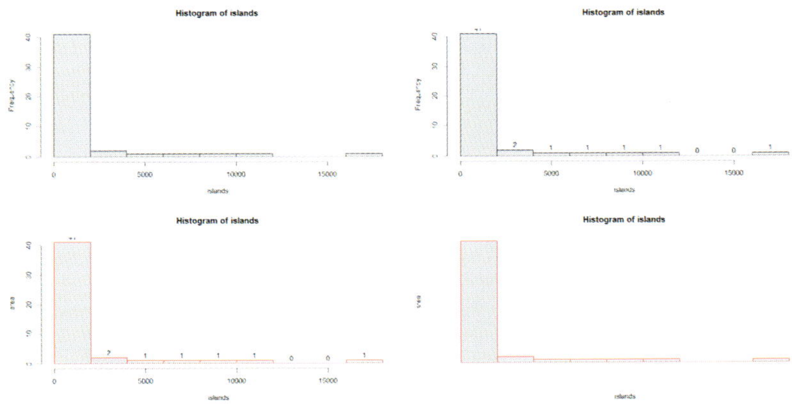

그림 2. 4등분으로 분할된 islands 히스토그램

이때 x <- hist(islands, breaks = 10, labels = TRUE)은 히스토그램을 나타낸 후 정리된 결과를 변수 x에 저장하는 것이다. x의 값을 확인하면 아래와 같다.

• $breaks: 구간별 설정값, 즉 구간 값을 나타낸다.

- $counts: 구간별 빈도수를 나타낸다. 즉 0의 구간이 41, 2000 구간이 2, 4000 구간이 1 등과 같다.
- $density: 확률밀도값을 나타낸다.
- $mid: 계급 중앙값을 나타낸다.
- $xname: 히스토그램의 x축 이름을 나타낸다.
- $equidist: 계급 구간의 길이가 균일한지를 나타낸다.
- attr(,"class"): 그래프의 타입은 히스토그램임을 알려준다.

```
> x
$breaks
 [1]     0  2000  4000  6000  8000 10000 12000 14000 16000 18000

$counts
[1] 41  2  1  1  1  1  0  0  1

$density
[1] 4.270833e-04 2.083333e-05 1.041667e-05 1.041667e-05 1.041667e-05 1.041667e-05
0.000000e+00
[8] 0.000000e+00 1.041667e-05

$mids
[1]  1000  3000  5000  7000  9000 11000 13000 15000 17000

$xname
[1] "islands"

$equidist
[1] TRUE

attr(,"class")
[1] "histogram"
```

1.2. 상자 그림

상자그림은 데이터의 분포를 사분위수로 나타낼 때 유용하다. 사분위수는 데이터를 크기 순서대로 4등분했을 때, 각 경계에 위치하는 값을 의미한다. 이때 제1사분위수(Q1)는 전체 데이터에서 25%에 해당하는 값을, 제2사분위수(Q2, 중앙값)는 50%

에 해당하는 값을, 제3사분위수(Q3)는 75%에 해당하는 값을 나타낸다.

형식 `boxplot(x, notch, outline, names, col, horizontal,..)`

- x: 상자 그림을 나타내는 벡터값
- notch: 디폴트인 FALSE이면 사각의 상자, TRUE이면 각진 상자(각 면에 notch 그림)
- outline: outlier, 특이점을 동그라미로 표시함
- names: 각 상자의 이름(레이블)을 나타냄
- col: 각 상자의 색상을 지정함
- horizontal: TRUE이면 상자 그림을 수평으로 나타냄, 디폴트는 FALSE

상자 그림 실습을 위해 아래와 같이 실행해 본다.

실습

카페 데이터를 활용하여 상자 그림을 그려보자.

```
sales <- c(1500, 3000, 3500, 4000, 5000, 2000)
names(sales) <- c("아메리카노", "카페라테", "모카치노", "카푸치노", "카라멜 마키아또", "우유")
boxplot(sales)
```

---실행결과---

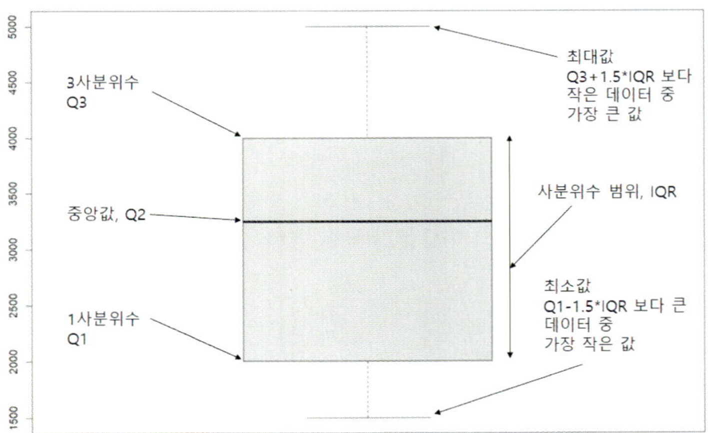

그림 3. boxplot 그래프

boxplot( ) 함수는 상자그림을 그려주지만 이것을 변수에 저장해서 확인하면 아래와 같이 상자그림의 반환값을 확인할 수 있다.

```
> bp <- boxplot(sales)
> bp

$stats
     [,1]
[1,] 1500        -> 최솟값
[2,] 2000        -> 1사분위수
[3,] 3250        -> 중앙값
[4,] 4000        -> 3사분위수
[5,] 5000        -> 최댓값

$n
[1] 6            -> 관측값의 개수

$conf
         [,1]
[1,] 1959.935    -> 중앙값 신뢰 구간(하한)
[2,] 4540.065    -> 중앙값 신뢰 구간(상한)

$out             -> outlier, 특이점 또는 이상치
numeric(0)

$group           -> 특이점이 속한 그룹을 저장한 out과 길이가 같은 벡터
numeric(0)

$names           -> 각 그룹의 이름을 저장한 벡터
[1] "1"
```

iris 데이터 셋을 이용하여 상자 그림을 그려보자.

```
> head(iris)
  Sepal.Length Sepal.Width Petal.Length Petal.Width Species
1          5.1         3.5          1.4         0.2  setosa
```

```
2        4.9       3.0        1.4       0.2  setosa
:         :         :          :          :    :
```

상자 그림을 그릴 때 Sepal.Length ~ Species까지의 데이터를 "blue", "yellow", "red" 색상을 각각 적용하여 그리면 아래와 같다.

```
boxplot(Sepal.Length ~ Species, outline = TRUE, col = c("blue", "yellow", "red"),
data = iris, notch = TRUE)
```

---실행결과---

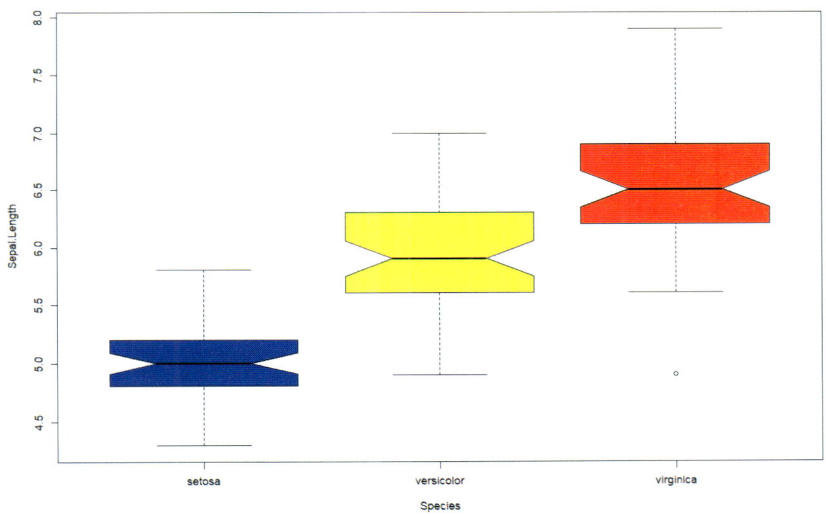

그림 4. iris boxplot 그래프

응용학습 1 성적 상자 그림 나타내기

남학생과 여학생의 성적이 아래와 같다. 상자 그림을 실행 그림과 같이 나타내보시오.

성별						
남	88	92	86	91	93	89
여	93	89	85	94	92	93

---실행결과---

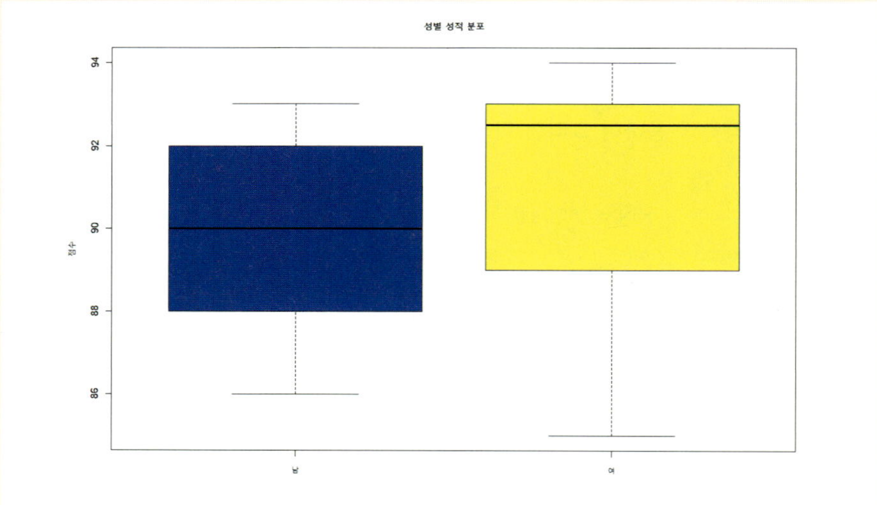

그림 5. 성적 상자 그림 나타내기

2 일변량 범주형 데이터 그래프

2.1. 바 그래프

막대 그래프는 데이터 시각화 방법에서 가장 단순한 구조를 가진다. 데이터 수치에 따라 가로 또는 세로로 그래프를 작성해 주며, 일반적으로 상대 비교를 나타낼 때 유용하게 사용한다.

막대 그래프를 나타내는 함수는 barplot( )를 사용한다. barplot( )의 인수 중에서 주로 사용하는 인수를 위주로 설명한다.

형식
```
barplot(height, names.arg, legend.text, horiz, col, main, xlab, ylab,
beside, xlim, ylim, sub, cex.names = par("cex.axis"), args.legend, ...)
```

- height: 바 그래프의 높이를 나타내는 값

- names.arg: 각 바에 해당되는 벡터 값
- legend.text: 범례에 표시하는 값
- args.legend: 범례의 표시 위치, 박스 선 등을 설정
- horiz: 수평/수직 바 그래프 표시, TRUE는 수평 바그래프, FALSE는 수직 바 그래프이며, 기본은 FALSE이다.
- col: 바 그래프의 색상
- main: 주 제목(타이틀)
- xlab: x축의 이름
- ylab: y축의 이름
- beside: 하나의 바 그래프에 묶어서 나타내는 것을 분리시킨다. 기본값은 FALSE
- xlim: x축의 한계값
- ylim: y축의 한계값
- sub: 부 제목
- cex.names: x축의 이름 크기
- cex.axis: y축의 이름 크기

바 그래프의 실습을 위해 아래와 같이 실습해 본다.

실습

```
dept <- c('경영', '국문', '영문', '국문', '경영', '영문', '국문', '국문')
bg <- table(dept)
barplot(bg, main='학과')
```

---실행결과---

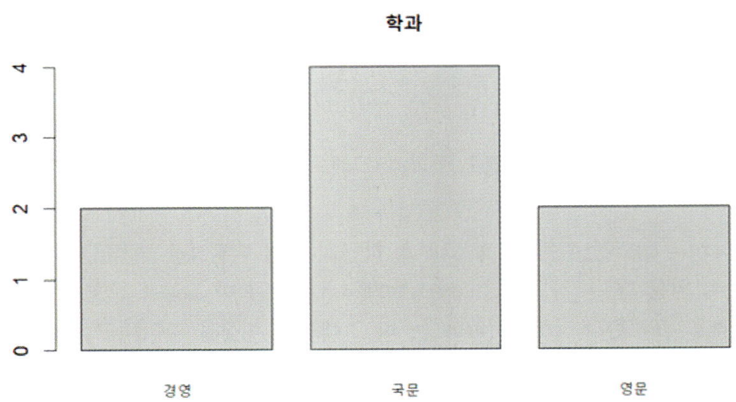

그림 6. 학과 바 그래프

dept에 학과명을 입력하고, table(dept)를 실행하면 각 학과명의 빈도수에 따라 테이블을 구성해 준다. bg의 실행결과를 보면 dept에는 경영 2번, 국문 4번, 영문 2번이 있음을 알 수 있다.

```
> bg
dept
경영 국문 영문
  2    4    2
```

barplot(bg, main='학과')는 table( )을 통해 얻어진 bg의 값을 바 그래프로 나타낸다. 이때 main='학과'의 인수를 통해 바 그래프의 맨 상단에 '학과'가 표시된다.

바 그래프에서 인수를 추가하여 아래와 같이 명령을 실행해 보자.

```
barplot(bg, names.arg = bg, legend.text = '실습', col = 'blue', xlab = '학과',
ylab = '빈도수')
```

---실행결과---

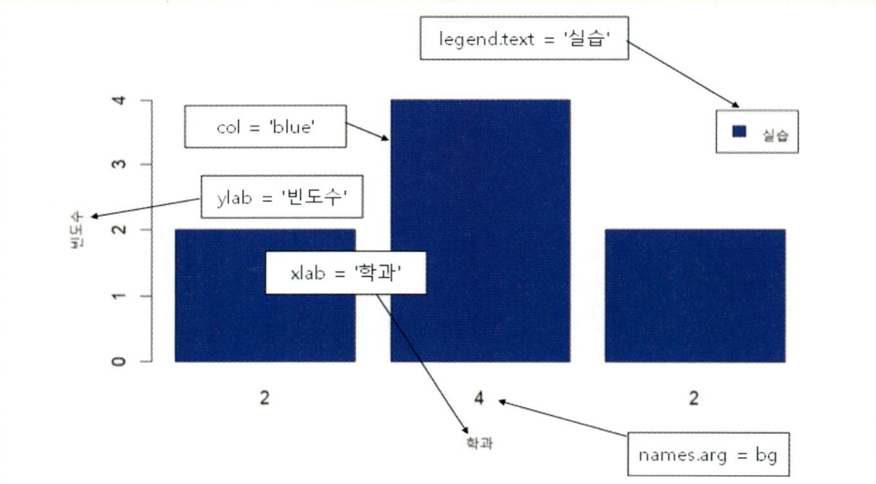

그림 7. 학과 바 그래프 인수 설정

names.arg = bg의 인수는 각 바 그래프 하단의 값을 나타내는 벡터값이다. 즉, 경영 2, 국문 4, 영문 2를 나타낸다. legend.text = '실습'은 바 그래프 오른쪽 상단에 나타나는 범례를 표시한다. col = 'blue'는 바 그래프의 색상을 나타내고, xlab과 ylab은 각각 x축과 y축의 이름을 나타낸다. x축의 데이터에 따라 색상을 다르게 하려면 c( ) 함수를 사용하여 col = c('blue','green','red')을 설정한다. 색상은 각기 다르게 지정할 수 있다.

```
barplot(bg, names.arg = bg, legend.text = '실습', col = c('blue','green','red'), xlab = '학과', ylab = '빈도수')
```

---실행결과---

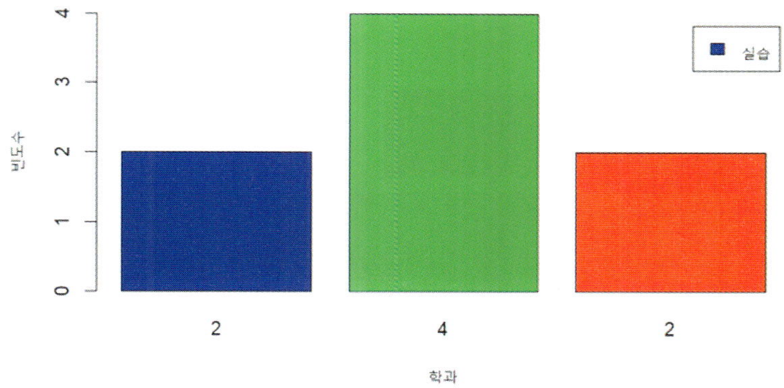

그림 8. 학과 바 그래프 색상 설정

x축의 내용이 학과 빈도수만 표시되므로 이름을 names.arg 인수에 넣을 수 있다. 이때 names만 써도 된다.

```
barplot(bg, names = c('경영', '국문', '영문'), legend.text = '실습', col = c('blue','green','red'), xlab = '학과', ylab = '빈도수')
```

---실행결과---

그림 9. 학과 바 그래프 names 매개변수 설정

수평 바 그래프를 나타낼 때는 horiz = TRUE로 설정한다.

```
barplot(bg, names.arg = bg, horiz = TRUE, legend.text = '실습', col =
c('blue','green','red'), xlab = '학과', ylab = '빈도수')
```

---실행결과---

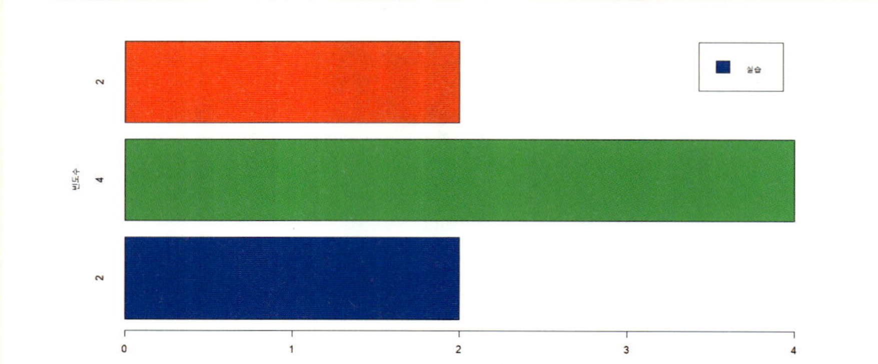

그림 10. 학과 바 그래프 horiz 매개변수 설정

예제 2 학생 성적 데이터를 읽어서 과목 분포를 바 그래프로 나타내기

score.csv에 있는 학생 성적 데이터는 아래와 같다. 이때 year는 학년, dept는 학과, addr은 주소, gender는 성별, lecture는 과목, score는 성적이다. 이때 과목 분포를 바 그래프로 나타내보자. x축에는 과목, y축에는 빈도수를 표시한다.

year	dept	addr	gender	lecture	score
1	호텔관광학과	서울시	남	파이썬	95
2	국문학과	수원시	여	디지털인문학	75
2	영문학과	공주시	여	딥러닝	65
4	경영학과	대전시	여	파이썬	80
3	치의예과	서울시	남	파이썬	95
1	정보디스플레이학과	대구시	여	빅데이터	80
3	일어과	공주시	남	딥러닝	70
1	경제학과	서울시	남	미시경제학	80
4	자율전공학과	원주시	여	사물인터넷	70

year	dept	addr	gender	lecture	score
2	국문학과	수원시	여	파이썬	95
4	영문학과	세종시	여	빅데이터	70
3	국문학과	포항시	남	빅데이터	95
1	치의예과	서울시	여	파이썬	65
2	국문학과	공주시	남	미시경제학	95
1	정보디스플레이학과	세종시	남	빅데이터	80
3	자율전공학과	수원시	남	경영학원론	65
4	치의예과	인천시	여	파이썬	95
2	국문학과	서울시	여	딥러닝	85
4	자율전공학과	공주시	남	빅데이터	80
1	정보디스플레이학과	대전시	남	사물인터넷	70
3	정보디스플레이학과	세종시	여	파이썬	80

코드는 아래와 같다.

```
scoredata <- read.table('c:\\r\\score.csv', header = T, sep = ',')
bg <- table(scoredata$lecture)
barplot(bg, main='성적에서 과목 빈도수', xlab = '과목', ylab = '빈도수')
```

---실행결과---

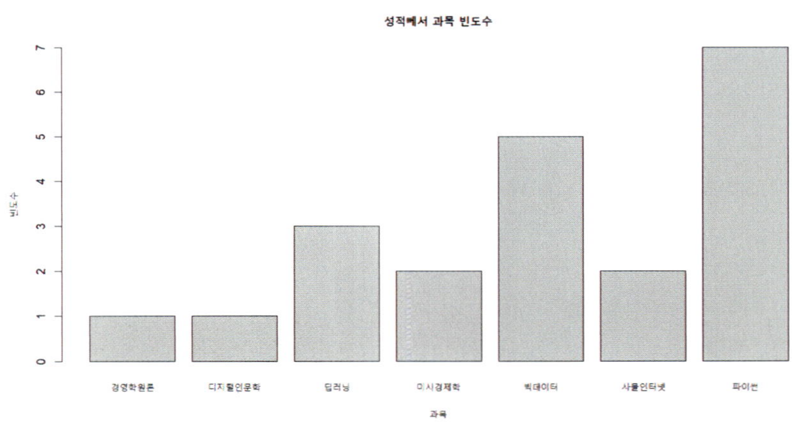

그림 11. 성적 바 그래프

read.table('c:\\r\\score.csv', header = T, sep = ',')을 통해 score.csv에 있는 성적 데이터를 읽어온다. 이 중에서 lecture만 추출해서 과목의 빈도수를 산출하는 명령으로 table(scoredata$lecture)을 실행한 후의 bg 값은 아래와 같다.

```
경영학원론  디지털인문학  딥러닝  미시경제학  빅데이터  사물인터넷  파이썬
        1             1       3           2         5           2       7
```

과목의 빈도수에 따라 바 그래프를 나타내면 된다. 같은 방식으로 주소, 성적 등의 분포를 나타낼 수 있다.

여기서 잠깐 - 타이타닉 데이터 셋

타이타닉 데이터 셋에는 승객, 승무원, 성별, 등급별등에 따라 생존자와 사망자의 집계를 나타낸 정보가 있다.

```
> Titanic
, , Age = Child, Survived = No

      Sex
Class  Male Female
  1st     0      0
  2nd     0      0
  3rd    35     17
  Crew    0      0
   :
   :
   :
```

타이타닉 데이터 셋의 내용을 summary해 보면 아래와 같다.

```
> summary(Titanic)
Number of cases in table: 2201
Number of factors: 4
Test for independence of all factors:
        Chisq = 1637.4, df = 25, p-value = 0
        Chi-squared approximation may be incorrect
```

예제 3 타이타닉의 성인 남성에 대한 사망자와 생존자 정보를 바 그래프로 나타내기

타이타닉의 사망자와 생존자 정보를 각 등급별, 승객과 승무원별에 따라 구분하고 이것을 바 그래프로 나타내 보자.

우선 아래와 같이 타이타닉 데이터 셋을 데이터 프레임으로 변경하여 내용을 정리한다. 이것을 보면 타이타닉의 승객 등급(Class), 성별(Sex), 연령(Age), 생존여부(Survived), 사망자수(Freq)에 대한 정보를 쉽게 알 수 있다. 이것을 기반으로 바 그래프를 나타내 보자.

```
as.data.frame(Titanic)
```

```
      Class  Sex    Age   Survived   Freq
1     1st    Male   Child No         0
2     2nd    Male   Child   No       0
3     3rd    Male   Child   No       35
4     Crew   Male   Child   No       0
5     1st    Female Child   No       0
6     2nd    Female Child   No       0
7     3rd    Female Child   No       17
:     :      :      :       :        :
```

코드는 다음과 같다.

```
df <- as.data.frame(Titanic)
summary(df)
barplot(Freq ~ Class + Survived, data = df,
      subset = Age == "Adult" & Sex == "Male",
       main = "타이타닉 사망자 및 생존자", xlab = "생존 여부", ylab = "탑승객",
legend.text = TRUE)
```

---실행결과---

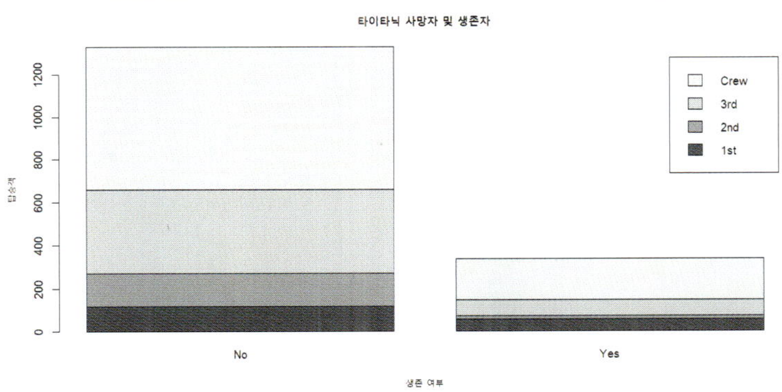

그림 12. 타이타닉의 성인 남성 생존 여부

df <- as.data.frame(Titanic)을 통해 Titanic 데이터 셋을 데이터프레임으로 만들어 변수 df에 저장한다. 저장된 df는 summary(df)를 실행하면 아래와 같이 요약된 정보를 확인해 볼 수 있다.

```
> summary(df)
      Class      Sex        Age       Survived Freq
      1st :8    Male  :16Child:16             No :16    Min.   :  0.00
      2nd :8    Female:16           Adult:16            Yes:16    1st Qu.:  0.75
      3rd :8                                  Median : 13.50
      Crew:8                                  Mean   : 68.78
                                    3rd Qu.: 77.00
                                    Max.   :670.00
```

데이터가 정리되었으니 이것으로 바 그래프를 작성할 수 있다. 이때 바 그래프에 나타내는 기반 데이터는 타이타닉 데이터 셋에서 사망자수(Freq)에서 승객 등급(Class)까지의 데이터 중에 생존 여부(Survived)를 중심으로 산출한다. 또한 조건에서 나타낸 성인(Adult) 남성(Male)을 선별하기 위해 서브 셋은 Age == "Adult" & Sex == "Male"로 설정한다. xlab = "생존 여부"를 통해 x축의 이름은 "생존 여부"를 나타내고, ylab = "탑승객"을 통해 y축의 이름은 "탑승객"을 나타낸다. legend.text = TRUE는 바 그래프 왼쪽 상단에 범례를 표시해 준다. 이때 args.legend를 설정하면 범례의 위치와 범례 주변의 박스선을 나타내거나 숨길 수 있다. 즉, x='topright'은 범례의 위치를 오른쪽 상단에 두고, bty='n'는 박스선을 나타내지 않는다. 반대로 bty='y'은 범례 주변 박스선을 나타내는 인수이다.

```
barplot(Freq ~ Class + Survived, data = df, subset = Age == "Adult" & Sex == "Male", main = "타이타닉 사망자 및 생존자", xlab = "생존 여부", ylab = "탑승객", legend.text = TRUE, args.legend = list(x='topright', bty='n'))
```

---실행결과---

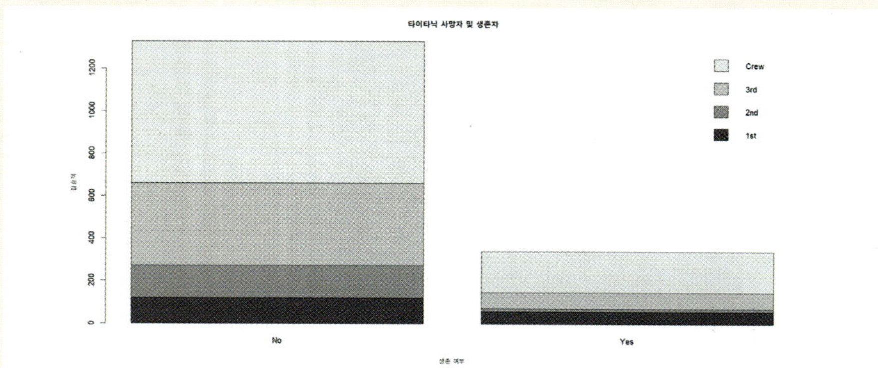

그림 13. 타이타닉의 성인 남성 생존 여부(범례)

하나의 바 그래프 안에 모두 나타내었는데, 이를 분리해서 나타내려면 아래와 같이 beside = TRUE를 설정하면 된다.

```
barplot(Freq ~ Class + Survived, data = df, subset = Age == "Adult" & Sex ==
"Male", beside = TRUE, main = "타이타닉 사망자 및 생존자", xlab = "생존 여부",
ylab = "탑승객", legend.text = TRUE)

---실행결과---
```

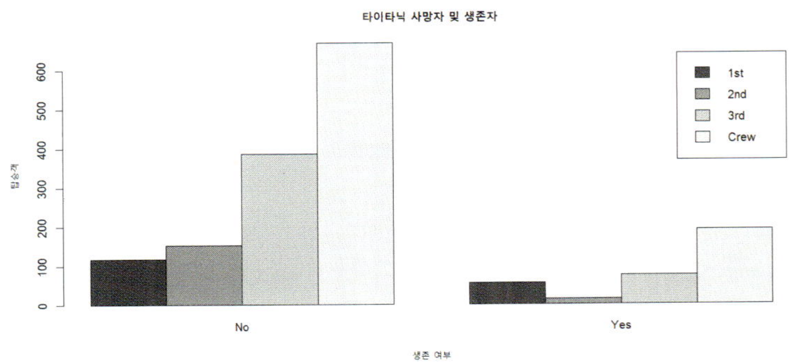

그림 14. 타이타닉의 성인 남성 생존 여부(바 분리)

2.2. 원 그래프

원 그래프는 pie( ) 함수를 사용하여 그려준다. 일반적으로 원 그래프는 정확한 수치를 그래프에 표현하기보다는 대소 비교, 비율 비교 등과 같은 상대적인 비교를 나타낼 때 유용하다.

형식 pie(x, radius, clockwise, init.angle, density, angle, col, border, lty, main, ...)

- x: x는 원 그래프를 나타내는 벡터값
- radius: 원 그래프의 반지름, 즉 원 그래프의 크기
- clockwise: 원 그래프를 그릴 때 시계방향 순으로 표현. 기본값은 FALSE
- init.angle: 원 그래프를 그릴 때 시작 각도. 만일 시계방향 순으로 표현하는 경우 90도부터 그래프를 표현하고, 아니면 0도부터 표현할 경우 init.angle = if(clockwise) 90 else 0.으로 지정함

• density: 원 그래프의 면을 나타내는 빗금의 개수
• angle: 원 그래프의 면을 채우는 빗금의 각도
• col: 원 그래프의 면의 색상
• border: 원 그래프의 각 경계면
• lty: 2.1절에서 나타낸 설정값과 동일함. 유형에 따라 1~6까지 설정 가능
• main: 원 그래프의 주 제목

원 그래프의 실습을 위해 아래와 같이 실행해 보자.

실습

a <- c(1:12)는 원 그래프를 나타내기 위한 벡터값으로 1~12까지의 데이터를 저장한다. 저장된 a의 값을 원 그래프로 그려보자.

이때 col = rainbow(12)은 무지개 팔레트에서 12가지 색상을 만들어 원 그래프 색으로 사용하는 인수이다. radius = 1은 원 그래프의 반지름을 1로 설정하는 것이고, density = 5와 angle = 25는 원 그래프의 면을 나타낼 때 원 안의 면을 5개의 빗금으로 25도 각도로 그려서 채운다.

```
a <- c(1:12)
pie(a, col = rainbow(12), radius = 1, density = 5, angle = 25)
```

---실행결과---

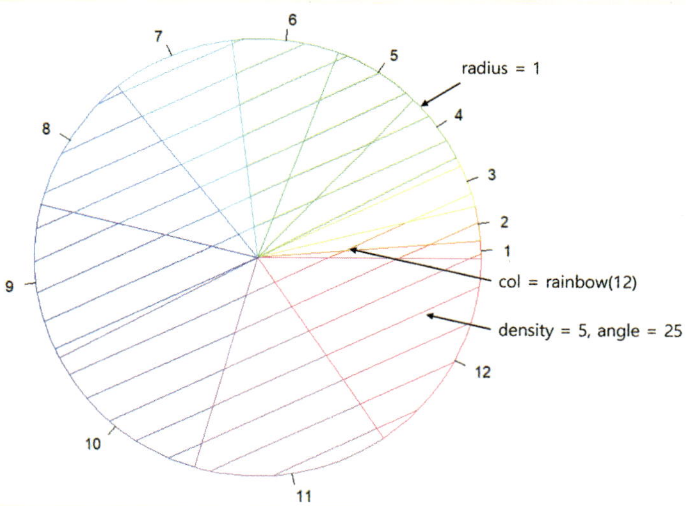

그림 15. 원 그래프 실습

예제 4 카페 메뉴 분포 원 그래프

1) 어떤 카페의 메뉴표는 다음과 같다. 각 메뉴의 가격 분포를 나타내는 원 그래프를 그려보자.

메뉴	아메리카노	카페라테	모카치노	카푸치노	카라멜 마키아또	우유
가격	1500	3000	3500	4000	5000	2000

sales <- c(1500, 3000, 3500, 4000, 5000, 2000)를 실행하여 각 가격을 sales에 저장한다. sales 벡터값은 원 그래프의 각 면적을 표현할 것이다. 다음은 names(sales)으로 메뉴의 이름을 가격과 연결한다. 이제 원 그래프를 준비가 끝났으니 pie(sales)를 실행하여 그래프를 그려준다.

```
sales <- c(1500, 3000, 3500, 4000, 5000, 2000)
names(sales) <- c("아메리카노", "카페라테", "모카치노", "카푸치노", "카라멜 마키아또", "우유")
pie(sales)
```

---실행결과---

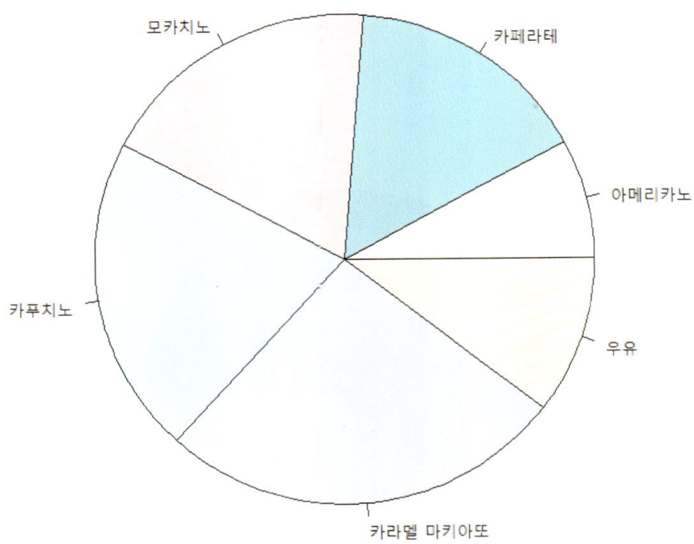

그림 16. 카페 메뉴 분포를 나타내는 원 그래프

2) 위에서 작성한 그래프에 색상을 "purple", "blue", "green", "red", "yellow", "white"와 같이 지정해 보자.

```
pie(sales, col = c("purple", "blue", "green", "red", "yellow", "white"))
```

---실행결과---

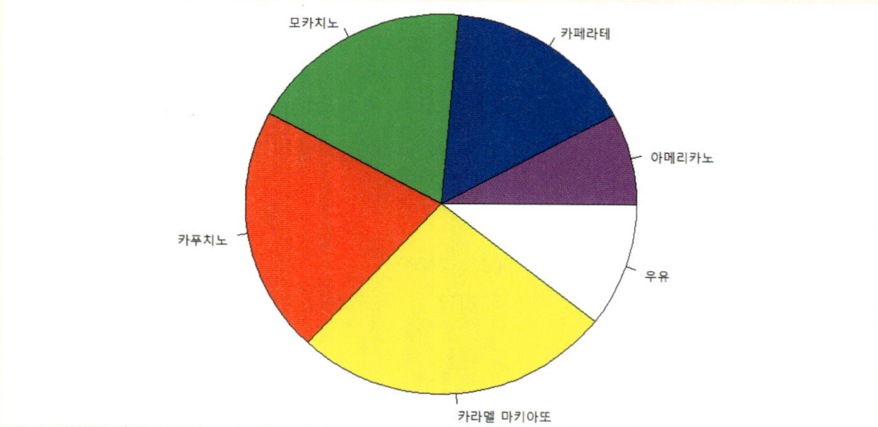

그림 17. 카페 메뉴 분포 색상 지정하기

3) 위 그래프를 gray 색상으로 0.1에서 0.7까지 적용해서 나타내면 아래와 같다.

```
pie(sales, col = gray(seq(0.1, 0.7, length.out = 6)))
```

---실행결과---

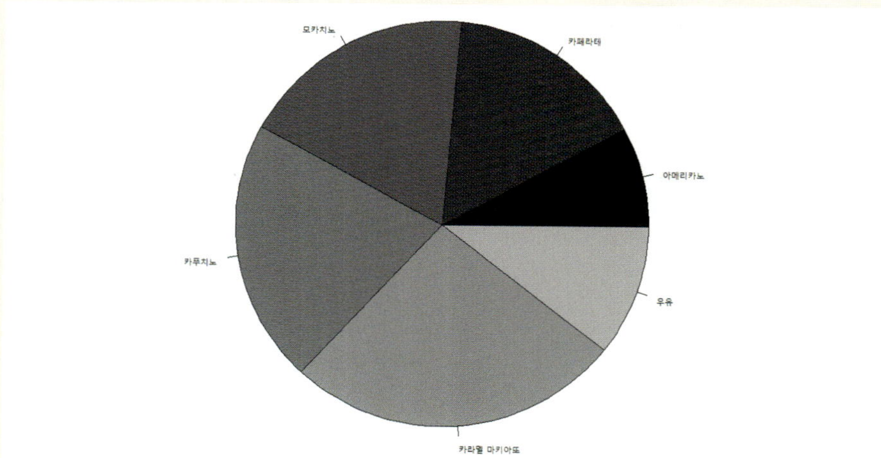

그림 18. gray 6가지 색상으로 나타내기

4) 6개의 영역에서 빗금으로 면을 표현하되 각 면의 빗금 각도를 면마다 다르게 표현하면 아래와 같다.

```
pie(sales, density = 10, angle = 10 + 10 * 1:6)
```

---실행결과---

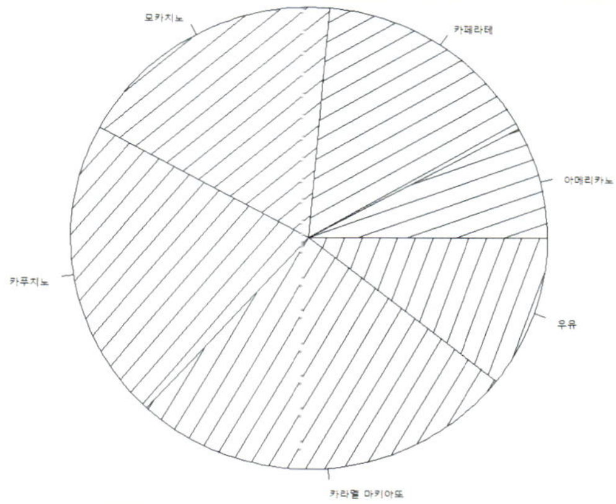

그림 19. 각 면을 빗금으로 나타내기

응용학습 2 시계방향 적용하기

예제 6의 그래프를 아래의 조건으로 변경해서 나타내시오.

- 그래프를 그릴 때 시계방향으로 한다.
- 주 제목은 "카페 메뉴 가격 분포"로 한다.

---실행결과---

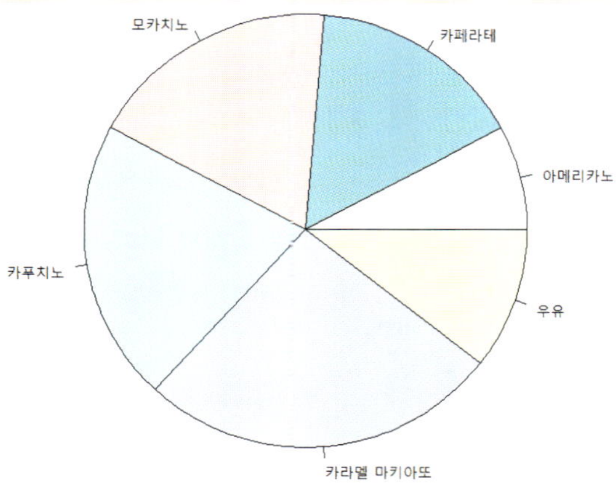

그림 20. 시계방향으로 그래프 나타내기

2.3. 3차원 원 그래프

3차원 그래프는 원 그래프와 유사하지만 plotrix 패키지의 pie3d( ) 함수를 사용하여 2차원적인 원 그래프에 입체감을 준 것이다. 형식은 아래와 같다.

형식 pie3D(x, main, edges, radius, col, labels, labelcex, explode,...)

- x: 벡터 데이터
- main: 3차원 그래프 제목
- edges: 3차원 원의 에지(edge) 수
- radius: 파이의 반지름
- col: 각 면의 색상 설정
- labels: 각 면의 이름 설정
- labelcex: 각 면의 이름의 폰트 크기
- explode: 각 면과 면사이의 간격

아래와 같이 실습해 보자.

실습

pie3D( ) 함수를 사용하기 위해서 plotrix 패키지를 아래와 같이 설치한 후 로드한다.

```
install.packages('plotrix')
library(plotrix)
```

pie3D( )를 그리기 위한 데이터는 위 예제의 카페 데이터를 이용하기로 한다.

```
sales <- c(1500, 3000, 3500, 4000, 5000, 2000)
names(sales) <- c("아메리카노", "카페라테", "모카치노", "카푸치노", "카라멜 마키
아또", "우유")
```

pie3D( )를 사용하기 위한 설정이 끝났으므로 아래와 같이 실행해 본다.

```
pie3D(sales, main = '카페', labels=names(sales), labelcex=1.5, explode=0.2,
radius=1.5, col = rainbow(12))
```

이때 labelcex=1.5는 면 이름(레이블)의 폰트 크기를 나타내며, explode=0.2는 각 면과 면 사이의 간격을 나타내고, radius=1.5는 전체 파이의 크기(반지름)를 나타낸다. col = rainbow(12)는 rainbow에서 12가지 색상을 추출하여 color에 지정한다.

```
install.packages('plotrix')
library(plotrix)
sales <- c(1500, 3000, 3500, 4000, 5000, 2000)
names(sales) <- c("아메리카노", "카페라테", "모카치노", "카푸치노", "카라멜 마키
아또", "우유")
pie3D(sales, main = '카페', labels=names(sales), labelcex=1.5, explode=0.2,
radius=1.5, col = rainbow(12))
```

---실행결과---

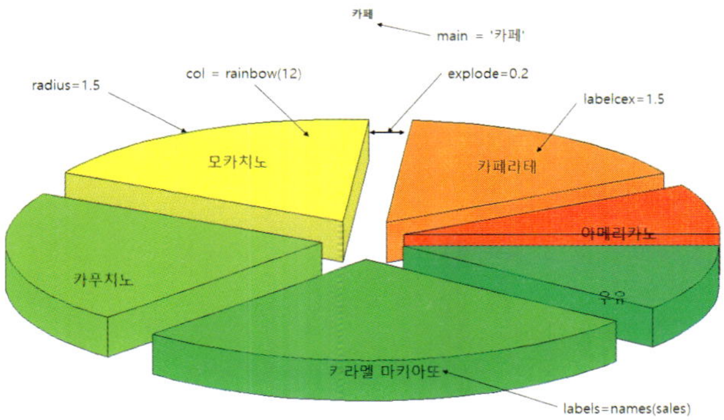

그림 21. 카페 메뉴 pie3D 그래프

위 그래프의 각 면에 3개의 에지를 설정하면 아래와 같다. 각 파이의 면을 보면 3개의 각을 이루는 것을 알 수 있다.

```
pie3D(sales, main = '카페', edges = 3, labels=names(sales), labelcex=1.5,
explode=0.2, radius=1.5, col = rainbow(12))
```

---실행결과---

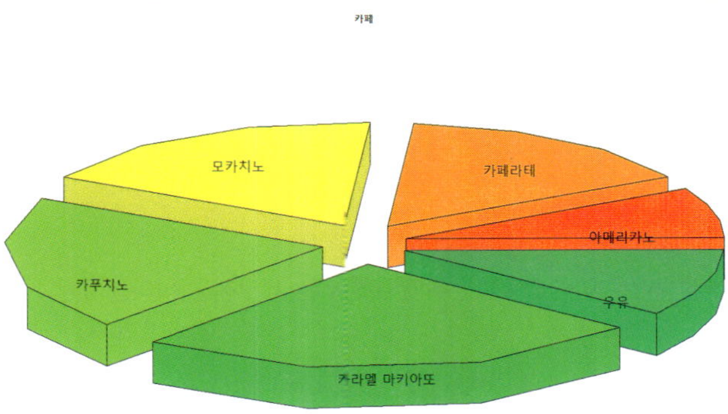

그림 22. pie3D에 에지 설정 그래프

3 다변량 연속형 데이터 그래프

3.1. 선 그래프

선 그래프는 데이터의 변화에 따른 증가 또는 감소의 추이를 확인할 때, 또는 시계열 데이터와 같이 시간의 흐름에 따라 순서대로 수집된 일련의 데이터값을 시각화할 때 주로 사용한다. 선 그래프의 형식에서 주로 사용하는 인수를 중심으로 설명하면 아래와 같다.

형식 `plot(x, y, type, lty, xlim, ylim, main, sub, xlab, ylab, lwd, pch, cex, axes, frame.plot, ...)`

- x: x축 데이터
- y: y축 데이터
- type: 그래프의 종류 (아래 참조)
- lty: 선의 유형 설정 (아래 참조)
- xlim: x축의 한계값
- ylim: y축의 한계값
- main: 주 제목
- sub: 부 제목
- xlab: x축의 이름
- ylab: y축의 이름
- lwd: 선의 두께
- pch: 그래프를 표현할 때 선이 아니라 원, 네모와 같은 도형으로 나타낸다. 주로 분포를 표현하고자 할 때 사용한다. 값은 0~25까지 설정할 수 있으며 값에 따라서 도형이 달라진다.
- cex: pch로 설정된 도형의 크기를 수치로 설정한다. 주로 1 내외에서 설정하며, 수치가 크면 그래프의 크기 대비 도형이 너무 커서 부자연스럽게 되니 주의한다.
- axes: x와 y축을 둘러싸는 박스 테두리(수치 포함) 표시 여부, 기본값은 TRUE
- frame.plot: 박스 테두리(수치 제외) 표시 여부, frame.plot=axes와 같이 사용하며, 이때 주제목, 부제목 및 x, y축의 이름까지 모두 숨겨진다.

위에서 type의 설정값은 아래와 같다. 이때 h 인수는 세로선을 나타낸다.

설정값	타입
l	(line)
b	
c	
o	
s or S	(step)
h	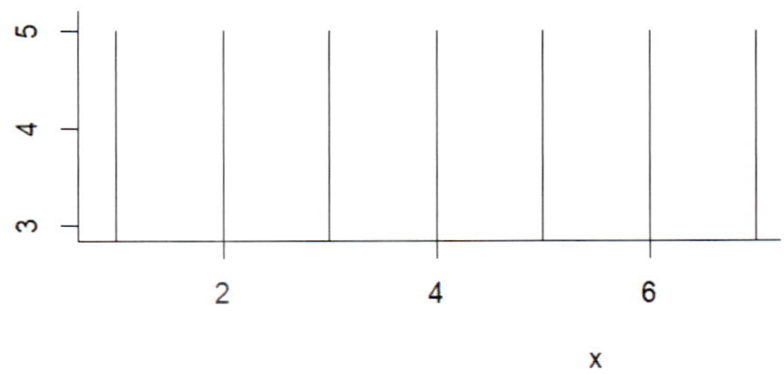
n	선 그래프를 그릴 때 아무것도 나타내지 않는다.

또한 lty의 인수값은 아래와 같다.

설정값	타입
1	
2	
3	
4	
5	
6	

선 그래프를 실습하기 위해서 아래와 같이 데이터를 저장한 후 선택 인수를 설정해 보자.

실습

선 그래프에서 나타내려고 하는 x축과 y축의 데이터를 위해 x<-1:10, y<-1:10을 실행한다. plot( ) 함수는 선 그래프를 표현하는데, 주제목은 '선 그래프', 부제목은 '실습이옵니다'를 나타낸다.

모양은 type='l'에서 라인(line)을, lty=6에서 선의 모양을, lwd=3에서 선의 두께 3만큼 설정된 선으로 선 그래프를 나타낸다. 이때 axes = TRUE는 x, y축을 둘러싸는 전체 박스 모양에서 수치를 포함하여 표현한다.

```
x<-1:10
y<-1:10
plot(x, y, type='l', main = '선 그래프', sub = '실습이옵니다', axes = TRUE, lty=6,
lwd=3)
```

---실행결과---

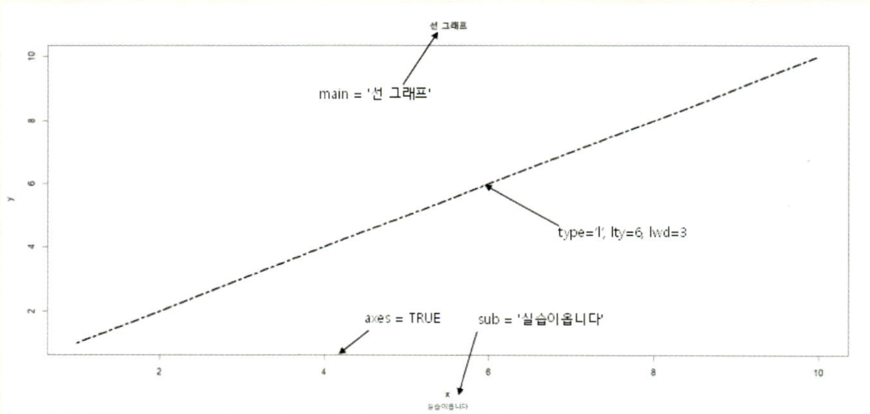

그림 23. 선 그래프 실습

예제 5 cars 데이터 셋을 이용한 선 그래프

1) cars 데이터 셋의 speed와 distance를 통해 아래의 조건에 따라 선 그래프를 나타내 보자.

- 선의 타입은 라인이며 실선으로 한다.
- 선의 두께는 2로 설정한다.
- x축의 이름은 'cars 의 speed'이다.
- y축의 이름은'cars의 distance'이다.

위 조건에 따라 각 인수값들은 아래와 같이 설정된다.

조건	인수
• 선의 타입은 라인이며 실선으로 한다.	라인: type='l', 실선: lty=1
• 선의 두께는 2로 설정한다.	lwd=2
• x축의 이름은 'cars 의 speed'이다.	xlab = 'cars 의 speed'
• y축의 이름은'cars의 distance'이다.	ylab = 'cars의 distance'

cars$speed는 sp에, cars$dist는 dist에 각각 저장한다. 이것을 위 인수를 통해 plot( )에 적용하면 아래와 같다. 인수의 순서는 없다.

```
sp <- cars$speed
dist <- cars$dist
plot(sp, dist, type='l', xlab = 'cars 의 speed', ylab = 'cars의 distance', axes =
TRUE, lty=1, lwd=2)
```

---실행결과---

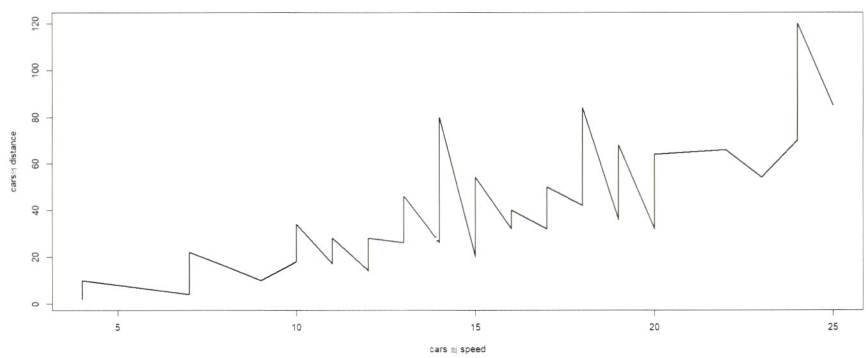

그림 24. cars의 선 그래프

2) 위 그래프를 선 그래프가 아닌 분포를 나타내는 도형으로 표현해 보자. 조건은 아래와 같다.

- 분포를 나타내는 도형은 동그라미(0)로 표시한다.
- 도형의 크기는 1.2이다.
- 도형의 색상은 파란색이다.

위 조건에 따라 각 인수값은 아래와 같이 설정된다.

조건	인수
• 분포를 나타내는 도형은 동그라미(O)로 표시한다.	pch = 1
• 도형의 크기는 1.2이다.	cex = 1.2
• 도형의 색상은 파란색이다.	col = “blue”

설정된 인수에 따라 아래와 같이 코드를 작성하면 된다.

```
plot(sp, dist, pch = 1, cex = 1.2, col = "blue")
```

---실행결과---

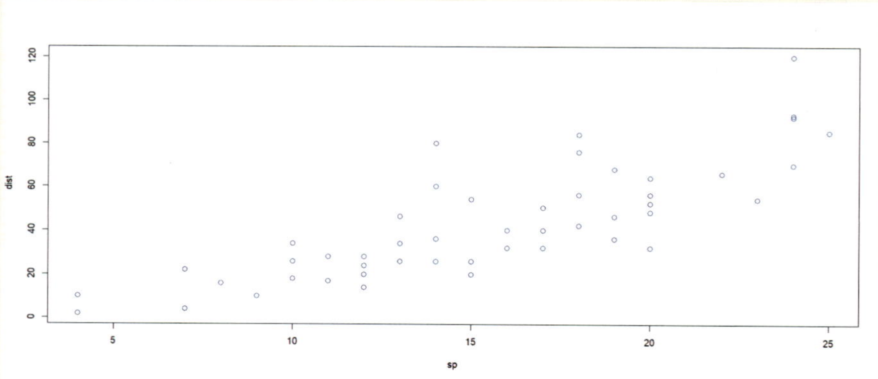

그림 25. cars의 분포 그래프-1

3) cars의 분포 그래프를 아래의 조건과 같이 변경해 보자.

- 분포 그래프의 배경에 8 * 8의 격자무늬 배경을 넣어서 분포도를 나타낸다.
- 분포를 나타내는 도형은 네모로 표시한다.
- 도형의 크기는 1.2이다.
- 도형의 색상은 빨간색이다.

위 조건에 따라 각 인수값들은 아래와 같이 설정된다.

조건	인수
• 분포 그래프의 배경에 8 * 8의 격자무늬 배경을 넣어서 분포도를 나타낸다.	panel.first = grid(8, 8)
• 분포를 나타내는 도형은 네모로 표시한다.	pch = 0
• 도형의 크기는 1.2이다.	cex = 1.2
• 도형의 색상은 빨간색이다.	col = "red"

인수 중에서 grid(8, 8)은 8 * 8 격자무늬를 만들며, panel.first는 그래프를 생성할 때 먼저 그려지고 나중에 분포도가 그려지면서 먼저 그려진 격자무늬가 배경이 된다. 인수에 따라 아래와 같이 코드를 작성한다.

```
plot(sp, dist, panel.first = grid(8, 8), pch = 0, cex = 1.2, col = "red")
```

---실행결과---

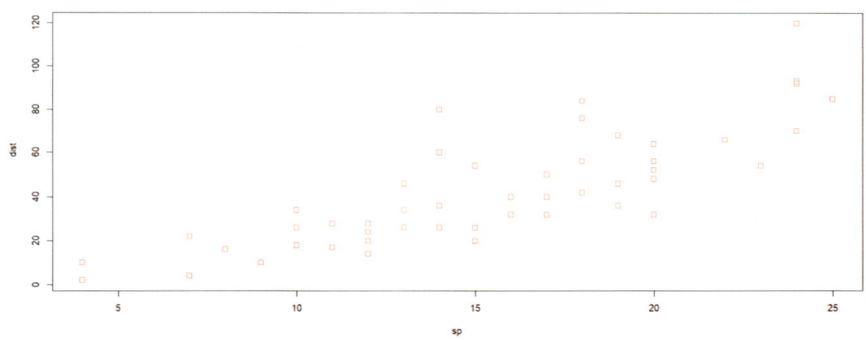

그림 26. cars의 분포 그래프-2

4) cars의 분포 그래프를 아래의 조건과 같이 변경해 보자.

• 분포도의 배경에서 분포의 추이를 나타내는 선 그래프를 실선으로 표시한다.
• 분포를 나타내는 도형은 동그라미(0)로 표시한다.
• 도형의 크기는 2.0이다.
• 도형의 색상은 파란색이다.

위 조건에 따라 각 인수값들은 아래와 같이 설정된다.

조건	인수
• 분포도의 배경에서 분포의 추이를 나타내는 선 그래프를 실선으로 표시한다.	panel.first = lines(stats::lowess(sp, dist), lty = 1)
• 분포를 나타내는 도형은 동그라미(O)로 표시한다.	pch = 1
• 도형의 크기는 1.2이다.	cex = 2.0
• 도형의 색상은 파란색이다.	col = "blue"

panel.first는 분포도를 그릴 때 먼저 그림으로서 배경으로 설정하는 인수이며, 여기에 선 그래프를 나타내면 분포도에서 선이 배경이 된다. lines( ) 함수의 인수 중에서 stats::lowess(sp, dist)은 cars의 speed와 distance 데이터를 가지고 비모수적 회귀분석을 통해 추세선을 찾으며, lty = 1은 실선을 의미한다. 따라서 설정된 인수에 따라 코드를 나타내면 아래와 같다.

```
plot(sp, dist, panel.first = lines(stats::lowess(sp, dist), lty = 1), pch = 1, cex = 2.0, col = "blue")
```

---실행결과---

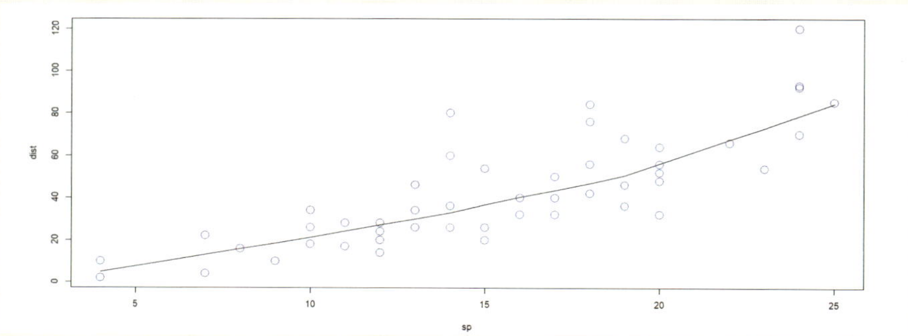

그림 27. cars의 분포 그래프–3

여기서 잠깐 – lines( ) 함수를 알아보자

```
lines(x, y, type = "l", ...)
```

• x, y: 선을 그리기 위한 x와 y축을 위한 벡터값이다.
• type: plot( ) 함수의 type 인수와 같다.

lines( ) 함수는 인수에서 정한 x와 y의 벡터값을 통해 선을 그려준다. 이때 나머지 인수들은 plot( ) 함수에서 정한 매개변수들과 같이 이용한다.

응용학습 3 cars 데이터 셋을 이용하여 조건에 맞게 계단식 그래프를 작성하시오.

1) cars 데이터 셋의 speed와 distance를 통해 아래의 조건에 따라 선 그래프를 나타내시오.

- 선의 타입은 점선으로 한다.
- 선의 두께는 2로 설정한다.
- 그래프는 계단식으로 나타낸다.

---실행결과---

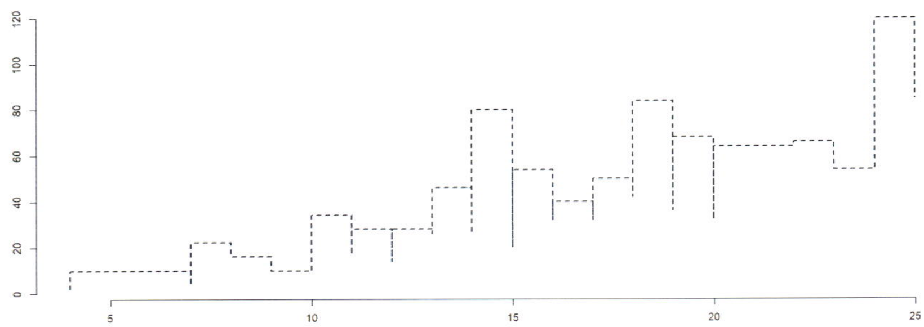

그림 28. cars의 분포 그래프-4

2) 위 그래프에서 아래 실행 결과와 같이 증감 추이를 추가하시오.

---실행결과---

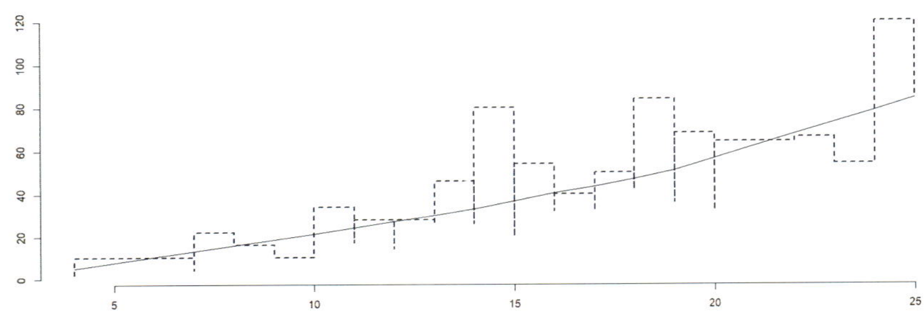

그림 29. cars의 분도 그래프-증감추이 추가

3.2. 선 그래프 응용하기

plot( ) 함수를 사용하여 선 그래프를 그릴 때 lines( ) 함수를 같이 사용하면 기본에 나타냈던 선 그래프 위에 다른 데이터를 비교하는 선 그래프를 중첩해서 그릴 수 있다.

예제 6 카페 매출액 선 그래프

어떤 카페에서 아메리카노, 라테, 주스를 판매하는데, 월별에 따른 각 메뉴의 매출 잔수를 산출하여 cafe.csv에 저장하였다. 이때 month는 월별, americano는 아메리카노, latte는 라테, juice는 주스를 나타낸다. 이것을 근거로 아래 조건에 따라 아메리카노와 라테의 판매 잔수를 나타내는 선 그래프를 그려보자.

[조건]
- 월별 아메리카노 판매 잔수와 라테 판매 잔수를 선 그래프로 그린다.
- x축의 이름은 '월', y축의 이름은 '아메리카노와 라테'로 한다.
- 부제목은 '아메리카노와 라테의 월별 판매잔수'으로 한다.
- 월별 아메리카노의 그래프 타입은 'l'로 하며, 선 유형은 1번으로 설정한다.
- y축의 범위는 최소 1000, 최대 4000으로 설정한다.
- 그래프 선의 색상은 빨강으로 설정한다.
- 라테 그래프에서 그래프 타입은 'o', 선의 유형은 3번으로 한다.
- 색상은 파란색으로 설정한다.

cafe.csv 안에 있는 데이터는 아래와 같다.

month	americano	latte	juice
1	2120	1800	2400
2	2230	2840	2460
3	2310	2860	2510
4	2805	2920	2500
5	3120	2910	3530
6	3320	3880	3550
7	2940	2860	2520
8	2730	2840	3480
9	3050	2870	2560
10	3120	2930	3550
11	3180	2890	3570
12	2620	2850	2430

위 조건에 따라 각 인수값들은 아래와 같이 설정된다.

조건	인수
• 라테 그래프에서 그래프 타입은 'o', 선의 유형은 3번으로 한다.	plot(cafe$month, cafe$americano)
• x축의 이름은 '월', y축의 이름은 '아메리카노와 라테'로 한다.	xlab = '월' ylab = '아메리카노와 라테'
• 부제목은 '아메리카노와 라테의 월별 판매잔수'으로 한다.	sub = '아메리카노와 라테의 월별 판매잔수'
• 월별 아메리카노의 그래프 타입은 'l'로 하며, 선 유형은 1번으로 설정한다.	type='l' lty=1
• y축의 범위는 최소 1000, 최대 4000으로 설정한다.	ylim = c(1000,4000)
• 그래프 선의 색상은 빨강색으로 설정한다.	col='red'

먼저, cafe <- read.table('c:\\r\\cafe.csv', header = T, sep = ',')은 cafe.csv 파일을 읽어서 cafe 변수에 저장한다. 읽어온 cafe 정보를 기반으로 위 인수에 따라 옵션을 설정하면서 plot( )을 코딩하면 아래와 같다.

```
cafe <- read.table('c:\\r\\cafe.csv', header = T, sep = ',')
plot(cafe$month, cafe$americano, xlab = '월', ylab = '아메리카노와 라테',
sub = '아메리카노와 라테의 월별 판매잔수', type='l', ylim = c(1000,4000),
lty=1,col='red')
```

plot( )을 통해 그려진 그래프 위에 lines( ) 함수를 사용하여 라테 판매 잔수를 겹쳐서 그려주면, 먼저 그려진 아메리카노 그래프와 비교하기 쉬운 선 그래프가 완성된다. 두 번째 lines( )를 활용한 라테 선의 조건과 인수는 아래와 같다.

조건	인수
• 라테 그래프에서 그래프 타입은 'o', 선의 유형은 3번으로 한다.	type='o', lty=3
• 색상은 파란색으로 설정한다.	col='blue'

위 조건에 따라 lines( ) 함수를 코딩하면, lines(cafe$month, cafe$latte, type='o', lty=3, col='blue')와 같다.

```
cafe <- read.table('c:\\r\\cafe.csv', header = T, sep = ',')
plot(cafe$month, cafe$americano, xlab = '월', ylab = '아메리카노와 라테', sub
= '아메리카노와 라테의 월별 판매잔수', type='l', ylim = c(1000,4000), lty=1,
col='red')
```

```
lines(cafe$month, cafe$latte, type='o', lty=3, col='blue')
```

---실행결과---

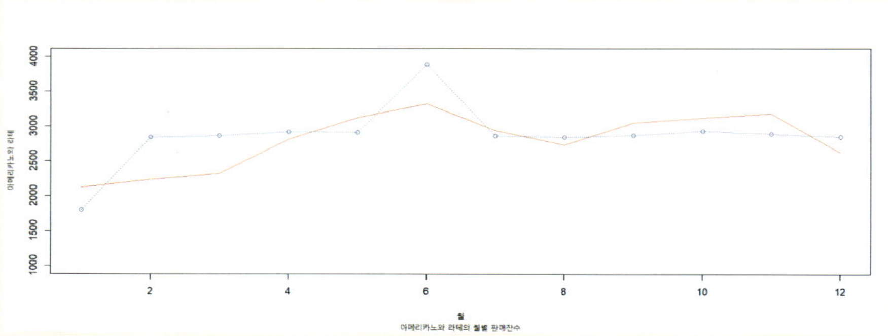

그림 30. 카페의 아메리카노와 라테의 월별 판매 잔수

응용학습 4 예제 6에서 주스 메뉴 추가하기

예제의 그림에서 그려진 그래프 위에 아래의 조건에 따라 주스 데이터를 추가하시오.

[조건]

- 그래프 타입은 'b'로 하고, 선의 유형은 2번으로 설정한다.
- 색상은 검은색으로 한다.

---실행결과---

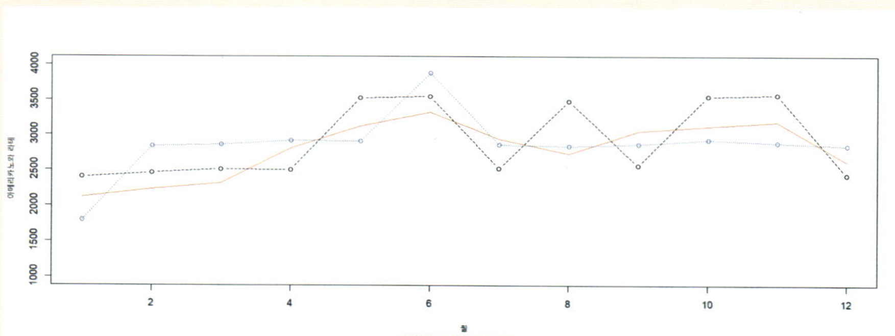

그림 31. 예제 6 결과에 주스 추가하기

여기서 잠깐 - 그래프의 여백, mar

그래프 안의 여백을 설정할 때 mar를 이용한다. mar는 단독으로 사용하지 않고 par( ) 함수 안의 인수로 설정할 수 있다. 순서는 bottom, left, top, right로 c( ) 함수를 사용하여 여백 값을 벡터로 저장한다. 예를 들어 bottom = 6, left = 6, top = 5, right = 5만큼의 여백을 설정할 경우 mar = c(6,6,5,5)로 설정한다.

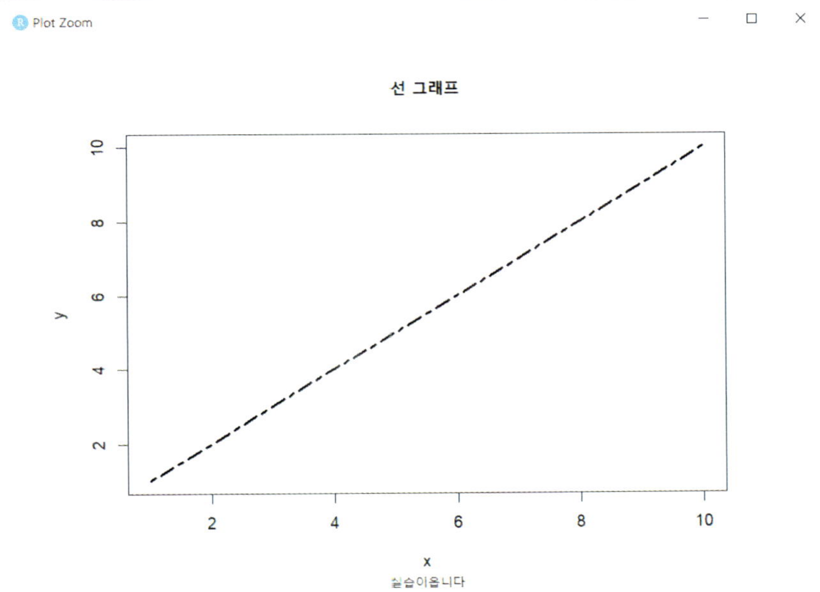

그림 32. mar 여백

만일 mar = c(6,6,5,5)를 기본 여백으로 두고 그래프 간의 여백(간격)을 0.1만큼 일괄적으로 띄우려 한다면 mar = .1 + c(6,6,5,5)와 같이 설정하면 된다. 이는 그래프 하나만 그릴 때는 전체 영역에서 해당 그래프의 여백을 설정하지만 하나의 화면에 여러 개의 그래프를 나타내는 경우에는 그래프와 그래프의 여백(간격)을 설정하는 방법으로 사용된다. 즉, par(mfrow = c(3,3), mar = .1+ c(2,2,3,1))와 같이 사용하면 9등분 된 화면에 각 그래프들은 서로 mar에 설정된 간격만큼 띄워서 나타낸다.

par( ) 함수를 사용하여 화면을 분할하고 다양한 그래프를 하나의 화면에 모두 나타낼 수 있다. 화면을 9등분하면 모든 그래프 타입을 하나의 화면으로 출력할 수 있다.

응용학습 5 그래프 타입을 분할 화면에 나타내기

그래프 타입에는 "p", "l", "b", "c", "o", "h", "s", "n"의 속성값들이 있다. 화면을 9등분하여 각 그래프들을 아래의 조건에 따라 나타내보시오.

[조건]

- x의 값은 0 ~ 12까지이다.
- y의 값은 cos(pi/5 * x)로 한다.
- 화면 9등분으로 분할하고 여백은 .1+ c(2,2,3,1)로 설정한다.
- 반복문을 사용한다.
- 분할된 화면에 각 그래프를 나타낸 후 화면 분할을 초기화한다.
- 각 그래프 이름은 코사인 그래프, type = p~n와 같이 나타낸다.

---실행결과---

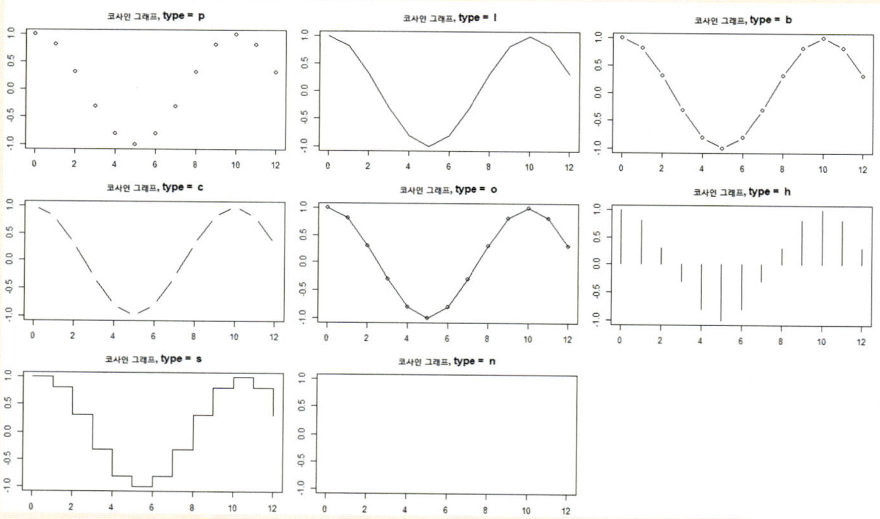

그림 33. 모든 그래프 타입의 코사인 그래프

4 다변량 범주형 데이터 그래프

다변량 범주형 그래프는 두 개 이상의 범주형 변수 간의 관계를 그래프로 나타내어 데이터의 패턴과 분포를 분석하는 데 사용되며, 변수 간의 연관성, 빈도 차이, 비율 등을 파악할 때 용이하다.

4.1. 모자이크 플롯(mosaicplot)

형식 `mosaicplot(x, main, sub, xlab, ylab, sort, off, color, cex.axis, las,...)`

- x: 그래프를 그리기 위한 데이터 테이블
- main: 주제목
- sub: 부제목
- xlab: x축의 이름(레이블)
- ylab: y축의 이름(레이블)
- sort: 변수들의 순서 지정
- off: 모자이크 조각의 간격 조정 (%로 조정)
- color: 모자이크 조각 색상
- cex.axis: x, y축 주석의 문자 크기
- las: 축 레이블의 스타일 (0 ~ 3까지 지정)
  - 0: x축 레이블 수평, y축 레이블 수직
  - 1: x축 레이블 수평, y축 레이블 수평
  - 2: x축 레이블 수직, y축 레이블 수평
  - 3: x축 레이블 수직, y축 레이블 수직

다음과 같이 실습해 보자.

실습

Titanic 데이터 셋을 mosaicplot으로 나타내 보자. 이때 색상은 rainbow에서 2개의 색상을 가져온다.

```
mosaicplot(Titanic, color = rainbow(2))
```

---실행결과---

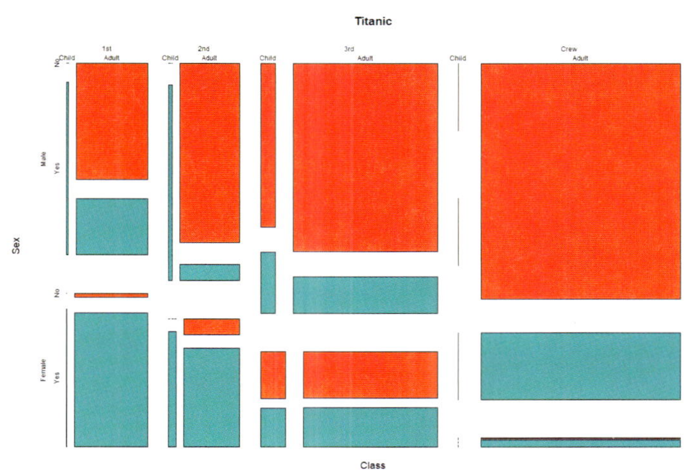

그림 34. Titanic의 mosaicplot 그래프

예제 7 음료 브랜드 선호도의 mosaicplot 그래프

음료 브랜드는 Coke, Pepsi, Fanta가 있다. 이들 중 성별에 따라 선호도 조사를 하였더니 아래와 같이 나타났다.

성별	Coke	Pepsi	Fanta
남	55	25	20
여	20	18	62

아래의 조건에 따라 mosaicplot 그래프를 그려보자.

- 주제목은 "성별 vs 음료 브랜드 선호도"으로 한다.
- x축의 레이블은 "음료 브랜드"로 한다.
- y축의 레이블은 "성별"로 한다.
- 색상은 "blue", "red"를 적용한다.

위 조건에 맞는 매개변수를 연결하면 아래와 같다.

조건	매개변수
주제목은 "성별 vs 음료 브랜드 선호도"	main = "성별 vs 음료 브랜드 선호도"
x축의 레이블은 "음료 브랜드"	xlab = "음료 브랜드"
y축의 레이블은 "성별"	ylab = "성별"
색상은 "blue", "red"	color = c("blue", "red")

성별에 따른 음료 선호도를 아래와 같이 data에 저장한다.

```
data <- matrix(c(55, 25, 20, 20, 18, 62), nrow = 2, dimnames = list(Gender =
c("Male", "Female"), Brand = c("Coke", "Pepsi", "Fanta")))
```

저장된 data를 근거로 mosaicplot( )를 실행하면 아래와 같다.

```
mosaicplot(data, main = "성별 vs 음료 브랜드 선호도", xlab = "음료 브랜드", ylab =
"성별", color = c("blue", "red"))
```

전체 코드와 실행 결과는 다음과 같다.

```
data <- matrix(c(55, 25, 20, 20, 18, 62), nrow = 2, dimnames = list(Gender =
c("Male", "Female"), Brand = c("Coke", "Pepsi", "Fanta")))
mosaicplot(data, main = "성별 vs 음료 브랜드 선호도", xlab = "음료 브랜드", ylab =
"성별", color = c("blue", "red"))
```

---실행결과---

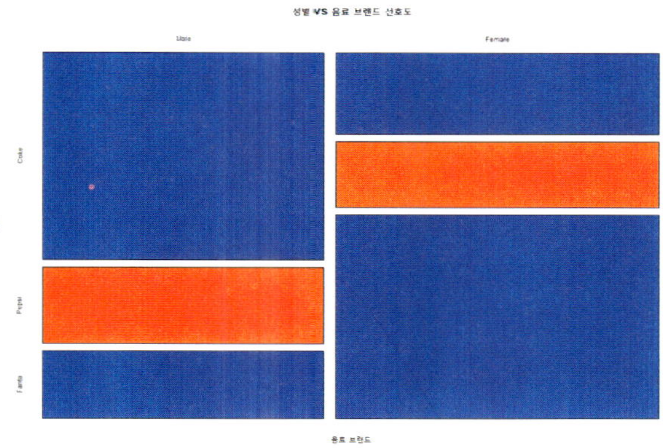

그림 35. 음료 선호도 mosaicplot 그래프

응용학습 6 흡연과 폐암 발생 관계

흡연자와 비흡연자의 폐암 발생 비율을 조사해보니 아래의 표와 같이 나타났다.

	폐암 발생 비율	폐암 미발생 비율
흡연자	40%	60%
비흡연자	10%	90%

아래의 조건에 따라 mosaicplot 그래프를 나타내시오.

- 주제목은 "흡연 여부와 폐암 발생 관계"이다.
- x축의 레이블은 "폐암 발생 여부"이고, y축의 레이블은"흡연 여부"이다.
- 색상은 "green"과 "lightblue"를 지정한다.

---실행결과---

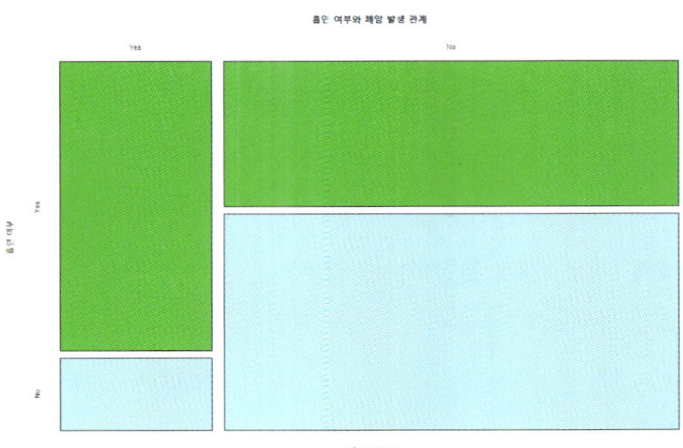

그림 36. 흡연과 폐암 발생에 대한 mosaicplot 그래프

연습문제

01. 다음 중 범주형 데이터가 아닌 것은?

① 성별　② 제품 종류
③ 선호도　④ 키
⑤ 혈액형

02. 다음 중 연속형 데이터가 아닌 것은?

① 키　② 몸무게
③ 성적　④ 온도
⑤ 성별

03. 히스토그램 바의 경계 색상을 설정하는 옵션은?

① line　② border
③ area　④ scope
⑤ col

04. 히스토그램의 x축 이름을 설정하는 옵션은?

① xlab　② xtxt
③ xtext　④ xcontents
⑤ xname

05. 전체 화면을 분할하여 여러 개의 그래프를 나타낼 때 효과적으로 사용할 수 있는 함수는?

① separate( )　② part( )
③ partition( )　④ par( )
⑤ line( )

06. 화면을 가로 2개, 세로 1개로 분할하는 명령은?

① par(mfrow = c(2, 1))　② par(mfrow = c(1, 2))
③ par(mfrow = (2, 1))　④ par(mfrow = (1, 2))
⑤ par(mfrow = 2, 1)

07. islands 데이터 셋을 활용하여, x <- hist(islands, breaks = 10, labels = TRUE)를 실행한 후 x의 값을 확인하면 다양한 항목들을 살펴볼 수 있다. 이때 확률밀도값을 나타내는것은?

① $breaks
② $counts
③ $density
④ $statistics
⑤ $equidist

08. 데이터의 분포를 사분위수로 나타낼 때 유용하게 사용하는 명령은?

① boxplot( )
② plot( )
③ box( )
④ 4boxplot( )
⑤ 4plot( )

09. boxplot( ) 함수의 옵션 설명으로 옳지 않은 것은?

① notch가 FALSE이면 사각의 상자, TRUE이면 각진 상자를 나타낸다.
② outline은 특이점을 동그라미로 표시한다.
③ names는 x와 y축의 이름을 나타낸다.
④ col은 각 상자의 색상을 지정한다.
⑤ horizontal이 TRUE이면 상자 그림을 수평으로 나타낸다.

10. 아래의 그림에서 A에 해당하는 것은?

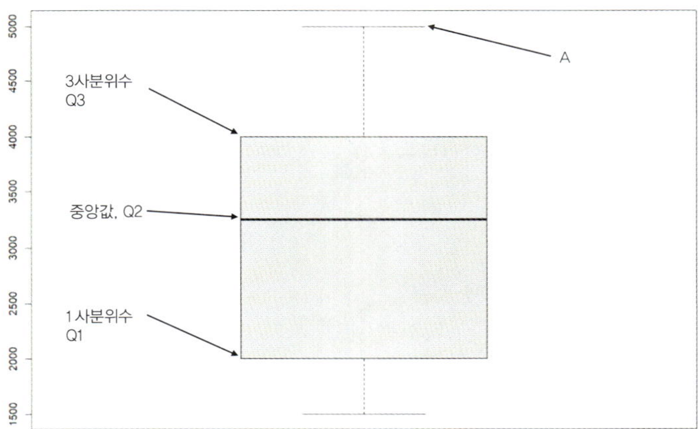

① 4분위수
② 4사분위수
③ 극한값
④ 최댓값
⑤ 영역값

11. iris 데이터 셋을 이용하여 상자 그림을 그릴 때 Sepal.Length ~ Species까지의 데이터를 "blue", "yellow", "red" 색상을 각각 적용하여 나타낸 결과이다. 이를 실행하는 명령으로 옳은 것은?

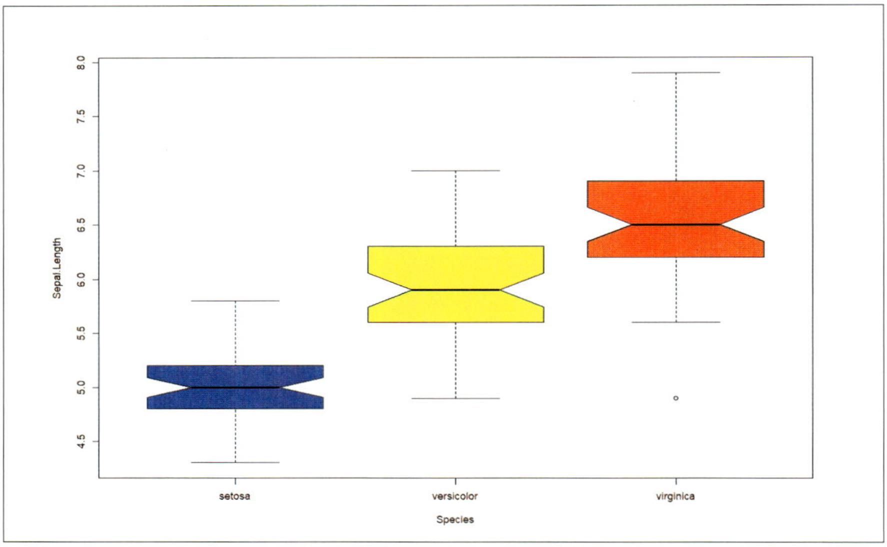

① boxplot(Sepal.Length ~ Species, col = c("blue", "yellow", "red"), data = iris)

② boxplot(Sepal.Length ~ Species, outline = TRUE, col = c("blue", "yellow", "red"), data = iris)

③ boxplot(Sepal.Length ~ Species, outline = TRUE, col = c("blue", "yellow", "red"), data = iris, notch = TRUE)

④ boxplot(Sepal.Length ~ Species, outline = TRUE, col = c("blue", "yellow", "red"), data = iris, notch = FALSE)

⑤ boxplot(Sepal.Length ~ Species, TRUE, col = c("blue", "yellow", "red"), TRUE)

12. barplot( )의 옵션 설명으로 옳지 않은 것은?

① names.arg: 각 바에 해당되는 벡터 값

② legend.text: 범례에 표시하는 텍스트를 나타내는지의 여부로 TRUE 또는 FALSE로 지정

③ main: 주 제목(타이틀)

④ beside: 하나의 바 그래프에 묶어서 나타내는 것을 분리시킴

⑤ cex.names: x축의 이름 크기

13. 아래 명령에서 (A)에 해당하는 것은?

```
dept <- c('경영', '국문', '영문', '국문', '경영', '영문', '국문', '국문')
bg <- table(dept)
( A )
---실행결과 ---
```

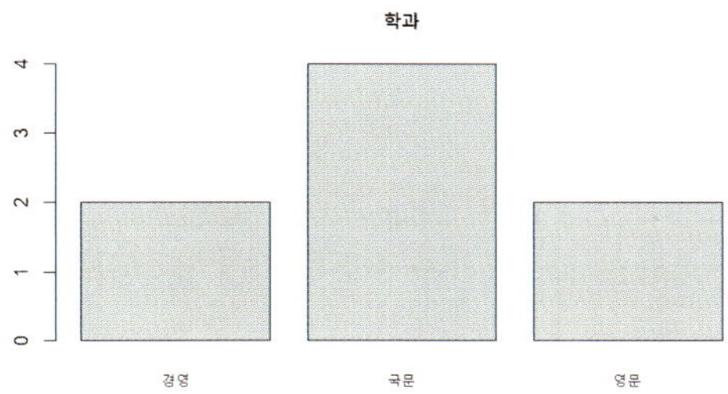

① barplot(bg, title='학과')
② barplot(bg, topic='학과')
③ barplot(bg)
④ barplot(main='학과')
⑤ barplot(bg, main='학과')

14. Titanic 데이터 셋을 활용한 아래 명령에서 (A)에 해당하는 것은?

```
df <- (  A )
barplot(Freq ~ Class + Survived, data = df,
        subset = Age == "Adult" & Sex == "Male",
         main = "타이타닉 사망자 및 생존자", xlab = "생존 여부", ylab = "탑승객",
legend.text = TRUE)

---실행결과 ---
```

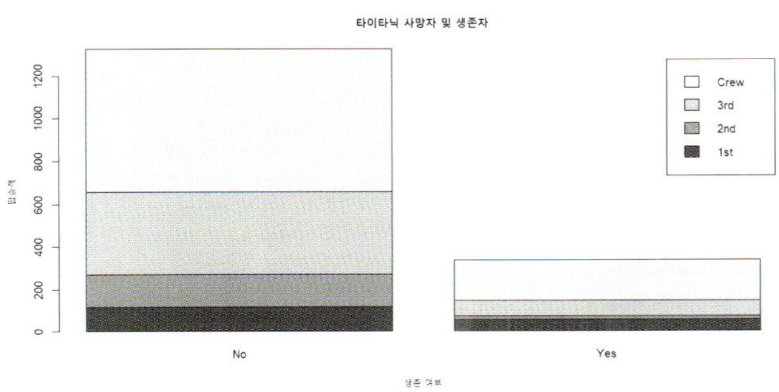

① as.data.frame(Titanic)
② as.matrix(Titanic)
③ as.vector(Titanic)
④ as.integer(Titanic)
⑤ Titanic

15. pie( ) 함수의 옵션 설명으로 옳지 않은 것은?

① clockwise: 원 그래프를 그릴 때 시계방향 순으로 표현
② init.angle: 원 그래프를 그릴 때 각 데이터의 표현 각도
③ density: 원 그래프의 면을 나타내는 빗금의 개수
④ angle: 원 그래프의 면을 채우는 빗금의 각도
⑤ border: 원 그래프의 각 경계면

16. 1~12까지의 데이터를 원그래프로 나타내고자 한다. 이때 무지개 팔레트에서 12가지 색상을 만들고, 원그래프의 반지름을 1로 설정하고, 원그래프의 면을 나타낼 때 원 안의 면을 5개의 빗금으로 25도 각도로 그려서 채우는 명령으로 옳은 것은?

① pie(1~12, col = rainbow(12), radius = 1, density = 5, angle = 25)
② pie(c(1:12), col(12) = rainbow, radius = 1, density = 5, angle = 25)
③ pie(1:12, col = rainbow(12), radius = 1, density = 5.0, angle = 25)
④ pie(c(1:12), col = rainbow(12), radius = 1, density = 5, angle = 25)
⑤ pie(c(1:12), col = rainbow( ) − 12, radius = 1, density = 5, angle = 25)

17. pie3d( ) 함수를 사용하기 위해 필요한 패키지는?

① plotrix
② ggplot
③ pie
④ piegraph
⑤ pieplot

18. pie3d( ) 함수에서 각 면과 면사이의 간격을 설정하는 옵션은?

① labelcex
② explode
③ labels
④ edges
⑤ distance

19. plot( ) 함수에서 아래의 선 타입을 나타내는 type의 설정값은?

——— o ——— o ———

① 1
② c
③ b
④ o
⑤ n

20. cars 데이터 셋의 speed와 distance를 통해 선 그래프를 나타내려 한다. 선의 타입은 라인이며 실선으로 하고, 선의 두께는 2로 설정하여 아래와 같이 나타내는 명령으로 (A)에 옳은 것은?

```
sp <- cars$speed
dist <- cars$dist
( A )

---실행결과 ---
```

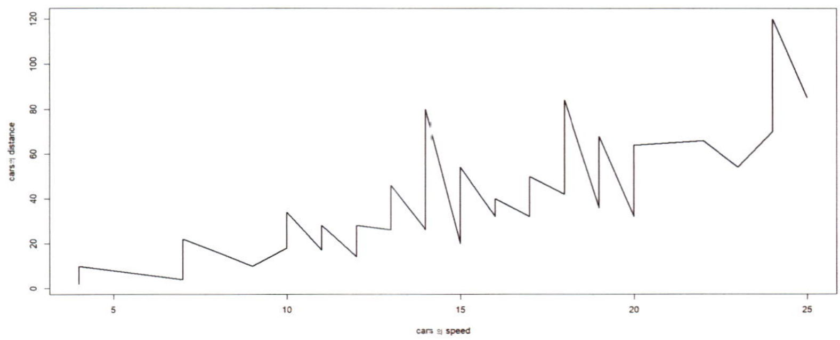

① plot(sp, dist, type='c', xlab = 'cars 의 speed', ylab = 'cars의 distance', axes = TRUE, lty=2, lwd=2)

② plot(sp, dist, type='la', xlab = 'cars 의 speed', ylab = 'cars의 distance', axes = TRUE, lty=2, lwd=1)

③ plot(sp, dist, type='2', xlab = 'cars 의 speed', ylab = 'cars의 distance', axes = TRUE, lty=1, lwd=2)

④ plot(sp, dist, type='l', xlab = 'cars 의 speed', ylab = 'cars의 distance', axes = FALSE, lty=2, lwd=1)

⑤ plot(sp, dist, type='l', xlab = 'cars 의 speed', ylab = 'cars의 distance', axes = TRUE, lty=1, lwd=2)

제8장 >>>>

ggplot2

1. ggplot2 알아보기
2. 산점도
3. geom_line( )
4. geom_histogram( )
5. geom_boxplot( )
6. geom_bar( )
7. 기타 유용한 함수들

1 ggplot2 알아보기

ggplot2 패키지는 리랜드 윌킨슨(Leland Wilkinson)이 쓴 데이터 시각화 이론서(Grammer of Graphics)를 기반으로 뉴질랜드의 통계학자 해들리 위컴(Hadley Wickham)에 의해 개발되었다. 이는 데이터 시각화를 위해 주로 사용되며, “The Grammar of Graphics” 이론을 기반으로 설계되었다. 일반 내장 그래프 함수와 다른 점은 그래프를 나타내는 일반적인 인수들과 나타내고자 하는 그래프 함수를 분리한 것이다. 즉, ggplot( ) + 그래프 함수( )와 같이 ‘+’ 기호를 통해 연결하여 층(layer)을 쌓듯이 그래프를 그려나간다.

1.1. 데이터 셋

ggplot2 패키지에는 유용한 데이터 셋을 제공하는데 아래와 같다.

표 1. ggplot2 제공 데이터 셋

데이터 셋	내용
diamonds	다이아몬드 가격 데이터
economics	미국 경제 시계열 데이터
faithfuld	2D 밀도 추정 데이터
luv_colours	Luv 내의 색상 데이터
midwest	미국 중서부 인구 통계 데이터
mpg	1999년부터 2008년까지의 인기 자동차 모델 연비 데이터
msleep	포유류 수면 데이터
presidential	아이젠하워부터 오바마 대통령까지의 임기 데이터
seals	물개 움직임 벡터 데이터
txhousing	텍사스 주택 매매 데이터

실습

다이아몬드 데이터 셋의 내용을 살펴보면 아래와 같다. 이것을 기반으로 다이아몬드 크기(carat)가 커지면 가격이 비싸지는지에 대한 산점도를 그려보자.

```
> diamonds
# A tibble: 53,940 × 10
  carat   cut    color clarity depth table price   x     y     z
  <dbl>  <ord>   <ord>  <ord>  <dbl> <dbl> <int> <dbl> <dbl> <dbl>
1  0.23  Ideal    E      SI2    61.5   55   326  3.95  3.98  2.43
2  0.21  Premium  E      SI1    59.8   61   326  3.89  3.84  2.31
3  0.23  Good     E      VS1    56.9   65   327  4.05  4.07  2.31
# i 53,930 more rows
# i Use 'print(n = ...)' to see more rows
```

위에서와 같이 diamonds 데이터 셋 구성은 아래와 같다.

- carat: 다이아몬드의 캐럿
- cut: 절단면 품질
- color: 색상
- clarity: 투명도
- depth: 높이의 비율 (z / mean(x, y)) * 100
- table: 다이아몬드 상단의 평평한 면의 넓이(백분율)
- price: 가격
- x: 길이
- y: 폭
- z: 높이

다이아몬드의 캐럿당 가격 정보를 점으로 표시해 보자. 이때 점으로 그래프를 그려주는 명령은 geom_point()이다. 또한 ggplot()을 사용하기 위해서는 미리 ggplot2 패키지를 install.packages( ) 함수로 설치하여야 하고, library( ) 함수를 이용하여 설치된 패키지를 R에 로드해 주어야 한다.

ggplot(diamonds, aes(x = carat, y = price))에서, aes(x = carat, y = price)는 diamonds 데이터 셋에서 x축의 데이터로 carat을, y축의 데이터로 price를 추출하여 그래프를 만든다. 기본 그래프 속성값이 설정되면, + geom_point()를 하여 산점도(산포도)를 그려준다. 산점도의 분포를 보면 carat이 커지면 price가 높아지는 것을 알 수 있다.

```
install.packages("ggplot2")
library(ggplot2)
ggplot(diamonds, aes(x = carat, y = price)) + geom_point()
```

---실행결과---

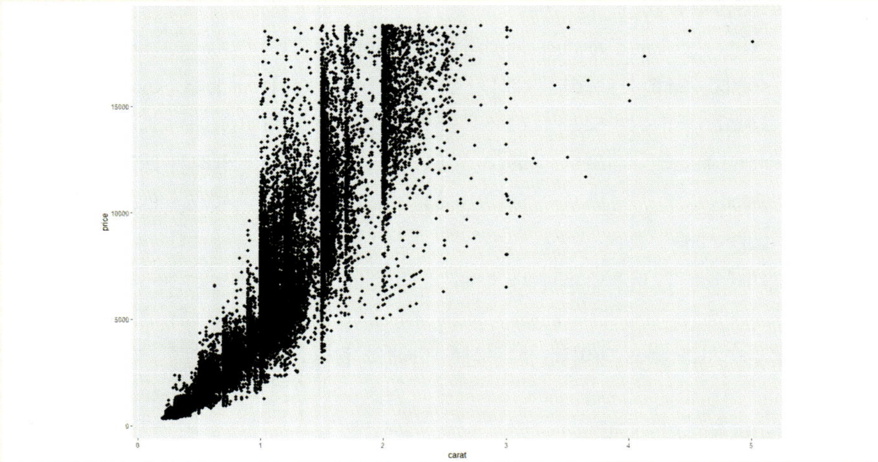

그림 1. 다이아몬드의 캐럿당 가격 점 그래프

1.2. ggplot2 형식

ggplot( ) 함수를 사용하기 위해서는 아래와 같은 형식을 가진다.

형식 `ggplot(data, aes(x, y,..))`

- data: 그래프에 적용할 데이터프레임
- aes(x, y,...): 위 데이터프레임에서 그래프를 표현하기 위해 추출할 데이터

위와 같은 형식에 따라 그래프 바탕 화면이 그려지면 그 위에 +를 통해 원하는 그래프를 나타낸다. 그렇다면 그래프 바탕 화면과 그래프는 무엇일까?

우선 geom_point()를 실행하지 않고 ggplot( ) 함수만 실행해 본다. 그러면 실제 산점도가 나타나지 않고 그래프 영역을 확보한 바탕 화면만 그려진다.

```
library(ggplot2)
ggplot(diamonds, aes(x = carat, y = price))
```

---실행결과---

그림 2. ggplot()의 그래프 바탕 화면

따라서 ggplot( ) + geom_point( )와 같이 사용해야 ggplot( )을 통해 그려진 그래프 바탕 화면 위에 geom_point()가 실행되면서 산점도를 그려준다.

```
ggplot(diamonds, aes(x = carat, y = price)) + geom_point()
```

1.3. geom_( ) 함수들과 그 외 함수들

ggplot( ) 함수와 함께 사용하는 그래프 함수들로는 아래와 같다.

표 2. geom_( ) 함수와 내용

함수	내용
geom_point( )	산점도(산포도)를 그린다.
geom_line( )	연속적인 직선으로 x, y의 관계를 나타내는 선 그래프를 그린다.
geom_histogram( )	히스토그램을 그린다.
geom_boxplot( )	상자 그림(박스 플롯)을 그린다.
geom_bar( )	바 그래프를 그린다.

함수 외에 같이 사용할 수 있는 함수로는 아래와 같다.

표 3. 그 외의 함수와 내용

함수	내용
labs( )	그래프의 제목, x축 레이블, y축 레이블 등을 수정할 때 사용한다.
coord_flip( )	y축과 x축의 위치를 바꿔 수평적인 그래프를 그릴 때 사용한다.

2 산점도

2.1. geom_point( )

점으로 그래프를 그려서 데이터의 분포를 나타낼 때 사용한다.

형식 `geom_point(mapping = aes(x, y), size, color, shape, alpha)`

- x: x축 레이블 이름
- y: y축 레이블 이름
- size: 산점도에 표시되는 점의 크기
- color: 점의 색상
- shape: 점의 모양 (0~24까지 설정)
- alpha: 점의 투명도, 1이면 불투명, 0이면 투명을 나타내며, 0~1 사이의 소수점으로 설정함

예제 1 바람과 오존의 관계를 나타내는 산점도

1) airquality에서 바람과 오존의 관계를 나타내는 분포를 그려보자.

airquality 데이터 셋의 바람은 Wind, 오존은 Ozone이다. 따라서 ggplot(airquality, aes(Wind, Ozone)) 이후에 "+"를 추가하여 geom_point( ) 함수를 연결해도 되지만, 변수에 저장해 놓으면 ggplot( )로 저장된 그래프의 배경에 geom_point( ) 함수를 연속적으로 적용하기 편리하다. 아래와 같이 실행해 보자. 이때 점의 크기는 4로 지정하였다.

```
g <- ggplot(airquality, aes(Wind, Ozone))
g + geom_point(size = 4)
```

---실행결과---

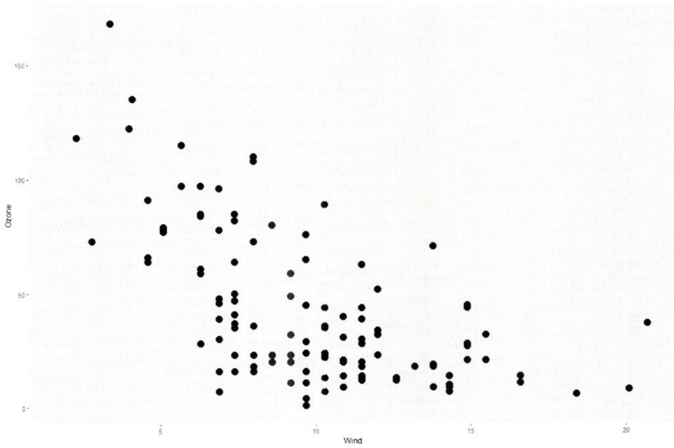

그림 3. 바람과 오존 관계 산점도

2) 위 예제에서 오존의 수치에 따라 점의 크기를 다르게 분류해 보자. 이때는 aes(size = qsec)과 같이 축의 데이터를 size로 대입하면 된다.

```
g + geom_point(aes(size = Ozone))
```

---실행결과---

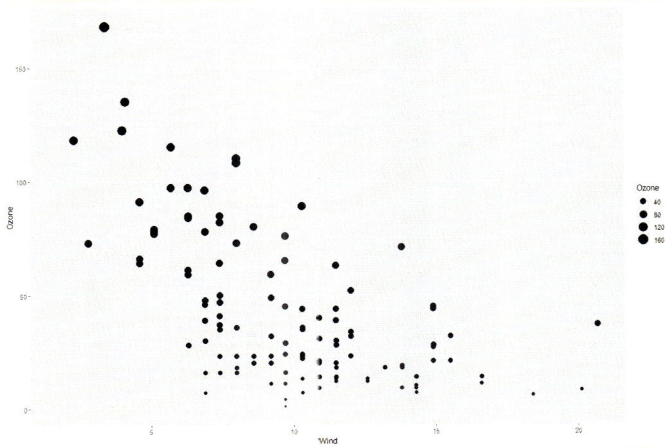

그림 4. 바람과 오존 관계, 점의 크기로 구분

3) 점의 크기를 다르게 하면 쉽게 바람과 오존의 분포를 파악하기 용이하다. 기준선을 하나 추가하면 보다 기준선을 중심으로 분포를 알기 편하다. 기준선은 아래와 같이 추가한다. 이때 기준선은 y축의 25를 기준으로 선의 크기는 1.0으로 하여 그려준다. 함수는 geom_hline()을 사용한다. hline은 horizontal line을 뜻하며, yintercept = 25는 y축의 25에 기준선 추가를 설정한다.

```
g + geom_point(size = 2.5) + geom_hline(yintercept = 25, size = 1.0)
```

---실행결과---

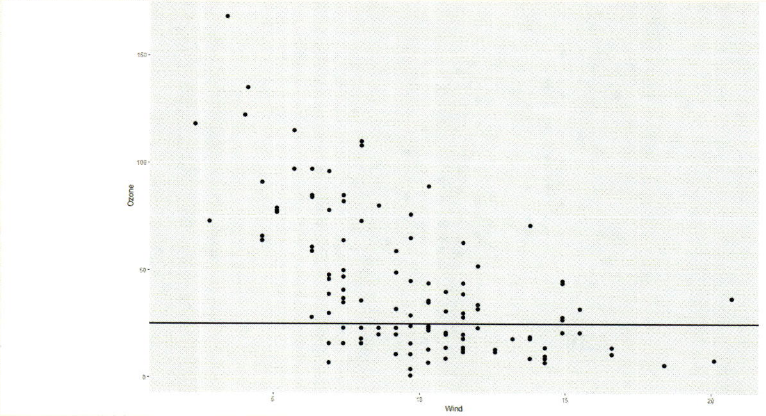

그림 5. 바람과 오존 관계, 기준선 추가

4) 점의 모양을 박스의 형태로 바꿔보자. 모양을 적용하는 것은 shape이며, 박스의 모양은 0번이다.

```
g + geom_point(size = 2.5, shape = 0) + geom_hline(yintercept = 25, size = 1.0)
```

---실행결과---

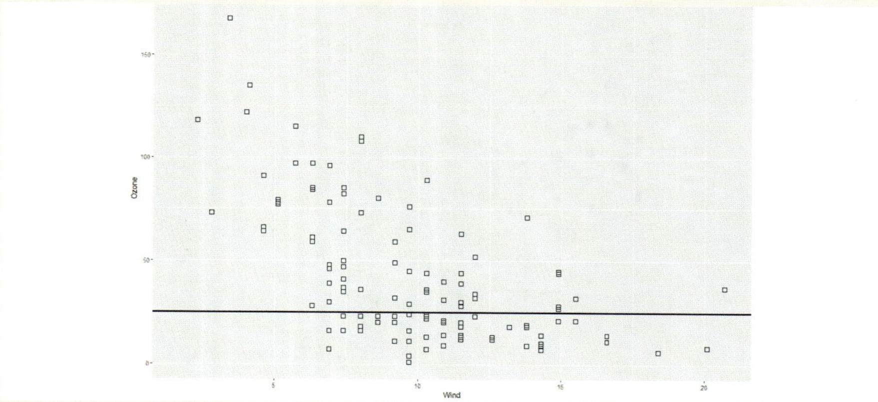

그림 6. 바람과 오존 관계, 박스 모양 적용

2.2. scale_ 관련 함수

scale_ 관련 함수는 기존의 그래프에 색상, 모양, 크기 등과 같은 여러 가지 효과를 줄 때 주로 사용된다. 아래와 같이 명령을 실행하면 ggplot2에 있는 scale_ 관련 함수들을 나타낸다. 이들 중 주로 사용되는 함수들을 알아본다.

```
> grep("scale_", ls("package:ggplot2"), value = TRUE)
 [1] "scale_alpha"                "scale_alpha_binned"
 [3] "scale_alpha_continuous"     "scale_alpha_date"
 [5] "scale_alpha_datetime"       "scale_alpha_discrete"
 [7] "scale_alpha_identity"       "scale_alpha_manual"
                :                           :
```

이들은 주로 scale_다음에 2개의 구성으로 분류된다.

scale_ [A] _ [B]

주로 사용되는 구성은 다음과 같다.

- A
  - alpha: 점(geom)의 투명도(0 = 투명, 1 = 불투명이며 0~1 사이의 값을 설정)
  - size: 점의 크기(이때 geom_point( )는 점의 크기를 나타냄)
  - shape: 점의 모양
  - colour: 표면 색상
  - fill: 채우는 색상
  - linetype: 라인 종류
  - x, y: x, y축 데이터
- B
  - Manual: 이산형 값을 색상, 모양, 크기 등에 매핑
  - Identity: 데이터 자체가 색상 코드일 경우 직접 매핑
  - Colour: 연속형 또는 이산형 값을 색상에 매핑
  - Position: 해당 축에 데이터 매핑

예를 들어, scale_x_date( )라고 할 때 x축 데이터에 날짜형으로 적용하며, scale_shape_identity( )는 점의 모양을 그릴 때 데이터 자체의 코드를 직접 매핑하여 나타낸다.

실습

scale_shape_identity( )를 사용하여 산점도의 모든 모양을 나타내보자. 산점도의 모양은 모두 25개이며 번호는 0~24번까지이다. 따라서 x축에는 0~4까지 범위를 정하고 y축에 0~24까지 설정한 후 x축을 중심으로 5개씩 나누어서 출력한다. 또한 모양의 번호는 0~24이므로 z = 0:24를 설정한다. 이것을 데이터프레임으로 작성하여 df 변수에 저장하면 아래와 같다.

```
df <- data.frame(x = 0:4 , y = 0:24, z = 0:24)
```

저장된 df 값을 ggplot( ) 함수의 인수로하여 x, y축의 개수에 맞추어서 배경화면을 만들면, p <- ggplot(df, aes(x, y)) 이 된다. 배경화면이 설정된 p의 값에 geom_point( ) 함수를 사용하여 산점도를 나타낸다. 이때 축의 값으로는 aes(shape = z)을 설정하고, 점의 크기는 4로 설정하여 적당한 사이즈를 적용한다. 모든 설정값이 완료되면 마지막에 scale_shape_identity( )을 붙여서 설정된 값들을 매핑하면 전체 산점도 모양이 나타난다.

```
df <- data.frame(x = 0:4 , y = 0:24, z = 0:24)
p <- ggplot(df, aes(x, y))
p + geom_point(aes(shape = z), size = 4) + scale_shape_identity()
```

---실행결과---

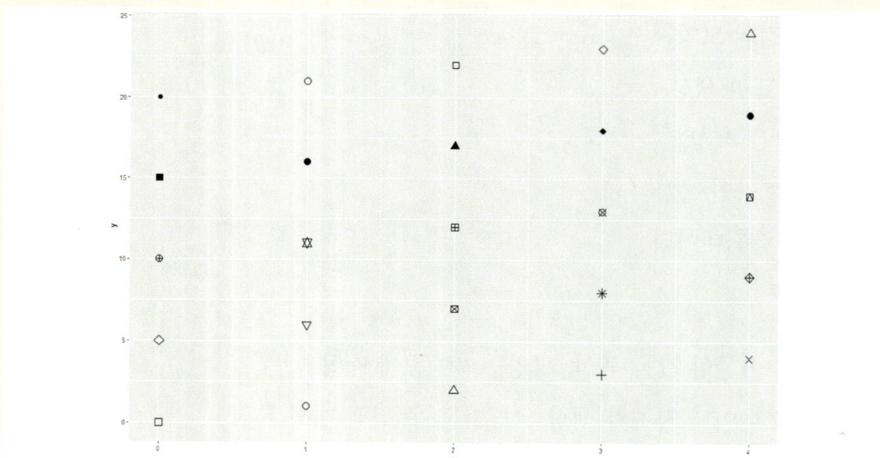

그림 7. 산점도 모양 나타내기

예제 2 scale_x_continuous( )를 적용한 바람과 오존의 관계를 나타내는 산점도

airquality 데이터 셋에서 Wind와 Ozone을 추출하여 산점도를 그려보자. 이때 x축인 Wind의 범위는 10~15로 설정한다. x축의 범위를 한정하려면 xlim(10, 15)를 추가하면 된다. 우선 scale_ 함수를 사용하지 않고 아래와 같이 실행해 본다.

```
library(ggplot2)
ggplot(airquality, aes(Wind, Ozone)) + geom_point() + xlim(10, 15)
```

---실행결과---

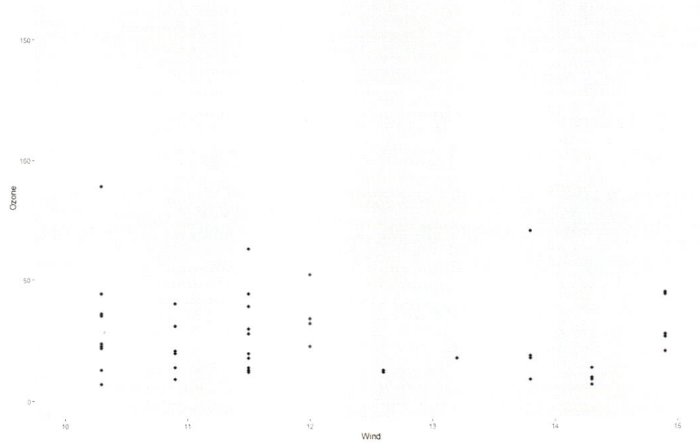

그림 8. scale_x_continuous( )적용한 바람과 오존의 관계 산점도

위 코드를 아래와 같이 scale_( ) 관련 함수로 적용해도 완전히 같은 결과를 나타낸다.

```
ggplot(airquality, aes(Wind, Ozone)) + geom_point() + scale_x_continuous(limits =
c(10, 15))
```

2.3. 색상 관련 함수

scale_ 관련 함수 중에 색상의 효과를 주는 함수로 scale_colour_gradient( ), scale_colour_hue( ), scale_colour_brewer( )를 들 수 있다.

입력 데이터가 연속형일 때 gradient( ) 함수를 사용할 수 있다.

• scale_colour_gradient( ): 양측 값만을 적용할 때 사용

입력 데이터가 벡터형과 같은 이산형일 때 scale_colour_hue( )와 scale_colour_brewer( ) 함수를 사용할 수 있다.

• scale_colour_hue( ): 값이 범주형일 때 사용
• scale_colour_brewer( ): 컬러 팔레트의 색상 조합 활용

예제 3 scale_colour( )를 적용한 캐럿, 높이 비율과 가격 산점도

diamonds 데이터 셋에서 캐럿, 높이의 비율, 가격을 고려한 산점도를 나타내보자. 이때 scale_ 함수도 같이 사용해 본다.

1) 입력 데이터가 연속형인 경우

입력되는 기준 데이터가 가격과 같은 수치로 된 연속적인 값인 경우를 고려해 보자. 이때는 x축은 캐럿, y축은 높이 비율이며, 색상의 분포를 구분하는 값으로 가격을 설정하면 ggplot(diamonds, aes(x = carat, y = depth, colour = price))이 된다. 여기에 geom_point( ) 함수를 추가하여 g에 저장한다. 이후에는 "g + ~ "의 형식으로 바탕으로 만들어진 그래프 위에 scale_ 함수를 추가하여 효과를 줄 수 있다. 분포의 기준 데이터가 연속형이므로 g에 scale_colour_gradient( )를 추가하면 된다. 결과 그래프에서 오른쪽 범례에 price를 표시하였다.

```
library(ggplot2)
g <- ggplot(diamonds, aes(x = carat, y = depth, colour = price)) + geom_point()
g + scale_colour_gradient()
```

---실행결과---

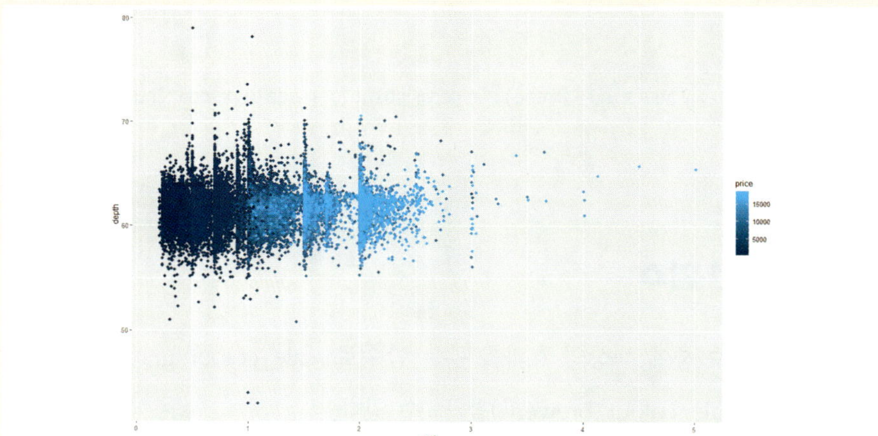

그림 9. scale_colour_gradient()를 적용한 산점도

만일 위 예에서 벡터형일 때 사용할 수 있는 scale_colour_hue( )와 scale_colour_brewer( )을 적용하면 아래와 같은 결과를 얻는다.

```
> g + scale_colour_hue()
Error in 'scale_colour_hue()':
! Continuous value supplied to a discrete scale.
i Example values: 326, 327, 334, 335, and 336.
Run 'rlang::last_trace()' to see where the error occurred.
```

2) 입력 데이터가 벡터형인 경우

colour = price에서 분포를 분류하는 기준 데이터로 벡터형인 color(다이아몬드 색상)로 변경한다. 그 후 g + scale_colour_hue( )를 실행하면 아래와 같다.

```
g <- ggplot(diamonds, aes(carat, depth, colour = color)) + geom_point()
g + scale_colour_hue()
```

---실행결과---

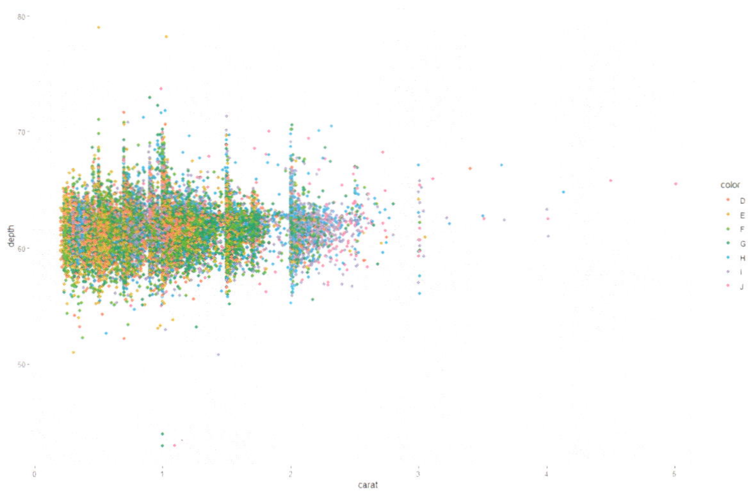

그림 10. scale_colour_hue()를 적용한 산점도

팔레트 색상을 그린으로 변경하여 색상을 바꾸려면 scale_colour_brewer( ) 함수를 사용하여 아래와 같이 실행한다.

```
g + scale_colour_brewer(palette = "Greens")
```

---실행결과---

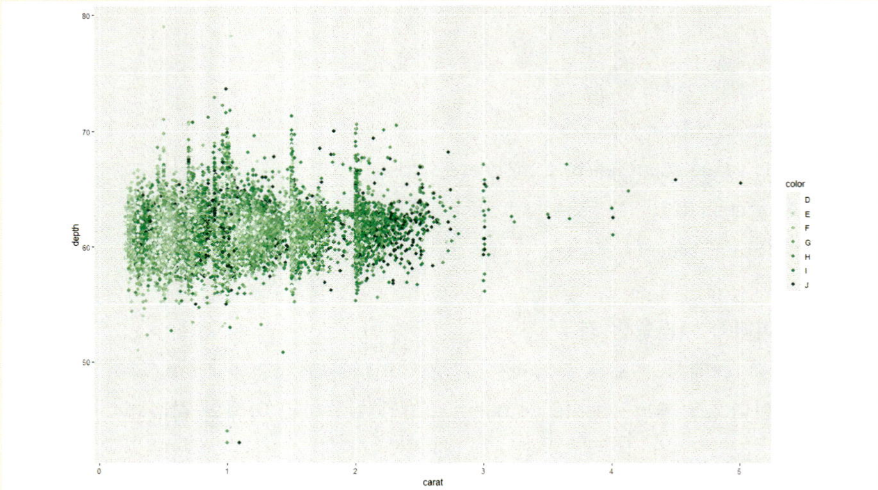

그림 11. scale_colour_brewer( )를 적용한 산점도

응용학습 1 mtcars의 연비, 중량, 배기량을 나타내는 산점도

mtcars 데이터 셋에서 연비, 중량의 분포를 나타내는데 기준은 배기량으로 표현하시오.

---실행결과---

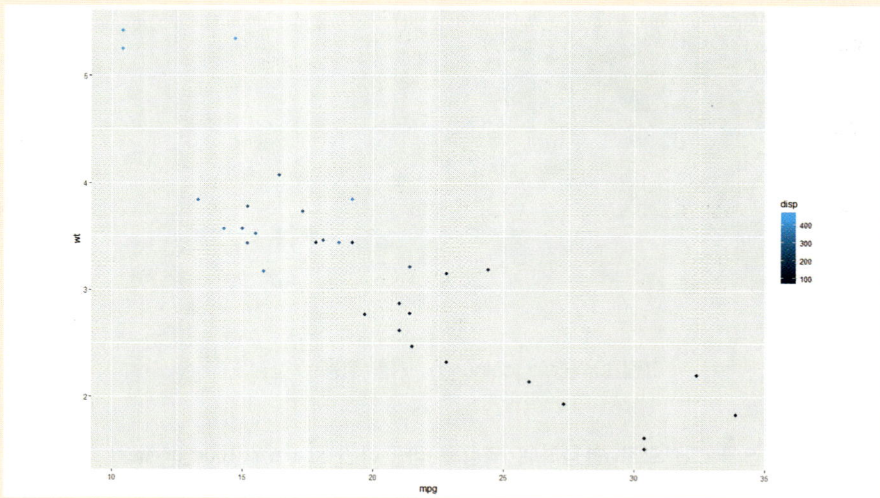

그림 12. 연비, 중량, 배기량의 산점도

응용학습 2 mpg에서 배기량, 고속도로 연비, 변속기 종류를 나타내는 산점도

mpg 데이터 셋에서 배기량, 고속도로 연비, 변속기 종류를 나타내는 산점도를 그리시오. 이때 scale_ 함수를 사용하시오.

---실행결과---

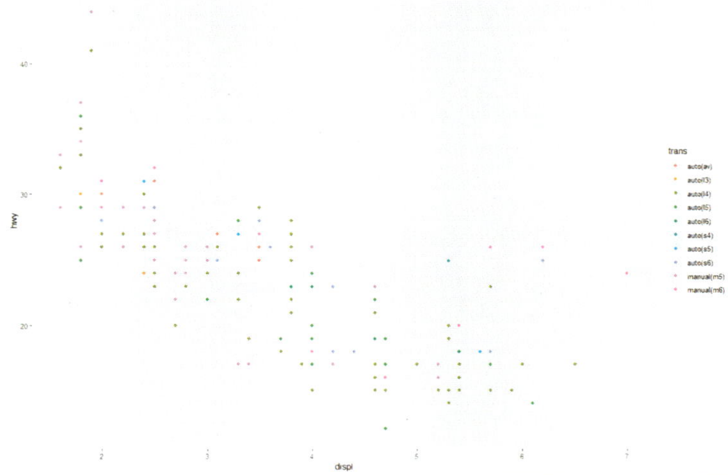

그림 13. 배기량, 고속도로 연비, 변속기 종류의 산점도

여기서 잠깐 – mpg 데이터 셋

mpg 데이터 셋은 자동차 모델의 연비 데이터를 가지고 있으며 다음과 같이 구성되어 있다.

- manufacturer: 자동차 제조회사
- model: 자동차 모델명
- dispal: 배기량
- year: 생산 연도
- cyl: 실린더 개수
- trans: 변속기 종류(자동(auto), 수동(manual))
- drv: 구동 방식
- cty: 도시 연비
- hwy: 고속도로 연비
- fl: 연료 종류
- class: 자동차 종류

3 geom_line( )

주로 연속적인 선이나 곡선을 통해 데이터의 변인 관계를 나타내는 방법으로 geom_line( )를 사용한다. 특히 시간의 흐름에 따라 변화되는 값을 나타내는 시계열 데이터 분석에서 많이 사용된다.

형식 `geom_line(mapping=aes(x, y, group, linetype, color, size,...))`

- x: x축 레이블 이름
- y: y축 레이블 이름
- group: 그룹별로 나뉘는 여러 개의 선 그래프를 그릴 때 해당 그룹을 묶음
- linetype: 선의 유형
- color: 선의 색상
- size: 선의 두께

실습

어떤 매장의 월별 매출액(만원)을 살펴보니 아래와 같았다.

표 4. 매장의 월별 매출액

월	1	2	3	4	5	6
매출액	1500	1800	2200	2500	3000	3500
월	7	8	9	10	11	12
매출액	4000	3800	3200	2800	2400	2100

이것을 geom_line( )으로 그려보자. 위에서 library(ggplot2)를 실행했다면 매번 실행할 필요는 없다. 이는 이미 library(ggplot2)를 통해 패키지가 로드되었기 때문이다. 위 표 4에 해당하는 데이터프레임을 만들어 data에 저장한 후 ggplot(data, aes(x = month, y = sales))을 실행한다. 그 후 geom_line( )을 붙이면 선 그래프가 올라간다. 이때 linewidth = 1.2은 선 두께를 1.2로 설정하는 것이고, labs( )은 그래프의 제목, x축, y축 레이블의 이름을 나타낸다.

```
library(ggplot2)
data <- data.frame(
  month = c(1:12),
```

```
  sales = c(1500, 1800, 2200, 2500, 3000, 3500,
            4000, 3800, 3200, 2800, 2400, 2100)
)
g <- ggplot(data, aes(x = month, y = sales))
g + geom_line(linewidth = 1.2) +
  labs(title = "월별 매출액 추이", x = "월", y = "매출액 (만원)")
```

---실행결과---

그림 14. 매장 매출액 geom_line()

예제 4 기어와 실린더 수에 따른 마력 변화

mtcars 데이터 셋에 있는 정보를 기반으로 기어 수에 따른 실린더별 마력의 변화를 geom_line( )으로 나타내보자. 먼저 기어(gear)와 실린더 수(cyl)에 따른 마력(hp)의 평균을 계산하여 hp 변수에 저장하여 그래프를 그리는 기반 데이터를 만든다.

```
mtcars %>%
  group_by(gear, cyl) %>%
  summarise(Avg_HP = mean(hp, na.rm = TRUE)) %>%
  arrange(gear, cyl) -> hp
```

ggplot에서는 기반 데이터인 hp를 가지고 x축에는 실린더(cyl)를 팩터로, y축은 마력(hp)의 평균값을 설정하고, 그룹과 색상은 기어(gear)로 지정한다. 이렇게 하면 기어 수별로 다른 색상의 선으로 나타냄으로써 실린더 수에 따른 마력 변화를 보다 보기 쉽게 표현할 수 있다. 이후 geom_line(linewidth = 1.2)을 통해 선의 두께는 1.2로 설정하여 선 그래프를 그리고, geom_point(size = 3)를 통해 선 그래프가 그려진 위에 해당 데이터의 위치에 점의 크기 3으로 찍어서 데이터의 변화를 나타낸다. labs( )는 그래프의 제목, x, y축의 레이블 이름을 표시한다.

```
ggplot(hp, aes(x = as.factor(cyl), y = Avg_HP, group = gear, color = gear)) +
  geom_line(linewidth = 1.2) +
  geom_point(size = 3) +
  labs(title = "기어 수(gear)별 실린더 수(cyl)에 따른 마력 변화",
       x = "실린더 수", y = "평균 마력 (hp)", color = "기어 수")
```

---실행결과---

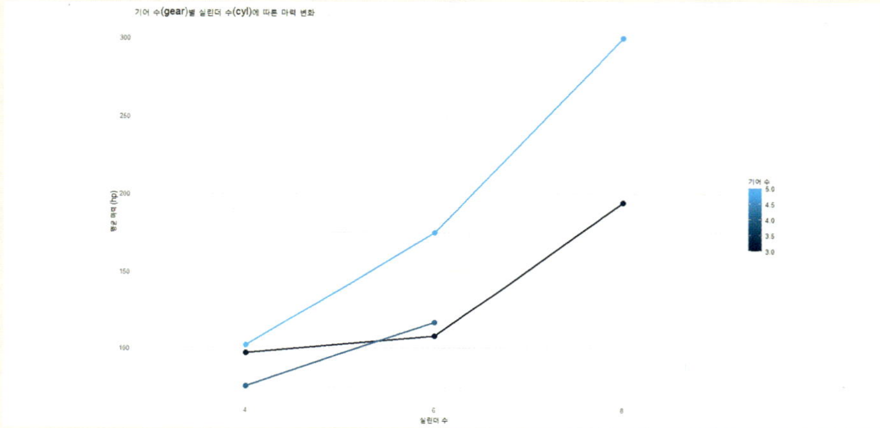

그림 15. 기어와 실린더 수에 따른 마력 geom_line()

여기서 잠깐 – 테마 지정 명령어

ggplot2와 같이 사용할 수 있는 테마 지정 명령어는 만들어진 그래프 위에 효과를 줄 때 매우 편리하게 사용할 수 있다. 종류는 다음과 같다.

표 5. 테마 지정 명령어

명령어	내용
theme_gray	기본 지정 테마
theme_classic	그래프 뒤의 배경이 없음
theme_dark	어두운 회색 배경 + 진회색 가이드라인
theme_bw	흰색 배경 + 회색 가이드라인, 그래프를 둘러싼 검정 테두리

명령어	내용
theme_light	흰색 배경 + 회색 가이드라인, 그래프를 둘러싼 회색 테두리
theme_minimal	흰색 배경 + 회색 가이드라인, 테두리 없음
theme_linedraw	그래프의 배경에 모든 가이드라인 표시. 즉 바둑판식의 배경이 나타남
theme_test	흰색 배경, 가이드라인 없고, 회색 테두리
theme_void	x, y축 레이블 없고 모든 가이드라인 없고 테두리도 없음.

예제 5 기어 수에 따른 마력과 배기량의 변화

mtcars 데이터에서 기어 수(gear)에 따른 마력(hp)과 배기량(disp)의 변화를 나타내보자. 이때 마력(빨간색)과 배기량(파란색)으로 표시하여 비교할 수 있도록 한다. 또한 그래프의 테두리도 표시하지 않도록 한다.

먼저 mtcars에서 기어(gear)별로 그룹화하고 마력(hp)과 배기량(disp)의 평균을 구하여 각각 A_hp와 A_disp에 저장한 다음 전체의 결과를 변수 g에 저장한다. 이때 6장에서 다루었던 %>% 연산자를 사용하면 편리하다.

```
mtcars %>%
  group_by(gear) %>%
  summarise(A_hp = mean(hp, na.rm = TRUE),
            A_disp = mean(disp, na.rm = TRUE)) -> g
```

산출된 g를 기본 데이터로 하고, x축에는 gear로 하여 ggplot를 실행한다. 설정된 배경 화면에 geom_line(aes(y = A_hp, color = "마력"), linewidth = 1.2)을 통해 마력을 나타내는 선 그래프를 올린다. 그 위에 geom_line(aes(y = A_disp, color = "배기량"), linewidth = 1.2)을 통해 배기량을 나타내는 선 그래프를 올린다. scale_color_manual(values = c("마력" = "red", "배기량" = "blue"))은 마력과 배기량을 각각 red와 blue를 적용하여 색상을 다르게 나타낸다. 마지막의 theme_minimal()은 전체 그래프 영역에서 테두리를 없애는 효과를 준다.

```
ggplot(g, aes(x = gear)) +
  geom_line(aes(y = A_hp, color = "마력"), linewidth = 1.2) +
  geom_line(aes(y = A_disp, color = "배기량"), linewidth = 1.2) +
  scale_color_manual(values = c("마력" = "red", "배기량" = "blue")) +
  labs(title = "기어 수에 따른 마력과 배기량 변화",
       y = "", x = "기어 수") +
  theme_minimal()
```

---실행결과---

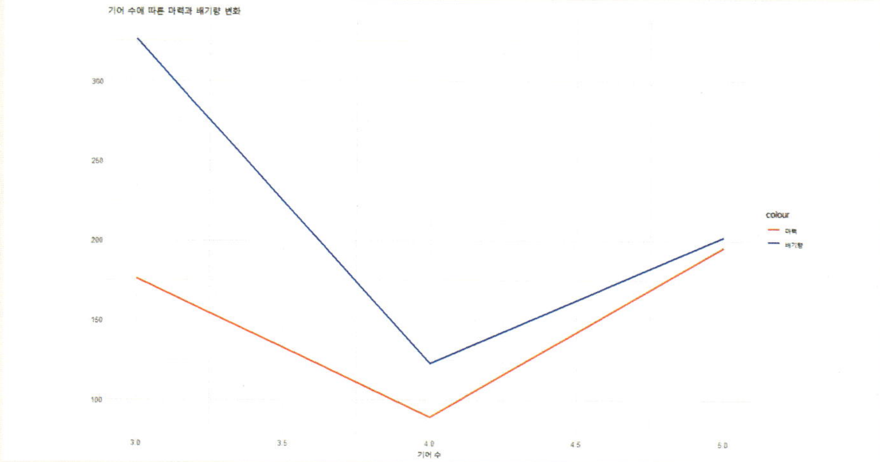

그림 16. 기어 수에 따른 마력과 배기량의 변화

응용학습 3 엔진 형태와 변속기 유형별 연비 평균

엔진 형태와 변속기 유형에 따른 연비의 변화는 어떻게 되는가? mtcars 데이터 셋 정보를 기반으로 geom_line( ) 함수를 사용하여 아래와 같이 나타내보시오.

---실행결과---

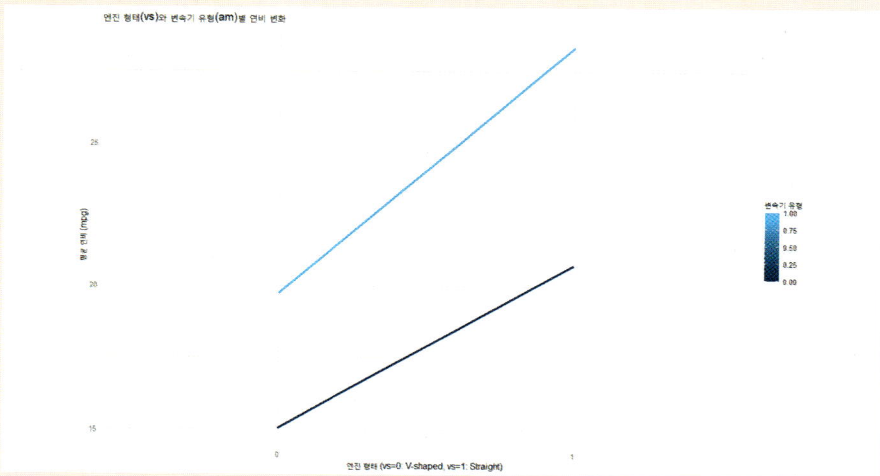

그림 17. 엔진 형태와 변속기 유형별 연비 평균

응용학습 4 연비 기준 마력과 무게의 변화

자동차는 연비에 따라 마력과 무게가 관련이 있다. mtcars 데이터 셋 정보를 기반으로 연비가 낮은 차량부터 높은 차량까지 순서대로 마력(빨간색)과 무게(녹색)의 변화를 geom_line( ) 함수를 사용하여 아래와 같이 나타내보시오.

---실행결과---

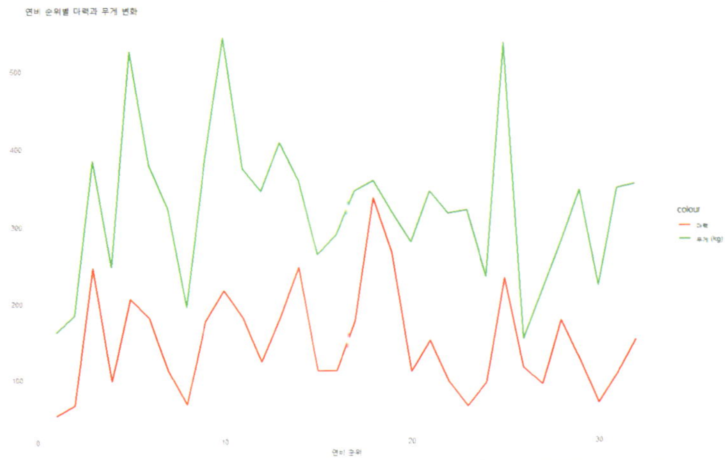

그림 18. 연비 기준 마력과 무게의 변화

4 geom_histogram( )

히스토그램을 그리는 기본 함수는 hist( )가 있으나 ggplot에서도 이 그래프를 그리는 함수를 제공한다. 다만 hist( ) 함수보다는 조금 더 세밀한 히스토그램의 표현이 가능하다는 차이가 있다. geom_histogram( )에는 많은 매개변수가 있으나 일반적인 내용들을 중심으로 다음과 같이 나타낸다.

형식 geom_histogram(데이터, 축 지정 구간 | 구간 설정 | 꾸미기 구간)

위와 같이 3개의 구간으로 나뉠 수 있다. 데이터, 축 지정 구간은 ggplot( )에서 설정할 수도 있으며, geom_histogram( )에서 지정할 경우 mapping = aes(x)과 같은 형식으로 설정하면 된다. 또는 히스토그램의 y축에 매핑한 통계 데이터를 사용할 때도 유용하다.

```
geom_histogram(mapping = aes(x, y), bins, colour, fill, boundary,...)
```

- 데이터, 축 지정 구간
  - mapping = aes(x)과 같이 사용하여 히스토그램의 x축 데이터를 지정
  - 또는 y축을 지정하고자 할 때는 aes(y = ~~)의 형식으로 사용함
- 구간 설정
  - bins: 구간 개수
  - binwidth: 구간 너비
  - position: 막대의 구간 조정이나 누적 막대 설정('identity', 'stack', 'dodge')
- 꾸미기 구간
  - colour: 막대 테두리 색상
  - fill: 막대 채우기 색상
  - boundary: 경계 조정
  - alpha: 막대 투명도 조절(0: 불투명, 1: 투명이며 0~1 사이의 숫자로 지정)

예제 6 자동차 연비 분포 히스토그램

mtcars의 정보를 기반으로 자동차 연비(mpg) 분포를 히스토그램으로 나타내보자. 이때 막대의 두께는 2로 하고, skyblue 색상으로 막대 면을 채우며, 테두리 색상은 검정으로 나타낸다.

```
ggplot(mtcars, aes(x = mpg)) +
  geom_histogram(binwidth = 2, fill = "skyblue", color = "black") +
  labs(title = "자동차 연비", x = "연비 (mpg)", y = "빈도수")
```

---실행결과---

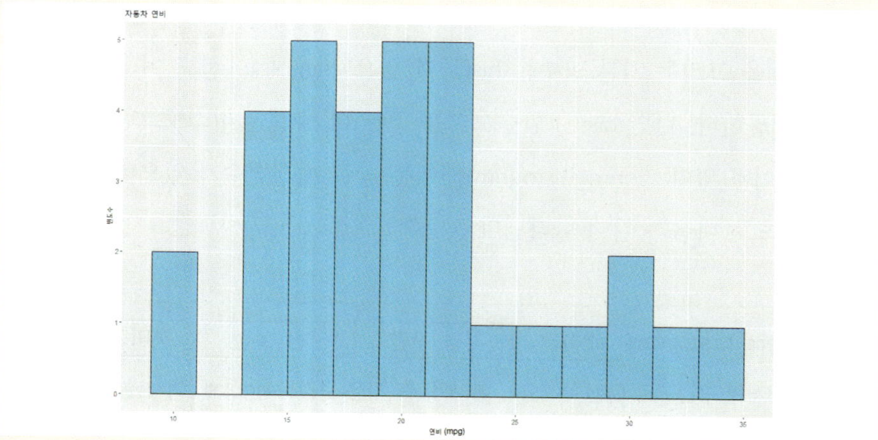

그림 19. 자동차 연비 분포 히스토그램

응용학습 5 꽃잎 길이 분포도 히스토그램

iris 데이터 셋을 이용하여 붓꽃의 꽃잎 길이 분포도를 아래의 조건에 따라 히스토그램으로 나타내보시오.

- 구간의 개수는 20으로 한다.
- 막대의 면은 빨강으로 채운다.
- 막대의 테두리는 검정으로 한다.
- 경계 조정은 0으로 설정한다.

---실행결과---

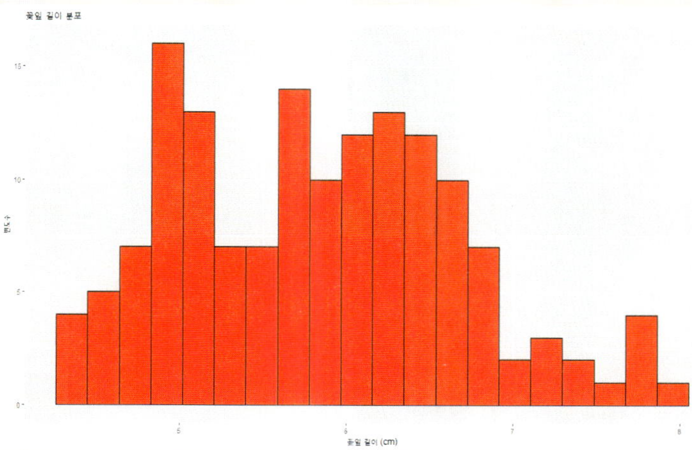

그림 20. 꽃잎 길이 분포도 히스토그램

예제 7 3개 구간 종류별 꽃잎 길이 분포 히스토그램

iris 데이터 셋에서 종류별(Species) 꽃잎 길이 분포를 구하여 히스토그램을 그려보자. 이때 기준이 되는 x축의 데이터는 꽃잎 길이(Sepal.Length)이므로 ggplot(iris, aes(x = Sepal.Length))와 같이 설정한다.

```
geom_histogram(aes(fill = Species), binwidth = 3, alpha = 0.7)
```

히스토그램에서는 종류별로 막대를 채울 것이므로 aes(fill = Species)를 설정하고, 구간은 0.5로 지정하여 다소 좁게 설정한다. 이는 전체 3개 종류별로 3개의 히스토그램을 나타내기 때문에 구간을 크게 하면 히스토그램에 나타내지 못하는 데이터가 생긴다. 투명도를 0.7로 지정하여 반투명으로 막다를 나타낸다. facet_wrap() 함수는 8장 7.2절 facet_wrap( )에서 자세히 설명한다.

```
ggplot(iris, aes(x = Sepal.Length)) +
  geom_histogram(aes(fill = Species), binwidth = 0.5, alpha = 0.7) +
  facet_wrap(~Species) +
  labs(title = "종류별 꽃잎 길이 분포", x = "꽃잎 길이 (cm)")
```

---실행결과---

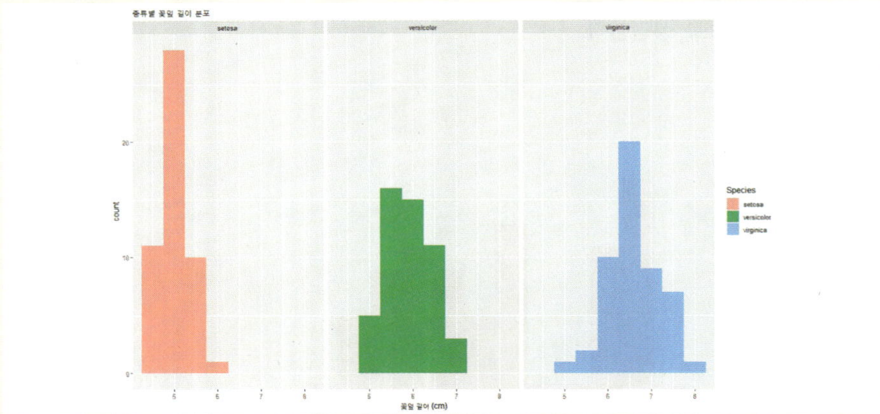

그림 21. 3개 구간 종류별 꽃잎 길이 분포 히스토그램

예제 8 히스토그램에 밀도 곡선 추가하기

mtcars의 연비 분포 히스토그램에 밀도 곡선을 추가해 보자.

ggplot(mtcars, aes(x = mpg))에서 기준이 되는 x축의 데이터에 연비(mpg)를 설정한다. geom_histogram()의 매개변수로 aes(y = after_stat(density))는 통계 변환(after_stat)으로 계산된 밀도(density) 값을 y축에 매핑(aes)하는 것으로, 주로 데이터 분포의 상대적 강도를 시각화하거나, 밀도 값을 다른 그래픽 요소와 결합할 때 사용한다. 즉 after_stat()는 통계 변환(stat)을 한 후 생성된 변수(예: 밀도, 빈도, 백분위수 등)에 접근할 수 있도록 하는 함수이며, 밀도(density)는 데이터의 분포를 정규화(normalized)하여 표현한 값이다. geom_density()를 사용하면 stat_density가 자동으로 밀도 값을 계산하고 y 축에 매핑하는데, 이것을 y = after_stat(density)으로도 대신 사용할 수 있다. fill = "orange"은 막대 면 색상을 지정하고, color = "black"은 막대 테두리 색상을 지정하며, binwidth = 3으로 구간 너비를 설정한다. geom_density(color = "red", linewidth = 1)에서는 밀도를 나타내는 선의 두께를 1로, 색상은 red로 지정하여 히스토그램 위에 곡선을 그려준다.

```
ggplot(mtcars, aes(x = mpg)) +
  geom_histogram(aes(y = after_stat(density)), fill = "orange", color = "black",
binwidth = 3) +
```

```
geom_density(color = "red", linewidth = 1) +
labs(title = "연비 분포 (히스토그램 + 밀도 곡선)")
```

---실행결과---

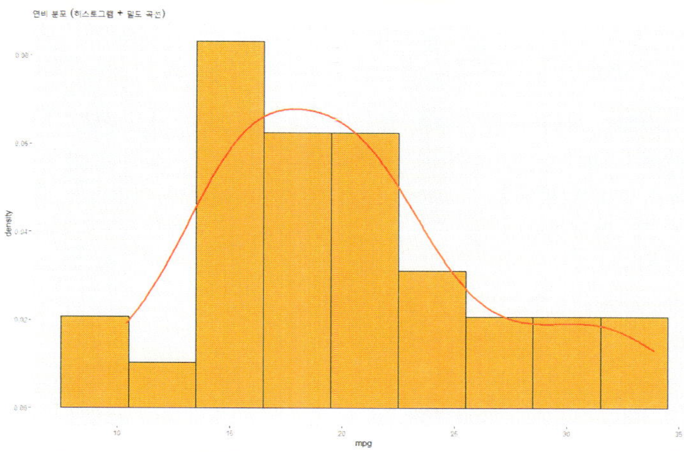

그림 22. 연비 분포 히스토그램에 밀도 곡선 추가하기

5 geom_boxplot( )

상자그림(box plot)은 데이터 분포의 중앙값, 사분위수 범위, 이상치 등을 시각적으로 표현할 때 사용하며, ggplot에서 제공하는 geom_boxplot( )은 기본 함수에서 제공하는 상자그림보다 세밀한 표현이 가능하다.

형식 geom_boxplot(mapping = aes(x, y), data, notch, width, outlier.shape, outlier.colour, outlier.fill, varwidth, coef, show.legend,...)

- aes(x, y): x, y축 설정
- data: 데이터프레임 지정
- notch: 상자그림의 중간에 홈을 넣을지의 여부, 기본값은 FALSE.
- width: 상자 그림의 폭
- outlier.shape: 이상치를 나타내는 점의 모양
- outlier.colour: 이상치 점의 외곽선 색상

- outlier.fill: 이상치 점의 내부 색상
- varwidth: 그룹 내 상자 그림의 너비를 데이터 포인트 수에 따라 조절 여부
- coef: 이상치를 결정하기 위한 IQR (사분위 범위)의 계수
- show.legend: 범례를 표시할지의 여부

예제 9 실린더 수에 따른 연비 분포 상자그림

mtcars 데이터 셋을 통해 실린더 수에 따른 연비의 관계를 상자그림으로 나타내보자.

ggplot(mtcars, aes(x = factor(cyl), y = mpg))에서 x축은 실린더 정보를 팩터로 변환하고, y축은 연비를 적용한다. geom_boxplot(fill = "skyblue")에서는 상자그림의 면 색을 하늘색으로 정하여 그린다.

```
ggplot(mtcars, aes(x = factor(cyl), y = mpg)) +
  geom_boxplot(fill = "skyblue") +
  labs(title = "실린더 수에 따른 연비 분포",
       x = "실린더 수", y = "연비")
```

---실행결과---

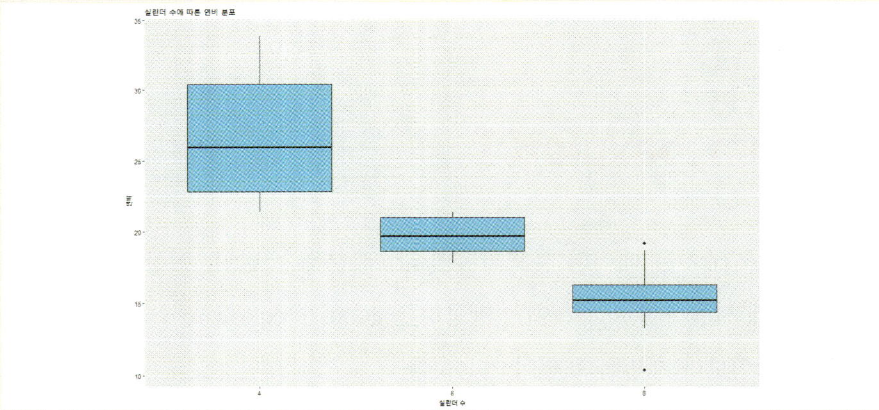

그림 23. 실린더 수에 따른 연비 분포 상자그림

예제 10 차량 무게에 따른 마력 분포 상자그림

차량은 무거울수록 마력이 높아지는 경향이 있다. 이것을 확인하기 위하여 차량 무게에 따른 마력 분포를 상자그림으로 나타내보자. ggplot(mtcars, aes(x = factor(round(wt, 1)), y = hp))에서는 차량 무게(wt, 단위: 1000lbs)를 소수점 첫째 자리까지 범주화해서 마력(hp) 분포를 시각화한다. geom_boxplot(fill = "green")를 통해 상자그림의 색상은 "green"으로 하여 나타내본다.

```
ggplot(mtcars, aes(x = factor(round(wt, 1)), y = hp)) +
  geom_boxplot(fill = "green") +
  labs(title = "차량 무게에 따른 마력 분포",
     x = "무게게 (1000 lbs)", y = "마력력")
```

---실행결과---

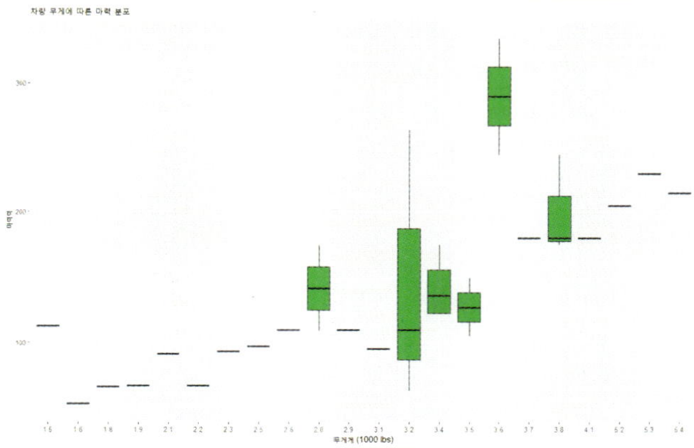

그림 24. 차량 무게에 따른 마력 분포 상자그림

응용학습 6 품종을 기준으로 한 붓꽃 잎의 길이 분포 히스토그램

iris 데이터 셋에서 품종을 기준으로 붓꽃 잎의 길이에 대한 분포 히스토그램을 나타내시오. 이때 notch를 적용하고, 구간 너비는 0.3으로 설정하시오. notch는 주로 그룹을 비교할 때 사용하며, 중위값(median)의 상부와 하부 영역의 notch가 겹치지 않으면 중위값이 유의미하게 다르다는 것을 나타낸다.

---실행결과---

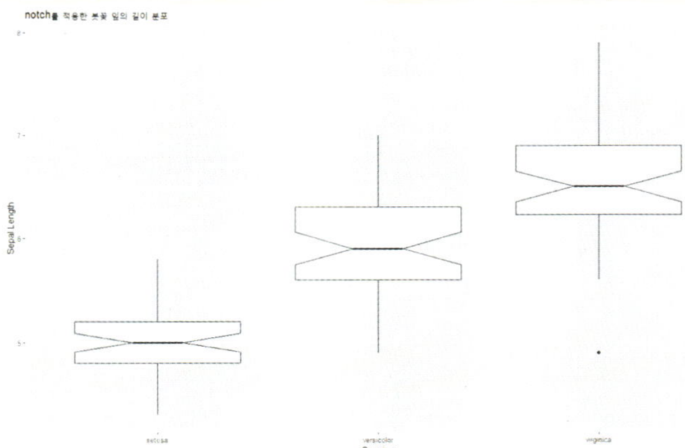

그림 25. 품종을 기준으로 한 붓꽃 잎의 길이 분포 상자그림

실습

diamonds 데이터 셋에서 컷(cut)과 가격(price)을 기반으로 이상치를 포함한 상자그림을 그려보자. 이때 이상치의 색상은 보라색('purple')로 하였으며, 이상치의 모양(outlier.shape)은 1, 크기(outlier.size)는 1, 투명도(outlier.alpha)는 0.5로 설정하자. 상자그림 위에 이상치가 표시되는 것을 알 수 있다.

```
ggplot(diamonds, aes(x = cut, y = price)) +
  geom_boxplot(fill = "green", outlier.color='purple', outlier.shape=1,
               outlier.size=1, outlier.alpha=0.5) +
  labs(title = "다이아몬드의 컷과 가격의 분포(이상치 포함)")
```

---실행결과---

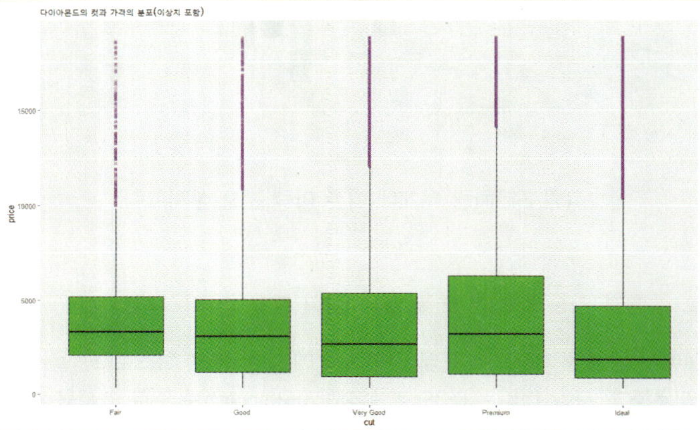

그림 26. diamonds 컷(cut)과 가격(price) 분포 상자그림

6 geom_bar( )

ggplot2 패키지에서 제공하는 막대 그래프를 그리는 함수이다. 형식은 아래와 같다.

형식 `geom_bar(mapping = aes(x, y), data, stat, position, width, binwidth, na.rm, show.legend, inherit.aes)`

• data: 데이터프레임

- stat: "count"(기본값)는 각 범주의 빈도를 표시. "identity"는 데이터프레임에 있는 값을 사용하여 막대 그래프를 생성
- position: 막대의 위치 배치. "identity"(기본값)는 막대의 기본 위치, "stack"은 막대를 쌓아 올리는 방식, "dodge"는 막대를 나란히 배치하는 방식
- alpha: 막대의 투명도. 0(불투명)에서 1(투명) 사이의 값 설정
- color: 막대의 테두리 색상
- fill: 막대의 내부(채우기) 색상
- width: 막대의 너비(폭)
- binwidth: 막대의 구간
- na.rm: NA(결측값)를 제거할지 여부
- show.legend: 범례를 표시할지 여부
- inherit.aes: aes( ) 함수로 설정한 속성을 상속할지 여부

실습

diamonds 데이터 셋에서 투명도를 나타내는 막대 그래프를 그려보자. ggplot(diamonds, aes(x=clarity))에서 막대 그래프의 기준이 되는 x축의 데이터를 투명도(clarity)를 설정한 후 geom_bar()를 추가하면 된다.

```
ggplot(diamonds, aes(x=clarity)) + geom_bar()
```

---실행결과---

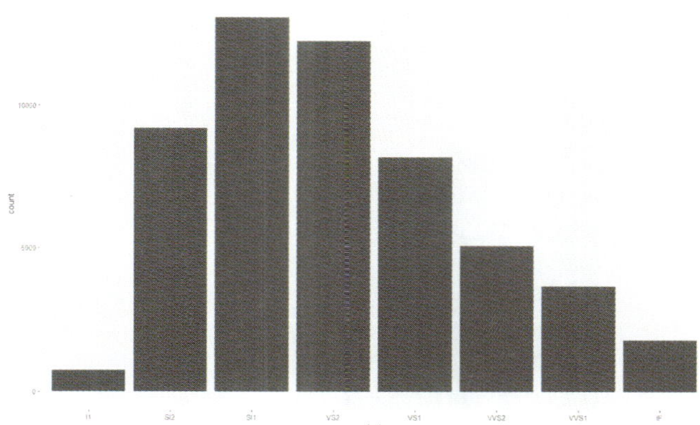

그림 27. 다이아몬드 투명도 막대 그래프

색상을 입히고, 막대의 두께를 두껍게 조정해 보자. 막대의 색상은 "green", 테두리는 'blue', 막대의 너비는 1.5, 투명도는 0.7로 설정한다. 막대의 너비가 넓어 각 막대가 겹쳐 보이는데 투명도가 0.7이므로 겹치는 영역이 나타난다.

```
ggplot(diamonds, aes(x=clarity)) + geom_bar(fill="green", color='blue', width=1.5,
alpha=0.7)
```

---실행결과---

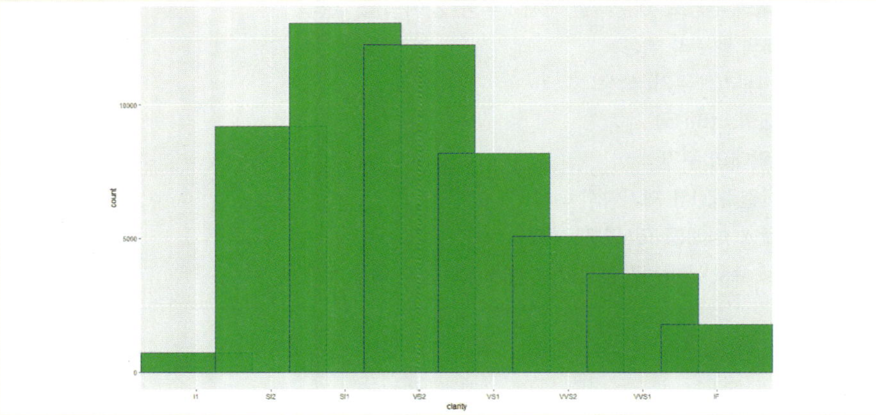

그림 28. 다이아몬드 투명도(색상과 너비 조정) 막대 그래프

위 그래프에서 y축의 데이터를 가격으로 추가하고 막대 색상 지정은 다이아몬드 색상(color) 데이터로 설정해 보자. geom_bar(stat='identity')에서 stat는 통계('statistic')를 적용한다는 의미이며 'identity'는 y축의 높이를 데이터의 값으로 하는 막대 그래프를 그린다는 것이다.

```
ggplot(diamonds, aes(x=clarity, y=price, fill=color)) + geom_bar(stat='identity')
```

---실행결과---

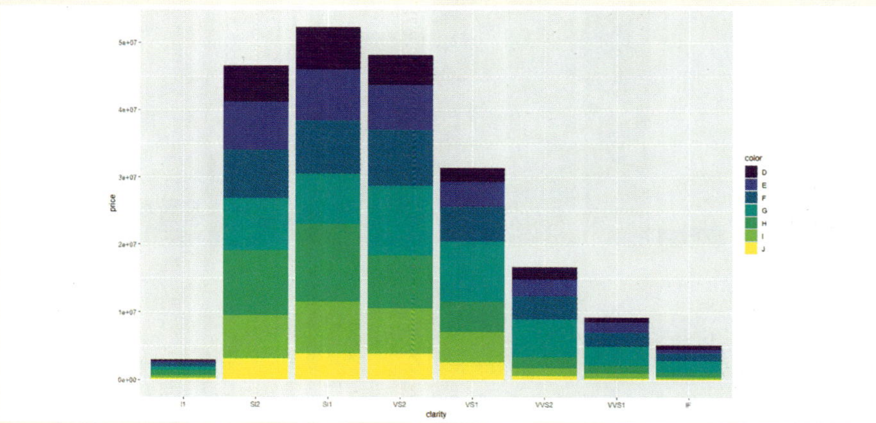

그림 29. 다이아몬드 투명도, stat='identity' 적용

아래와 같이 position = 'fill'을 추가해 보자. 'fill'은 데이터의 종류를 비율로 표시해 주는 것으로 x축 데이터의 상대적인 비율을 나타낸다. 아래의 그래프는 다이아몬드 투명도에서 색상에 따라 가격이 달라지는 형태를 표시한다.

```
ggplot(diamonds, aes(x=clarity, y=price, fill=color)) + geom_bar(stat='identity', position = 'fill')
```

---실행결과---

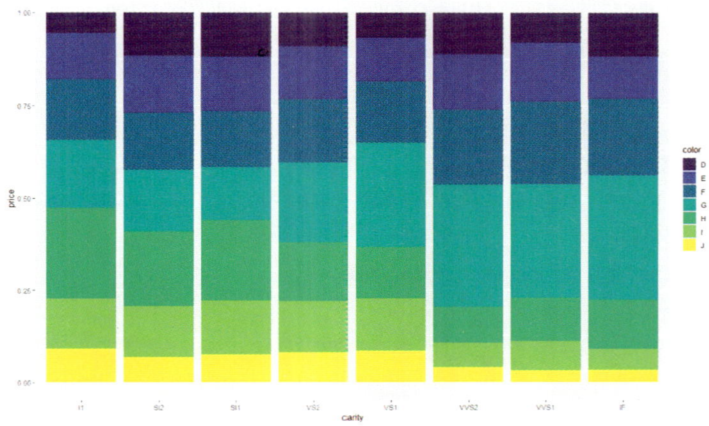

그림 30. 다이아몬드 투명도, position = 'fill' 적용

위의 그래프를 가로로 나타내고자 할 때는 마지막에 + coord_flip()을 추가하면 된다.

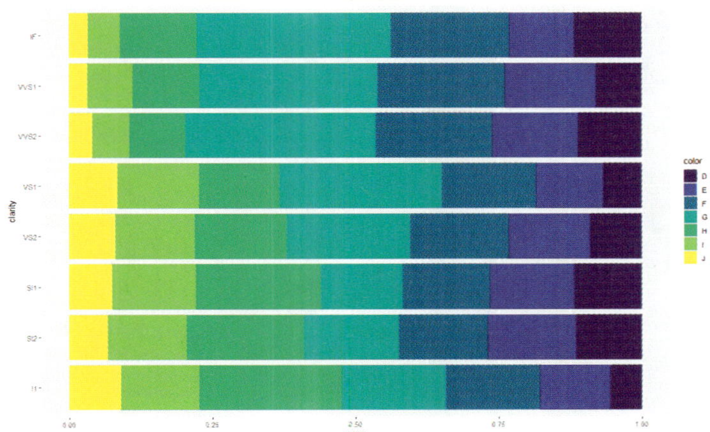

그림 31. 다이아몬드 투명도, coord_flip() 적용

7 기타 유용한 함수들

7.1. geom_density( )

geom_density( ) 함수는 밀도 그래프를 그릴 때 사용하며, 특히 범주별, 그룹별 누적 자료를 파악하기가 용이하다.

형식 geom_density(aes(x), fill, color, alpha, adjust, position, size,...)

- aes(x = 변수): x축에 표시할 데이터
- fill: 밀도 곡선의 색상
- color: 밀도 곡선의 테두리 색상
- alpha: 투명도 조절 (0~1 사이의 값).
- adjust: 밀도 곡선의 평활성 설정(값이 클수록 굴곡이 작아져서 부드러우며, 작을수록 굴곡이 큰 곡선을 나타냄)
- position: stack(기본값) / identity / dodge / fill
- size: 밀도 곡선의 선 두께

실습

diamonds 데이터 셋을 이용하여 캐럿(carat)의 밀도 곡선을 나타내보자. 기준 데이터인 캐럿을 aes(x = carat)로 지정하고 geom_density()를 추가하면 된다.

```
ggplot(data = diamonds, aes(x = carat)) + geom_density()
```

---실행결과---

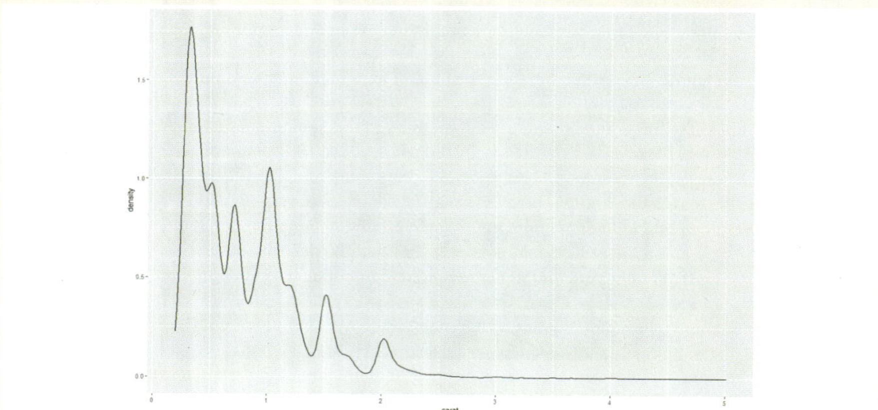

그림 32. 다이아몬드 캐럿의 밀도 곡선

다이아몬드 가격에 따라 컷(cut)의 밀도 곡선을 그려보자. 이때 모든 컷의 밀도를 나타내기에 geom_density(aes(color = cut))를 설정한다.

```
ggplot(diamonds, aes(x = price)) + geom_density(aes(color = cut))
```

---실행결과---

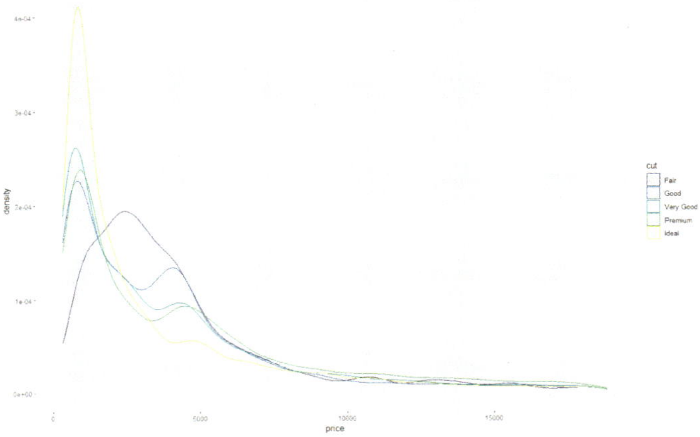

그림 33. 다이아몬드 가격에 따른 컷의 밀도 곡선

여기에 밀도에 색상을 입히고, 투명도를 0.3으로 조정해 보자.

```
ggplot(diamonds, aes(x = price, fill = cut)) + geom_density(alpha = 0.3)
```

---실행결과---

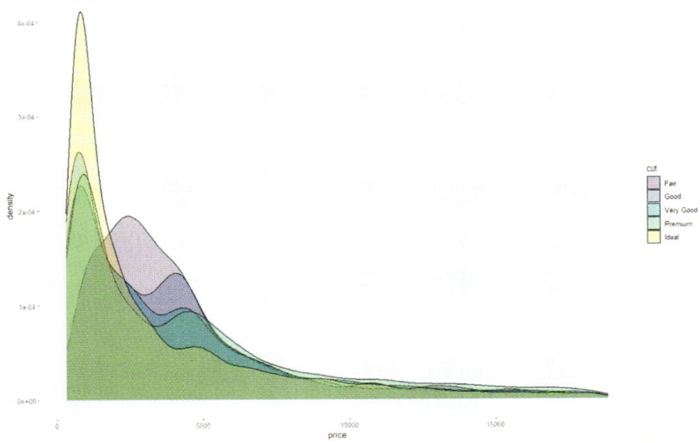

그림 34. 다이아몬드 가격에 따른 컷의 밀도 곡선

응용학습 7 다이아몬드의 가격 밀도 곡선

diamonds 데이터 셋에서 가격을 기준으로 밀도 곡선을 그려보시오. 단 이때 adjust를 0.5, 2, 4, 8을 각각 적용한 곡선을 모두 나타내며, 0.5는 'black', 2는 'red', 4는 'blue', 8은 'green'의 색상을 각각 적용한다. 밀도 곡선의 선 두께는 모두 0.5로 설정한다.
(Hint: 하나의 그래프 안에 여러 개의 밀도 곡선을 그릴 때는 geom_density( ) 함수를 중복해서 사용하면 된다)

---실행결과---

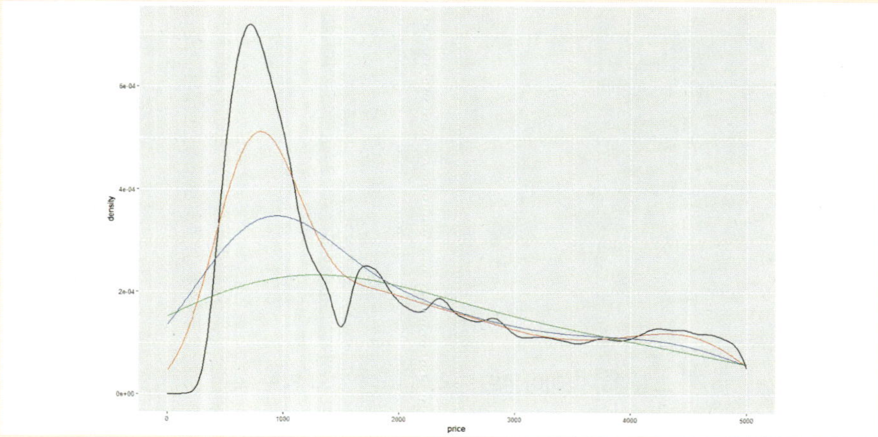

그림 35. adjust를 적용한 다이아몬드 가격 밀도 곡선

7.2. facet_wrap()

이 함수는 하나의 변수를 기준으로 여러 개의 그래프로 나누어준다. 범주형 변수를 기준으로 데이터를 분할하여 여러 개의 그래프로 표현할 때 용이하다.

형식 `facet_wrap(vars(범주형 변수,...), nrow, ncol, strip.position,...)`

- vars(범주형 변수,...): 분할할 범주형 변수, 즉 면을 분할할 기준이 되는 데이터(컬럼)
- nrow: 분할 그래프의 서브플롯 행의 개수
- ncol: 분할 그래프의 서브플롯 열의 개수
- strip.position: 서브플롯 레이블의 위치, top, bottom, left, right
- labeller: 서브플롯에 변수 이름 표시 여부
- as.table: 서브플롯 정렬 순서, TRUE, FALSE
- scales: 서브플롯의 x축, y축 통일 여부, fixed(기본), free, free_x, free_y

실습

mtcars 데이터 셋에서 실린더 수(cyl)와 연비(mpg)의 관계를 나타내는 그래프를 그려 보자. 이를 위하여 ggplot( )에서는 data를 mtcars로 하였으며, x축은 cyl, y축은 mpg로 설정하였다. 그 위에 geom_point( )를 그려 산점도를 나타내고 labs( ) 함수를 통해 제목, x축 레이블, y축 레이블을 각각 설정하였다.

```
library(ggplot2)
ggplot(data = mtcars, aes(x = cyl, y = mpg)) + geom_point() +
  labs(title = "실린더 수 vs 연비 (모든 데이터)", x = "실린더 수", y = "연비")
```

---실행결과---

그림 36. mtcars의 실린더수와 연비의 산점도 그래프

같은 내용을 facet_wrap() 함수를 적용해 보자. facet_wrap(~ cyl)를 추가하면 실린더 수별로 서브플롯(subplot)을 분리한다. 이는 각 패널에서 해당 실린더 수에 따른 데이터만 표시되므로 비교가 용이하다는 장점이 있다.

```
ggplot(data = mtcars, aes(x = cyl, y = mpg)) + geom_point() +
  facet_wrap(~ cyl) + labs(title = "실린더 수별 연비", x = "실린더 수", y = "
연비")
```

---실행결과---

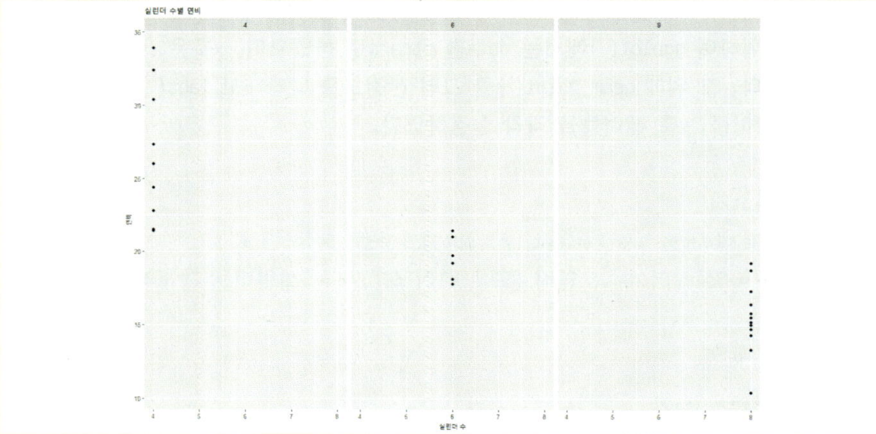

그림 37. mtcars의 실린더수와 연비의 관계를 facet_wrap( ) 함수를 적용한 산점도 그래프

이때 각 산점도 그래프 위의 4, 6, 8은 무엇을 나타내는지 모호하다. labeller = label_both와 같이 labeller를 설정하여 해당 서브플롯에 변수 이름을 표시하면 쉽게 구분할 수 있다.

```
ggplot(data = mtcars, aes(x = cyl, y = mpg)) + geom_point() +
  facet_wrap(~cyl, labeller = label_both) +
  labs(title = "실린더 수별 연비", x = "실린더 수", y = "연비")
```

---실행결과---

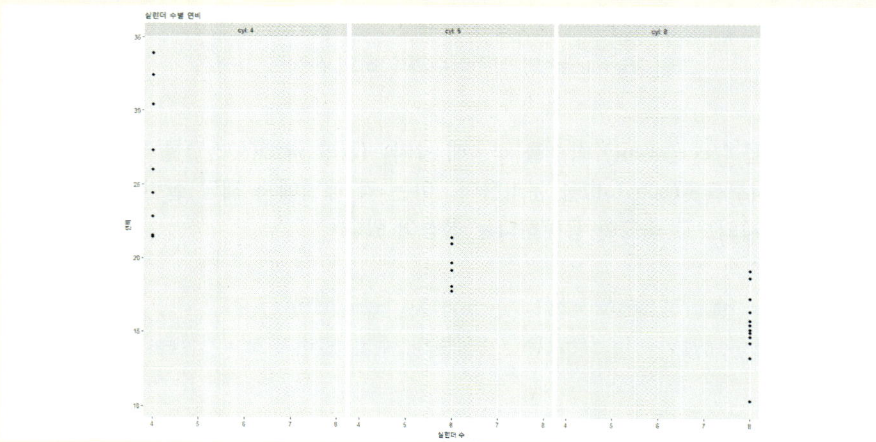

그림 38. facet_wrap( ) 함수에 labeller를 적용한 산점도 그래프

nrow를 조정하여 분할 그래프의 서브플롯 행의 개수를 변경해 보자.

```
ggplot(data = mtcars, aes(x = cyl, y = mpg)) + geom_point() +
  facet_wrap(~cyl, labeller = label_both, nrow = 3) +
  labs(title = "실린더 수별 연비", x = "실린더 수", y = "연비")
```

---실행결과---

그림 39. facet_wrap( ) 함수에 nrow를 변경한 산점도 그래프

strip.position은 서브플롯 레이블의 위치를 설정하며, strip.position = 'bottom'으로 변경하면 아래와 같다.

```
ggplot(data = mtcars, aes(x = cyl, y = mpg)) + geom_point() +
  facet_wrap(~cyl, labeller = label_both, strip.position = 'bottom') +
  labs(title = "실린더 수별 연비", x = "실린더 수", y = "연비")
```

---실행결과---

그림 40. facet_wrap( ) 함수에 strip.position을 변경한 산점도 그래프

연습문제

01. ggplot2에서 제공하는 데이터 셋이 아닌 것은?

① diamonds　　② economics
③ midwest　　④ mpg
⑤ iris

02. 아래 그림은 diamonds 데이터 셋에서 x축의 데이터로 carat을, y축의 데이터로 price를 추출하여 산점도(산포도)를 나타낸 것이다. 이를 실행하는 명령으로 옳은 것은? (단 필요한 패키지는 사전에 설치 및 로드되었다)

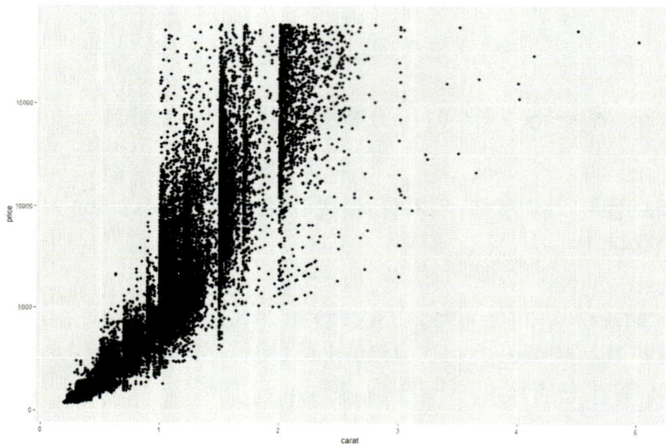

① ggplot(diamonds, x = carat, y = price), geom_point()
② ggplot(diamonds, x = carat, y = price) + geom_point()
③ ggplot(diamonds, aes(carat, price)), geom_point()
④ ggplot(diamonds, aes(x = carat, y = price)), geom_point()
⑤ ggplot(diamonds, aes(x = carat, y = price)) + geom_point()

03. 산점도를 나타내는 함수는?

① geom_point()　　② ggplot_point()
③ point()　　④ ggplot()
⑤ ggplot.point()

04. geom_point( )의 옵션에 대한 설명으로 옳지 않은 것은?

① size: 산점도에 표시되는 점의 크기

② color: 점의 색상

③ shape: 점의 모양 (0~12까지 설정)

④ alpha: 점의 투명도, 1이면 불투명, 0이면 투명을 나타냄

⑤ x: x축 레이블 이름

05. airquality에서 바람과 오존의 관계를 나타내는 분포를 그리려고 한다. 이때 바람은 Wind, 오존은 Ozone이다. 산점도의 점 크기는 4로 지정하여 그리는 명령에서 (A) 안에 알맞은 것은?

```
g <- ggplot(airquality, aes(Wind, Ozone))
( A )
```

① g <- geom_point(4)

② g <- geom_point(size <- 4)

③ g + geom_point(size + 4)

④ g <- geom_point(size = 4)

⑤ g + geom_point(size = 4)

06. airquality에서 바람과 오존의 관계를 나타내는 분포를 그리려한다. 이때 바람은 Wind, 오존은 Ozone이다. 산점도에서 오존의 수치에 따라 점의 크기를 다르게 분류하여 그리는 명령에서 (A)안에 알맞은 것은?

```
g <- ggplot(airquality, aes(Wind, Ozone))
( A )
```

① g + geom_point(aes( )) + Ozone

② g <- geom_point(aes(Ozone))

③ g <- geom_point(aes(size = Ozone))

④ g + geom_point(aes(size + Ozone))

⑤ g + geom_point(aes(size = Ozone))

07. ggplot2에 있는 scale_ 관련 함수에서 scale_alpha은 무엇을 나타내는가?

① 점의 크기
② 점의 모양
③ 점의 투명도
④ 표면 색상
⑤ 라인 종류

08. 점의 모양을 그릴 때 데이터 자체의 코드를 직접 매핑하여 나타내는 설정은?

① scale_shape_identity()
② scale_shape_manual()
③ scale_shape_position()
④ scale_alpha_identity()
⑤ scale_alpha_shape()

09. 산점도 모양을 나타내는 아래의 명령에서 (A) 안에 알맞은 것은?

```
df <- data.frame(x = 0:4 , y = 0:24, z = 0:24)
(   A   )
p + geom_point(aes(shape = z), size = 4) + scale_shape_identity()
```

① p + ggplot(df, (x, y))
② p + ggplot(df, aes(x, y))
③ p <- ggplot(df, (x, y))
④ p <- ggplot(df, aes(x, y))
⑤ p <- ggplot(df, x, y)

10. mpg 데이터 셋에서 자동차의 구동 방식을 나타내는 데이터는?

① dry
② cty
③ hwy
④ fl
⑤ class

11. 연속적인 선이나 곡선을 통해 데이터의 변인 관계를 나타내는 방법으로 사용할 수 있는 함수는?

① geom_point( ) ② geom_curve( )
③ geom_line( ) ④ geom_continue( )
⑤ geom_lines( )

12. geom_line( )에서 선의 두께를 설정하는 옵션은?

① width ② size
③ linetype ④ linesize
⑤ line

13. ggplot2와 같이 사용할 수 있는 테마 지정 뗭령어에서 그래프 뒤의 배경이 없음을 설정하는 명령어는?

① theme_classic ② theme_gray
③ theme_blank ④ theme_empty
⑤ theme_minimal

14. ggplot2와 같이 사용할 수 있는 테마 지정 명령어에서 기본 지정 테마 명령어는?

① theme_classic ② theme_gray
③ theme_blank ④ theme_empty
⑤ theme_minimal

15. geom_histogram( )의 설정 순서에 알맞은 것은?

① geom_histogram(데이터 축 지정 구간, 구간 설정, 꾸미기 구간)
② geom_histogram(데이터 축 지정 구간, 꾸기기 구간, 구간 설정)
③ geom_histogram(구간 설정, 데이터 축 지정 구간, 꾸미기 구간)
④ geom_histogram(구간 설정, 꾸미기 구간, 데이터 축 지정 구간)
⑤ geom_histogram(꾸미기 구간, 데이터 축 지정 구간, 구간 설정)

16. mtcars의 정보를 기반으로 자동차 연비(mpg) 분포를 히스토그램으로 나타낸다. 이때 막대의 두께는 2로하고, skyblue 색상으로 막대 면을 채우며, 테두리 색상은 검정색으로 할 때 옳은 명령은?

① ggplot(mtcars, aes(x = mpg)) +
geom_histogram(barwidth = 2, fill = "skyblue", color = "black")

② ggplot(mtcars, aes(x = mpg)) +
geom_histogram(barwidth = 2, color = "skyblue", border = "black")

③ ggplot(mtcars, aes(x = mpg)) +
geom_histogram(barwidth = 2, color = "skyblue", line = "black")

④ ggplot(mtcars, aes(x = mpg)) +
geom_histogram(binwidth = 2, color = "skyblue", border = "black")

⑤ ggplot(mtcars, aes(x = mpg)) +
geom_histogram(binwidth = 2, fill = "skyblue", color = "black")

17. geom_boxplot()에서 이상치를 나타내는 점의 모양을 설정하는 옵션은?

① notch ② outlier.shape
③ outlier.fill ④ outlier.colour
⑤ coef

18. geom_boxplot()에서 이상치를 결정하기 위한 IQR(사분위 범위)의 계수를 나타내는 옵션은?

① notch ② outlier.shape
③ outlier.fill ④ outlier.colour
⑤ coef

19. 차량은 무거울수록 마력이 높아지는 경향이 있다. 이것을 확인하기 위하여 mtcars 데이터 셋을 이용하여 차량 무게에 따른 마력 분포를 상자그림으로 나타내는 명령으로 옳은 것은?

① ggplot(mtcars, x = factor(round(wt, 1)), y = hp) + geom_boxplot(fill = "green")
② ggplot(mtcars, x = factor(round(wt, 1)), y = hp) + boxplot("green")
③ ggplot(mtcars, aes(x = factor(round(wt, 1)), y = hp)) + boxplot(fill = "green")
④ ggplot(mtcars, x = factor(round(wt, 1)), y = hp) + geom_boxplot(fill = "green")
⑤ ggplot(mtcars, aes(x = factor(round(wt, 1)), y = hp)) + geom_boxplot(fill = "green")

20. diamonds 데이터 셋에서 컷(cut)과 가격(price)을 기반으로 이상치를 포함한 상자그림을 그려보자. 이때 이상치의 색상은 보라색('purple')로 하였으며, 이상치의 모양은 1, 크기는 2, 투명도는 0.5으로 설정하는 명령은?

① ggplot(diamonds, x = cut, y = price) +
geom_boxplot(fill = "green", outlier.color='purple', outlier.shape=1,
outlier.size=2, outlier.alpha=0.5)

② ggplot(diamonds, aes(x = cut, y = price)) +
boxplot(fill = "green", outlier.color='purple', outlier.shape=1,
outlier.size=2, outlier.alpha=0.5)

③ ggplot(diamonds, x = cut, y = price) +
geom_boxplot(fill = "green", outlier.color='purple', outlier.shape=1,
outlier.size=2, outlier.transparency=0.5)

④ ggplot(diamonds, aes(x = cut, y = price)) +
geom_boxplot(fill = "green", outlier.color='purple', outlier.shape=1,
outlier.size=2, outlier.transparency=0.5)

⑤ ggplot(diamonds, aes(x = cut, y = price)) +
geom_boxplot(fill = "green", outlier.color='purple', outlier.shape=1,
outlier.size=1, outlier.alpha=0.5)

제9장 >>>>

데이터 분석

1. 데이터 분석 과정
2. 데이터 수집
3. 전처리
4. 탐색적 데이터 분석
5. 모델링

1 데이터 분석 과정

데이터 분석을 위한 처리 과정은 아래와 같다.

데이터 수집 → 전처리 → 분석 → 모델링 → 시각화

그림 1. 데이터 분석 처리 과정

2 데이터 수집

데이터 수집 과정에서는 일반적으로 아래와 같은 방법을 사용한다.

- 직접 데이터 입력: 가장 기본적인 방법이며, 필요한 데이터를 직접 저장
- 외부에서 데이터 읽기: 필요한 데이터를 csv, txt, excel등의 파일에서 읽음
- 웹 크롤링: rvest로 웹 사이트를 통하여 HTML 요소를 추출

여기서 잠깐 - 웹 크롤링이란?

웹 크롤링은 인터넷 상의 웹 페이지의 정보를 가져와서 분석하기 위해 데이터를 수집하는 기술이다. 주로 웹 사이트의 구조, 콘텐츠, 링크 등을 탐색하며 필요한 정보를 추출하는 데 사용된다. 웹 스크래핑(Web Scraping)과 혼용되기도 하지만, 크롤링은 대규모 데이터 수집에 초점을 두고 스크래핑은 특정 정보 추출에 집중한다는 차이가 있다. 처리 방식은 아래와 같다.

1. 크롤러(Crawler)라는 소프트웨어가 사용자가 지정한 URL을 통해 웹 페이지를 방문한다.
2. 해당 페이지의 하이퍼링크를 찾아내어 연결된 페이지로 이동한다.
3. 페이지의 HTML, CSS, JavaScript 구조를 분석해 필요한 데이터(예: 텍스트, 이미지, 가격 정보 등)를 추출한다.
4. 수집된 데이터를 정리하여 DB나 파일 시스템에 저장한다.

실습

웹 크롤링 실습을 위해 아래와 같이 html 파일을 생성하여 저장한다. 여기서는 c 드라이브 -> r 폴더 안에 "sample.html" 파일로 저장한다.

```
-- sample.html --
<!DOCTYPE html>
<html>
<body>
  <h1>Sample Web Page</h1>
  <ul>
    <li>First item</li>
    <li>Second item</li>
    <li>Third item</li>
  </ul>
  <table>
    <tr><th>Name</th><th>Age</th></tr>
    <tr><td>Alice</td><td>25</td></tr>
    <tr><td>Bob</td><td>30</td></tr>
  </table>
</body>
</html>
```

위에서 저장된 html 파일을 읽어 doc에 저장한다.

```
doc <- read_xml("sample.html")
```

doc에 저장된 html의 내용에서 제목을 추출해 보자. html_node("h1") %>% html_text( )는 html에서 h1 태그의 내용을 가져온다.

```
title <- doc %>% html_node("h1") %>% html_text( )
```

html의 리스트 아이템을 아래와 같이 추출한다. doc %>% html_nodes("li") %>% html_text( ) 은 doc에 저장된 html의 내용에서 li 태그의 내용을 가져온다.

```
list_items <- doc %>% html_nodes("li") %>% html_text( )
```

아래와 같이 테이블 데이터를 추출하자. doc %>% html_nodes("table tr") %>% .[-1]은 table과 tr 태그가 있는 데이터를 추출한다. 이때 [-1]을 한 것은 html의 첫 행인 "<tr><th>Name</th><th>Age</th></tr>"은 실제 데이터가 아니므로 제외하기 위해서이다. 추출된 table_rows를 기반으로 열 방향(row)으로 html_nodes("td") %>% html_text()을 통해 td 태그가 있는 실제 데이터인 Hongkildong과 Parkkildong의 데이터를 추출한다. 이때 c(Name = cells[1], Age = cells[2])을 통해 첫 번째는 Name, 두 번째는 Age로 구분하고 이것을 as.data.frame( )을 실행하여 데이터프레임으로 만든다.

```
table_rows <- doc %>% html_nodes("table tr") %>% .[-1]
data <- t(sapply(table_rows, function(row) {
  cells <- row %>% html_nodes("td") %>% html_text( )
  c(Name = cells[1], Age = cells[2])
})) %>% as.data.frame( )
```

이제 결과를 확인해 보자. title, list_items, data 모두 정상적으로 출력되는 것을 확인한다.

```
> cat("Title:", title, "\n")
Title: Sample Page
> print(list_items)
[1] "First item"  "Second item" "Third item"
> print(data)
        Name Age
1 Hongkildong  25
2 Parkkildong  30
```

위와 같은 과정 이외에도 html_table()을 이용하여 html의 테이블 데이터를 직접 변환할 수도 있다. 그럼 결과는 2 * 2의 티블(tibble) 데이터로 나타난다. Name의 <chr>는 Name이 문자(chr: character)를 뜻하고, Age의 <int>는 숫자(int: integer)를 뜻한다.

```
data <- html_table(read_html("c:\\r\\sample.html"), header = TRUE)[[1]]
> print(data)
# A tibble: 2 × 2
  Name          Age
  <chr>       <int>
1 Hongkildong    25
2 Parkkildong    30
```

실제 웹 크롤링은 웹 사이트에 직접 접근하여 정보를 가져올 수 있다. 먼저 rvest와 httr 패키지를 로드한다. 이때 에러가 발생한다면 install.packages( ) 함수를 사용하여 설치하여야 한다. rvest는 HTTP 요청 처리를 수행하기 위해 필요하고, httr 패키지는 HTML/XML 파싱, 즉 분석하기 위해 필요하다.

```
library(rvest)
library(httr)
url <- "https://www.khu.ac.kr"
```

위에서 설정한 웹 주소에 대해 GET( ) 함수를 이용하여 html 내의 정보를 요청한다.

```
response <- GET(url, add_headers(Accept = "text/html"))
```

read_html( ) 함수를 통해 html 내의 실제 데이터들을 가져온다.

```
webpage <- read_html(content(response, "text"))
```

가져온 웹의 데이터를 기반으로 h3 태그를 가지는 헤더 정보를 추출한다.

```
headers <- webpage %>% html_nodes("h3") %>% html_text()
```

code 태그를 가지는 값의 정보를 추출한다.

```
values <- webpage %>% html_nodes("code") %>% html_text()
```

추출된 헤더와 값의 정보를 확인한다.

```
print(headers)
print(values)
```

다만 위 코드는 예시이다. 실제로 크롤링해서 정보를 가져오기 위해서는 해당 웹 사이트가 요청하는 정보를 지니고 있어야 정상적인 데이터 추출이 가능하다.

여기서 잠깐 - httr과 rvest 패키지

• **httr 패키지**

이 패키지는 HTTP 요청을 보내고 응답을 처리하기 위해 사용한다. 주로 사용하는 함수로는 아래와 같다.

- GET(url): 웹 서버에 url로 지정된 웹 주소의 정보를 얻기 위해 GET 요청을 보낸다. 예를 들어 GET("https://www.khu.ac.kr")과 같은 방식이다.
- POST(url, body =...): url로 지정된 주소의 정보에 POST 요청을 보낸다.
- content(response, type): 응답 내용을 텍스트, JSON, XML 등으로 추출한다.
- add_headers(...): 요청 헤더를 설정

• **rvest 패키지**

이 패키지는 HTML/XML 문서에서 데이터를 추출하기 위해 사용한다. 즉, 위 패키지를 통해 httr로 가져온 HTML 소스는 원시 데이터 상태이기 때문에 구조화된 형태로 변환해 주어야 한다. rvest는 이 HTML 소스를 구조화된 데이터(데이터프레임 등)로 변환하는 데 사용한다. 예를 들어 html_nodes(".title")는 모든 .title 클래스를 가진 요소를 선택한다. 주로 사용하는 함수로는 아래와 같다.

- read_html(url_or_content): HTML/XML 파일이나 문자열을 파싱(분석)한다.
- html_node()/html_nodes(): 특정 CSS로 노드를 선택한다.
- html_text(): 선택한 노드의 텍스트 내용을 추출한다.
- html_attr(): 노드의 속성값을 가져온다.

• API 데이터 수집: 웹 사이트에서 제공하는 RESTful API와 연동해서 데이터를 가져옴

웹 사이트에서 정보를 제공하기 위하여 API를 제공하는 경우, 이것을 사용하여 데이터를 가져올 수 있다. httr 패키지를 로드한다. 로드에 에러가 발생한다면 install.packages("httr")을 먼저 실행한다. jsonlite도 같은 방식이다.

```
library(httr)
library(jsonlite)
```

우리은행 API를 통해 정보를 가져온다. 이때 타입은 json으로 한다.

```
url <-
"http://api.worldbank.org/v2/country/kr/indicator/SP.POP.TOTL?format=json"
response <- GET(url)
```

GET( ) 함수를 통해 가져온 정보는 JSON 파싱을 통해 데이터 구조를 분석한다.

```
data <- jsonlite::fromJSON(content(response, "text"))
```

분석된 data에서 실제 데이터를 추출한다. 이때 data[[1]]은 메타데이터가 있고, data[[2]]가 실제 데이터를 가짐으로 실제 데이터인 data[[2]]를 가져온다.

```
api_data <- data[[2]]
```

실제 데이터인 api_data를 데이터프레임으로 변환하여 df_api에 저장한 후 확인해 보자. 이때 해당 웹 사이트의 API를 제공하는 형식이나 데이터 구조가 변경되는 경우 추출한 정보를 분석하는 과정도 바꾸어야 한다. 이는 웹 사이트가 제공하는 API를 이용하여 정보를 추출하기 때문이다.

```
df_api <- as.data.frame(api_data)
> head(df_api)
  indicator.id    indicator.value country.id country.value countryiso3code date
value unit
1 SP.POP.TOTL Population, total        KR    Korea, Rep.             KOR 2024 51751065
2 SP.POP.TOTL Population, total        KR    Korea, Rep.             KOR 2023 51712619
3 SP.POP.TOTL Population, total        KR    Korea, Rep.             KOR 2022 51672569
 obs_status decimal
1              0
2              0
3              0
```

여기서 잠깐 - JSON

JSON(JavaScript Object Notation)은 경량의 데이터 교환 형식으로, 읽기 쉬운 텍스트 기반 구조이다. 파일 확장자는 .json이며, 프로그래밍 언어나 플랫폼에 종속되지 않아 다양한 시스템 간 데이터 교환에 널리 사용된다. JavaScript 객체 표기법에서 유래했지만, Python, R, Java, C# 등 대부분의 언어에서 지원된다. 구조는 키-값 쌍("key": value) 형태로 이루어진다. 이때 들여쓰기와 중괄호를 사용하여 시각적으로 직관성을 제공하며 XML보다 구문이 단순해 파일 크기가 작고 파싱 속도가 빠르다는 장점을 준다. 또한 스키마가 고정되지 않아 동적 데이터 처리에 유용하다. 사용 사례는 아래와 같다.

- API 통신: RESTful API의 요청/응답 데이터 형식(예: JSONPlaceholder)

- 설정 파일: 애플리케이션 구성 정보 저장(예: Spring Boot의 application.json)
- 데이터 저장: NoSQL 데이터베이스(MongoDB)나 로컬 파일로 구조화된 데이터 관리
- 설정 매개변수: 키보드 매핑(VIA), IoT 장치의 환경 설정 등에 활용

[json 예시]

```
{
  "name": "Alice",
  "age": 30,
  "hobbies": ["reading", "coding"]
}
```

응용학습 1 JSONPlaceholder의 REST API 데이터 수집

JSONPlaceholder에서 개발자들이 테스트용으로 사용하는 테스트용 REST API 데이터를 가져오시오.

- 주소는 "https://jsonplaceholder.typicode.com/posts/1"이다.
- HTTP 상태 코드를 확인하여 200이면 요청 성공(OK)이므로 JSONPlaceholder Post Data를 가져오고, 다른 값이면 실패이므로 아무것도 출력하지 않는다.

```
---실행결과---
=== JSONPlaceholder Post Data ===
$userId
[1] 1
$id
[1] 1
$title
[1] "sunt aut facere repellat provident occaecati excepturi optio reprehenderit"
$body
[1] "quia et suscipit\nsuscipit recusandae consequuntur expedita et cum\nreprehenderit molestiae ut ut quas totam\nnostrum rerum est autem sunt rem eveniet architecto"
```

샘플 데이터를 직접 생성해서 저장하는 방법으로 다음과 같은 예시를 들 수 있다.

id, age(나이), income(수입), job(직업), comments(비고)를 가지는 데이터를 각각 설정한 후 csv 파일에 저장한다. 생성된 data 파일을 확인하면 직접 만든 데이터의 형태를 확인할 수 있다.

```
set.seed(123)
data <- data.frame(
  id = 1:10,
  age = c(25, 32, 28, 35, 29, 40, 22, 45, 31, 100),
  income = c(50000, 60000, 55000, 70000, 48000,
           NA, 52000, 80000, 57000, 62000),
  job = c("Engineer", "Teacher", "Doctor", "Artist", "Designer",
         "Chef", "Lawyer", "Artist", "Teacher", "Engineer"),
  comments = c("Great work!", "Needs improvement", "Excellent!",
             NA, "Okay", "Poor service", "Very good", NA, "Average", "Perfect")
)
write.csv(data, "data.csv", row.names = FALSE)
```

```
---실행결과---
> data
   id age income          job            comments
1   1  25  50000   Engineer      Great work!
2   2  32  60000   Teacher  Needs improvement
3   3  28  55000   Doctor          Excellent!
4   4  35  70000   Artist          <NA>
5   5  29  48000   Designer        Okay
6   6  40     NA          Chef              Poor service
7   7  22  52000   Lawyer        Very good
8   8  45  80000   Artist          <NA>
9   9  31  57000   Teacher         Average
10 10 100  62000   Engineer        Perfect
```

3 전처리

원시 데이터를 분석이나 모델링에 적합한 형태로 변환하는 과정을 전처리라고 한다. 생성된 (또는 준비된) 데이터를 기반으로 한 전처리 과정은 다음과 같다.

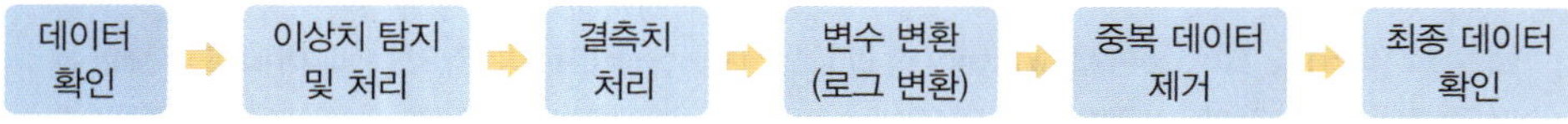

그림 2. 데이터 분석을 위한 전처리 과정

3.1. 데이터 확인

위에서 생성한 데이터를 확인해 보자.

read.csv를 통해 저장된 data.csv 파일을 읽어서 내용을 확인해 보자.

```
data <- read.csv("data.csv", stringsAsFactors = FALSE)
head(data)
str(data)
summary(data)

---실행결과---
> head(data)
  id age  income      job         comments
1  1  25  50000       Engineer    Great work!
2  2  32  60000       Teacher     Needs improvement
3  3  28  55000       Doctor      Excellent!
4  4  35  70000       Artist       <NA>
5  5  29  48000       Designer    Okay
6  6  40     NA       Chef        Poor service
> str(data)
'data.frame':    10 obs. of  5 variables:
 $ id       : int  1 2 3 4 5 6 7 8 9 10
 $ age      : int  25 32 28 35 29 40 22 45 31 100
 $ income   : int  50000 60000 55000 70000 48000 NA 52000 80000 57000 62000
 $ job      : chr  "Engineer" "Teacher" "Doctor" "Artist" ...
 $ comments: chr  "Great work!" "Needs improvement" "Excellent!" NA ...
> summary(data)
       id              age            income          job               comments
 Min.   : 1.00   Min.   : 22.00   Min.   :48000   Length:10          Length:10
 1st Qu.: 3.25   1st Qu.: 28.25   1st Qu.:52000   Class:character   Class :character
```

```
 Median : 5.50    Median : 31.50    Median :57000  Mode:character   Mode  :character
 Mean   : 5.50    Mean   : 38.70    Mean   :59333
 3rd Qu.: 7.75    3rd Qu.: 38.75    3rd Qu.:62000
 Max.   : 10.00   Max.   : 100.00   Max.   :80000
                                    NA's   :1
```

3.2. 이상치 탐지 및 처리

이상치란 데이터 셋 내에서 일반적인 분포에 크게 벗어난 극단적인 값을 말하며, 예를 들어 시험 점수 데이터에서 0점이나 100점이 나온다면, 이상치가 될 수 있다. 이러한 이상치의 발생 원인으로는 데이터 입력 오류, 측정 오류, 또는 자연 현상(예: 주식 시장의 급격한 변동)으로 발생할 수 있다.

데이터 분석에서 이상치 탐지 및 처리를 하는 이유로는 다음과 같다.

- 데이터 왜곡 방지: 평균, 표준편차 등 통계량이 이상치에 민감하게 반응해 분석 결과가 왜곡될 수 있다. (예를 들어 매출 데이터에서 단일 거래 오류가 평균을 크게 올림)
- 모델 성능 향상: 머신러닝 모델은 이상치에 쉽게 영향을 받아 예측 정확도가 떨어질 수 있다.
- 의사결정의 신뢰성 확보: 이상치를 방치하면 비즈니스 결정에 오류를 낼 수 있다. (예를 들어 의료 데이터에서 환자의 혈압이 비정상적으로 높게 기록되면 오진 가능성 증가)

일반적으로 이상치를 탐지하는 방법으로 3가지를 들 수 있다.

- IQR (Interquartile Range): 극단값에 덜 민감한 사분위수를 기반으로 한다.
  하한 = Q1 (제1사분위수) − 1.5 × IQR
  상한 = Q3 (제3사분위수) + 1.5 × IQR

- Z-Score

  $Z = \dfrac{X-\mu}{\sigma}$ (σ은 표준편차, μ는 평균)

  데이터 값에서 평균을 뺀 후 표준편차로 나눈 값이며. 일반적으로 $|Z| > 3$이면 이상치로 간주한다. 예를 들어 평균이 30, 표준편차가 5인 데이터에서 값이 50이라면, $Z = \dfrac{50-30}{5} = 4$가 되어, 50은 이상치가 된다.
- 시각화 도구: 상자 그림(Box Plot), 산점도 등을 통해 직관적으로 확인한다.

이상치를 처리하는 방법으로 아래와 같이 3가지를 들 수 있다.

- 제거: 단순하지만 중요한 정보를 잃을 수도 있다.
- 수정: 이상치를 평균/중앙값 등으로 대체한다.
- 변환: 로그 변환 등으로 데이터 분포를 조정한다.

위 예제에서 Z-Score를 활용하여 이상치를 탐지하자. 여기서의 이상치는 age = 100을 들 수 있다. z_scores <- scale(df$age)은 df 데이터프레임의 age열에 대해 Z-Score를 계산한다. scale( )함수는 각 데이터 값에서 평균(mean)을 빼고, 표준편차(standard deviation)로 나누어 표준화(Z-Score)하는 것으로, 평균을 0으로, 표준편차를 1로 변환한다. 따라서 변수 z_scores은 각 나이값의 Z-Score를 가진 벡터가 된다. ¦Z¦ > 3을 이상치로 판단하나 여기서는 데이터 분포의 영역을 좁혀서 ¦Z¦ > 2를 이상치로 판단한다.

outliers <- which(abs(z_scores) > 2)는 Z-Score의 절댓값이 2를 초과하는 이상치의 위치를 찾는다. 즉, abs(z_scores)은 Z-Score의 절댓값 계산하고, > 2는 절댓값이 2보다 큰 값 필터링하며, which( ) 함수는 조건을 만족하는 인덱스(index)를 반환한다. 만일 산출된 outliers가 빈 벡터의 값(integer(0))을 가지면 이상치가 없다는 것이다. 따라서 if (length(outliers) != 0)에서 outliers가 빈 벡터가 아닐 경우 data <- data[-outliers,]은 추출한 outliers에서 이상치를 제거한다. 이상치를 확인 및 제거한 후의 data를 확인하면 정상 결과가 출력되는 것을 알 수 있다.

```
z_scores <- scale(as.numeric(data$age))
outliers <- which(abs(z_scores) > 2)
print(outliers)
if (length(outliers) != 0) data <- data[-outliers, ]
print(str(data))
```

```
---실행결과---
> print(outliers)
[1] 10
> print(str(data))
'data.frame': 9 obs. of  5 variables:
 $ id        : int  1 2 3 4 5 6 7 8 9
 $ age       : num  25 32 28 35 29 40 22 45 31
 $ income    : num  50000 60000 55000 70000 48000 NA 52000 80000 57000
 $ job       : chr  "Engineer" "Teacher" "Doctor" "Artist" ...
 $ comments  : chr  "Great work!" "Needs improvement" "Excellent!" NA ...
NULL
```

3.3. 결측치 처리

결측치(Missing Value)는 데이터 셋에서 값이 누락되거나 측정되지 않은 부분을 의미한다. 데이터의 신뢰성과 분석 결과의 정확도를 위해서는 결측치 처리가 반드시 이루어져야 실제 데이터만을 분석한 결과를 얻을 수 있다. 만일 결측치를 처리하지 않으면 어떤 문제가 발생할까? 결측치가 포함된 변수를 분석하면 편향된 결과가 나올 수 있으며, 특정 그룹의 데이터가 결측된 상태로 분석하면 전체 분석 결과가 무의미해질 수 있다.

위의 파일의 데이터에서 <NA>을 가지고 있으므로 이를 제거한다. sapply(data, function(x) sum(is.na(x)))는 df 데이터에서 결측치 <NA>가 몇 개 있는지 확인한다. 이때 income에 1개, comments에 2개의 결측치가 있음을 알려준다. <NA>를 삭제하지 않을 경우 평균값으로 대체하는 방법을 사용한다. 결측치를 제거할 때, <NA>가 있다고 해서 해당 데이터의 행을 모두 삭제하면 나머지 의미를 가지는 데이터들이 같이 삭제된다. 따라서 예제에서는 결측치를 평균값으로 대체하는 방법을 사용한다. 또한 결측치를 가지는 income과 comments에서 수치형 데이터를 가지는 income의 결측치를 처리하기로 한다. data$income[is.na(data$income)] <- mean(data$income, na.rm = TRUE)은 income의 평균값을 결측치에 대입하는 코드이다.

```
sapply(data, function(x) sum(is.na(x)))
data$income[is.na(data$income)] <- mean(data$income, na.rm = TRUE)
```

```
---실행결과---
> sapply(data, function(x) sum(is.na(x)))
     id     age   income      job comments
      0       0        1        0        2
> data$income[is.na(data$income)] <- mean(data$income, na.rm = TRUE)
> data
  id age income     job         comments
1  1  25  50000     Engineer    Great work!
2  2  32  60000     Teacher     Needs improvement
3  3  28  55000     Doctor      Excellent!
4  4  35  70000     Artist      <NA>
5  5  29  48000     Designer    Okay
6  6  40  59000     Chef        Poor service
7  7  22  52000     Lawyer      Very good
8  8  45  80000     Artist      <NA>
9  9  31  57000     Teacher     Average
```

참고로 평균값으로 대체하지 않고 결측치를 가지는 모든 데이터를 삭제하는 방법은 na.omit(data)을 사용하는데, data에서 <NA>를 가지는 모든 행을 제거한다.

```
data <- na.omit(data)
```

3.4. 변수 변환(로그 변환)

로그 변환의 목적은 비대칭 분포 완화, 이상치 영향 감소, 선형 모델 적합성 향상, 해석의 편의성 등을 들 수 있다. 예를 들어 대부분의 사람들이 중간 소득을 가지는데, 소수의 고소득자가 분포의 꼬리를 길게 만들게 되면 비대칭 분포를 생성하게 된다. 비대칭 분포 완화는 이러한 비대칭성을 완화시켜 정규 분포에 가깝게 만든다. 이상치 영향 감소는 극단적인 고소득 값이 분석 결과에 미치는 영향을 줄인다. 또한 로그 변환된 변수는 회귀 분석 등에서 선형 관계를 더 잘 반영할 수 있다. 그리고 로그 변환된 변수의 계수는 퍼센트 변화로 해석되기 때문에 의미를 쉽게 이해할 수 있어서 해석의 편의성을 가진다.

```
log(df$income + 1)에서는 log( ) 함수가 음수나 0을 입력받을 수 없기 때문에
df$income 값을 양수로 만들기 위해 1을 더한 것으로서, df$income에 음수값이 포함될
가능성을 대비한 것이다. 로그 변환 후의 df를 출력하면 아래와 같이 나타난다.

data$logged_income <- log(data$income + 1)
print(head(data, 3))

---실행결과---
> print(head(data, 3))
  id age income   job          comments              logged_income
1  1  25  50000   Engineer     Great work!           10.81980
2  2  32  60000   Teacher      Needs improvement     11.00212
3  3  28  55000   Doctor       Excellent!            10.91511
```

3.5. 범주형 변수 인코딩

범주형 변수는 질적 데이터로, 서로 다른 그룹이나 카테고리로 분류되는 변수이다. 따라서 범주형 변수를 숫자 형태로 변환하는 인코딩이 필요하다. 예를 들어 성별에서 남자=1, 여자=2와 같은 변환 형태이다.

범주형 변수 인코딩에서 사용하는 원-핫 인코딩은 범주형 변수를 이진 벡터로 변환하는 기법이다. 각 범주에 대해 고유한 열을 생성하고, 해당 범주에 해당하는 열에만 1을 할당하며 나머지 열에는 0을 넣어 범주 간 순서나 크기에 관계가 없도록 한다.

• 원-핫 인코딩 방법

1) 범주 → 열(Column)로 변환

각 범주값을 새로운 열로 만들고, 해당 범주에 속하면 1, 그렇지 않으면 0으로 표시한다. (예를 들어 성별(Male, Female) → Gender_Male, Gender_Female 열 생성)

2) 이진 벡터 표현

범주의 수가 k개라면 k개의 열이 생성되며, 각 행은 하나의 1과 나머지 0으로 이루어진 벡터가 된다. (예를 들어 3개의 범주 → 각 행마다 단일 1 + 두 개의 0 벡터)

범주형 변수 인코딩 전에 분석하고자 하는 중요 직업을 important_jobs <- c("Engineer", "Doctor", "Lawyer")와 같이 설정하자. model.matrix(~ job - 1, data = data)는 범주형 변수 job을 원-핫 인코딩하여 디자인 매트릭스(Design Matrix)를 생성한다. job - 1은 data의 첫 번째 열에 절편이 추가되어 있으므로 이를 제거하기 위함이다. 이것을 paste0( ) 함수를 사용하여 job_encoded에 저장한다.

```
important_jobs <- c("Engineer", "Doctor", "Lawyer")
job_encoded <- model.matrix(~ job - 1, data = data)
job_encoded <- job_encoded[, paste0("job", important_jobs)]
job_encoded
```

```
---실행결과---
> job_encoded
  jobEngineer jobDoctor jobLawyer
1         1         0         0
2         0         0         0
3         0         1         0
4         0         0         0
5         0         0         0
6         0         0         0
7         0         0         1
8         0         0         0
9         0         0         0
```

3.6. 최종 데이터 확인

최종 data를 확인해 보자.

이상치인 age = 100에 대한 데이터가 삭제되었다. 또한 상자그림을 통해 전체 분포를 확인해 본다.

```
data
library(ggplot2)
ggplot(data, aes(x = "", y = age)) + geom_boxplot() +
  geom_jitter(width = 0.2) + labs(title = "Age Distribution with Outliers")
```

---실행결과---

```
> data
  id age income   job         comments              logged_income
1  1  25  50000   Engineer    Great work!           10.81980
2  2  32  60000   Teacher     Needs improvement     11.00212
3  3  28  55000   Doctor      Excellent!            10.91511
4  4  35  70000   Artist      <NA>                  11.15626
5  5  29  48000   Designer    Okay                  10.77898
6  6  40  59000   Chef        Poor service          10.98531
7  7  22  52000   Lawyer      Very good             10.85902
8  8  45  80000   Artist      <NA>                  11.28979
9  9  31  57000   Teacher   A verage                10.95082
```

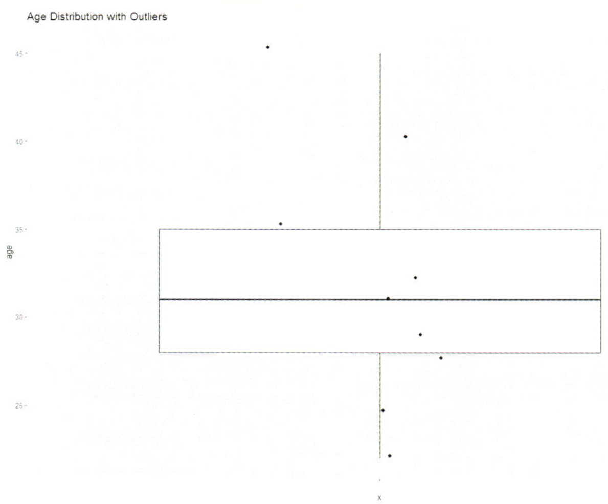

그림 3. 상자그림으로 분포 나타내기

4 탐색적 데이터 분석(Exploratory Data Analysis, EDA)

위에서 분석된 데이터를 근거로 데이터의 특성을 파악하고 의미 있는 관계나 값을 도출하여 통계 또는 시각화로 나타낸다. 이때 변수 간 관계 탐색을 통해 상관관계나 분포 비교를 하며, 시각화로 표현함으로써 그래프로 데이터의 패턴을 파악할 수 있고, 통계를 통해 평균, 중앙값, 표준편차 등으로 데이터의 분포나 값의 특성을 이해할 수 있게 된다.

실습

위의 예제에 이어서 분석해 본다. 이상치 제거까지 마친 df를 통해 아래와 같이 분석을 나타낼 수 있다.

• 일변량 분석

1) 나이 분포 히스토그램

data를 통해 이상치가 제거된 후의 나이 분포 히스토그램을 나타내면 아래와 같다.

```
hist(data$age, breaks = 5, main = "나이 분포 (이상치 제거 후)", xlab = "나이")
```

---실행결과---

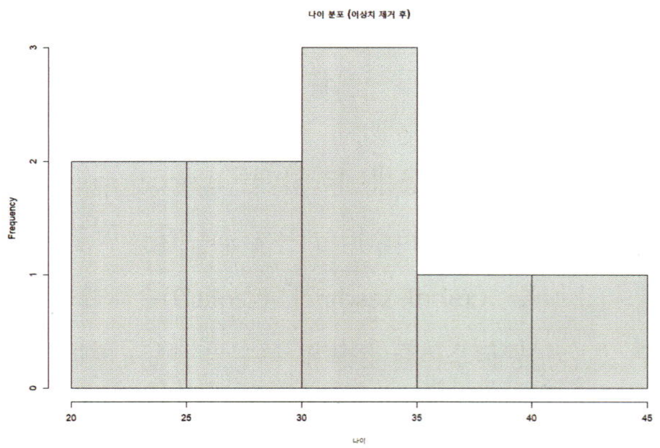

그림 4. 이상치 제거후의 나이분포 히스토그램

2) 직업별 소득 분포 상자 그림

df를 통해 직업별 소득 분포를 나타내는 상자 그림(boxplot)을 나타내자.

```
boxplot(income ~ job, data = data, main = "직업별 소득 분포", ylab = "소득")
```

---실행결과---

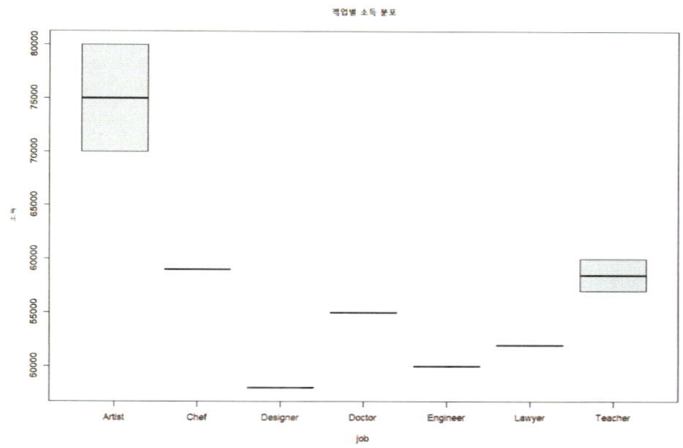

그림 5. 직업별 소득 분포 상자 그림

• 다변량 분석

1) 나이와 소득의 상관관계 산점도

나이와 소득의 관계를 보면 전반적으로 나이가 많아짐에 따라 소득이 높아지는 분포를 나타냄을 알 수 있다.

```
plot(data$age, data$income, main = "나이와 소득의 관계",
        xlab = "나이", ylab = "소득")
```

---실행결과---

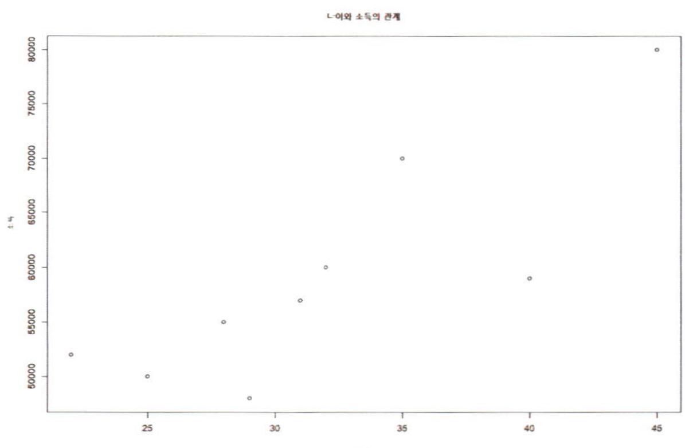

그림 6. 나이와 소득의 상관관계

2) 직업별 평균 소득 비교

결과를 통해 Artist와 Chef 직군의 평균 소득이 가장 높게 나타났다.

```
data %>% group_by(job) %>% summarise(mean_income = mean(income)) %>%
  ggplot(aes(x = job, y = mean_income)) +
  geom_col() + labs(title = "직업별 평균 소득")
```

---실행결과---

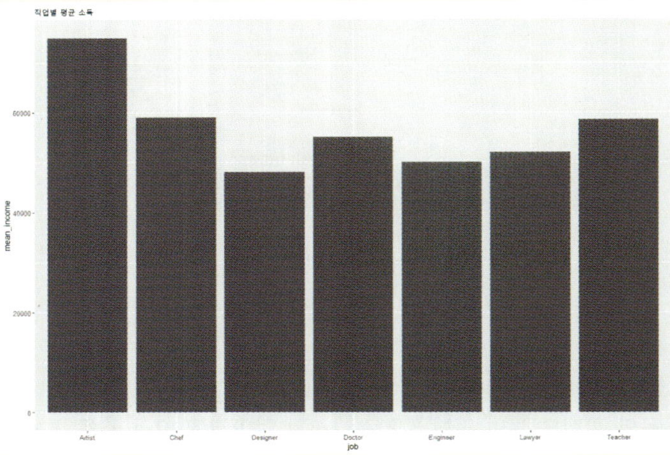

그림 7. 직업별 평균 소득

5 모델링

이 단계에서는 데이터를 기반으로 미래의 값을 예측 및 분류하거나 범주 할당을 위한 통계적 모델을 구축한다. 이때 회귀, 분류, 군집화 등 다양한 모델을 적용할 수 있으며, 일반적으로 lm( ), glm( ), randomForest 등의 함수와 패키지를 사용한다. 이장에서는 지도, 비지도학습의 구분 없이 선형 회귀, 결정 트리, 클러스터링에 대한 모델 사용의 간략한 예를 들어보고 자세한 사항은 뒤에서 다시 설명한다.

5.1. 선형 회귀

빅데이터 환경에서의 선형 회귀는 대용량 데이터 처리, 성능 최적화, 모델 평가 등에 유용하다. 선형 회귀는 독립변수(X)를 이용해 종속변수(Y)를 예측하는 최소제곱법 기반의 모델이며 다음과 같이 구한다.

$$Y = \beta_0 + \beta_1 X_1 + \beta_2 X_2 + \dots + \beta_n X_n + \epsilon \ (\beta_0\text{: 절편, } \beta_i\text{: 회기 계수, } \epsilon\text{: 오차})$$

- **β_0: 절편**

모든 독립변수(X)가 0일 때 예측되는 종속변수($X_1, X_2, \dots, X_n$)가 0일 때 예측되는 종속변수(Y)의 값으로, 예를 들어 "연봉이 0년 경력이어도 기본적으로 받는 급여"와 같은 의미이다.

- **β_i: 회기 계수**

독립변수 X_i가 1단위 증가할 때, 종속변수 Y가 1단위 증가할 때, 종속변수 Y가 β_i만큼 변화한다. 예를 들어 $\beta_1 = 2$라면 "경력 1년 증가할 때 연봉 2달러 증가" 등의 형식으로 해석할 수 있다. 만일 음수 계수일 경우에는 X_i가 증가할 때, 종속변수 Y가 감소함을 의미한다. 예를 들어 $\beta_1 = -0.5$라면 "흡연 기간 1년 증가 시 생명 기대치 0.5년 감소"와 같이 해석할 수 있다.

- **ε: 오차**

모델이 설명하지 못하는 랜덤한 변동을 나타내며, 예를 들어 개인의 건강 상태, 운 등 예측 불가능한 요인들이 될 수 있다.

모델의 성능은 RMSE, MAE, R-squared로 평가하며, 과적합 방지를 위해 훈련/테스트 분할이 이루어진다. RMSE(Root Mean Squared Error)는 모델의 예측값과 실제값 사이의 차이를 특정하는 통계적 지표이며, 모델의 예측 정확도를 평가하는 데 널리 사용된다. 값이 클수록 예측 정확도가 낮다는 의미를 가진다.

$$\text{RMSE} = \sqrt{\frac{1}{n}\sum_{i=1}^{n}(y_i - \hat{y}_i)^2} \ (y_i\text{: 실제값, } \hat{y}_i\text{: 예측값, } n\text{: 데이터 샘플 수})$$

$(y_i - \hat{y}_i)^2$: 오차의 제곱을 나타내며, 예측값과 실제값의 차이를 제곱하여 계산한다. 큰 오차에 더 큰 가중치를 부여하므로, 이상치에 민감할 수 있다.

$\frac{1}{n}\sum$: 모든 오차 제곱값의 평균을 구한다.

$\sqrt{\ }$: 평균 오차 제곱을 다시 원래 단위로 복원한다.

RMSE 값을 구한 후에는 아래와 같이 의미를 해석할 수 있다.

- **값이 작을수록 좋다**

RMSE가 0에 가까울수록 모델의 예측이 실제값과 일치함을 의미하며, 예를들어 RMSE = 1,000이라면 예측값이 실제값과 평균적으로 1,000 단위로 차이가 남을 나타낸다.

- **값이 클수록 나쁘다**

RMSE가 크면 모델이 데이터를 잘 설명하지 못한다. 예를 들어 RMSE = 7,708이라면 예측값이 평균적으로 7,708의 차이가 남을 의미한다.

R-squared(결정계수)는 다음과 같이 측정된다.

$$R^2 = \frac{\text{Explained} \sum of\ Squares\,(ESS)}{Total \sum of\ Squares\,(TSS)}$$

ESS(Explained Sum of Squares): 모델이 설명하는 변동성(예측값과 평균값의 차이)

TSS(Total Sum of Squares): 전체 변동성(실제값과 평균값의 차이)

R-squared 값은 0에서 1 사이의 값으로, 1에 가까울수록 모델이 데이터를 잘 설명할 수 있으며, 값에 따른 해석은 아래와 같다.

- **값이 1에 가까울 때**

모델이 모든 변동성을 설명하며, 예측값이 실제값과 완벽하게 일치함을 나타낸다.

예를 들어 R^2의 값이 0.9라면 모델이 90%의 변동성을 설명할 수 있다는 의미이다.

- **값이 0에 가까울 때**

모델이 변동성을 전혀 설명하지 못함을 의미한다. 예를 들어 R^2의 값이 0.1이라면 모델이 10%의 변동성을 설명할 수 있다는 의미이다.

- **값이 음수(−)**

모델이 데이터를 부정확하게 예측하고 있음을 나타내며, 주로 절편만 있는 모델이나 이상치가 많은 경우 발생한다.

그렇다면 R^2가 가지는 한계는 무엇일까?

첫째, 만일 독립변수를 추가할 경우 R^2값은 항상 증가하므로 모델의 복잡도를 고려하지 못하게 된다. 이때에는 조정된 R^2(Adjusted R^2)를 사용하여 변수가 많아질수록 페널티를 부여해 과적합을 방지한다.

$$\text{Adjusted } R^2 = 1 - \frac{(1-R^2)(n-1)}{n-k-1} \quad (n\text{: 샘플 수, } k\text{: 독립변수 수})$$

둘째, 선형 회귀는 비선형 관계를 설명하지 못한다. 만일 X와 Y의 관계가 곡선이라면 R^2는 낮아질 수 있다. 이때는 다항 회귀나 비선형 모델로 대체하여야 한다.

셋째, 이상치에 민감한데, 몇 개의 이상치가 R^2를 왜곡시킬 수 있다. 이때는 이상치 탐지 후 제거 또는 로버스트 회귀 사용하면 된다.

선형 회귀 모델을 만드는 lm( ) 함수는 아래와 같다.

형식 `lm(formula, data)`

- formula: 반응 변수와 설명 변수를 나타내는 식(예를 들어 income ~ age + job (소득이 나이와 직업에 따라 변함))
- data: 분석할 데이터프레임

lm( ) 함수는 최소제곱법을 사용해 회귀 계수를 추정한다. 이때 잔차(Residual)는 실제값 − 예측값을 나타내고, 계수(Coefficients)는 독립변수의 영향력을 나타내며, p-value는 계수의 통계적 유의성(보통 0.05 미만일 때 유의미)을 나타낸다.

예제 1 연비(mpg)를 예측하는 선형 회귀 모델

mtcars 데이터 셋을 사용해 연비(mpg)를 차량 무게(wt)와 실린더 수(cyl)로 예측하는 선형 회귀 모델을 만든다. 이때 종속변수는 연비, 독립변수는 차량 무게와 실린더 수, 데이터 셋은 mtcars가 된다.

```
model <- lm(formula = mpg ~ wt + cyl, data = mtcars)

---실행결과---
> summary(model)

Call:
lm(formula = mpg ~ wt + cyl, data = mtcars)

Residuals:
    Min      1Q  Median      3Q     Max
-4.2893 -1.5512 -0.4684  1.5743  6.1004

Coefficients:
            Estimate Std. Error t value Pr(>|t|)
(Intercept)  39.6863     1.7150  23.141  < 2e-16 ***
wt           -3.1910     0.7569  -4.216 0.000222 ***
cyl          -1.5078     0.4147  -3.636 0.001064 **
---
Signif. codes:  0 '***' 0.001 '**' 0.01 '*' 0.05 '.' 0.1 ' ' 1

Residual standard error: 2.568 on 29 degrees of freedom
Multiple R-squared:  0.8302,	Adjusted R-squared:  0.8185
F-statistic: 70.91 on 2 and 29 DF,  p-value: 6.809e-12
```

잔차(Residuals) 범위는 -4.29(Min) ~ 6.10(Max) (연비 예측값과 실제값의 차이가 최대 6.1 mpg까지 발생)으로 나타났으며, 중심 경향(Median)으로 잔차의 평균은 0에 가깝게 나타난 것으로 보아 예측값이 대체로 정확함을 알 수 있다.

계수(Coefficients)에서 나타난 39.6863은 차량 무게와 실린더 수가 0일 때의 기준 연비이다. 현실적으로는 의미가 없을 수 있지만, 절편으로 해석할 수 있다. wt(차량 무게)에서는 나타난 -3.1910은 차량 무게가 1단위 증가할 때 연비는 3.19 mpg 감소함을 의미한다. 이때 p-value = 0.000222는 통계적으로 매우 유의미한 변수(0.05 미만)임을 나타낸다. cyl(실린더 수)에서 나타난 -1.5078은 실린더 수가 1단위 증가할 때 연비는 1.51 mpg 감소함을 의미한다. 이때 p-value = 0.001064은 통계적으로 유의미(0.01 미만)함을 나타낸다.

Residual Standard Error(RSE)에서 예측값과 실제값의 평균 오차는 2.568 mpg이며, 이 값이 작을수록 모델이 더 정확하다.

R-squared에서는 83.02%의 연비 변동을 모델이 설명할 수 있으며, 조정치(Adjusted R-squared)는 81.85%로, 변수 수를 조정한 값이다.

F-statistic은 모델 전체가 유의미하다는 것을 나타낸다(p-value ≪ 0.05).

위 내용을 기반으로 시각적 검증을 위한 잔차 플롯(plot)을 그려본다. 이때 잔차 대 예측값을 확인하여 잔차가 무작위로 분포해야 한다. 또한 QQ 플롯은 잔차가 정규 분포를 따라야 한다. Scale-Location 플롯에서는 잔차의 분산이 일정한지 확인하여야 한다.

```
par(mfrow = c(2, 2))
plot(model)
```

---실행결과---

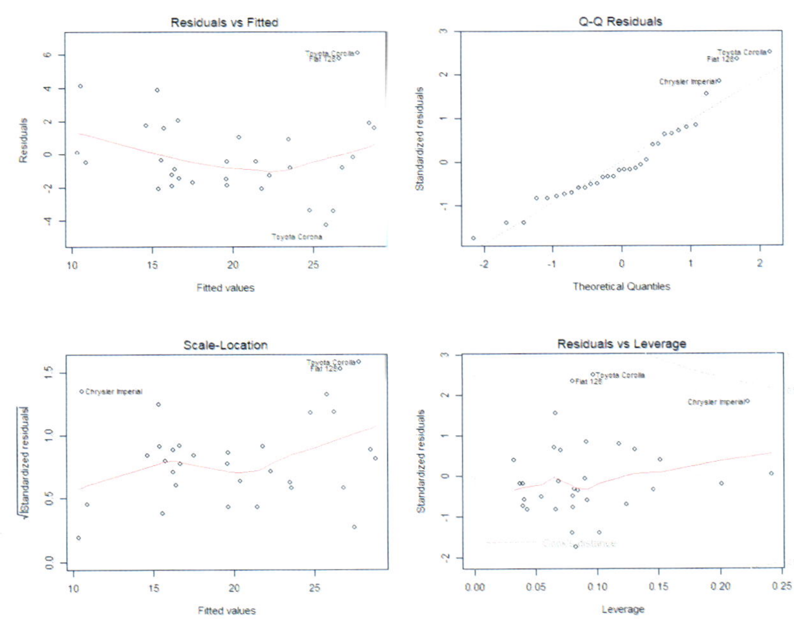

그림 8. 선형 회귀의 잔차 플롯

실행결과에서 나타난 잔차 플롯을 기반으로 차량 무게(wt)와 실린더 수(cyl)는 연비에 유의미한 영향을 미치는 것을 알 수 있으며, 무게가 무겁거나 실린더 수가 많을수록 연비가 떨어진다. 그리고 R-squared 83%로 모델이 데이터를 잘 설명하지만, 여전히 17%의 변동성은 설명되지 않는데, 이는 추가 변수(예: 마력, 변속기 타입)를 포함하면 성능이 개선될 수 있다.

다중 공선성 검사를 위해 vif(model)를 실행하여 잔차 플롯에서 큰 오차가 있는지 확인한다.

```
library(car)
vif(model)

---실행결과---
> vif(model)
      wt      cyl
2.579312 2.579312
```

결과에서 wt와 cyl은 연비에 음의 영향을 주는 유의미한 변수이며, 모델은 83%의 설명력을 가지며, 2.57 mpg의 평균 오차를 가진다. 이는 추가 변수를 추가하거나 비선형 모델을 시도해 성능을 개선할 수 있다.

4장에서 이용했던 예제를 선형 회귀 모델에 적용해 본다. 다만 예제의 원본 데이터가 10개밖에 없어 모델 학습에 충분한 양이 되지 못한다. 또한 현재 예제 데이터는 나이와 직업 변수만을 사용하고 있으나, 소득에 영향을 주는 다른 중요 변수들이 추가로 필요하여 선형 회귀 모델이 적합하지 않을 수 있어 비선형 모델 또는 다른 알고리즘을 적용하는 것이 나을 수 있다.

선형 회귀 모델을 위해 4장 예제에 이어 아래와 같이 데이터프레임을 생성한다. 즉, "Engineer", "Doctor", "Lawyer" 직업군의 나이와 수입에 대한 데이터프레임을 준비한다.

```
data_model <- data.frame(
  age = data$age,
  income = data$income,
  job_Engineer = as.numeric(data$job == "Engineer"),
  job_Doctor = as.numeric(data$job == "Doctor"),
  job_Lawyer = as.numeric(data$job == "Lawyer"))
```

이를 기반으로 훈련 데이터(train_data)와 테스트 데이터(test_data)를 분류한다. 이때 sample(1:nrow(data_model), 0.8 * rrow(data_model))으로 설정하여 모델 학습을 위한 훈련 데이터로 80%를 사용한다. 이때 income을 예측하는 데 income 자체를 독립변수로 사용하는 것은 데이터 누락이나 순환 참조 문제를 일으킬 수 있다. 따라서 income을 종속변수로 추가하고 학력이나 경력과 같은 다른 예측 변수를 추가하도록 한다. 이때 학력(education)은 고등학교 졸업 = 16으로 한다. 경력(experience)은 연 단위로 하여 저장한다.

```
data_model$education <- c(16, 16, 16, 16, 16, 16, 16, 16, 16)
data_model$experience <- c(5, 10, 7, 8, 6, 4, 3, 12, 9)
set.seed(123)
split_idx <- sample(1:nrow(data_model), 0.8 * nrow(data_model))
train_data <- data_model[split_idx, ]
test_data <- data_model[-split_idx, ]
```

모델 학습을 위해 lm( ) 함수를 실행한다. 이때 훈련 데이터를 기반으로 income을 종속변수, age, job_Engineer, job_Doctor, job_Lawyer, education, experience를 독립변수로 설정한다.

```
model <- lm(income ~ age + job_Engineer + job_Doctor + job_Lawyer, data = train_
data)
summary(model)
```

```
---실행결과---
> summary(model)

Call:
lm(formula = income ~ age + job_Engineer + job_Doctor + job_Lawyer +
   education + experience, data = train_data)

Residuals:
         3          6          9          2          8          5          7
 6.759e-14  1.996e+02  3.259e+02  1.701e+02 -2.098e+02 -4.857e+02 -9.883e-15

Coefficients: (2 not defined because of sirgularities)
            Estimate Std. Error t value P-(>|t|)
(Intercept) 135.35    1297.34    0.104   0.926427
age         1278.94   36.18      35.349  0.000799 ***
```

```
job_Engineer      NA      NA      NA          NA
job_Doctor   5916.38  583.85  10.133  0.009598 **
job_Lawyer  18097.38  756.37  23.927  0.001742 **
education         NA      NA      NA          NA
experience   1876.83   77.08  24.348  0.001683 **
---
Signif. codes:  0 '***' 0.001 '**' 0.01 '*' 0.05 '.' 0.1 ' ' 1

Residual standard error: 476.9 on 2 degrees of freedom
Multiple R-squared:  0.9993,	Adjusted R-squared:  0.9978
F-statistic: 693.5 on 4 and 2 DF,  p-value: 0.00144
```

실행결과에서, 잔차(Residuals) 범위를 보면 예측값과 실제값의 차이가 매우 크게 나타난다. 또한 훈련 데이터 샘플 수가 3개(job_Engineer, job_Doctor, job_Lawyer)이며, 자유도가 2로서 과적합 가능성이 높게 나타난다.

계수(Coefficients)에서도 (Intercept)의 135.35가 기준값이지만 표준 오차가 너무 커서 통계적으로 유의미하지 않음(p=0.926)을 보여준다. age에서는 1,278.94이므로 나이가 1살 증가할 때 소득이 1,278.94 증가 (p=0.0008로 유의미)함을 나타낸다. job_Engineer와 education은 NA가 있으므로 다중 공선성 문제로 인해 계수를 추정할 수 없다. 두 변수가 서로 강하게 상관되어 있거나, 독립변수 간 중복성이 있다. job_Doctor와 job_Lawyer는 5,916.38와 18,097.38로 추정되어 유의미하다 (p < 0.01). 이는job_Doctor와 job_Lawyer는 job_Engineer 대비 소득이 높다는 의미이다. experience는 1,876.83으로 경력 1년 증가 시 소득이 1,876.83 증가 (p=0.0017로 유의미)함을 의미한다.

Residual standard error는 예측 오차의 평균 크기가 476.9로 크게 나타났기에 잔차가 크므로 모델의 예측 정확도가 낮다. R-squared에서는 99.93%의 소득 변동을 모델이 설명할 수 있다. F-statistic을 미루어 보면 모델 전체가 유의미하지만, 자유도가 낮아 해석에 주의가 필요하다.

```
pred <- predict(model, newdata = test_data)
rmse <- sqrt(mean((pred - test_data$income)^2))
y_mean <- mean(test_data$income)
ss_res <- sum((test_data$income - pred)^2)
ss_tot <- sum((test_data$income - y_mean)^2)
rsquared <- 1 - (ss_res / ss_tot)
cat("RMSE:", rmse, "\nR-squared:", rsquared)
```

```
---실행결과---
> cat("RMSE:", rmse, "\nR-squared:", rsquared)
RMSE: 9330.421
R-squared: 0.1294325
```

예측값과 실제값의 평균 오차는 작을수록 좋은데 RMSE는 9,330으로 매우 크다. 이는 예측값이 실제값과 평균적으로 9,330 차이가 있음을 알려준다.

결론적으로 4장에서 다루었던 데이터를 선형 회귀 모델로 적용하면 age, job_Doctor, job_Lawyer, experience는 소득에 유의미한 영향을 미치지만, 다중 공선성과 자유도 부족으로 인해 모델의 신뢰성이 떨어진다. 또한 원본 데이터가 너무 적어 추가 데이터를 수집하거나 데이터 증강이 필요하다.

5.2. 결정 트리

결정 트리 모델은 데이터를 트리 구조로 표현하여 분류나 회귀 문제를 해결하는 알고리즘으로 그 내용은 다음과 같다.

- 트리 구조: 루트 노드에서 시작해 내부 노드를 거쳐 리프 노드에 도달하는 구조이며, 각 노드는 특정 조건을 기반으로 데이터를 분할한다. (예: “알코올 도수가 10% 이상인가?”)
- 리프 노드: 최종 예측값(회귀)이나 클래스 레이블(분류)을 나타낸다. (예: “품질 점수 7”)
- 해석 용이성: 트리 구조를 시각화하면 모델의 결정 과정을 직관적으로 이해할 수 있다.
- 과적합 방지: 트리가 너무 깊어지면 과적합이 발생할 수 있으므로 가지치기(pruning)를 적용한다.

모델의 학습 과정은 루트 노드 선택 → 분기 조건 선택 → 리프 노드 생성 순으로 진행된다. 루트 노드 선택은 가장 중요한 변수를 찾아 루트 노드로 설정하는 단계이며, 예를 들어 “알코올 도수”가 품질에 가장 큰 영향을 미친다면 루트 노드가 된다. 분기 조건 선택에서 각 자식 노드는 부모 노드에서 파생된 데이터를 분할하는 조건을 가진다(예: "알코올 도수 ≥ 10%"). 리프 노드 생성에서 더 이상 분할되지 않는 노드는 리프 노드가 되며, 예측값이나 클래스 레이블을 포함하는데, 예를 들어 "알코올 도수 ≥ 10%라면 품질 점수는 8이다"가 있다.

결정 트리 모델의 평가는 RMSE와 R-squared로 측정한다.

예제 2 와인 품질 데이터 셋을 이용한 결정 트리 모델

winequality-red.csv는 UCI Machine Learning Repository에서 제공하는 유명한 와인 품질 데이터 셋이며, 레드 와인의 화학적 특성과 품질 점수를 포함하여 다음과 같은 정보를 가진다. winequality-red.csv 파일은 UCI Machine Learning Repository (https://archive.ics.uci.edu/dataset/186/wine+quality)의 "Red Wine" 탭에서 다운로드받을 수 있다. 파일을 다운로드받아 c 드라이브 아래 r 폴더에 저장한다.

표 1. winequality-red.csv의 구조

변수	설명	변수	설명
fixed.acidity	고정산도(g/dm^3)	total.sulfur.dioxide	총 황산염(mg/dm^3)
volatile.acidity	휘발성 산도(%)	density	밀도(g/cm^3)
citric.acid	구연산(g/dm^3)	pH	pH 수준
residual.sugar	잔당(g/dm^3)	sulphates	황산염(%)
chlorides	염분(g/dm^3)	alcohol	알코올 함량(%)
free.sulfur.dioxide	유리 황산염(mg/dm^3)	quality	품질 점수(0~10)

결정 트리 모델을 구현하기 위해 필요한 패키지를 로드해 놓는다.

```
install.packages("rpart.plot")
library(rpart)
library(rpart.plot)
library(caret)
```

다운로드받은 winequality-red.csv 파일을 읽어온다.

```
data <- read.csv("c:\\r\\winequality-red.csv", sep = ";")
```

모델을 위해 훈련 데이터를 80%, 테스트 데이터를 20%로 분할하는 인덱스(split_idx)를 설정한다. 이때 종속변수는 quality로 0~10 사이의 정수로 나타낸다. 이러한 과정은 훈련 데이터로 모델을 학습하고, 테스트 데이터로 일반화 성능을 평가하기 위함이다.

```
set.seed(123)
split_idx <- createDataPartition(data$quality, p = 0.8, list = FALSE)
train_data <- data[split_idx, ]
test_data <- data[-split_idx, ]
```

결정 트리 모델 학습을 위해 rpart( ) 함수를 사용하며, 트리의 분기 기준과 리프 노드 값이 계산된다. method = "anova"의 설정은 여기서 만드는 결정 트리가 회귀 문제이므로 anova 방법을 사용하는 것이다. 만들어지는 트리 모델을 통해 트리가 어떻게 변수를 선택하고 분기를 형성하는지 확인할 수 있다.

rpart.plot( ) 함수에서 type = 2는 박스 플롯 스타일, extra = 100은 노드에 관측치 수 표시, box.palette = "BuGn"는 색상 팔레트를 설정하여 나타낸 그래프이다. 각 노드는 분기 조건을, 리프 노드는 예측값(품질 점수)을 표시하는데, 루트 노드는 fixed acidity > 7.1, 리프 노드는 [1.5] (품질 점수 예측값)를 표현한다. 이것을 통해 분기 변수가 어떤 순서로 선택되는지 확인할 수 있다. volatile acidity(산도)가 첫 번째 분기 변수라면, 산도가 품질에 큰 영향을 미친다는 의미이다. 이때 리프 노드 값은 해당 노드에 속한 샘플들의 평균 품질 점수를 나타낸다.

```
tree_model <- rpart(quality ~., data = train_data, method = "anova")
rpart.plot(tree_model, type = 2, extra = 100, box.palette = "BuGn")
```

---실행결과---

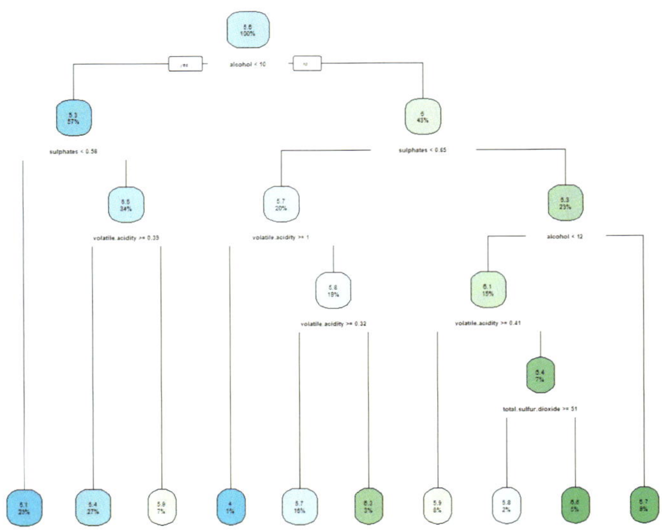

그림 9. 결정 트리 모델 시각화

예측 및 성능 평가를 위하여 아래와 같이 코팅한다. 이때 predictions은 테스트 데이터에 대한 모델의 예측값이다.

```
predictions <- predict(tree_model, newdata = test_data)
rmse <- sqrt(mean((test_data$quality - predictions)^2))
rsquared <- cor(test_data$quality, predictions)^2
cat("RMSE:", rmse, "\nR-squared:", rsquared)
```

```
---실행결과---
RMSE: 0.6817497
R-squared: 0.285845
```

실행결과에서 나타난 RMSE 값 0.68은 예측값과 실제값의 평균 오차이므로 모델이 테스트 데이터에서 평균적으로 0.68 품질 점수 차이를 보이는 것이다.

R-squared 값 0.286은 모델이 품질 변동의 28.6%를 설명하고 트리가 데이터의 변동성을 상당 부분 포착하고 있다는 것을 의미한다.

변수의 중요도 분석을 위해 varImp( ) 함수를 사용하면 각 변수가 모델에 기여한 정도를 알 수 있다.

```
varImp(tree_model)
```

```
---실행결과---
                        Overall
alcohol                 0.70397464
citric.acid             0.37636605
density                 0.21874751
fixed.acidity           0.30309507
free.sulfur.dioxide     0.29482452
pH                      0.40513553
residual.sugar          0.05863768
sulphates               0.39894376
total.sulfur.dioxide    0.41431114
volatile.acidity        0.84412390
chlorides               0.00000000
```

위 결과에서 volatile.acidity, alcohol, total.sulfur.dioxide, pH 등의 순으로 중요도를 나타내며, 중요한 변수일수록 모델의 예측에 큰 영향을 미친다. 즉, 위발성 산도(volatile.acidity)가 와인 품질에 큰 영향을 준다는 의미이다.

응용학습 2 mtcars을 이용한 결정 트리 모델 구축하기

mtcars 데이터 셋은 32개의 관측치와 11개의 변수로 구성된 데이터프레임이다. 이것을 이용하여 아래의 내용에 따라 결정 트리 모델 구축해 보자.

- 종속변수로 mpg(연비)를 사용하고, 독립변수로 cyl, disp, hp, wt를 선택한다.
- createDataPartition( ) 함수를 사용하여 종속변수(mpg)를 기준으로 훈련 데이터를 80%, 테스트 데이터를 20%로 분할하여 split_idx에 저장한다.
- 결정 트리 모델 학습(회귀 문제)을 구축한다.
- 모델 학습 후 tree_model 객체에 저장한다.
- 결정 트리 시각화를 위하여 박스 플롯 스타일 + 노드 수로 표시한다.
- RMSE와 R-squared 값을 산출하고, 변수의 중요도를 나타낸다.

```
---실행결과---
RMSE: 4.708921
R-squared: 0.6274696

      Overall
cyl  0.6382349
disp 0.6153755
hp   0.6034275
wt   0.6355646
```

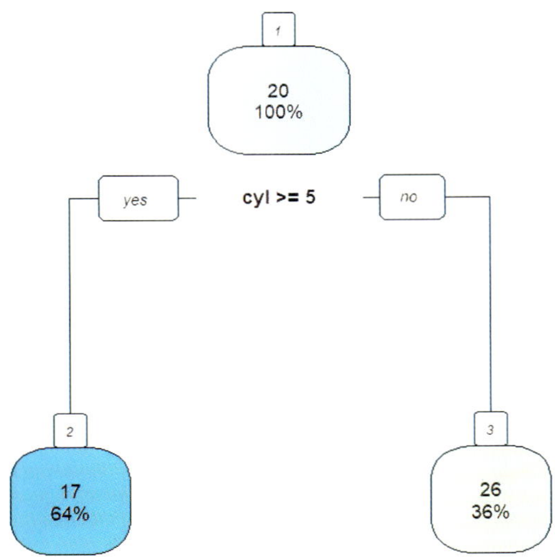

그림 10. mtcars 결정 트리 시각화

5.4. 클러스터링

클러스터링 모델은 데이터를 유사한 특성에 따라 그룹(클러스터)으로 나누는 비지도학습 기법이다. 데이터를 미리 정의된 레이블 없이 구조화하는 데 사용되며, 데이터 분석, 마케팅, 이미지 처리 등 다양한 분야에서 활용된다. 즉 클러스터링이란 데이터를 유사성에 따라 그룹화하여 각 그룹 내 데이터가 서로 비슷하고, 다른 그룹과는 차이가 나도록 만드는 기법이다. 이를 실행하는 목적은 데이터의 구조적 패턴 발견, 이상치 탐지, 차원 축소(고차원 데이터를 저차원으로 변환) 등으로 있다.

일반적으로 사용하는 클러스터링 알고리즘은 아래와 같다.

- K-Means: 클러스터 개수(K)를 사전에 지정해야 하며, 각 클러스터의 평균을 중심으로 데이터를 할당한다.
- 계층적 클러스터링(Hierarchical Clustering): 데이터를 트리 구조(덴드로그램)로 표현해 계층적으로 그룹화하며, 병합법(Bottom-Up) 또는 분할법(Top-Down) 사용한다.
- DBSCAN: 밀도 기반 클러스터링이며, eps(근접 거리)와 minPts(최소 이웃 수) 파라미터로 클러스터를 형성하는데 이상치 처리에 강하다.
- Gaussian Mixture Models(GMM): 각 클러스터를 가우시안 분포로 모델링하며, 확률적 접근 방식으로 부드러운 클러스터 경계 형성한다.

클러스터링 평가 지표로는 다음과 같다.

- 실루엣 점수(Silhouette Score): 클러스터 내 응집력과 다른 클러스터와의 분리도를 평가하며, 값이 1에 가까울수록 좋은 클러스터링이다.
- 캘린스키-하라바츠 지수(Calinski-Harabasz Index): 클러스터 간 분산과 군집 내 분산 비율로 평가하며, 값이 클수록 명확한 클러스터링이라 할 수 있다.
- 데이비스-볼딘 지수(Davies-Bouldin Index): 클러스터 간 유사도를 평가하며, 값이 작을수록 좋은 클러스터링이다.

클러스터링을 위한 데이터 전처리 시 주의할 부분은 스케일링에서 변수 간 단위 차이가 크면 scale( ) 함수로 정규화하여야 한다. 또한 이상치 처리에서도 클러스터링

결과에 큰 영향을 미치므로 제거 또는 조정 필요하다. 그리고 고차원 데이터는 클러스터링이 어려울 수 있으므로 PCA 등을 활용하여 차원 축소를 하는 것이 좋다.

예제 3 mtcars 데이터 셋을 이용한 K-Means + 계층적 클러스터링 모델

mtcars 데이터 셋을 사용하여 K-Means 클러스터링 모델을 만들어 보자. mtcars의 데이터에서 data[, c("mpg", "cyl", "disp", "hp", "wt")]을 클러스터 데이터로 설정한다. 클러스터링에는 연속형 변수만 사용하므로, 범주형 변수(cyl)도 포함시켰다(이는 원-핫 인코딩 없이 사용 가능하다).

```
data <- mtcars
cluster_data <- data[, c("mpg", "cyl", "disp", "hp", "wt")]
```

K-Means는 거리 기반으로 클러스터를 형성하므로 변수 스케일링이 필수적이다. scale( ) 함수로 각 변수를 표준화하는데 평균 0, 분산 1로 변환한다.

```
scaled_data <- scale(cluster_data)
```

sapply(1:6, function(k) kmeans(scaled_data, k)$tot.withinss)에서와 같이 엘보우 방법을 사용하여 최적의 K값 선택한다. plot( ) 함수를 통해 클러스터 분포를 확인해 보자. 이때 그래프를 보면 K값이 증가할수록 누적 분산이 감소함을 알 수 있다. 또한 K=3에서 누적 분산이 급격히 감소하다가 완만해지므로 K=3을 선택한다.

```
wss <- sapply(1:6, function(k) kmeans(scaled_data, k)$tot.withinss)
plot(1:6, wss, type = "b", main = "엘보우 방법", xlab = "K", ylab = "누적 분산")
```

---실행결과---

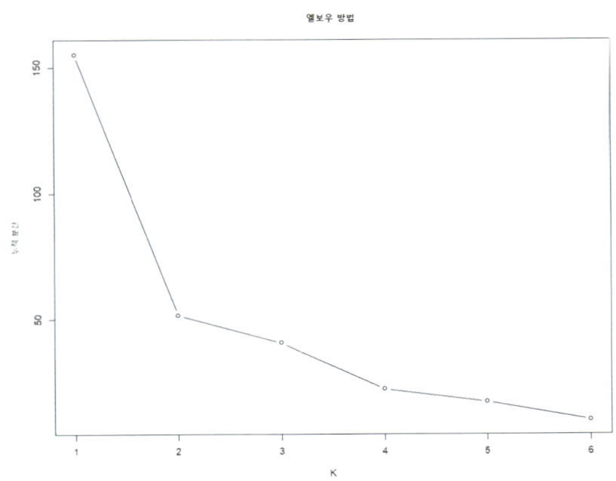

그림 11. 엘보우 방법을 통한 K값과 누적분산

K-Means 모델 학습을 실행한다. 이때 centers = 3으로 3개의 클러스터를 생성하고, cluster열에 각 데이터의 클러스터 번호를 저장한다.

```
kmeans_model <- kmeans(scaled_data, centers = 3)
```

클러스터링 결과 시각화를 위하여 클러스터 데이터프레임을 생성한다. 이때 원본 데이터에서 mpg, wt를 가져온다. ggplot( ) 함수를 사용하여 시각화해 보자. 이는 각 클러스터의 중심점과 데이터 포인트가 시각화된 것으로, 클러스터 1은 연비가 높고 차량 무게가 가벼운 자동차, 클러스터 3은 연비가 낮고 무거운 자동차 등으로 구분될 수 있다.

```
cluster_data <- data.frame(mpg = data$mpg, wt = data$wt,
  cluster = as.factor(kmeans_model$cluster))
library(ggplot2)
ggplot(cluster_data, aes(x = mpg, y = wt, color = cluster)) +
  geom_point(size = 4) +
  labs(title = "K-Means 클러스터링 결과", x = "연비 (mpg)", y = "차량 무게 (wt)",
    color = "클러스터")
```

---실행결과---

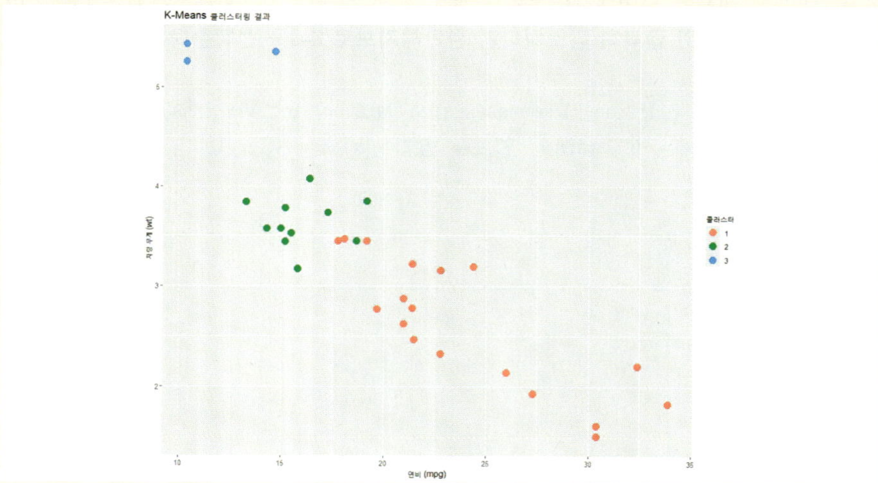

그림 12. mtcars의 K-Means 클러스터링 결과

silhouette(kmeans_model$cluster, dist(scaled_data))은 K-Means 클러스터링 모델의 품질을 평가하기 위해 실루엣 점수를 계산한다. 실루엣 점수는 클러스터링된 데이터의 응집도(Cohesion)와 분리도(Separation)를 동시에 평가하는 지표이다.

kmeans_model$cluster은 각 데이터 포인트가 속한 클러스터 할당 결과를 나타내며, dist(scaled_data)은 데이터 포인트 간의 거리 행렬이고, scaled_data는 표준화된 데이터를 의미한다. 특히 실루엣 점수 계산은 아래와 같이 이루어진다.

$$S_i = \frac{b_i - a_i}{\max(a_i, b_i)}$$

S_i : 실루엣 계수

a_i: 같은 클러스터 내 평균 거리를 의미하며, 데이터 포인트 i와 같은 클러스터에 속한 다른 모든 포인트와의 거리의 평균을 나타낸다.

b_i: 다른 클러스터의 가장 가까운 평균 거리를 의미하고, 데이터 포인트 i와 가장 가까운 다른 클러스터의 평균 거리를 나타낸다.

S_i는 $-1 \le S_i \le 1$의 범위를 가지며 내용은 아래와 같다.

- S_i = -1: 클러스터가 겹침
- S_i = 0: 클러스터 간 경계가 애매함
- S_i = 1: 클러스터가 완벽하게 분리됨

즉, 실루엣 점수는 -1에서 1 사이의 값으로 1에 가까울수록 클러스터가 잘 분리되어 있음을 의미한다.

```
library(cluster)
silhouette_score <- silhouette(kmeans_model$cluster, dist(scaled_data))
summary(silhouette_score)
```

```
---실행결과---
Silhouette of 32 units in 3 clusters from silhouette.default(x = kmeans_
model$cluster, dist = dist(scaled_data)) :
 Cluster sizes and average silhouette widths:
       18        11         3
0.4694424 0.4694388 0.7345663
Individual silhouette widths:
   Min. 1st Qu.  Median    Mean 3rd Qu.    Max.
 0.1206  0.4257  0.5548  0.4943  0.5938  0.7962
```

결과에서 나타난 클러스터 정보는 아래와 같이 해석된다.

```
Cluster sizes and average silhouette widths:
       18        11         3
0.4694424 0.4694388 0.7345663
```

클러스터 1은 18개 샘플을 포함하고, 평균 실루엣 점수는 0.4694424로 양수이므로 클러스터 내 응집도가 있고 다른 클러스터와 분리되어 있음을 의미한다. 그러나 점수가 높지는 않아서 클러스터 경계에 있는 일부 샘플이 있을 수 있다. 클러스터 2는 11개 샘플을 포함하며, 평균 실루엣 점수가 0.4694388로서 클러스터 1과 동일한 점수가 나타났으나, 샘플 수가 적어 통계적 신뢰도가 낮을 수 있다. 클러스터 3은 3개 샘플을 포함하며, 평균 실루엣 점수가 0.7345663으로서 가장 높은 점수가 나타났고, 클러스터 내 응집도가 높고 다른 클러스터와 명확히 분리됨을 의미한다. 이는 샘플 수가 적지만 품질은 우수하다는 것을 설명한다.

개별 실루엣 점수 분포(Individual silhouette widths)는 아래와 같다.

```
Individual silhouette widths:
  Min.  1st Qu. Median  Mean  3rd Qu.   Max.
0.1206 0.4257  0.5548  0.4943 0.5938  0.7962
```

최솟값(Min.)은 0.1206이며, 일부 샘플은 실루엣 점수가 낮아 클러스터 경계에 위치하거나 다른 클러스터와 혼재될 가능성이 있다.

1사분위수(1st Qu.)는 0.4257이며, 하위 25% 샘플의 점수는 0.43 정도로, 클러스터 내 응집도가 보통 수준이다.

2사분위수(Median)는 0.5548이며, 중간값이 0.55로, 절반 이상의 샘플이 이 점수 이상을 가지며, 클러스터링 품질이 대체로 양호하다.

평균값(Mean)은 0.4943이며, 전체 평균이 0.49로, 양수이므로 클러스터링이 유효하나, 평균이 0.5 미만이므로 일부 개선이 필요하다.

3사분위수(3rd Qu.)는 0.5938이며, 상위 25% 샘플은 점수가 0.59 이상으로, 클러스터 내 응집도와 분리도가 우수하다.

최댓값(Max.)은 0.7962이며 가장 높은 점수는 0.8로, 이 샘플은 클러스터 내에서 매우 잘 분리되어 있음을 나타낸다.

결론적으로 클러스터 3가 가장 우수하고 명확하게 분리된 그룹으로 보이며, 클러스터 1과 2는 점수가 비슷하고 다소 낮다. 전체 평균 실루엣 점수(0.49)는 양수이므로 클러스터링이 유효하지만, 개선이 필요하다. 전체적으로 샘플 간 편차가 크게 나타났다. 일부 샘플(특히 클러스터 1과 2)은 경계에 위치해 있다.

응용학습 3 iris 데이터 셋을 이용한 계층적 클러스터링 모델

아래의 조건에 따라 iris 데이터 셋을 이용하여 계층적 클러스터링 모델을 구축하시오.

- iris의 결측치를 확인하시오.
- 스케일링에서는 꽃잎/꽃받침 길이와 너비만 사용하시오.
- 유클리드 거리를 사용해 데이터 간 유사도 측정하시오.
- 클러스터링 수행 시 hclust( ) 함수를 사용하고, 완전 연결법(complete)을 이용한 계층적 클러스터링을 구축하시오. 또한 클러스터 수 확인용으로 덴드로그램 시각화를 나타내시오.
- 덴드로그램에서 설정한 높이(h = 2.5) 기준으로 클러스터 분할하시오.
- 클러스터별 색상 구분하여 최종 클러스터 시각화를 나타내시오. 이때 실루엣 플롯 시각화를 위하여 factoextra 패키지를 설치 및 로드하시오.

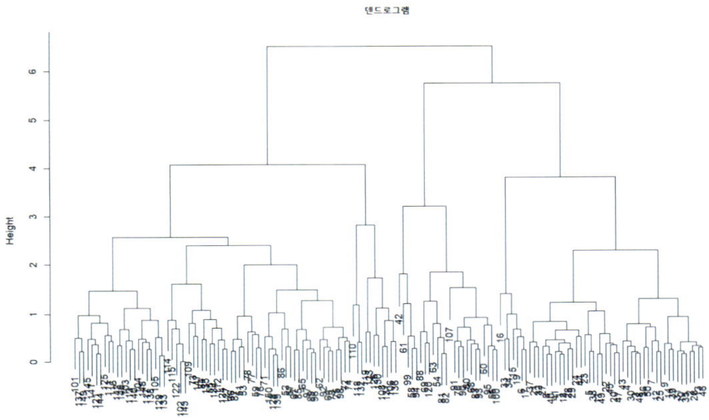

그림 13. iris 클러스터링을 통한 덴드로그램 시각화

각 샘플의 클러스터 할당 결과는 다음과 같이 나타난다.

```
clusters
 1  2  3
49 24 77
```

실행결과 실루엣은 다음과 같이 나타난다.

```
  cluster size ave.sil.width
1       1   49          0.64
2       2   24          0.48
3       3   77          0.32
```

그림 14. iris 클러스터링을 통한 실루엣 플롯 시각화

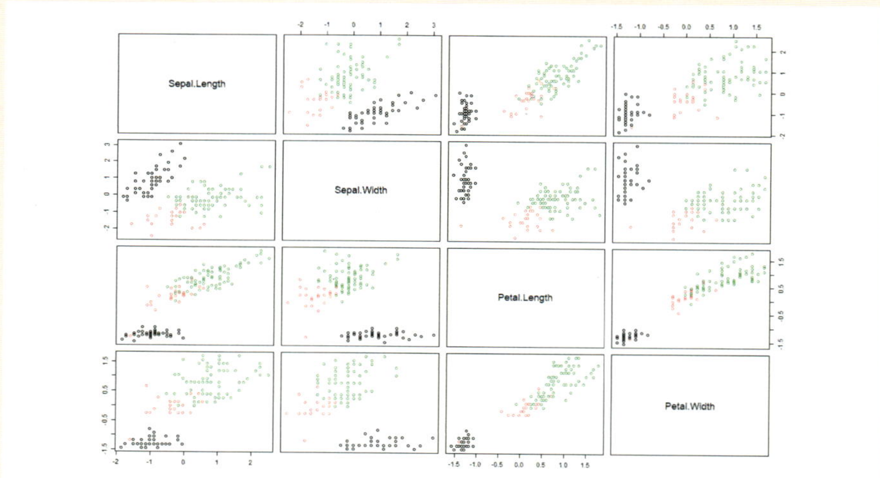

그림 15. iris 클러스터링을 통한 실루엣 플롯 시각화(클러스터별 색상 구분)

연습문제

01. 인터넷 상의 웹 페이지의 정보를 가져와서 데이터를 수집하는 분석하기 위한 기술은?

① 웹 검색
② 웹 서칭
③ 웹 크롤링
④ 웹 스크랩
⑤ 웹 매핑

02. 작업 폴더에 sample.html 파일을 저장하였다. 이를 읽어서 doc에 저장하는 명령으로 옳은 것은?

① doc <- read_html("sample.html")
② doc <- read_xml("sample.html")
③ doc <- read_file("sample.html")
④ doc <- read_folder("sample.html")
⑤ doc <- read_web("sample.html")

03. 작업 폴더에 sample.html 파일을 읽고 h1 태그의 내용을 가져와서 title에 저장하는 명령으로 (A)에 알맞은 것은?

```
doc <- read_xml("sample.html")
( A )
```

① title <- html_node("h1") %>% html_text()
② title <- doc %>% html_node("h1")
③ title <- html_node(h1) %>% html_text()
④ title <- doc %>% html_node(h1)
⑤ title <- doc %>% html_node("h1") %>% html_text()

04. HTTP 요청 처리를 수행하기 위해 필요한 패키지는?

① html
② rvest
③ http
④ request
⑤ response

05. HTML/XML 파싱을 위해 필요한 패키지는?

① httr ② rvest
③ http ④ request
⑤ response

06. 웹 주소에 대해 html내의 정보를 요청하는 명령으로 옳은 것은? (이때 웹 주소는 url <- "https://www.khu.ac.kr"으로 하며, 필요한 패키지는 설치 및 로드되었다)

① REQUEST(url, add_headers("text/html"))
② REQUEST(url, add_headers(Accept = "text/html"))
③ CONNECT(url, add_headers(Accept = "text/html"))
④ GET(url, addr_headers("text/html"))
⑤ GET(url, add_headers(Accept = "text/html"))

07. 아래 명령은 웹 크롤링의 일부이다. (A)안에 알맞은 명령은?

```
ibrary(rvest)
library(httr)
url <- "https://www.khu.ac.kr“
response <- GET(url, add_headers(Accept = "text/html"))
( A )
```

① webpage <- read_web(content(response, "text"))
② webpage <- read_content(content(response, "text"))
③ webpage <- read_txt(content(response, "text"))
④ webpage <- read_html(content(response, "text"))
⑤ webpage <- read_html(content(response, "html"))

08. 경량의 데이터 교환 형식으로, 읽기 쉬운 텍스트 기반 구조를 가진다. 또한 프로그래밍 언어나 플랫폼에 종속되지 않아 다양한 시스템 간 데이터 교환에 널리 사용되는 이것은?

① JSON ② XML
③ HTML ④ SGML
⑤ MTML

09. 원시 데이터를 분석이나 모델링에 적합한 형태로 변환하는 과정을 무엇이라 하는가?

① 전처리
② 후처리
③ 전가공
④ 후가공
⑤ 피팅

10. 데이터셋 내에서 일반적인 분포에 크게 벗어난 극단적인 값을 무엇이라 하는가?

① 왜곡수치
② 극대값
③ 이상치
④ 오류값
⑤ 한계값

11. 데이터 셋에서 값이 누락되거나 측정되지 않은 부분을 무엇이라 하는가?

① 결측치
② 누락치
③ 이상치
④ 오류값
⑤ 누계값

12. data에서 <NA>를 가지는 모든 행을 제거하는 명령으로 옳은 것은?

① na.remove(data)
② na.delete(data)
③ na.clear(data)
④ na.erase(data)
⑤ na.omit(data)

13. 범주형 변수 인코딩에서 사용하는 방법으로 범주형 변수를 이진 벡터로 변환하는 기법은?

① 원–핫 인코딩
② 핫–원 인코딩
③ 트랜스퍼 인코딩
④ 디코드 인코딩
⑤ 벡터 인코딩

14. 독립 변수(X)를 이용해 종속 변수(Y)를 예측하는 최소제곱법 기반의 모델은?

① 분산
② 선형 회귀
③ 로지스틱
④ 클러스터링
⑤ 결정 트리

15. 아래의 공식은 무엇을 구하는 것인가?

$$\sqrt{\frac{1}{n}\sum_{i=1}^{n}(y_i - \hat{y}_i)^2} \quad (y_i\text{: 실제값, } \hat{y}_i\text{: 예측값, } n\text{: 데이터 샘플 수})$$

① randomForest
② R-squared
③ MAE
④ RMSE
⑤ Adjusted R^2

16. mtcars 데이터 셋을 사용해 연비(mpg)를 차량 무게(wt)와 실린더 수(cyl)로 예측하는 선형 회귀 모델을 만든다. 이때 종속 변수는 연비, 독립 변수는 차량 무게와 실린더 수, 데이터 셋은 mtcars로 하는 명령으로 옳은 것은?

① model <- model(formula = mpg ~ wt + cyl, data = mtcars)
② model <- model(formula = mpg : wt + cyl, data = mtcars)
③ model <- lm(formula = mpg + wt ~ cyl, data = mtcars)
④ model <- lm(formula = mpg ~ wt : cyl, data = mtcars)
⑤ model <- lm(formula = mpg ~ wt + cyl, data = mtcars)

17. 데이터를 유사한 특성을 가진 그룹(클러스터)으로 나누는 비지도 학습 기법은?

① 분산
② 선형 회귀
③ 로지스틱
④ 클러스터링
⑤ 결정 트리

18. 클러스터링 알고리즘에 해당하지 않는 것은?

① K-Means
② DBSCAN
③ Gaussian Mixture Models (GMM)
④ Hierarchical Clustering
⑤ RMSE

19. 클러스터 간 분산과 군집 내 분산 비율로 평가하며, 값이 클수록 명확한 클러스터링으로 평가하는 클러스터링 평가 지표는?

① 실루엣 점수
② 캘린스키–하라바츠 지수
③ 데이비스–볼딘 지수
④ 공분산값
⑤ 연관지표

20. 아래의 공식에서 S_i는 무엇인가?

$$S_i = \frac{b_i - a_i}{\max(a_i\ b_i)}$$ (a_i: 같은 클러스터 내 평균 거리, b_i: 다른 클러스터의 가장 가까운 평균 거리)

① 실루엣 계수
② 클러스터 지수
③ 클러스터 계수
④ 데이터 포인트 지수
⑤ 데이터 포인트 계수

제10장 >>>>

텍스트 마이닝

1. 텍스트 분석이란?
2. 텍스트 구조화
3. 텍스트 데이터 분석

1 텍스트 분석이란?

텍스트 마이닝은 방대한 텍스트 데이터에서 의미와 패턴 등을 추출하여 유용한 정보로 변환하는 기술을 말한다. 이때 텍스트 데이터는 소셜 미디어, 리뷰, 뉴스 기사, 설문 조사 등을 말하며, 자연어 처리(NLP), 통계분석, 머신러닝 등을 결합해 텍스트의 구조적·의미적 특성을 분석할 수 있다. 텍스트 데이터는 구조와 형식에 따라 정형(Structured), 반정형(Semi-structured), 비정형(Unstructured)으로 구분된다.

- **정형 데이터**

고객 관리 시스템(CRM)의 이름, 연락처, 구매 내역, 재무 보고서의 매출액, 비용, 이익률 등과 같이 일정한 규칙과 형식을 가지는 데이터이며, 정의된 구조(행과 열)에 따라 저장되는 데이터를 말한다. 일반적으로 표(Table)의 형식으로 저장되며, 데이터베이스에서 처리한다. 또한 데이터 타입(숫자, 문자열 등)이 명확히 지정되어 있어서 데이터베이스에서 데이터의 검색, 정렬, 통계분석이 용이하다. 다만 고정된 구조로 인해 새로운 데이터 유형 추가 시 유연성이 떨어지기도 한다. 정형 데이터의 예시는 아래와 같다.

학생 성적 데이터

학번	학기	과목	점수	등급
202502312	2학기	파이썬	92	A
202501234	2학기	빅데이터	93	A

은행 거래 데이터

계좌번호	거래일자	입금	출금	잔액
1234-567-89	2025.12.10	0	1,000	120,500
1234-567-89	2025.12.11	10,000	0	130,500

• **반정형 데이터**

일정한 구조는 있으나 정형 데이터만큼 엄격하지 않은 데이터를 말한다. 데이터를 표현하는 데이터와 같은 메타데이터처럼 구체적 의미를 가지지만 관계형 데이터베이스처럼 엄격한 스키마(schema)는 없다. 또한 분석은 파싱(Parsing) 과정을 거쳐 구조화된 형태로 변환해야 가능하다. 반정형 데이터는 태그로 계층 구조를 표시하는 HTML/XML 문서, 키-값 쌍으로 데이터를 표현하는 JSON 파일, 타임스탬프, 이벤트 유형 등을 포함하는 로그 파일등이 있다. 반정형 데이터의 예시는 아래와 같다.

HTML 웹 페이지

데이터	내용
  <div class='profile'> <h2>홍길동</h2> <p> Email: hong@email.com</p> </div>	태그(<div>, <h2>)로 구조화되지만, 내용은 동적으로 변경될 수 있다.

XML 웹 페이지

데이터	내용
<?xml version="1.0" encoding="utf-8"?> <콘텐츠 id="동이"> <타이틀> 동이 </타이틀> <메타데이터> <유형>드라마</유형>	태그(<tag>)로 계층 구조를 표현하며, 확장성이 뛰어나며, 웹 서비스, 웹 문서 교환 등에 활용된다.

• **비정형 데이터**

구조나 형식이 없는 데이터로, 연설문과 같이 서술식으로 기술된 데이터, 음성 통화 녹취록, 이미지, 영상 정보 등이 해당된다. 형식이나 규칙이 없어서 데이터베이스로는 분석 작업이 어려우며 빅데이터의 NLP(자연어 처리)나 딥러닝 기술이 필요하다. 비정형 데이터의 예시는 아래와 같다.

버락 오바마 대통령 취임사

> My fellow citizens:
> I stand here today humbled by the task before us, grateful for the trust you have bestowed, mindful of the sacrifices borne by our ancestors. I thank President Bush for his service to our nation, as well as the generosity and cooperation he has shown throughout this transition.

인스타그램, 페이스북 등의 소셜 미디어 데이터

> 신제품 출시 소식! 지금 바로 확인하세요! #새출시
> 이번 기회를 놓치시면 다음에는 없습니다. #새제품

텍스트 마이닝에서 텍스트 분석은, 비정형 데이터를 구조화된 정보로 변환해 텍스트로부터 의미 있는 패턴과 관계를 추출하는 것을 의미한다. 주로 단어 분리를 통한 토큰화, 의미 단위 분해를 통한 형태소 분석, 긍정 또는 부정 판별을 통한 감정 분석, 텍스트로부터 핵심 키워드 추출을 통한 주제 모델링 등에 활용된다. 이를 통해 고객 리뷰에서 니즈를 파악하거나, 소셜 미디어 트렌드를 예측하고, 대규모 문서에서 주제를 자동 분류하는 등 형식이나 규칙이 없는 데이터에서 다양한 의미 분석과 추출을 할 수 있다. 그러나 언어의 문맥적 특성(은유, 반어 등)을 완벽히 이해하지 못하거나, 도메인별 전문 용어 해석에 한계가 있어 보조적 검증 과정이 필요하다.

2 텍스트 구조화

텍스트 구조화(Text Structuring)는 비정형 텍스트 데이터를 분석 가능한 형태로 변환하는 과정으로, 텍스트 마이닝의 단계이다. 이를 위하여 다음과 같은 과정을 진행한다.

- 원시 텍스트 데이터: 텍스트를 벡터화한다.

- 노이즈 제거: 텍스트 데이터에서 의미 없는 단어(불용어), 특수문자 등을 제거해 텍스트 분석 시에 필요 없는 데이터를 삭제한다.
- 의미 추출: 형태소 분석으로 핵심 단어(명사, 동사 등)들을 추출한다.

2.1. 정규표현식(Regular Expression)

정규표현식은 텍스트 데이터에서 특정 패턴을 찾거나 치환하는 데 사용하며, 문자열 패턴을 간결하게 기술하는 방식이다. 주요 기능문자의 종류는 다음과 같다.

여기서 잠깐 - stringr 패키지에서 유용한 함수들

str_replace_all: 모든 패턴 치환
str_detect: 패턴 존재 여부 확인
str_extract: 패턴과 일치하는 부분 추출
str_split: 패턴 기준으로 문자열 분할

- 특수문자 제거

```
> library(stringr)
> text <- "안녕하세요! 반갑습니다.^^"
> str_replace_all(text, "[^가-힣 ]", "") # 한글과 공백을 제외한 모든 문자 제거
[1] "안녕하세요 반갑습니다"
```

- 쉼표로 분리된 텍스트 분할

```
> text <- "사과,바나나,딸기"
> str_split(text, ",") # 쉼표를 기준으로 각 문자 분할
[[1]]
[1] "사과" "바나나" "딸기"
```

- 문자 클래스(Character Classes): 특정 범위의 문자를 묶어 표현한다.

  [a-z]: 소문자 a부터 z까지

  [A-Z]: 대문자 A부터 Z까지

  [0−9] 또는 \d: 숫자 (0~9)

[가-힣]: 한글

\w: 단어 문자 (알파벳, 숫자, 언더스코어 _)

\W: 단어 문자가 아닌 모든 문자

\s: space(공백문자)

\S: 공백문자가 아닌 문자

\d: digit(숫자)

\D: 숫자가 아닌 문자

\b: 단어 문자의 경계

\n: new line(줄바꿈)

```
> str_detect("Hello123", "\\d")  # "Hello123"에서 숫자를 검출하면 TRUE, 아니면 FALSE
[1] TRUE
> str_replace_all("가나다라마바", "[나-라]", "") # '나'에서 '라'까지 제거
[1] "가마바"
```

- 반복자(Quantifiers): 패턴의 반복 횟수를 지정한다.

  : 0번 이상 반복 (예: a → "a", "aa", "")

  +: 1번 이상 반복 (예: a+ → "a", "aa" but not "")

  ?: 0번 또는 1번 반복 (예: a? → "a" or "")

  {n}: 정확히 n번 반복 (예: a{3} → "aaa")

  {n,}: 최소 n번 이상 반복

  {n,m}: n번 이상 m번 이하 반복

```
> str_detect("aaaabbb", "a+") # "aaaa"와 같이 a가 1번 이상 검출되면 TRUE, 아니면 FASLE
[1] TRUE
> str_detect("bbb", "a+") # a가 1번 이상 검출 안되어서 FALSE
[1] FALSE
> str_extract("hello123world", "\\d{1,3}") # 숫자 "123"
[1] "123"
```

- 앵커(Anchors): 문장의 특정 위치를 지정한다.

  ^: 문자열의 시작 (예: ^Hello → "Hello"로 시작하는 문자열)

  $: 문자열의 끝 (예: world$ → "world"로 끝나는 문자열)

  \b: 단어 경계 (예: \bcat\b → "cat" 단독으로 검출)

```
> text <- c("hello world", "world peace", "earth")
> ends_with_world <- str_ends(text, "world$")
> print(ends_with_world)
[1]  TRUE FALSE FALSE
```

world$에서 world는 고정된 문자열, $는 문자열의 끝을 의미하는 앵커를 의미하여, str_ends( ) 함수의 결과는 각 문자열이 "world"로 끝나는지 확인한다. 따라서 "hello world" -> TRUE, "world peace"와 "earth" -> FALSE가 된다.

- 캡처 그룹(Capture Groups): 패턴을 그룹화해 재사용하거나 추출한다.

  ( ): 그룹화 (예: (ab)+ → "abab")

  \\1, \\2: 첫 번째, 두 번째 그룹 참조

이메일에서 사용자 이름과 도메인을 추출하는 예시를 살펴본다.

```
> email <- "user@naver.com"
> parts <- str_match(email, "(\\w+)@(\\w+)\\.(\\w+)")
> print(parts)
     [,1]             [,2]   [,3]    [,4]
[1,] "user@naver.com" "user" "naver" "com"
```

패턴은 (\\w+)@(\\w+)\\.(\\w+)이며, (\\w+)은 하나 이상의 단어 문자(영문/숫자/언더스코어)를 의미하여 각각 사용자명, 도메인, 확장자 캡처한다. str_match( ) 함수는 패턴과 일치하는 그룹을 벡터로 반환함으로써, 첫 번째 그룹 "user", 두 번째 그룹 "naver", 세 번째 그룹 "com"을 추출한다.

- 조건부(Conditional Logic): 여러 옵션 중 하나를 선택한다.

  (A|B): A 또는 B 선택 (예: (cat|dog) → "cat" 또는 "dog")

```
> fruits <- c("apple", "banana", "cherry")
> matches <- str_detect(fruits, "(apple|banana)")
> print(matches)
[1]  TRUE  TRUE FALSE
```

(apple|banana)에서 |은 논리적 OR를 나타내며, "apple" 또는 "banana" 중 하나와 일치하는지 확인한다. 즉, str_detect( ) 함수는 각 단어가 "apple" 또는 "banana"인지 확인하는 것으로 "apple", "banana" -> TRUE, "cherry" -> FALSE를 나타낸다.

- 부정형(Negation): 특정 패턴이 아닌 경우를 찾는다.

  [^abc]: a, b, c가 아닌 모든 문자

  [^가-힣]: 한글이 아닌 모든 문자

```
> text <- "안녕 Hello! 123"
> cleaned <- str_replace_all(text, "[^가-힣]", " ")
> print(cleaned)
[1] "안녕           "
```

한글이 아닌 모든 문자 제거하는 것으로 [^가-힣]은 한글(가-힣)이 아닌 모든 문자를 의미하며, str_replace_all( ) 함수는 한글이 아닌 모든 문자를 공백으로 치환한다. 따라서 결과는 text에서 한글이 아닌 모든 문자는 공백으로 처리되어 "안녕 "만 남는다.

- 기타 유용한 메타문자

  \.: 점(.) 자체를 문자로 취급 (예: \. → ".")

  \|: 논리적 OR (예: cat|dog)

  \t, \n: 탭, 줄바꿈 문자

2.2. 데이터 수집과 전처리

분석 대상 텍스트 데이터를 확보하는 작업이 데이터 수집 과정이다. 이때 리뷰, 소셜 미디어 게시물, 뉴스 기사, 설문 응답 등이 정보가 될 수 있으며 주로 비정형 데이터가 대상이 된다. 또한 데이터 수집은 웹 크롤링, API 연동, CSV/JSON/EXCEL 파일, 데이터베이스 등에서 수집된다.

전처리는 수집된 원시 텍스트에서 노이즈를 제거하고 표준화하는 단계라고 할 수 있으며, 다음과 같은 과정을 수행한다.

- 소문자 처리: 영문자의 경우 대소문자 차이를 제거해 동일한 단어를 하나의 형태로 통합함으로서 데이터의 일관성을 유지하도록 한다.
- 특수문자 및 숫자 제거: 텍스트 중 의미 없는 기호나 특수문자/숫자를 제거해 텍스트의 순수성을 높인다. 예를 들어 "빅데이터의 특성[1,2,3]은 ~~"을 "빅데이터의 특성은 ~~"으로 변경하여 텍스트 분석에서 의미 있는 데이터만 존재할 수 있도록 처리한다. 특히 구두점, 괄호, 특수기호(예: "@", "#", "$")들을 제거한다. 이때 텍스트에서 특수기호나 숫자가 있다고 모두 무의미한 데이터는 아니므로 의미 있는 정보가 같이 제거되지 않도록 주의가 필요하다.
- 불용어 처리: 분석에 기여하지 않는 의미 없는 단어를 제거한다. 예를들어 텍스트 중에 "에..", "그리고", "입니다", "the", "this", "was" 등이 불용어이며, 이는 텍스트 분석에 참여하는 의미 있는 용어가 아니므로 텍스트 분석 전에 데이터에서 삭제한다. 다만 도메인 특성에 따라 불용어 리스트를 커스터마이즈해야 할 수 있다. 즉, 의료 데이터에서 "치료"는 불용어가 아닐 수 있다.

2.3. 토큰화(Tokenization)

토큰화는 텍스트 데이터를 의미 단위의 최소 단위인 "토큰(token)"으로 분할하는 과정이다. 자연어 처리(NLP: Natural Language Process)에서 토큰은 일반적으로 단어(word), 서브워드(subword), 문장(sentence) 단위로 정의되며, 분석 목적에 따라 아래와 같이 적절한 토큰화 방식을 선택한다.

- 단어 토큰화(Word Tokenization): 문장을 공백이나 구두점을 기준으로 단어로 분할한다. 예를 들어 "나는 학교에 간다"는 ["나는", "학교에", "간다"]로 구분하는 것이다. 다만 이 방법은 복합어 처리가 어렵고, 언어별 특성의 차이가 있음을 주의하여야 한다.
- 서브워드 토큰화(Subword Tokenization): 단어를 의미를 가지는 작은 단위로 분할한다. BPE(Byte Pair Encoding), BERT에서 사용하는 WordPiece를 들 수 있으며, 희귀 단어와 신조어 처리에 유리하다.
- 문장 토큰화(Sentence Tokenization): 텍스트를 문장 단위로 분할한다. 예를 들어 "안녕하세요. 반갑습니다!"는 ["안녕하세요.", "반갑습니다!"]와 같이 분할한다.

2.4. 형태소 분석(Morphological Analysis)

형태소(Morpheme)란 더 이상 분해할 수 없는 최소 의미 단위를 말하며, 형태소 분석은 단어를 의미적·기능적 단위인 "형태소"로 분리하는 과정이다. 형태소 분석은 다음과 같은 과정을 수행한다.

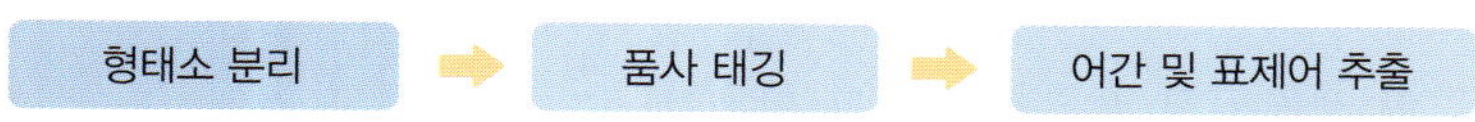

그림 1. 형태소 분석 단계

2.4.1. 형태소 분리(Morpheme Segmentation)

예를 들어 "학교에서"의 경우 명사 "학교" + 조사 "에서"로 분리할 수 있다. 한국어에서는 조사, 어미, 접사 등이 형태소로 작용한다. 이러한 작업을 하는 이유는 텍스트의 의미를 정확히 파악하고, 품사 정보 등을 추출해 NLP 작업(감정 분석, 검색 등)에 활용하기 위함이다. 형태소는 한국어뿐만 아니라 다른 언어도 동일하게 적용할까? 그렇지 않다. 예를 들어 한국어는 "맛있는_밥을_먹었다"를 ["맛있는/형용사", "_밥/명사", "_을/조사", "먹었다/동사"]와 같이 분리하며, 단어와 조사가 분리되어 있어 형태소 분석이 꼭 필요하다. 그러나 영어의 경우 "The quick brown fox"라고 하면 ["The", "quick", "brown", "fox"]으로 분리가 가능하여, 단어 경계가 뚜렷해 토큰화만으로 충분하게 된다.

형태소 분석을 하는 이유로는 텍스트의 의미를 정확히 파악하고, 품사 정보 등을 추출해 NLP 작업(감정 분석, 검색 등)에 활용한다. 형태소 분석을 위한 패키지로는 KoNLP, Okt, Mecab(한국어), NLTK, SpaCy(영어)를 사용한다.

단어 W를 형태소 m_i 들의 시퀀스라 하면 형태소 구성은 아래와 같이 나타낸다.

$$W = [m_1, m_2, \ldots, m_n]$$

예를 들어, "학교에서"라면 W = [학교, 에서]로 나타내며, 영어 단어 "school"이라면 W = [school]와 같이 단일 형태소로 나타낸다.

한국어와 영어의 형태소 처리에 대한 차이는 아래와 같이 나타낼 수 있다.

- 한국어: $W_{\text{한국어}} = \bigoplus_{i=1}^{n} m_i$ ($\oplus$: 형태소결합연산)
  예를 들어 $W_{\text{한국어}}$ = "맛있는" $\oplus$ "피자"는 [맛있는, 피자]로 추출한다.
- 영어: $W_{\text{영어}}$= {단어}, (분해 불필요)
  예를 들어 $W_{\text{영어}}$= {"quick"}으로 추출한다.

형태소 분석기의 성능 평가의 주요 지표는 정확도(Precision), 재현율(Recall), F1 스코어를 들 수 있으며, 참/거짓 분류의 혼동 행렬을 기반으로 한다. 혼동 행렬(Confusion Matrix)은 형태소 분석기의 예측 결과를 실제 레이블과 비교한 2x2 행렬을 의미하여 아래와 같다.

- TP(True Positive): 올바르게 식별된 형태소 수
- FN(False Negative): 실제 형태소를 놓친 경우
- FP(False Positive): 존재하지 않는 형태소를 잘못 식별한 경우
- TN(True Negative): 올바르게 배경(비형태소)을 식별한 경우

표 1. 혼동 행렬(Confusion Matrix)

	예측: 형태소(Positive)	예측: 비형태소(Negative)
실제: 형태소(Positive)	TP	FN
실제: 비형태소(Negative)	FP	TN

- 정확도(Precision): 올바른 긍정 예측 비율이며, 분석기가 형태소라고 예측한 것 중 실제로 형태소인 비율을 나타낸다. 정확도가 높을수록 잘못된 긍정 예측(FP)이 적게 나타난다. 예를 들어 TP = 80, FP = 20인 경우 Precision = 80 / (80+20) = 0.8(80%)이 된다.

$$P = \frac{TP}{TP + FP} \text{ (TP: True Positive, FP: False Positive)}$$

- 재현율(Recall): 실제 형태소를 모두 찾은 비율이며, 실제 형태소 중에서 분석기가 올바르게 식별한 비율을 의미한다. 재현율이 높을수록 실제 형태소를 놓치는 경우(FN)가 적다. 예를 들어 TP = 80, FN = 10이면 Recall = 80 / (80+10) = 0.889 (88.9%)가 된다.

$$R = \frac{TP}{TP + FN} \text{ (FN: False Negative)}$$

- F1 스코어: 정확도와 재현율의 조화평균이며, 두 지표 간의 균형을 나타내는 종합 평가 점수가 된다. F1이 1에 가까울수록 정확도와 재현율이 모두 우수함을 의미한다. 예를 들어 P(Precision) = 0.8, R(Recall) = 0.889이면, $F_1 = 2 \cdot \frac{0.8 \times 0.889}{0.8 + 0.889}$ ≈ 0.844가 된다.

$$F_1 = 2 \cdot \frac{P \cdot R}{P + R}$$

만일 100개의 형태소가 있고, 분석기가 90개를 올바르게 식별했으며, 10개를 놓쳤다고 가정하면 비형태소 영역에서 5번의 오류를 범한 것으로 판단한다. 혼동 행렬로는 다음과 같다.

	TP=90	FN=10
FP=5	TN=95	

- 정확도: $\frac{90}{90 + 5} = 0.943$

- 재현율: $\frac{90}{90+10} = 0.9$
- F1 스코어: $2 \cdot \frac{0.943 \times 0.9}{0.943 + 0.9} \approx 0.921$

결과적으로 정확도만 높으면 재현율이 낮을 수 있으며, 과도한 보수적 예측(FP를 줄이기 위해 예측을 제한)으로 인해 실제 형태소를 놓칠 수 있다. 또한 재현율만 높으면 정확도가 낮을 수 있으며, 과도하게 긍정 예측을 늘려 FP가 증가할 수 있다. F1 스코어는 두 지표의 균형을 중시하므로 종합적인 성능 평가에 적합하다.

2.4.2. 품사 태깅(Part-of-Speech Tagging)

각 형태소에 품사(명사, 동사, 형용사 등)를 부여한다. 예를 들어 "나는_학교에_간다"이면 "나는/대명사", "학교에/장소격조사+에", "간다/동사"로 나뉜다. 각 형태소 m_i에 품사 t_i를 할당하는 것으로 아래와 같이 나타낸다.

$$\text{품사 태깅} = \{(m_1, t_1), (m_2, t_2), \ldots, (m_n, t_n)\}$$

따라서 {(나는, 대명사), (학교에, 장소격조사), (간다, 동사)}로 나타낸다.

2.4.3. 어간 추출 또는 표제어 추출

어간 추출(Stemming)은 단어의 끝부분을 규칙적으로 제거하거나 단어의 변형된 형태를 기본형으로 축소하는 것으로, 예를 들어 "먹고", "먹었다"를 "먹"으로 추출한다. 영어의 경우 "running" 이라면 "run"으로 추출한다.

표제어 추출(Lemmatization)은 사전 기반 정확한 원형을 복원하는 것으로, 예를 들어 "better"는 "good"으로, "am"은 "be"로 추출한다.

즉, 변형된 단어 W를 기본형 L로 변환하는 함수 f라고 한다면 아래와 같이 정리될 수 있다.

$$f: W \rightarrow L \text{ (표제어 집합)}$$

- 어간 추출: f("running") = "run", f("better") = "bet"
- 표제어 추출: f("better") = "good", f("am") = "be"

2.5. 정규화, 결측치와 이상치

정규화(Normalization)는 텍스트 데이터를 일정한 형식으로 표준화하여 분석의 정확도와 효율성을 높이는 단계로서, 위에서 설명한 소문자 변환, 특수문자 제거, 불용어 처리, 형태소 분석, 토큰화 등의 과정이 모두 정규화 과정이다. 이에 더하여 비슷한 의미를 가진 단어를 통일된 형태로 변환하는 과정을 추가할 수 있으며, 이는 사전 기반 매핑을 활용하여 변환할 수 있다. 예를들어 "ㅋㅋㅋ"는 "웃음"으로, "ㅇㅋ"는 "확인"으로 줄임말 처리를 하며, "ASAP"을 "As Soon As Possible"로 변환하는 약어 확장을 할 수 있다.

텍스트 마이닝에서 결측치는 텍스트 데이터에서 빈 문자열(""), 누락된 문서, 또는 일부 필드가 비어 있는 경우를 의미한다. 이러한 데이터가 발생하는 것은 리뷰 데이터에서 review 컬럼이 빈 문자열이거나, 설문 조사에서 특정 질문에 답하지 않은 경우 결측치가 나타난다. 9장 데이터 분석에서 결측치의 처리하는 방식과 유사하게 텍스트 마이닝에서도 유사한 방법을 사용한다.

- 제거: 결측치가 포함된 행(문서) 전체를 삭제하는 방법으로 비교적 쉽고 간단하게 실행할 수 있으나, 결측치로 인해 다른 데이터 손실을 야기할 수 있다.
- 대체: 다른 문서들의 평균적인 텍스트 길이로 채우는 방법으로, 예를 들어 "해당 데이터가 없습니다"와 같은 고정된 문장으로 결측치를 대체한다. 그러나 이 방법은 자칫 의미 없는 데이터가 생성될 수 있다.
- 크-앤-리무브(Mark-and-Remove): 결측치를 특별한 토큰(예를 들어 [MISSING])으로 대체한 후 벡터화 단계에서 제외하는 방법으로 데이터 손실을 최소화하면서 영향력을 제어할 수 있다.

이상치는 비정상적으로 긴 텍스트, 오탈자가 많은 문서, 의도적으로 생성된 스팸 등을 의미한다. 예를 들어 10,000자 이상의 비정상적으로 긴 리뷰나 반복적인 광고성 문구("구매하세요! 구매하세요!")와 같은 텍스트가 이에 해당된다. 이상치의 처리는 아래와 같은 방법으로 처리할 수 있다.

- 길이 기반 필터링(Length Filtering): 텍스트 길이의 평균(μ)과 표준편차(σ)를 계산한 후, $\mu \pm 3\sigma$ 범위를 벗어난 문서를 제거 또는 수정하는 방법이다.

$$\text{이상치} = \mu + 3\sigma \ \text{또는} \ \mu - 3\sigma$$

- 내용 기반 필터링(Content-Based Filtering): 스팸과 같이 특정 키워드(광고성 단어) 포함 여부를 검사해 제거하는 방법과 맞춤법 검사 도구를 활용해 오탈자를 검출하여 수정 또는 제거하는 방법이다.

결측치나 이상치는 텍스트 마이닝에서 의미 있는 분석을 저해하는 요인이 되는 것은 분명하다. 그러나 결측치나 이상치를 지나치게 제거하면 데이터가 편향되거나 대표성이 떨어질 수 있으며, 의료 데이터와 같이 특수한 경우 긴 텍스트가 정상일 수 있으므로, 도메인에 맞는 임계값 설정이 필요하다. 또한 텍스트의 자동화된 필터링 후 반드시 수동으로 검토해 의미 있는 데이터를 보존하는 작업이 반드시 필요하다.

아래와 같은 예시에서 결측치와 이상치는 무엇인가?

- 영화 리뷰 데이터
  - 결측치: 빈 리뷰 또는 공란
  - 이상치: 500자 이상의 스팸 리뷰
- 고객 설문
  - 결측치: ㅎㅎㅎ, ㅋㅋㅋ, 공란 등과 같이 설문 문제와 관련 없고 의미 없는 답안
  - 이상치: "이 제품은 최악입니다!!!"와 같은 극단적 감정 표현 데이터(단 실제 고객의 의견일 수도 있음을 주의한다)

2.6. 벡터화(Vectorization)

텍스트 데이터를 고유한 수치 벡터로 변환하는 과정이며, 텍스트의 비정형 특성을 구조화된 형태로 바꾸는 단계로서, 주로 Bag-of-Words(BoW), TF-IDF, 임베딩(Word-2Vec, BERT 등) 방법이 사용된다. 일반적으로 tm, tidytext, text2vec 등의 패키지를

사용해 구현하며, 단어의 빈도나 가중치를 기반으로 문서 간 유사도를 계산한다.

- **Bag-of-Words(BoW)**

문서 내 단어의 빈도만 기록하는 모델이다. DTM(Document-Term Matrix)은 텍스트 마이닝과 자연어 처리(NLP)에서 문서 집합 내 단어의 빈도를 수치화한 행렬로서, 각 문서에서 등장하는 고유한 단어(용어)의 빈도를 행렬 형태로 표현한 것이다. 이때 각 행은 다른 문서를 나타내고, 각 열은 코퍼스(문서 집합) 내 고유한 단어를 나타낸다. 셀(Cell)은 특정 문서(행)에서 해당 단어(열)가 등장하는 빈도 또는 가중치(TF-IDF 등)를 저장한다. TF-IDF에 대한 사항은 뒤에서 설명한다. DTM은 아래와 같이 산출한다.

$$DTM = \begin{bmatrix} \omega_{1,1} & \omega_{1,2} & \cdots & \omega_{1,n} \\ \omega_{2,1} & \omega_{2,2} & \cdots & \omega_{2,n} \\ \vdots & \vdots & & \vdots \\ \vdots & \vdots & \cdots & \vdots \\ \omega_{m,1} & \omega_{m,2} & \cdots & \omega_{m,n} \end{bmatrix}$$

m: 문서 수, n: 고유 단어 수

$\omega_{i,j}$: 문서 i 에서 단어 j 의 빈도 또는 가중치

예를 들어 아래와 같이 3개의 문서로 구성된 코퍼스가 있다.

문서 1: "사과와 배를 샀다"

문서 2: "배가 맛있다"

문서 3: "사과가 싸다"

토큰화 및 불용어 처리 단계로서 불용어 "와", "를", "가" 제거 → ["사과", "배", "샀다", "맛있다", "싸다"]를 만든다. 이를 기반으로 고유 단어 목록: ["사과", "배", "샀다", "맛있다", "싸다"]를 생성한다.

$$DTM = \begin{bmatrix} 1\,1\,1\,0\,0 \\ 0\,1\,0\,1\,0 \\ 1\,0\,0\,0\,1 \end{bmatrix}$$

DTM은 Bag-of-Words 방식의 연장이라 할 수 있으며, 단어 간의 문맥이나 순서를 무시하고 단어 빈도만을 고려하는 단순 모델이다. 예를 들어 "나는 학교에 간다" → ["나는", "학교에", "간다"]로 토큰화 후 빈도 계산하는 방식이다.

- **임베딩**

단어, 문장, 문서와 같은 텍스트 데이터를 밀집된 벡터(Dense Vector)로 변환하는 것이다.

1) Word2Vec: 구글의 Shard 기술을 활용해 분산 환경에서 대규모 코퍼스를 처리하기 위해 개발되었다. 단어 수준의 임베딩을 생성하는 대표적인 기법이며, 단어 간 의미적 유사성을 벡터 공간에서 반영한다. 따라서 단어 수준의 임베딩으로 텍스트 유사도 계산, 클러스터링 등에 유용하다. 주로 CBOW(Continuous Bag of Words)와 Skip-Gram 모델을 통해 주변 단어로 중심 단어를 예측하거나 반대로 학습한다.
   - CBOW(Bag-of-Words Model): 주변 단어(컨텍스트)를 이용해 중심 단어를 예측하며, 예를 들어 "나는 ___ 좋아해" → "좋아해"를 예측하기 위해 "나는", "좋아해"를 학습한다.
   - Skip-Gram: 중심 단어를 이용해 주변 단어를 예측한다. 예를 들어 "나는 ___ 좋아해" → "나는"으로부터 "좋아해"를 예측한다.

2) BERT(Bidirectional Encoder Representations from Transformers): 문맥을 양방향으로 이해하는 트랜스포머 기반 모델이다. 이때 사전 학습으로 영어 위키피디아, BooksCorpus 등 대규모 데이터로 학습된 사전 훈련된 모델을 활용한다.

3 텍스트 데이터 분석

3.1. 코퍼스(Corpus)

코퍼스는 말뭉치라고도 하며 컴퓨터가 텍스트 데이터를 분석하거나 학습할 수 있도록 체계적으로 모아놓은 언어 자료 집합으로, 자연어 처리(NLP)나 텍스트 마이닝에서 학습 또는 분석의 대상이 되는 데이터 셋을 의미한다. 즉 텍스트의 구조, 의미, 패턴을 분석하기 위한 데이터 집합을 의미하는 것으로 문서, 문장, 단어 등 텍스트 단위별로 구성될 수 있다. 텍스트 분석에서는 코퍼스를 기반으로 단어 빈도, 문맥, 감정 등을 파악한다. 코퍼스의 종류는 다음과 같다.

- 일반 코퍼스(General Corpus): 다양한 주제의 텍스트를 모아놓은 보편적인 데이터 셋이며, 뉴스 기사, 소설, 학술 논문 등이 해당된다.
- 도메인 특화 코퍼스(Domain-Specific Corpus): 특정 분야의 전문 용어와 문맥을 포함한 데이터 셋이며, 의료 기록, 법률 문서, 금융 보고서 등이 해당된다.
- 병렬 코퍼스(Parallel Corpus): 동일한 내용을 여러 언어로 번역한 쌍으로 구성된 데이터 셋이며, 영어-한국어 번역 문서 등이 해당된다.
- 학습자 코퍼스(Learner Corpus): 제2 언어 학습자의 텍스트나 발화 데이터를 모은 자료로서, 한국어 학습자의 작문이나 대화 기록 등이 해당된다.

일반적인 코퍼스의 구성 요소로는 다음과 같다.

- 텍스트 본문: 실제 분석 대상이 되는 문서나 문장이 된다.
- 메타데이터: 데이터의 의미를 설명하는 데이터로서 문서 ID, 작성자, 날짜, 주제 등 추가 정보 등이 된다.
- 전처리 결과: 토큰화, 불용어 제거, 형태소 분석 등 처리된 데이터가 된다.

예를 들어 영화 리뷰 코퍼스는 다음과 같다.

- 텍스트: "이 영화는 정말 재미있었어요! 강추입니다.", "배우들의 연기가 실망스러웠습니다."
- 메타데이터: 리뷰 ID, 작성자, 평점(1~5점).
- 전처리: 불용어("정말", "배우들의") 제거 후 토큰화.

3.2. 패키지

3.2.1. Tidyverse

Tidyverse는 데이터 분석 및 시각화를 위해 필요한 패키지들을 모아놓은 패키지로서, 포함된 주요 패키지는 다음과 같다.

표 2. tidyverse 패키지의 패키지

패키지	기능
dplyr	데이터프레임을 조작하고 가공하는 데 사용되는 패키지
forcats	범주형 변수를 다루는 데 사용
ggplot2	데이터 시각화
lubridate	날짜와 시간을 다루는 데 사용
purrr	함수형 프로그래밍, 리스트와 벡터 데이터에 대한 작업 지원
readr	다양한 데이터 포맷(CSV, TSV, Excel 등)을 읽어옴
stringr	문자열 처리를 위한 패키지, 정규표현식을 사용한 문자열 작업 수행
tibble	데이터프레임을 개선한 형태
tidyr	데이터를 tidy 데이터형식으로 변환

tidyverse 패키지의 설치와 로드는 다음과 같다.

```
install.packages('tidyverse')
library(tidyverse)
```

이들 중 데이터 분석에서 많이 사용하는 기본 개념인 tibble, tidyr에 대해서 알아본다.

- **tibble**

tibble은 tidyverse 패키지의 tibble 패키지에서 사용되는 데이터 형태로서 데이터프레임과 유사하지만 데이터프레임의 기능을 확장한 새로운 형태의 데이터 구조라고 할 수 있다. 데이터프레임과 tibble의 출력 차이를 보면 다음과 같다.

기존 데이터프레임은 모든 행이 출력되지만 tibble은 행의 일부와 열 이름만 요약하여 출력된다.

```
> data.frame(a = 1:5, b = 5:1)
  a b
1 1 5
2 2 4
3 3 3
4 4 2
5 5 1
> tibble(a = 1:5, b = 5:1)
# A tibble: 5 × 2
      a     b
  <int> <int>
1     1     5
2     2     4
3     3     3
4     4     2
5     5     1
```

이때 tibble: 5 × 2는 5 × 2 행렬로 데이터를 표현하는 것이며, <int> <int>와 같은 레이블은 아래와 같다.

표 3. tibble에서 레이블의 의미

레이블	내용
<chr>	문자형(character)
<int>	정수(integer)
<dbl>	더블(double)
<date>	날짜(date)
<time>	시간(time)
<dttm>	날짜와 시간(date-time)
<lgl>	논리값. 조건에 맞으면 TURE, 그렇지 않으면 FALSE 반환
+lbl	변수의 값에 부여된 레이블 값이 추가되어 있음을 표시

실습

아래와 같이 tibble을 만들어 보자. tibble도 데이터프레임과 유사하게 데이터의 내용을 추출하거나 출력할 수 있다.

```
tb <- tibble(x = 1:3, y = c("A", "B", "C"))
```

```
---실행결과---
> tb[[1]] # 인덱스로 데이터 추출
[1] 1 2 3
> tb[[2]] # 인덱스로 데이터 추출
[1] "A" "B" "C"
> tb[['x']] # 이름으로 데이터 추출
[1] 1 2 3
> tb$y # 이름으로 데이터 추출
[1] "A" "B" "C"
```

slice(1:2)는 첫 두 행 선택한 다음 select(y)로 y 열만 선택한다.

```
> selected <- tb %>% slice(1:2) %>% select(y)
> selected
# A tibble: 2 × 1
  y
  <chr>
1 A
2 B
```

tibble은 데이터프레임보다 자세한 내용을 확인하기 쉽게 나타낸다. 즉, iris 데이터 셋을 tibble로 나타내보면 몇 개의 데디터로 구성되는지, 어떤 데이터 타입을 가지는지 명확히 알 수 있다.

```
> as_tibble(iris)
# A tibble: 150 × 5
  Sepal.Length Sepal.Width Petal.Length Petal.Width Species
         <dbl>       <dbl>        <dbl>       <dbl> <fct>
1          5.1         3.5          1.4         0.2 setosa
2          4.9         3            1.4         0.2 setosa
3          4.7         3.2          1.3         0.2 setosa
4          4.6         3.1          1.5         0.2 setosa
```

```
5      5      3.6    1.4    0.2 setosa
6      5.4    3.9    1.7    0.4 setosa
7      4.6    3.4    1.4    0.3 setosa
8      5      3.4    1.5    0.2 setosa
9      4.4    2.9    1.4    0.2 setosa
10     4.9    3.1    1.5    0.1 setosa
# i 140 more rows
# i Use 'print(n = ...)' to see more rows
```

- tidyr

tidyr 패키지는 데이터의 정제와 변환을 통해 정돈된 자료(tidy data)를 만드는 기능을 한다. 이를 위해 tidy data는 다음 세 가지 규칙을 만족해야 한다.

- 각 변수는 열(column)로 표현된다.
- 각 관측값(observation)은 행(row)에 위치한다.
- 각 값(value)은 단일 셀(cell)에 저장된다.

주요 함수는 다음과 같다.

- pivot_longer: Wide → Long 변환, 즉 여러 열을 하나의 열로 통합해 길쭉한 (long) 형식으로 변환한다.

실습

cols = -name은 name 열을 제외한 나머지 열을 변환 대상으로 지정하고, names_to = "year"는 원래 열 이름(2020, 2021)을 year 열로 변환한다. values_to = "score"는 원래 열의 값을 score 열로 변환하여, 원본 데이터를 Long 형식으로 변환한다.

```
wide_data <- tibble(name = c("Alice", "Bob"), '2020' = c(90, 85), '2021' = c(95,
92))
long_data <- wide_data %>% pivot_longer(cols = -name,
   names_to = "year", values_to = "score")
print(long_data)
```

```
---실행 결과 ---
# A tibble: 4 × 3
  name    year   score
  <chr>   <chr>  <dbl>
1 Alice   2020    90
2 Alice   2021    95
3 Bob     2020    85
4 Bob     2021    92
```

– pivot_wider: Long → Wide 변환, 즉 Long 데이터를 wide 데이터로 변환한다.

names_from = year는 year 열의 값을 새로운 열 이름으로 사용하고, values_from = score는 score 열의 값을 새 열에 할당한다.

```
long_data <- tibble(
  name = c("Alice", "Alice", "Bob", "Bob"),
  year = c(2020, 2021, 2020, 2021),
  score = c(90, 95, 85, 92)
)
wide_data <- long_data %>% pivot_wider(names_from = year,
    values_from = score)
print(wide_data)

---실행결과---
# A tibble: 2 × 3
  name    '2020'  '2021'
  <chr>   <dbl>   <dbl>
1 Alice    90      95
2 Bob      85      92
```

– separate: 하나의 열을 여러 열로 분리한다.

```
sep = " "는 공백을 기준으로 분리하며, into = c("city", "road")는 분리된 값을 각각
city와 road 열에 저장한다.

data <- tibble(city_state = c("Seoul City", "Tokyo City", "London City"))
data <- data %>% separate(city_state, into = c("city", "road"), sep = " ")
print(data)

---실행결과---
# A tibble: 3 × 2
  city   road
  <chr>  <chr>
1 Seoul  City
2 Tokyo  City
3 London City
```

– unite: 여러 열을 하나의 열로 결합한다.

```
sep = " "은 결합 시 공백을 삽입하며, full_name은 결합된 결과를 저장할 새 열 이름
이다.

data <- tibble(first_name = c("John", "Jane"), last_name = c("Doe", "Smith"))
data <- data %>% unite(full_name, first_name, last_name, sep = " ")
print(data)

---실행결과---
# A tibble: 2 × 1
  full_name
  <chr>
1 John Doe
2 Jane Smith
```

– nest & unnest: 데이터 네스팅, 즉 그룹별로 복잡한 연산을 수행한 후 결과를 병합한다.

nest(data = -group)는 group을 기준으로 데이터를 리스트 형태로 네스팅하며, map(data, ~mean(...))은 각 그룹별로 평균을 계산한다. 또한 unnest(avg)는 계산된 평균을 열로 변환한다.

```
data <- tibble(group = rep(c("A", "B"), each = 3), value = rnorm(6))
nested <- data %>% nest(data = -group)
result <- nested %>% mutate(avg = map(data, ~mean(.x$value))) %>%
  unnest(avg)
print(result)
```

```
---실행결과---
# A tibble: 2 × 3
  group data               avg
  <chr> <list>           <dbl>
1 A     <tibble [3 × 1]> -0.471
2 B     <tibble [3 × 1]> -1.10
```

– drop_na: 결측치가 있는 행을 제거한다.

– fill: 결측치를 다른 값(평균, 중앙값, 직전/다음 값 등)으로 채운다.

data에는 tibble을 통해 결측치를 포함한 데이터를 저장하였으며, 이것을 cleaned에서 결측치 제거를 위해 결측치가 없는 행만 포함하도록 하였다. 여기서 fill은 결측치를 이전/다음 값으로 채우는 명령이다.

```
data <- tibble(x = c(1, 2, NA, 4), y = c(NA, 2, 3, 4))
cleaned <- drop_na(data)
filled <- data %>% fill(x,.direction = "down") %>% fill(y,.direction = "up")
print(cleaned)
print(filled)
```

```
---실행결과---
> print(cleaned)
# A tibble: 2 × 2
      x     y
  <dbl> <dbl>
1     2     2
2     4     4
```

```
> print(filled)
# A tibble: 4 × 2
      x     y
  <dbl> <dbl>
1     1     2
2     2     2
3     2     3
4     4     4
```

3.2.2. tidytext: Text Analysis in the Tidyverse

텍스트를 tidy data 형식으로 변환하여 dplyr, ggplot2 등 다른 tidyverse 패키지와 원활하게 연동할 수 있도록 지원한다. 주요 함수의 기능은 다음과 같다.

- unnest_tokens( ): 텍스트 데이터를 개별 단어(토큰)로 분리하고, 이를 데이터 프레임의 행으로 펼쳐준다.

```
library(tidytext)
library(dplyr)
text <- tibble(document = 1:2,
  text = c("나는 오늘 기분이 좋다.", "내일 비가 올 것 같다."))
text %>% unnest_tokens(word, text) %>% anti_join(stop_words)

---실행결과---
Joining with 'by = join_by(word)'
# A tibble: 9 × 2
  document word
     <int> <chr>
1        1 나는
2        1 오늘
3        1 기분이
4        1 좋다
5        2 내일
6        2 비가
7        2 올
8        2 것
9        2 같다
```

- get_sentiments( ): 감성 분석용 사전(lexicon)을 제공한다.
  - AFINN: 단어별 점수(예: "좋다" = +1, "싫다" = −2)
  - Bing: 긍정/부정 레이블
  - NRC: 감정 카테고리(예: 기쁨, 분노)

- stop_words: 불용어(stopword) 목록을 제공한다.

```
> stop_words
# A tibble: 1,149 × 2
   word        lexicon
   <chr>       <chr>
 1 a           SMART
 2 a's         SMART
 3 able        SMART
 4 about       SMART
 5 above       SMART
 6 according   SMART
 7 accordingly SMART
 8 across      SMART
 9 actually    SMART
10 after       SMART
# i 1,139 more rows
# i Use 'print(n = ...)' to see more rows
```

3.2.3. wordcloud

wordcloud 패키지는 텍스트 데이터에서 단어 빈도를 시각화하여 워드클라우드(단어 구름)를 생성하여 주며, 단어 빈도에 따라 크기와 색상을 달리해 텍스트의 주요 키워드를 직관적으로 표현하는 것이 특징이다. 함수의 기능은 표 4와 같다. wordcloud( )는 단순한 텍스트 기반의 기본 워드클라우드 생성하는 함수이며, wordcloud2( )는 HTML/JavaScript로 동작하는 웹 기반 인터랙티브 워드클라우드를 생성하는 함수이다. 인터랙티브 워드클라우드에서는 확대/축소 및 호버 효과 지원하며,

단어 위에 마우스를 올리면 빈도수가 표시된다. wordcloud는 wordcloud 패키지에, wordcloud2는 wordcloud2 패키지에 각각 내장되어 있다.

표 4. wordcloud 패키지의 함수

함수	파라미터	기능
wordcloud( )	words	단어 빈도 데이터프레임 (행: 단어, 열: 빈도)
	min.freq	최소 빈도 (이보다 낮은 빈도의 단어는 제외)
	max.words	최대 표시 단어 수
	random.order	FALSE로 설정하면 빈도순 정렬
	기타. colors, mask, scale, rot.per	
wordcloud2( )	df	단어 빈도 데이터프레임
	size	단어 크기 범위(min ~ max)
	color	단어 색상
	fontFamily	폰트 설정(한글 지원 가능)

실습

사용자 데이터를 만들어 실습해 보자. 기본 워드클라우드 생성용인 wordcloud 패키지와 웹 기반 인터랙티브 버전인 wordcloud2 패키지를 모두 설치한다. 과정은 텍스트 데이터 준비 -> 2. 소문자 변환 + 특수문자 제거 -> 3. 단어 분리 -> 4. 빈도 계산 -> 5. 워드클라우드 생성 순서이다.

```
install.packages("wordcloud")
install.packages("wordcloud2")
```

사용자 정의 데이터 생성을 위해 간단한 영문 문장 3개를 만든다.

```
text_data <- c(
  "The quick brown fox jumps over the lazy dog.",
  "The dog is very lazy and the fox is quick.",
  "Quick foxes jump over lazy dogs in the brown field." )
```

전처리 단계로서 텍스트를 분석 가능한 형태로 변환하며, library(stringr)는 문자열 처리 패키지를 로드하는 것이다. 첫 단계로 소문자 변환, 특수문자 제거 및 공백을 기준으로 리스트 형태로 분리하기 위하여 tolower(text_data) %>% str_replace_all("[^[:alnum:]]", " ") %>% str_split(" ")을 사용한다. tolower(text_data)는 text_data를 소문자로 변환한다. str_replace_all("[^[:alnum:]]", " ")은 알파벳/숫자 외 문자는 공백으로 대체하는 명령으로 구두점, 숫자 등을 공백으로 대체 (예를 들어 "dog." -> "dog ")한다. str_split(" ")은 ["the", "quick",...]과 같이 문장을 단어 단위로 분리해 clean_text 리스트를 생성한다. 다음 단계에서 unlist(clean_text)는 clean_text 리스트를 벡터로 변환해 table( ) 함수의 입력에 준비한다.

```
library(stringr)
clean_text <- tolower(text_data) %>% str_replace_all("[^[:alnum:]]", " ") %>%
  str_split(" ")
words <- unlist(clean_text)
```

각 단어가 몇 번 등장하는지의 단어 빈도를 계산하기 위하여, table(words)은 벡터 words에서 각 단어의 빈도를 계산해 테이블을 생성한다. sort(decreasing = TRUE)는 빈도가 높은 단어부터 정렬하는데, 시각화할 때는 정렬된 순서에 따라 빈도가 높은 단어를 큰 글씨 -> 작은 글씨의 순으로 표시한다.

```
word_freq <- table(words)
word_freq <- sort(word_freq, decreasing = TRUE)
```

빈도에 따라 단어 크기가 달라지는 워드클라우드를 생성하기 위하여 wordcloud( ) 함수를 사용한다. words = names(word_freq)는 단어 이름으로 x축을 나타내며, freq = as.numeric(word_freq)는 빈도로서 y축을 나타낸다. min.freq = 2는 최소 빈도로서 2번 이상 등장한 단어만 표시하는 것이며, max.words = 30은 최대 표시 단어 수, random.order = FALSE는 빈도순 정렬 (TRUE면 무작위 배치), colors = brewer.pal(8, "Dark2")는 Dark2 팔레트에서 8가지 색상을 선택하여 시각화한다. 실행 결과로 가장 많은 빈도를 가지는 단어는 "the"이므로 가장 크게 나타나며, min.freq = 2를 설정하였기에 "is", "and" 등 1회만 등장한 단어는 제외되었다.

```
library(wordcloud)
wordcloud(words = names(word_freq), freq = as.numeric(word_freq),
  min.freq = 2, max.words = 30, random.order = FALSE,
  colors = brewer.pal(8, "Dark2"))
```

---실행결과---

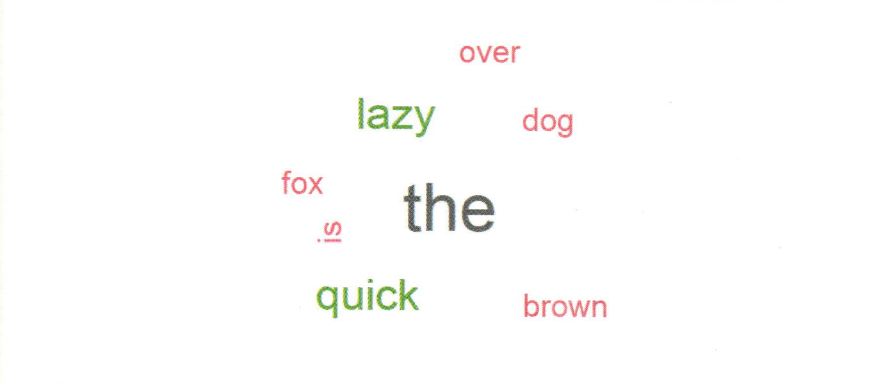

그림 2. 사용자 데이터 wordcloud

wordcloud2( )로 인터랙티브 시각화를 나타내기 위하여 library(wordcloud2)를 로드한다. wordcloud2로 나타내기 위하여 df <- data.frame(word = names(word_freq), freq = as.numeric(word_freq))를 실행하여 wordcloud2에 맞는 데이터프레임 형식으로 변환한다. 이때 names(word_freq)은 단어, as.numeric(word_freq)은 빈도를 설정한다. 인터랙티브 워드클라우드 생성하기 위하여 wordcloud2( ) 함수를 사용한다. size = 0.8은 단어 크기 조절, color = "orange"는 색상을 오렌지로 설정, fontFamily = "Arial"은 폰트를 설정한다.

```
library(wordcloud2)
df <- data.frame(word = names(word_freq), freq = as.numeric(word_freq))
wordcloud2(df, size = 0.8, color = "orange", fontFamily = "Arial")
```

---실행결과---

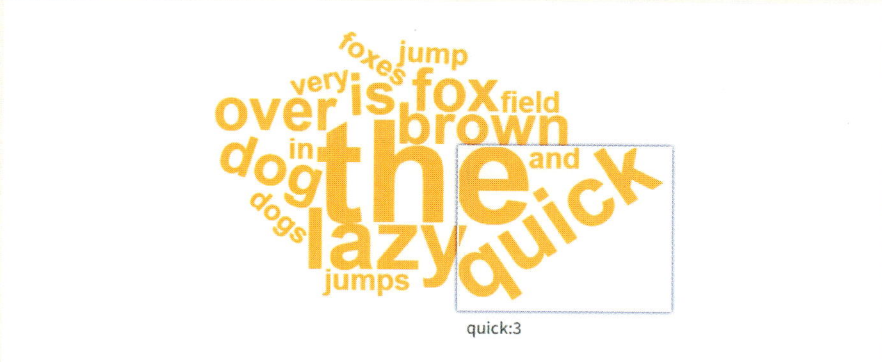

그림 3. 사용자 데이터 wordcloud2

3.2.4. tm

tm(Text Mining) 패키지는 주로 비정형 텍스트 데이터를 구조화된 형태로 변환하고, 자연어 처리(NLP) 작업을 수행한다. 특히 텍스트 전처리, 문서-단어 행렬(DTM) 생성, 토큰화, 불용어 처리 등의 작업을 지원한다. 주요 함수와 기능은 아래와 같다.

표 5. tm 패키지의 함수

함수	기능	예시
Corpus	코퍼스를 생성	corpus <– Corpus(VectorSource(your_data))
tm_map	Corpus에 전처리 함수를 적용	• 소문자 변환: tm_map(corpus, content_transformer(tolower)) • 특수문자 제거: tm_map(corpus, removePunctuation) • 숫자 제거: tm_map(corpus, removeNumbers) • 영어 불용어 제거: tm_map(corpus, removeWords, stopwords("en"))
DocumentTermMatrix	Corpus를 DTM으로 변환 • weightTf: 단어 빈도(TF) 기반 • weightTfIdf: TF-IDF 가중치 적용	DocumentTermMatrix(corpus, control = list(weighting = weightTfIdf))
inspect	DTM의 구조와 샘플 데이터를 확인 문서 수, 고유 단어 수, 스파시티, 최대 단어 길이 등이 출력됨	inspect(dtm)

일반적으로 tm을 이용한 데이터 처리 과정은 데이터 로드 → Corpus 생성 → 전처리 → DTM 생성 (TF-IDF 또는 TF 빈도 기반) → 분석 및 시각화로 진행된다.

여기서 잠깐 - acq 데이터 셋

acq 데이터 셋은 tm 패키지에 내장된 소규모 텍스트 데이터 셋으로, 인수 합병(M&A) 관련 내용을 담은 3개의 짧은 문서로 구성된다. 구성은 아래와 같다.

- 문서 수: 3개 ("1", "2", "3"으로 명명됨)
- 내용: 각 문서는 인수 합병 관련 핵심 단어로 구성(예: character, company, dlrs(달러 약어), mln(백만), pct(퍼센트), people, reuter(Reuters 뉴스 소스), said, year 등)

실습

tm 패키지를 로드한다. 만일 library(tm)에서 에러가 발생하면 install.packages("tm")를 먼저 실행하여야 한다. data("acq")은 acq 데이터 셋을 불러온다. names(acq)은 문서 이름("1", "2", "3")을 확인해 데이터 구조를 파악하기 위해 사용하였다.

```
library(tm)
data("acq")
names(acq)
```

```
---실행결과---
> acq
<<VCorpus>>
Metadata:  corpus specific: 0, document level (indexed): 0
Content:  documents: 50
> names(acq)
 [1] "10"  "12"  "44"  "45"  "68"  "96"  "110" "125" "128" "134" "135"
[12] "153" "157" "162" "185" "186" "199" "260" "302" "304" "315" "331"
[23] "334" "361" "362" "366" "369" "371" "372" "376" "379" "387" "389"
[34] "393" "401" "408" "424" "436" "441" "442" "447" "448" "467" "473"
[45] "474" "478" "496" "497" "498" "504"
```

Corpus를 생성하기 위해 corpus <- Corpus(VectorSource(acq))를 사용하였으며, 텍스트 데이터를 tm의 Corpus 객체로 변환한다. 즉 VectorSource(acq)는 벡터 형태의 텍스트 데이터를 입력받아 Corpus로 만든다.

```
corpus <- Corpus(VectorSource(acq))
```

전처리 단계로 tm_map(corpus, content_transformer(tolower))은 소문자 변환으로 "Acquisition" → "acquisition"으로 변환한다. tm_map(corpus, removePunctuation)은 특수문자를 제거하는 명령으로 구두점, 기호 등을 제거해 노이즈를 줄인다. tm_map(corpus, removeNumbers)은 숫자를 제거하는 명령으로 숫자는 텍스트 분석에 의미가 없으므로 제거한다. tm_map(corpus, removeWords, stopwords("en"))은 불용어 제거 명령으로 "the", "is", "in" 등 의미 없는 단어를 필터링한다.

```
corpus <- tm_map(corpus, content_transformer(tolower))
corpus <- tm_map(corpus, removePunctuation)
corpus <- tm_map(corpus, removeNumbers)
corpus <- tm_map(corpus, removeWords, stopwords("en"))
```

DocumentTermMatrix(corpus, control = list(weighting = weightTf))은 단어 빈도(TF)를 기반으로 DTM을 생성한다(DocumentTermMatrix( ) 함수). 즉 weighting = weightTf는 단어 빈도(TF)만 사용하는 것으로 상위 단어 추출을 위한 것이다. inspect(dtm)은 생성된 DTM의 구조를 확인하는 명령으로 문서 수, 고유 단어 수, 스파시티(희소성) 등을 출력해 데이터의 특성을 파악하게 해준다.

```
dtm <- DocumentTermMatrix(corpus, control = list(weighting = weightTf))
inspect(dtm)
```

```
---실행결과---
> inspect(dtm)
<<DocumentTermMatrix (documents: 3, terms: 2074)>>
Non-/sparse entries: 2076/4146
Sparsity           : 67%
Maximal term length: 25
Weighting          : term frequency (tf)
Sample             :
    Terms
Docs character company dlrs mln pct people reuter reuters said year
   1       197      54   64  57  61     51     51      54  158   58
   2         0       0    0   0   0      0      0       0    0    0
   3         0       0    0   0   0      0      0       0    0    0
```

실행결과를 보면 문서 수: 3개(documents: 3), 고유 단어 수: 2,074개(terms: 2074)이며, 비영점(Non-sparse) 항목: 2,076개(Non-/sparse entries: 2076/4146)를 나타낸다. 스파시티: 67%(Sparsity: 67%) → 67%의 셀이 0이라는 의미로, 텍스트 데이터의 희소성을 나타낸다. 이는 일반적인 현상이며, 고차원 데이터에서 자주 발생한다.

최대 단어 길이: 25(Maximal term length: 25) → 가장 긴 단어가 25자라는 것을 의미한다(예: "universities", "organizations" 등). Weighting: term frequency(tf) 값은 단순히 단어가 문서에 등장하는 횟수를 나타낸다. 샘플 행렬은 첫 번째 문서와 두 번째 문서의 일부를 보여주는데, 첫 번째 문서(Doc 1)에서 character: 197회, company: 54회, dlrs(달러를 의미하는 약어), mln(백만), pct(퍼센트) 등 금융 관련 용어가 빈번히 등장한다. year: 158회로, 문서 내에서 시간 관련 정보가 강조됨을 알 수 있다.

```
Terms
Docs character company dlrs mln pct people reuter reuters said year
  1       197      54   64  57  61     51     51      54  158   58
```

두 번째 및 세 번째 문서 (Doc 2, Doc 3)에서는 샘플 행렬에 표시된 단어(reuter, said, year)가 한 번도 등장하지 않는다.

```
Docs character company dlrs mln pct people reuter reuters said year
  2      0        0     0   0   0     0      0       0     0    0
  3      0        0     0   0   0     0      0       0     0    0
```

가장 자주 등장하는 단어를 추출하는 과정이다. as.matrix(dtm)은 DTM을 행렬 형태로 변환하며, findFreqTerms(dtm, lowfreq = 1)는 최소 빈도 1 이상인 모든 단어를 추출한다. 즉 acq 데이터 셋은 각 문서가 단일 단어만 포함하므로, 모든 단어가 추출된다.

```
dtm_matrix <- as.matrix(dtm)
top_terms <- findFreqTerms(dtm, lowfreq = 1)
print(top_terms)
```

```
---실행결과---
> print(top_terms)
  [1] "ability"              "abninvestor"
  [3] "aboutn"               "aboutnfive"
  [5] "acceptance"           "accepted"
        :                         :
        :                         :
```

추출된 상위 단어의 빈도를 시각화한다. colSums(dtm_matrix)은 각 단어의 총 빈도를 계산하고, sort(...)[1:20]은 상위 20개 단어만 선택해 막대 그래프로 표시한다.

```
word_freq <- colSums(dtm_matrix)
barplot(sort(word_freq, decreasing = TRUE)[1:20], main = "상위 20개 단어의 빈도",
      col = "skyblue")
```

---실행결과---

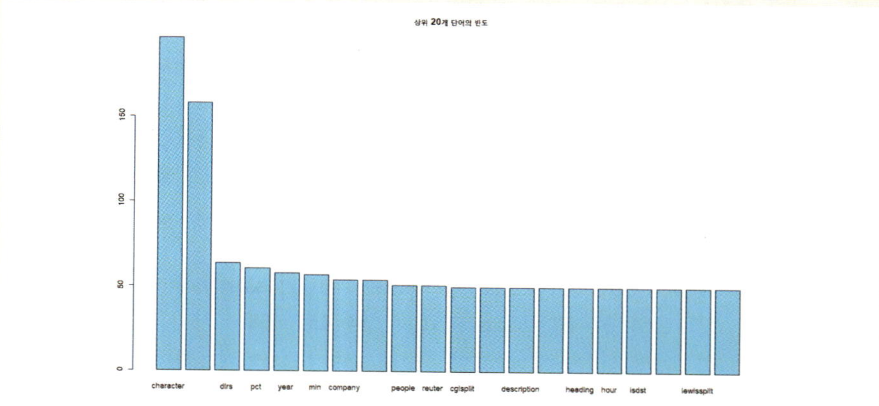

그림 4. acq 데이터 셋의 상위 단어의 빈도

워드클라우드로 시각화해 보자. min.freq = 3은 빈도 3 미만 단어 제외하고, max.words = 50은 최대 50개 단어를 표시한다.

```
wordcloud(words = names(word_freq), freq = word_freq, min.freq = 3,
  max.words = 50, random.order = FALSE, colors = brewer.pal(8, "Dark2"))
```

---실행결과---

그림 5. acq 데이터 셋의 wordcloud

인터랙티브 wordcloud2를 위하여 data.frame( ) 함수를 통해 데이터프레임을 만든다. wordcloud2( ) 함수에서, size = 0.8은 0~1 사이의 설정값으로 단어 크기를 조절한다. color와 fontFamily는 색상과 폰트를 설정한다.

```
df <- data.frame(word = names(word_freq), freq = as.numeric(word_freq))
wordcloud2(df, size = 0.8, color = "purple", fontFamily = "Arial")
```

---실행결과---

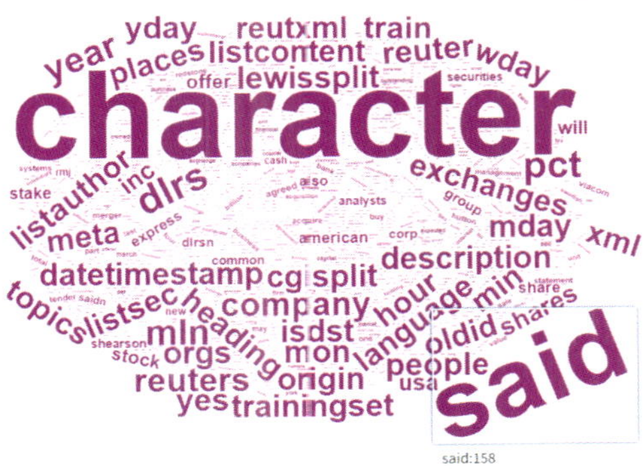

그림 6. acq 데이터 셋의 wordcloud2

여기서 잠깐 - 말뭉치에서 Corpus와 VCorpus의 차이

위 코드에서 tm_map( ) 함수를 실행할 때 아래의 내용과 같이 경고 메시지가 출력되는 것을 알 수 있다. 이는 tm_map( ) 함수를 실행할 때마다 나타나며, 결국 소문자 변환, 특수문자 제거, 숫자 제거 및 불용어 제거가 실행이 안 된 상황이다.

위 예제에서 corpus <- Corpus(VectorSource(acq))를 corpus <- VCorpus(VectorSource(acq))로 변경해 보자. 이제 에러가 나타나지 않고 소문자 변환에서 불용어 제거까지 모두 수행되는 것을 알 수 있다.

```
경고메시지(들):
tm_map.SimpleCorpus(corpus, content_transformer(tolower))에서:
  transformation drops documents
                      :
                      :
tm_map.SimpleCorpus(corpus, removeWords, stopwords("en"))에서:
  transformation drops documents
```

R의 tm 패키지에서 텍스트 데이터를 관리하기 위해 제공하는 클래스로 Corpus와 VCorpus가 있다.

- Corpus: Corpus는 tm 패키지에서 텍스트 데이터를 저장하는 가장 기본 클래스로서, 텍스트 소스(파일, 데이터베이스, R 객체 등)에서 데이터를 읽어와 Corpus로 변환한다. 이는 파일이나 데이터베이스에서 직접 읽어오므로, R 세션이 종료되어도 디스크에 저장된 데이터를 다시 불러올 수 있다.
- VCorpus: VCorpus는 Corpus의 하위 클래스로, 메모리 내에서 생성된 가상 Corpus이다. 이는 R 객체(예를 들어 문자 벡터, 데이터프레임)에서 직접 텍스트를 추출해 말뭉치를 생성할 때 사용된다. 다만 R 세션이 종료되면 사라지는 메모리 기반 말뭉치이다.

예를 들어, 아래와 같이 데이터를 읽어오는 경우가 다를 때 구분해서 사용하면 된다.

```
•Corpus: corpus <- Corpus(DirSource("c:\\r\\test.csv"))
•VCorpus: text_data <- c("Hello R", "R is so fun")
          corpus <- VCorpus(VectorSource(text_data))
```

위 실습에서 corpus <- VCorpus(VectorSource(acq))으로 변경하고 나머지 명령들을 실행했을 때 결과 워드클라우드가 아래와 같이 달라짐을 알 수 있다.

그림 7. VCorpus를 적용한 acq 데이터 셋의 wordcloud

즉, 위 wordcloud 실습 예제는 VCorpus를 적용하면 불용어 처리까지 완료된 데이터의 결과를 출력할 수 있기 때문에 파일로부터 읽어오는 데이터가 아니면 VCorpus를 사용하는 것이 좋다.

응용학습 1 Obama 2009 취임 연설문 wordcloud

2009년 Obama 대통령의 취임 연설문을 Word Cloud로 시각화하는 프로그램을 작성하시오. 기본 데이터 생성은 아래와 같이 한다.

```
obama_speech <- paste(
  "My fellow Americans, today we gather to mark a historic moment in our nation's journey.",
  "We come to proclaim the enduring strength of our nation, determined to preserve our individual liberties,",
  "and to keep our nation strong and free.",
  "We recognize that we have come through a period of great challenge,",
  "and we have emerged stronger and more united.",
  "We are ready to lead once more.",
  "Let each of us gather the courage to act on behalf of our children.",
  "Let our generation be the one that finally sees the rise of peace and justice."
)
```

- VCorpus를 적용할 것
- 소문자 변환, 구두점/숫자 제거, 불용어(예: “the”, “and”) 제거, 공백 제거할 것
- 워드클라우드를 생성할 때 최소 빈도 1, 최대 단어 수 50으로 설정할 것
- 단어 빈도 상위 10개를 출력할 것(이때 최소 빈도 2, 최대 50으로 설정할 것)

그림 8. Obama 2009 취임 연설문 wordcloud

3.2.5. KoNLP

KoNLP(Korean Natural Language Processing)는 한국어 텍스트를 분석하기 위한 자연어 처리 패키지이며, 형태소 분석, 품사 태깅, 명사 추출 등을 지원하며, 주로 NIADic이나 SejongDic 사전을 기반으로 동작 한다. 또한 KoNLP는 Java 기반으로 동작하므로 rJava 패키지 설치 및 Java 경로 설정이 필요하다.

다만 주의할 사항은 KoNLP 패키지가 CRAN 서버에서 제외되었고, 2020년 이후로 업데이트가 이루어지지 않아 install.packages("KoNLP")만으로 설치가 되지 않는 문제가 있다. 또한 R 4.0 이후로는 KoNLP의 주요 함수들이 동작하지 않지만, KoNLP의 함수를 사용하지 않고 tm 패키지의 함수와 연동하여 사용하는 방법으로도 동작이 된다. KoNLP를 사용하는 이유로는 가장 널리 사용하는 한글 형태소 분석 패키지이며 많은 이들에게 친숙하다는 장점이 있다. 이 장에서는 KoNLP를 직접 다운로드하여 수동으로 설치하는 방법을 사용한다.

실습

- https://cran.r-project.org/src/contrib/Archive/KoNLP/에 접속하여 KoNLP 패키지 (KoNLP_0.80.2.tar.gz)를 다운로드 받는다.
- 다운로드한 파일을 c 드라이브 아래 r 폴더에 옮겨놓는다.
- KoNLP를 설치하기 전에 rJava를 먼저 설치하여야 한다.

```
install.packages("rJava")
library(rJava)
```

• KoNLP 패키지를 설치하는 명령에 경로명을 입력하여 실행한다.

```
install.packages("c:\\r\\KoNLP_0.80.2.tar.gz", repos = NULL, type = "sorce")
library(KoNLP)
```

• 만일 설치 중 아래와 같이 java 오류가 발생하면, scala-library-2.11.8.jar 파일을 다운로드하여야 한다.

```
Fail to install scala-library-2.11.8.jar. Recommand to install library manually
in C:/Program Files/R/R-4.3.0/library/KoNLP/java
Checking user defined dictionary!
```

https://repo1.maven.org/maven2/org/scala-lang/scala-library/2.11.8/scala-library-2.11.8.jar에 접속하여 scala-library-2.11.8.jar 파일을 받아 C:/Program Files/R/R-4.3.0/library/KoNLP/java에 옮겨놓는다.

• 만일 아래와 같이 에러가 발생하면 'tau', 'Sejong', 'RSQLite', 'devtools' 패키지를 각각 설치한 후 KoNLP를 설치한다.

```
'C:/Users/Michael/AppData/Local/R/win-library/4.5'의 위치에 패키지(들)을 설치합
니다. (왜냐하면 'lib'가 지정되지 않았기 때문입니다)
ERROR: dependencies 'tau', 'Sejong', 'RSQLite', 'devtools' are not available for
package 'KoNLP'
```

```
install.packages(c('tau', 'Sejong', 'RSQLite', 'devtools'))
install.packages("c:\\r\\KoNLP_0.80.2.tar.gz", repos = NULL, type = "sorce")
```

• 만일 library(KoNLP)에서 아래와 같이 에러가 발생하면 다운로드받은 scala-library-2.11.8.jar를 안내된 폴더에 복사해 놓고, library(KoNLP) 실행하면 패키지를 로드할 수 있다.

```
> library(KoNLP)
Fail to install scala-library-2.11.8.jar. Recommand to install library manually
in C:/Users/Michael/AppData/Local/R/win-library/4.5/KoNLP/java
Checking user defined dictionary!
```

예제 1 대통령 연설문 텍스트 분석

KoNLP를 이용하여 이재명 대통령 취임 연설문을 분석해 본다. 취임 연설문은 https://www.mofa.go.kr/us-ko/brd/m_4487/view.do?seq=1347789에서 참조할 수 있으며, 이것을 텍스트 파일(texttest.txt)로 저장하여 c 드라이브 아래 r 폴더에 옮겨두었다. 다음은 텍스트 분석을 위한 KoNLP 이외의 필요한 패키지를 설치 및 로드한다.

```
library(tm)
library(wordcloud)
library(ggplot2)
```

- 텍스트 파일 읽기 및 전처리 단계로서, readLines( ) 함수를 이용하여 저장된 연설문 파일을 읽어온다. encoding = 'UTF-8'은 한국어 깨짐 방지를 위한 한국어 코드이다. 또한 str_replace_all('[^가-힣]', ' ')은 한글 외 모든 문자(특수문자, 숫자 등)를 공백으로 대체하는 명령이며, str_squish( )은 연속된 공백을 하나로 통합하고 앞뒤 공백을 제거한다.

```
txttest <- readLines('c:/r/texttest.txt', encoding = 'UTF-8')
txttest <- txttest %>% str_replace_all('[^가-힣]', ' ') %>% str_squish()
```

- 불용어 제거 단계로서, 분석에 의미 없는 단어를 제거한다. del_word <- c("국민", "우리", "시대",..., "이재명", "대한민국", "인사")와 같이 del_word에는 연설문 중에서 중요하지 않거나 분석에 의미 없는 단어들을 제거하기 위해 불용어들을 미리 정의해 놓는다. gsub(paste(...), " ", txttest)은 리스트의 모든 단어를 한 번에 공백으로 치환한다.

```
del_word <- c("국민", "있습니다", "이", "의", "만들겠습니다", "되어습니다", "함께", "를", "대한", "우리", "시대", "지금", "그리고", "이제는", "나라", "대선", "여러분이", "이재명", "대한민국", "인사")
txttest <- gsub(paste(del_word, collapse = "|"), " ", txttest)
```

- 코퍼스(Corpus) 생성 단계로서, tm 패키지에서 텍스트 데이터를 처리하기 위한 구조체로 변환한다. Corpus(VectorSource(txttest))는 텍스트 벡터를 코퍼스 객체로 변환하는 명령이다.

```
corpus <- Corpus(VectorSource(txttest))
```

- 코퍼스 전처리 단계로서, 텍스트를 분석에 적합한 형태로 정제한다. content_transformer(tolower)는 대소문자 통일하는 명령이지만 한글에서는 대소문자가 없으므로 영향은 없다. removePunctuation는 특수문자 제거, removeNumbers는 문장 내 숫자 제거, removeWords(del_word)는 미리 정의한 불용어 리스트에 의해 해당 용어들을 제거하는 명령이다.

```
corpus <- tm_map(corpus, content_transformer(tolower))
corpus <- tm_map(corpus, removePunctuation)
corpus <- tm_map(corpus, removeNumbers)
corpus <- tm_map(corpus, removeWords, del_word)
```

- 문서-단어 행렬(DTM) 생성 단계로서, 문서와 단어의 관계를 행렬로 표현한다. DocumentTermMatrix(corpus)는 코퍼스 객체로부터 단어-문서 행렬을 생성하는데, 각 행은 문서, 각 열은 단어를 나타내며, 값은 해당 단어의 빈도를 나타낸다. weighting = weightTf (기본값)로 단어 빈도를 계산한다.

```
dtm <- DocumentTermMatrix(corpus)
```

- 단어 빈도 계산 및 상위 단어 추출 단계로서, 가장 자주 등장하는 단어를 찾아 시각화에 활용할 수 있도록 한다. 물론 텍스트 분석에 시각화가 반드시 필요한 기능은 아니지만 보다 직관적인 파악이 가능하다. as.matrix(dtm)은 DTM을 행렬 형태로 변환하며, colSums(...)는 각 단어의 총 빈도를 계산하고, sort(..., decreasing = TRUE)는 빈도순으로 정렬하며, head(..., 20)는 상위 20개 단어만 추출한다.

```
dtm_matrix <- as.matrix(dtm)
word_freq <- sort(colSums(dtm_matrix), decreasing = TRUE)
top20 <- head(word_freq, 20)
```

- 시각화 단계로서, 상위 단어의 빈도를 직관적으로 비교할 수 있도록 표현한다. reorder(word, -freq)는 빈도순으로 단어를 정렬하며, coord_flip( )은 가로 막대 그래프로 표현해 긴 단어 이름을 읽기 쉽게 한다.

```
ggplot(data.frame(word = names(top20), freq = top20),
  aes(x = reorder(word, -freq), y = freq)) +
  geom_bar(stat = "identity", fill = "steelblue") + coord_flip() +
  labs(title = "상위 20개 단어 빈도", x = "단어", y = "빈도")
```

---실행결과---

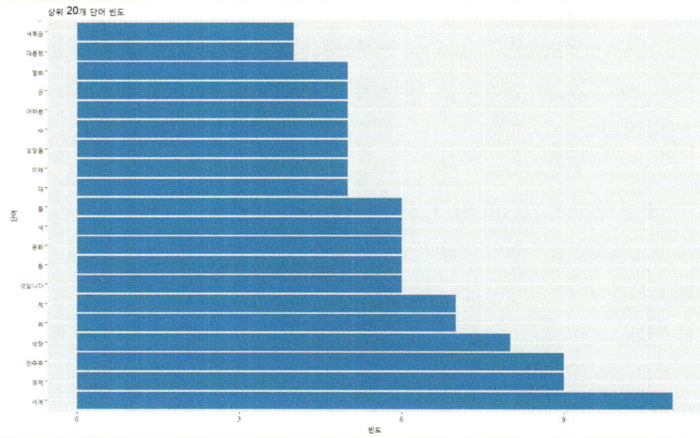

그림 9. 대통령 취임 연설문 상위 20개 단어 바 그래프

워드클라우드에서, scale = c(3, 0.5)는 최소/최대 글자 크기를 설정하고, colors = brewer.pal(8, "Dark2")는 "Dark2" 색상 팔레트에서 8개 색상 사용을 설정한다.

```
wordcloud(names(word_freq), freq = word_freq, max.words = 100,
  colors = brewer.pal(8, "Dark2"), scale = c(3, 0.5))
```

---실행결과---

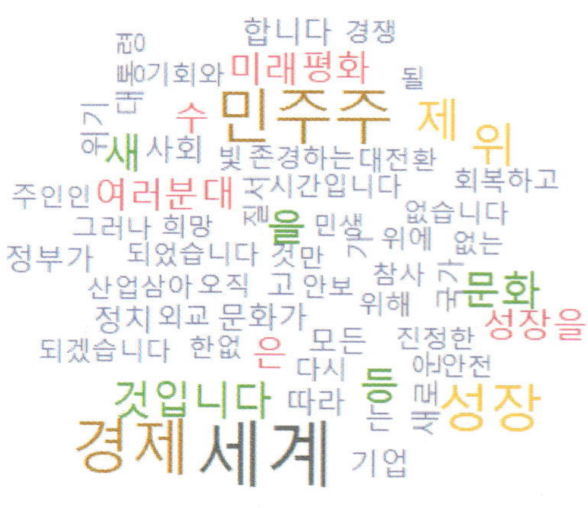

그림 10. 대통령 취임 연설문 상위 20개 단어 워드클라우드

연습문제

01. 방대한 텍스트 데이터에서 의미와 패턴 등을 추출하여 유용한 정보로 변환하는 기술은?

① 데이터 마이닝
② 텍스트 마이닝
③ 데이터베이스
④ 관계형 데이터베이스
⑤ 데이터 마트

02. 이름, 연락처, 구매 내역, 재무 보고서의 매출액, 비용, 이익률등과 같이 일정한 규칙과 형식을 가지는 데이터는?

① 정형 데이터
② 비정형 데이터
③ 반정형 데이터
④ 무정형 데이터
⑤ 수치 데이터

03. HTML/XML 문서, 키-값 쌍으로 데이터 표현하는 JSON 파일 등이 해당하는 데이터 유형은?

① 정형 데이터
② 비정형 데이터
③ 반정형 데이터
④ 무정형 데이터
⑤ 수치 데이터

04. 연설문과 같이 서술식으로 기술된 데이터, 음성 통화 녹취록, 이미지, 영상 정보등이 해당하는 데이터 유형은?

① 정형 데이터
② 비정형 데이터
③ 반정형 데이터
④ 무정형 데이터
⑤ 수치 데이터

05. 아래의 내용에서 (A)에 알맞은 것은?

> 텍스트 마이닝에서 텍스트 분석은, 비정형 데이터를 구조화된 정보로 변환해 텍스트로부터 의미 있는 패턴과 관계를 추출하는 것을 의미한다. 주로 단어 분리를 통한 토큰화, 의미 단위 분해를 통한 (A), 긍정 또는 부정 판별을 통한 감정 분석, 텍스트로부터 핵심 키워드 추출을 통한 주제 모델링 등이 활용된다.

① 어근 분석
② 문장 분석
③ 형태소 분석
④ 토큰 분석
⑤ 텍스트 분석

06. 비정형 텍스트 데이터를 분석 가능한 형태로 변환하는 과정은?

① 텍스트 구조화
② 텍스트 모델링
③ 텍스트 모듈화
④ 텍스트 초기화
⑤ 텍스트 형태화

07. 텍스트 데이터에서 특정 패턴을 찾거나 치환하는 데 사용하며, 문자열 패턴을 간결하게 기술하는 방식은?

① 정규패턴식
② 정규표현식
③ 정규화
④ 정규구조화
⑤ 정규논리식

08. stringr 패키지에서 패턴 존재 여부를 확인하는 함수는?

① str_existence
② str_exist
③ str_extract
④ str_detect
⑤ str_check

09. 아래 명령은 text에서 특수문자를 제거하는 것이다. (A)에 알맞은 명령은?

```
> library(stringr)
> text <- "안녕하세요! 반갑습니다.^^"
> (   A   )
```

① str_replace_all(text, "특수문자", "")

② str_replace_all(text, "***", "")

③ str_replace_all(text, "[$가-힣]", "")

④ str_replace_all(text, "[%가-힣]", "")

⑤ str_replace_all(text, "[^가-힣]", "")

10. 아래 명령은 text에서 쉼표로 분리된 텍스트 분할하는 것이다. (A)에 알맞은 명령은?

```
> library(stringr)
> text <- "사과,바나나,딸기"
> (   A   )
```

① str_seperate(text, ",")

② str_split(text, ",")

③ str_part(text, ",")

④ str_partition(text, ",")

⑤ str_txt(text, ",")

11. stringr 패키지 문자 클래스의 항목 설명으로 옳지 않은 것은?

① \D: 문자가 아닌 숫자

② \b: 단어 문자의 경계

③ \S: 공백문자가 아닌 문자

④ \n: new line(줄바꿈)

⑤ \W: 단어 문자가 아닌 모든 문자

12. "토큰화는 텍스트 데이터를 의미 단위의 최소 단위인 (A)으로 분할하는 과정이다."에서 (A) 안에 알맞은 것은?

① 유니트

② 모듈

③ 토큰

④ 어휘

⑤ 단원

13. 문장에서 더 이상 분해할 수 없는 최소 의미 단위를 무엇이라 하는가?

① 유니트 ② 모듈
③ 단원 ④ 어휘
⑤ 형태소

14. 형태소 분석기의 예측 결과를 실제 레이블과 비교한 2×2 행렬을 무엇이라 하는가?

① 혼동 행렬 ② 병합 행렬
③ 비교 행렬 ④ 레이블 행렬
⑤ 분석 행렬

15. 텍스트 마이닝과 자연어 처리(NLP)에서 문서 집합 내 단어의 빈도를 수치화한 행렬은?

① Bag–of–Words(BoW) Matrix ② DTM(Document–Term Matrix)
③ Normalization Matrix ④ TF–IDF Matrix
⑤ Vectorization Matrix

16. 단어 수준의 임베딩을 생성하는 대표적인 기법이며, 단어 간 의미적 유사성을 벡터 공간에서 반영하는 이것은 무엇인가?

① DTM ② BERT
③ CBOW ④ Word2Vec
⑤ TF–IDF

17. cols = –name은 name 열을 제외한 나머지 열을 변환 대상으로 지정하고, names_to = "year"는 원래 열 이름(2020, 2021)을 year 열로 변환한다. values_to = "score"는 원래 열의 값을 score 열로 변환하여, 원본 데이터를 Long 형식으로 변환하는 명령으로 (A)에 알맞은 것은?

```
wide_data <- (  A  )(name = c("Alice", "Bob"), '2020' = c(90, 85), '2021' = c(95,
92))
long_data <- wide_data %>% pivot_longer(cols = -name,
   names_to = "year", values_to = "score")
```

① tibble ② frame
③ list ④ vector
⑤ tupple

18. 텍스트 데이터에서 단어 빈도를 시각화하여 워드 클라우드(단어 구름)를 생성하여 주며, 단어 빈도에 따라 크기와 색상을 달리해 텍스트의 주요 키워드를 직관적으로 표현하는 기능을 제공하는 패키지는?

① wordmatrix ② wordshow
③ wordcloud ④ worddiagram
⑤ worddialog

19. text_data에서 소문자 변환, 특수문자 제거 및 공백을 기준으로 리스트 형태로 분리하는 명령으로 (A)에 알맞은 명령은??

```
library(stringr)
text_data <- c(
  "The quick brown fox jumps over the lazy dog.",
  "The dog is very lazy and the fox is quick.",
  "Quick foxes jump over lazy dogs in the brown field." )
clean_text <- (  A  )
words <- unlist(clean_text)
```

① lower(text_data) %>% str_replace_all("[^[:alnum:]]", " ") %>% str_split(" ")
② to(text_data) %>% str_replace_all("[^[:alnum:]]", " ") %>% str_split(" ")
③ tolower(text_data) %>% str_replace_all("[^[:num:]]", " ") %>% str_split(" ")
④ tolower(text_data) %>% str_replace_all("[^[:alnum:]]", " ") %>% split(" ")
⑤ tolower(text_data) %>% str_replace_all("[^[:alnum:]]", " ") %>% str_split(" ")

20. wordcloud 패키지의 웹 기반 인터랙티브 버전은?

① wordcloud2 ② wordcloudweb
③ webwordcloud ④ webwordcloud2
⑤ webcloud

제11장

TF-IDF의 활용

1. TF-IDF
2. 상대빈도 분석
3. 유사도 측정
4. 텍스트 분류
5. 감성분석
6. 빈도 분석

1 TF-IDF

빈도 분석은 텍스트 데이터에서 단어나 구문의 출현 빈도를 계산하여 문장 내에서 의미 있는 내용을 추출하기 위한 기능을 수행한다. 특히 상대빈도는 특정 단어의 빈도를 전체 단어 수 또는 문서 내 단어 수로 나눈 값으로, 다음과 같이 해당 단어가 전체 텍스트에서 차지하는 비중을 나타낸다.

$$상대빈도 = \frac{특정\ 단어의\ 빈도}{전체\ 단어\ 수}$$

상대빈도를 계산하는 방법으로는 기본 상대빈도와 정규화된 상대빈도(TF: Term Frequency)를 들 수 있다.

기본 상대빈도의 계산 방법은 텍스트에서 모든 단어를 추출하고 중복 제거 → 특정 단어의 빈도 계산 → 전체 단어 수로 나누어 비율 계산의 순서로 이루어진다. 예를 들어 "apple orange apple banana orange apple"과 같은 텍스트가 있을 때, 전체 단어 수는 6개, "apple"의 빈도는 3회이므로 상대빈도는 $\frac{3}{6} = 0.5$(또는 50%)가 된다.

정규화된 상대빈도(TF)는 문서 내 단어 빈도를 문서 전체 단어 수로 나눈 값으로 아래와 같이 산출한다.

$$tf(t, d) = \frac{tf_{document}}{tf_{total}}$$

$tf_{document}$: 단어 t가 문서 d에서 등장한 횟수

tf_{total}: 문서 d의 단어 총수

이는 단어의 중요도를 간단히 비교할 때 사용할 때 주로 사용되며, 예를 들어 "hope"가 문서에서 5번 등장하고, "change"가 2번 등장한다면 "hope"가 더 중요하다고 판단하는 것이다. 다만 "the", "is"와 같이 텍스트 분석에 의미가 없는 불용어가 많을 경우 이러한 단어들이 높은 TF 값을 가질 수 있어 텍스트 분석이 왜곡될 수 있다.

상대빈도를 계산하는 방법으로 주로 사용되는 지표는 TF-IDF, 승산비(odds ratio),

가중 로그 승산비(weighted log odds), Zipf의 법칙 등을 들 수 있다. TF-IDF를 이해하기 위해서는 아래의 내용을 먼저 알아야 한다.

- DF(Document Frequency: 문서 빈도)

전체 문서 집합에서 단어가 포함된 문서의 비율을 나타낸다.

$$DF(\omega) = \frac{\text{단어 } \omega\text{가 포함된 문서의 수}}{\text{전체 문서 수 } N}$$

문서 집합이 ["apple orange", "banana apple"]이라면, DF(apple) = 2가 된다. (두 문서 모두 포함됨)

- IDF(Inverse Document Frequency: 역문서 빈도)

단어의 희소성을 나타내는 값. 전체 문서에서 드물게 등장하는 단어일수록 높은 값을 가진다.

$$IDF(\omega) = \log\left(\frac{N}{DF(\omega)}\right) = \log N - \log DF(\omega)$$

N: 전체 문서 수

$DF(\omega)$: 단어 ω가 포함된 문서 수

예를 들어 전체 문서 수 N = 100, DF(apple) = 2라면, IDF(apple) = log(100/2) = log50 ≈ 3.9가 된다.

- TF-IDF(Term Frequency-Inverse Document Frequency)

단어 빈도(TF)와 역문서 빈도(IDF)를 조합해 중요도를 반영한 가중치 부여하는 방식으로, 단어의 빈도(TF)와 희소성(IDF)을 결합한 중요도 점수이다. 이때 TF(Term Frequency)는 특정 단어가 문서 내 등장하는 빈도이며, IDF(Inverse Document Frequency)는 모든 문서에서 해당 단어가 등장하는 빈도의 역수이다. 이를 통해 TF-IDF는 행렬을 통해 문서 간 유사도를 계산할 수 있다

$$\text{TF-IDF(w, d)} = TF(w, d) \times IDF(\omega)$$

$TF(w, d)$: 문서 d에서 단어 w의 빈도

IDF: 희귀 단어에 높은 가중치를 부여해 중요도 강조

예를 들어 "the", "is"와 같은 불용어의 경우 TF는 높지만 IDF가 낮아 TF-IDF 값이 낮게 나타난다. 반면에 "revolution"처럼 드물게 등장하는 단어는 IDF가 높아 중요도가 올라간다. 만일 TF(apple) = 0.5, IDF(apple) = 3.9라면, TF-IDF(apple) = 0.5×3.9 = 1.95가 된다.

2 상대빈도 분석

2.1. 핵심 키워드 추출(TF-IDF)

핵심 키워드 추출(Keyword Extraction)은 대량의 텍스트 데이터에서 의미를 가장 잘 대표하는 단어 또는 구를 자동으로 식별하는 과정이다. 특히 방대한 데이터가 있을 때 어떤 내용이 중요한 의미를 가지는지 파악하기가 쉽지 않다. 이러한 처리를 위해 다양한 방법이 사용되는데, 통계적 접근법으로는 단어 빈도를 기준으로 하는 TF 값을 이용하거나, 문서 내 단어 순위를 통해 빈도수를 기반으로 상위 단어를 선택하는 방법을 사용할 수 있다. 또는 엔트로피 기반의 단어 분포의 불균형도를 측정해 중요도 평가할 수 있다.

기계학습 기반 접근법으로는 N-그램을 통해 연속된 단어 조합(n-gram)을 키워드로 추출하거나, 클러스터링을 통해 비슷한 단어를 그룹화해 대표 단어 선택할 수 있다. 또는 토픽 모델링(LDA)을 통해 문서 집합에서 잠재된 주제를 추출하고, 주제별 핵심 단어 도출할 수 있다. TF-IDF도 일반적으로 사용하는 방법의 하나로서 단어의 중요도를 정량화하고, 이를 기반으로 문서 요약, 주제 분석, 감성 평가 등 다양한 응용 분야에 활용된다.

예제 1 오바마 대통령 취임 연설문 중의 TF-IDF 분석

오바마 대통령 취임 연설문 중에서 처음 도입 부분을 발췌하여 doc에 저장한다. 별도로 csv나 txt 파일에 저장하지 않고 c( ) 함수를 사용하여 직접 저장하여 TF-IDF 분석한다. library(slam)를 로드한 이유는 희소 행렬 처리를 위함이다.

```
library(tm)
library(slam)
docs <- c(
  "I stand here today humbled by the task before us, grateful for the trust you have bestowed, mindful of the sacrifices borne by our ancestors. I thank President Bush for his service to our nation, as well as the generosity and cooperation he has shown throughout this transition.",
  "Forty-four Americans have now taken the presidential oath. The words have been spoken during rising tides of prosperity and the still waters of peace. Yet, every so often the oath is taken amidst gathering clouds and raging storms. At these moments, America has carried on not simply because of the skill or vision of those in high office, but because We the People have remained faithful to the ideals of our forbearers, and true to our founding documents",
  "So it has been. So it must be with this generation of Americans.",
  "That we are in the midst of crisis is now well understood. Our nation is at war, against a far-reaching network of violence and hatred. Our economy is badly weakened, a consequence of greed and irresponsibility on the part of some, but also our collective failure to make hard choices and prepare the nation for a new age. Homes have been lost; jobs shed; businesses shuttered. Our health care is too costly; our schools fail too many; and each day brings further evidence that the ways we use energy strengthen our adversaries and threaten our planet.",
  "These are the indicators of crisis, subject to data and statistics. Less measurable but no less profound is a sapping of confidence across our land – a nagging fear that America's decline is inevitable, and that the next generation must lower its sights.")
```

텍스트 데이터를 코퍼스(Corpus)로 변환하고 전처리하기 위해 아래와 같이 코딩한다. 이때 Corpus(VectorSource(docs))는 텍스트 벡터를 코퍼스로 변환하고, tm_map(removePunctuation)은 쉼표, 마침표 등 구두점 제거한다. 또한 content_transformer(tolower)는 모든 텍스트를 소문자로 변환해 일관성 확보하고, removeWords, stopwords("en")은 "the", "are", "of" 등 불용어 제거하는 명령이다.

```
corpus <- Corpus(VectorSource(docs)) %>%
  tm_map(removePunctuation) %>%
  tm_map(content_transformer(tolower)) %>%
  tm_map(removeWords, stopwords("en"))
```

텍스트 데이터를 단어-문서 행렬로 변환하기 위하여 DocumentTermMatrix( ) 함수를 사용한다. DocumentTermMatrix( ) 함수는 각 단어가 문서에서 몇 번 등장하는지를 기록하는 희소 행렬을 생성한다. weighting = weightTfIdf 파라미터는 TF-IDF 가중치를 적용해 행렬을 생성한다는 의미이다.

```
dtm <- DocumentTermMatrix(corpus, control = list(weighting = weightTfIdf))
```

TF(Term Frequency)를 산출하기 위해 as.matrix(weightTfIdf(dtm))을 사용한다. as.matrix(weightTfIdf(dtm))는 각 단어가 문서에서 등장하는 빈도(TF)와 희소성(IDF)을 곱한 TF-IDF 행렬을 생성하는데 TF 계산을 포함한다. 이때 행은 문서, 열은 단어(예를 들어, 첫 번째 행은 첫 번째 문서의 단어별 TF-IDF 값)가 된다.

각 단어의 문서 빈도(DF)를 나타내기 위하여 colSums( ) 함수를 사용하는데, 이는 각 단어가 전체 문서 중 몇 개의 문서에 등장하는지를 계산한다. colSums(as.matrix(dtm) > 0)에서 dtm > 0은 단어가 문서에서 나타나는 위치를 논리값(TRUE/FALSE)으로 변환하고, colSums으로 각 열(단어)별 TRUE 개수를 합산한다. idf <- log(nrow(dtm)) - log(df) 명령은 단어의 희소성을 계산하여 IDF를 구하며, 전체 문서 수(nrow(dtm)) 대비 해당 단어가 포함된 문서 수(df)의 로그 비율을 산출한다.

```
tf <- as.matrix(weightTfIdf(dtm))
df <- colSums(as.matrix(dtm) > 0)
idf <- log(nrow(dtm)) - log(df)
```

colnames(tf)를 통해 저장되는 term_names에는 단어 이름(예를 들어 "beginning", "hope", "change" 등)을 가지며, tf_values에는 각 단어가 모든 문서에서 등장한 TF-IDF 값의 합계가 저장된다. tf_idf_values에는 tf_values * idf로 계산된 최종 중요도 점수를 저장한다. result <- data.frame(Term = term_names, TF = tf_values, DF = df, IDF = idf, TF_IDF = tf_idf_values)은 tf, tf_idf의 산출된 결과값들을 데이터프레임으로 묶어서 result에 저장하는 명령이다. print(result[order(-result$TF_IDF),])은 TF-IDF 값 기준으로 데이터프레임을 내림차순 정렬하여 출력하는 명령이다.

```
term_names <- colnames(tf)
```

```
tf_values <- colSums(tf)
tf_idf_values <- tf_values * idf
result <- data.frame(
  Term = term_names,
  TF = tf_values,
  DF = df,
  IDF = idf,
  TF_IDF = tf_idf_values
)
print(result[order(-result$TF_IDF), ])
```

```
---실행결과---
            Term        TF          DF  IDF         TF_IDF
generation  generation  0.47378545  2   0.9162907   0.43412522
must        must        0.47378545  2   0.9162907   0.43412522
americans   americans   0.45987189  2   0.9162907   0.42137635
less        less        0.20450336  1   1.6094379   0.32913546
oath        oath        0.11865142  1   1.6094379   0.19096210
taken       taken       0.11865142  1   1.6094379   0.19096210
:           :           :           :   :           :
```

출력된 결과에서 첫 번째 라인을 보면, 분석 대상 단어를 나타내는 Term이 generation이고, 용어 빈도를 나타내는 TF의 값이 0.47378545인데 generation 단어가 문서에서 등장하는 빈도수를 의미한다.

문서 빈도 DF의 값이 2는 generation 단어가 전체 문서 중 2개의 문서에 포함되는 것을 의미한다. 역문서 빈도인 IDF가 0.9162907은 generation 단어의 희소성을 나타내는 값이다. 단어의 중요도 점수를 나타내는 TF_IDF 값 0.43412522는 가장 높은 값부터 출력되므로, generation 단어가 문서 분석에서 핵심 키워드임을 알 수 있다.

응용학습 1 TF_IDF 값 구하기

문서 집합이 아래와 같을 때 TF_IDF 값을 구하시오.

"the quick brown fox jumps over the lazy dog",
"never jump over the lazy dog quickly",
"quick brown fox"

2.2. 승산비(Odds Ratio)를 활용한 예제

승산비란 두 집단 간 사건 발생 확률의 비율을 나타내는 지표이며 아래와 같이 구한다.

$$\text{승산비} = \frac{p_1}{1-p_1} \div \frac{p_2}{1-p_2} = \frac{\dfrac{p_1}{1-p_1}}{\dfrac{p_2}{1-p_2}}$$

p_1: 치료군의 성공 확률, p_2: 대조군의 성공 확률

예제 2 승산비를 활용한 예제

치료군과 대조군 데이터 생성을 위해 각 그룹의 샘플수를 100개로 설정한다.

```
set.seed(123)
n <- 100
```

rbinom(n, 1, 0.7)을 통해 치료군 데이터(성공률 70%)로 하여 치료군 성공 변수 treatment_success와 실패 변수 treatment_fail을 설정하고, 대조군은 성공률 50%로 하여 대조군 성공 control_success, 실패 control_fail에 각각 저장한다.

```
treatment_success <- rbinom(n, 1, 0.7)
treatment_fail <- 1 - treatment_success
control_success <- rbinom(n, 1, 0.5)
control_fail <- 1 - control_success
```

data.frame( ) 함수를 통해 치료군과 대조군을 데이터프레임으로 만든다. outcome_binary는 성공(1)과 실패(0)를 이진 변수로 변환 이진 변수로 변환한다. 이때 group이 예측 변수, outcome이 이진 반응 변수가 된다.

```
data <- data.frame(
  group = c(rep("치료군", n), rep("대조군", n)),
  outcome = c(treatment_success, control_success),
  failure = c(treatment_fail, control_fail)
)
data$outcome_binary <- ifelse(data$outcome == 1, 1, 0)
```

glm( ) 함수로 이항 로지스틱 회귀 모델을 적합하게 하며, 이때 group이 예측 변수, outcome_binary가 반응 변수, family = binomial로 이항 분포를 지정한다.

```
model <- glm(outcome_binary ~ group, data = data, family = binomial)
summary(model)
```

```
---실행결과---
Call:
glm(formula = outcome_binary ~ group, family = binomial, data = data)
Coefficients:
             Estimate Std. Error z value Pr(>|z|)
(Intercept) 4.538e-15  2.000e-01   0.000  1.00000
group치료군 8.954e-01  2.976e-01   3.009  0.00262 **
---
Signif. codes:  0 '***' 0.001 '**' 0.01 '*' 0.05 '.' 0.1 ' ' 1
(Dispersion parameter for binomial family taken to be 1)
    Null deviance: 268.37  on 199  degrees of freedom
Residual deviance: 259.06  on 198  degrees of freedom
AIC: 263.06
Number of Fisher Scoring iterations: 4
```

위 실행 결과에서 Intercept의 경우, Estimate는 4.538e-15로 거의 0에 가깝다. 대조군(기준 그룹)의 로그 오즈(Log Odds)가 거의 0이므로, 대조군의 성공 확률은 $\frac{e^0}{1+e^0} = 0.5$, (50%)이며, p-value가 1.00000으로 통계적으로 유의하지 않다. group 치료군에서는 Estimate가 0.895로서 치료군이 대조군보다 로그 오즈가 0.895만큼 높다는 의미이다. 로그 오즈 $\beta = 0.895$로서 승산비는 $e^{0.895} \approx 2.45$로, 치료군의 성공 확률이 대조군보다 2.45배 높다는 것을 의미한다. Standard Error는 0.2976이며, 이는 계수의 표준 오차를 나타낸다. 또한 z-value는 $\frac{0.895}{0.2976} \approx 3.009$이며, 이는 통계적으로 유의미한 결과를 가진다($p\text{-value} < 0.01$).

모델 적합도(Goodness of Fit)에서 Null Deviance는 모델이 아무런 예측 변수 없이 반응 변수를 설명하는 능력(기준 모델)을 나타내며, Residual Deviance는 모델이 데이터를 설명하지 못하는 잔차의 합을 의미한다. 이 값이 작을수록 모델이 데이터를 더 잘 설명하는데 Null Deviance(268.37)에서 Residual Deviance(259.06)로 감소했으므로, group 변수가 모델에 기여하고 있음을 나타낸다.

AIC(Akaike Information Criterion)는 모델의 복잡도와 적합도를 고려한 지표로서 값이 작을수록 더 좋은 모델을 의미한다. 현재의 AIC 값이 낮으므로 현재 모델이 데이터를 잘 설명한다고 볼 수 있다.

Fisher Scoring Iterations는 4번의 반복을 통해 모델이 수렴했음을 나타내는데, 일반적으로 4~6번 이내로 수렴하면 안정적이라 할 수 있다. 결국 대조군의 성공 확률은 $\frac{e^0}{1+e^0} = 0.5$이며, 치료군의 성공 확률은 $\frac{e^{0.895}}{1+e^{0.895}} \approx 0.76$으로 치료군 성공 확률(76%) - 대조군 성공 확률(50%) = 26%의 포인트 차이를 보이므로, 치료군이 대조군보다 성공 확률이 유의미하게 높다.

coef(model)은 모델의 계수를 반환하며, 이를 지수 함수(exp)로 변환해 승산비를 구한다. 또한 confint(model)은 계수의 신뢰 구간을 반환하며, 이를 지수 변환해 승산비의 신뢰 구간을 산출한다.

```
odds_ratio <- exp(coef(model))
ci <- exp(confint(model))
cat("승산비:", odds_ratio, "\n")
cat("95% 신뢰 구간:", ci, "\n")
```

```
---실행결과---
승산비: 1 2.448276
95% 신뢰 구간: 0.6748568 1.374436 1.481796 4.424407
```

산출된 승산비와 신뢰 구간을 적용하여 데이터프레임을 만든다.

```
results <- data.frame(
  group = c("치료군", "대조군"),
  odds_ratio = odds_ratio,
  lower_ci = ci[1],
  upper_ci = ci[2]
)
print(results)
```

```
---실행결과---
            group odds_ratio  lower_ci upper_ci
(Intercept) 치료군   1.000000 0.6748568 1.374436
group치료군 대조군   2.448276 0.6748568 1.374436
```

데이터프레임 results값을 보면 Intercept에서 승산비 = 1.000000인데, 대조군의 승산비를 나타낸다. 승산비가 1이면 대조군의 성공 확률과 실패 확률이 동일하다는 의미이다. 95% 신뢰 구간 [0.6748568, 1.374436]으로 신뢰 구간이 1을 포함하므로, 대조군의 승산비가 통계적으로 유의미하지 않다. group 치료군에서 승산비 = 2.448276으로 치료군의 승산비가 대조군보다 2.448배 높다는 의미이다. 즉, 치료군의 성공 확률이 대조군보다 2.448배 더 높다는 것을 나타낸다. 95% 신뢰 구간 [0.6748568, 1.374436]에서 신뢰 구간이 1을 포함하지 않으므로, 치료군과 대조군 간의 차이가 통계적으로 유의미하다. 또한 신뢰 구간의 상한이 1.374로, 승산비가 최대 1.374배까지 낮을 수 있다는 의미이다.

승산비와 신뢰 구간을 막대 그래프로 나타내보자. 파란색은 치료군, 빨간색은 대조군을 나타내며, 에러바는 95% 신뢰 구간을 표시한다.

```
ggplot(results, aes(x = group, y = odds_ratio, fill = group)) +
  geom_bar(stat = "identity", position = "dodge") +
   geom_errorbar(aes(ymin = lower_ci, ymax = upper_ci), width = 0.2, position =
"dodge") +
  labs(title = "치료군과 대조군의 승산비", x = "그룹", y = "승산비") +
  scale_fill_manual(values = c("치료군" = "blue", "대조군" = "red")) +
  theme_minimal()
```

---실행결과---

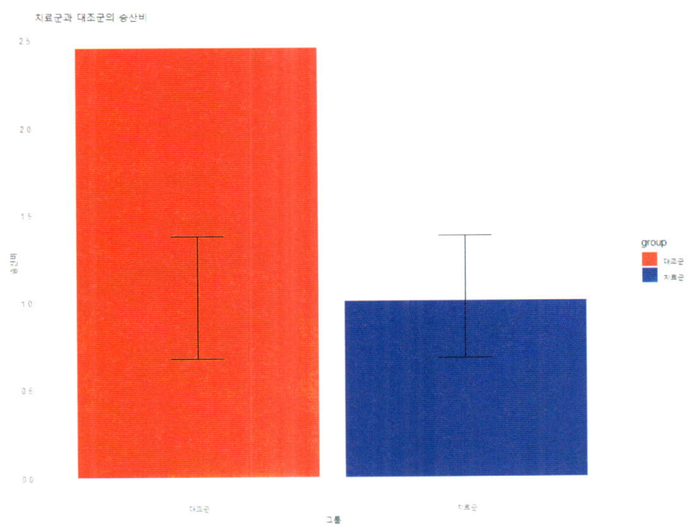

그림 1. 승산비를 활용한 예제 실행 결과

응용학습 2 승산비 산출하기

아래와 같이 가상 데이터를 생성(치료 여부에 따른 질병 발생)한 후 승산비를 산출하시오.

```
교차표: 치료 여부(행), 질병 발생 여부(열)
          질병 발생 | 질병 미발생
치료 받음     30         70
치료 안 받음  50         50
```

- 승산비와 p-value를 계산할 것
- 실행결과는 승산비가 1보다 작으므로 음의 상관관계가 있으며, 치료를 받으면 질병 발생 위험이 감소한다는 결론을 내릴 수 있다.
- 실행결과는 아래와 같이 나타난다.

```
          Outcome
Treatment     Disease  No Disease
Treatment        30        50
No Treatment     70        50

승산비 (Odds Ratio): 0.4304381
p-value: 0.00593734
```

2.3. 가중 로그 승산비(Weighted Log Odds)

승산비(Odds Ratio, OR)는 두 집단 간 사건 발생 확률의 비율을 나타내는 지표이며, 로그 변환(Log Transformation)은 승산비를 자연로그로 변환해 선형 모델에서 다룬다.

$$\text{로그 승산비} = \ln(OR)$$

또한 가중치는 특정 관찰치나 변수에 다른 중요도를 부여하는 방법으로, 예를 들어 치료군과 대조군에 서로 다른 가중치를 부여해 분석할 수 있다.

따라서 가중 로그 승산비는 가중치가 적용된 승산비를 로그 변환한 값을 의미하며 아래와 같이 산출한다.

$$\text{가중 로그 승산비} = \ln\left(\frac{w_1 p_1}{w_2 p_2} \cdot \frac{1-p_2}{1-p_1}\right)$$

w_1, w_2: 치료군과 대조군의 가중치

p_1, p_2: 각 그룹의 성공 확률

가중 로그 승산비는 의학 분야에서 치료 효과 분석 시, 특정 그룹에 가중치를 부여해 위험비(Hazard Ratio)나 승산비를 조정할 수 있는데, 예를 들어 중증 환자와 경증 환자에게 서로 다른 가중치를 적용해 분석할 수 있다. 텍스트 마이닝에서는 문서 내 단어 빈도를 계산할 때, TF-IDF와 함께 가중 로그 승산비를 사용해 특정 단어의 중요도를 평가할 수 있으며, 경제 및 사회학 분야에서는 설문조사 데이터에서 응답자 특성(성별, 연령대)에 따라 가중치를 달리해 분석할 수 있다.

예제 3 가중 로그 승산비를 활용한 예제

예시를 위해 glmnet 패키지를 설치한다. glmnet은 로지스틱 회귀 모델에 L1/L2 정규화를 적용할 때 사용되지만, 이 예제에서는 가중치 적용을 위해 glm( ) 함수를 사용한다.

```
install.packages("glmnet")
library(glmnet)
```

이제 치료군과 대조군의 데이터를 생성하고 가중치를 설정하자. 난수 생성을 통해 treatment_success에는 치료군 100명의 성공/실패 데이터(성공 확률 70%)를, control_success에는 대조군 100명의 성공/실패 데이터(성공 확률 50%)를 저장한다. group은 "치료군"과 "대조군"을 요인 변수로 변환하며, outcome은 성공(1) 또는 실패(0)를 저장한다. 가중치 설정에서는 치료군에 가중치 2, 대조군에 가중치 1을 부여하는데, 이는 치료군의 영향을 더 크게 반영하기 위한 것이다.

```
set.seed(123)
n <- 100
treatment_success <- rbinom(n, 1, 0.7)
control_success <- rbinom(n, 1, 0.5)
data <- data.frame(
  group = factor(c(rep("치료군", n), rep("대조군", n))),
  outcome = c(treatment_success, control_success)
)
```

```
weights <- c(rep(2, n), rep(1, n))
```

가중치가 적용된 로지스틱 회귀 모델 적합을 보고 결과를 요약해 보자. glm(outcome ~ group,...)으로 치료군과 대조군의 성공 확률을 비교하는 모델을 만드는데, family = binomial은 이항 분포를 가정하는 로지스틱 회귀 모델을, weights = weights는 각 관측치에 가중치를 적용한 것이다. summary(model)를 통해 계수(Estimate), 표준 오차(Std. Error), z-값, p-value 등을 확인할 수 있다.

```
model <- glm(outcome ~ group, data = data, family = binomial, weights = weights)
summary(model)
```

```
---실행결과---
Call:
glm(formula = outcome ~ group, family = binomial, data = data,
        weights = weights)
Coefficients:
            Estimate Std. Error z value Pr(>|z|)
(Intercept) 4.585e-15  2.000e-01   0.000 1.000000
group치료군 8.954e-01  2.535e-01   3.532 0.000413 ***
---
Signif. codes:  0 '***' 0.001 '**' 0.01 '*' 0.05 '.' 0.1 ' ' 1
(Dispersion parameter for binomial family taken to be 1)
    Null deviance: 392.05  on 199  degrees of freedom
Residual deviance: 379.49  on 198  degrees of freedom
AIC: 383.49
Number of Fisher Scoring iterations: 4
```

치료군의 가중 로그 오즈(Weighted Log Odds)를 계산하자. coef(model)로 모델의 계수를 추출하며, group 치료군의 계수는 치료군의 로그 오즈(Log Odds)를 나타낸다. 이때 치료군의 가중치 weights[1] = 2를 계수에 곱해 가중 로그 오즈를 계산한다. 예를 들어 계수가 0.9라면, 가중 로그 오즈는 0.9 * 2 = 1.8이 되는데, 가중 로그 오즈는 치료군의 효과가 가중치만큼 확대된 값을 나타낸다.

```
coefficients <- coef(model)
weighted_log_odds <- coefficients["group치료군"] * weights[1]
print(paste("가중 로그 오즈:", weighted_log_odds))
```

```
---실행결과---
"가중 로그 오즈: 1.79076809064048"
```

치료군의 승산비를 계산해 보자. coefficients["group치료군"]은 치료군의 로그 오즈이다. 이를 exp() 함수로 로그 오즈를 승산비로 변환하는데, 만일 로그 오즈가 1.6이라면, 승산비는 e^{1.6} ≈ 4.96이 된다. 이는 승산비가 1보다 크면 치료군의 성공 확률이 대조군보다 높다는 의미이다.

```
odds_ratio <- exp(coefficients["group치료군"])
print(paste("승산비:", odds_ratio))
```

```
---실행결과---
"승산비: 2.44827585782218"
```

응용학습 3 가중 로그 승산비 계산

아래와 같이 데이터를 생성하고 가중 로그 승산비를 구하시오. 이때 제시된 실행결과와 비교하시오.

```
data.frame(
  study = c("Study 1", "Study 2", "Study 3"),
  odds_ratio = c(1.5, 1.2, 1.8), sample_size = c(100, 150, 200))
```

```
---실행결과---
    study odds_ratio sample_size  log_odds    weight
1 Study 1        1.5         100 0.4054651 0.2222222
2 Study 2        1.2         150 0.1823216 0.3333333
3 Study 3        1.8         200 0.5877867 0.4444444

=== 가중 로그 승산비 계산 결과 ===
가중 로그 승산비: 0.4121157
최종 승산비 (지수화): 1.510009
```

2.4. Zipf의 법칙

Zipf의 법칙은 자연어 처리에서 단어의 빈도와 그 단어의 순위 사이에 역비례 관계가 존재함을 나타낸다. 예를 들어 1위 단어는 2위 단어보다 약 2배 자주 등장하며, 2위 단어는 3위 단어보다 약 2배 자주 등장한다는 식이다. Zipf의 법칙은 전력 법칙의 일종으로, 많은 자연 현상에서 관찰되는 비선형 분포이다. 텍스트 마이닝에서 언어는 정보 전달 효율성을 극대화하기 위해 빈도가 높은 단어(예: "the", "and")를 자주 사용한다. Zipf의 법칙은 다음과 같이 구한다.

$$\int (r) = \frac{C}{r^s}$$

$\int (r)$: r 위 단어 빈도

r : 단어의 순위 (빈도가 높은 순서대로 1, 2, 3,...으로 정렬)

C : 정규화 상수 (전체 단어 수에 따라 결정됨)

s: 지수 (보통 s ≈ 1, 예를 들어 1.1 ~ 1.5)

이를 로그 변환을 적용하여 선형 관계로 표현하면 다음과 같다.

$$\log f(r) = \log C - s\log r$$

x축: $\log r$ (로그 순위)

y축: $\log f(r)$ (로그 빈도)로 로그-로그 플롯을 그리면 직선 형태가 관찰

예제 4 텍스트 분석에서 Zipf의 법칙 활용

필요한 패키지는 아래와 같다.

```
install.packages("quanteda")
library(quanteda)
library(ggplot2)
```

분석할 샘플 텍스트를 생성하는데, 두 번 반복된 문장으로, "fox", "dog", "lazy" 등의 단어가 자주 등장한다.

```
text <- c(
  "The quick brown fox jumps over the lazy dog. The dog is very lazy and the fox is
quick.")
```

corpus(text)를 통해 텍스트를 코퍼스(Corpus) 객체로 변환한다. tokens(corpus, remove_punct = TRUE)는 구두점을 제거하며 토큰화하고, tokens_tolower( )는 모든 단어를 소문자로 변환하며, tokens_remove(stopwords("en"))는 영어 불용어(예: "the", "is", "and")를 제거한다.

```
corpus <- corpus(text)
tokens <- tokens(corpus, remove_punct = TRUE) %>%
  tokens_tolower() %>% tokens_remove(stopwords("en"))
```

단어의 빈도를 계산하기 위해 문서-단어 행렬(DFM)을 생성한다. dfm(tokens)은 토큰화된 텍스트를 DFM으로 변환하며, as.matrix(dfm)는 DFM을 일반 행렬로 변환한다.

```
dfm <- dfm(tokens)
matrix <- as.matrix(dfm)
```

각 단어의 전체 등장 빈도를 계산하는데, colSums(matrix)는 행렬의 열(단어)별 합계를 구해 빈도를 추출한다. 다음은 단어를 빈도순으로 정렬하고 순위를 정한다. 이때 sort(freq, decreasing = TRUE)는 빈도가 높은 순서대로 정렬하고, rank(-sorted_freq)는 빈도가 높은 단어일수록 낮은 순위(1위, 2위 등)를 부여한다. 단어 순위와 빈도를 통해 데이터프레임으로 만든다. 이때 Rank는 단어의 순위(1위, 2위,...)를 나타낸다.

```
freq <- colSums(matrix)
sorted_freq <- sort(freq, decreasing = TRUE)
ranks <- rank(-sorted_freq)
df <- data.frame(Rank = 1:length(sorted_freq), Frequency = sorted_freq)
print(df)
```

```
---실행결과---
        Rank    Frequency
quick   1       2
fox     2       2
lazy    3       2
dog     4       2
brown   5       1
jumps   6       1
```

위 결과에서 Rank는 단어의 순위로서 빈도가 높은 순서대로 1부터 정렬되고, Frequency는 해당 단어의 총 등장 빈도를 나타낸다. 이는 원본 텍스트가 "The quick brown fox jumps over the lazy dog. The dog is very lazy and the fox is quick."에서 불용어("the", "is", "and")는 제거되었고, 소문자로 변환되어 quick, brown, fox, jumps, lazy, dog, very, lazy, fox, quick에 대한 단어만 빈도수 계산이 된 것이다.

로그-로그 플롯을 생성해 Zipf의 법칙을 시각적으로 나타낸다. aes(x = log10(Rank), y = log10(Frequency))는 x축은 로그 순위, y축은 로그 빈도로 설정하며, geom_point(): 각 단어에 대한 점을 찍는다. geom_smooth(method = "lm")은 선형 회귀선을 추가해 추세선을 시각화하며, labs()는 그래프 제목과 축 레이블을 설정하고, theme_minimal()은 그래프 스타일을 간결하게 설정한다.

```
ggplot(df, aes(x = log10(Rank), y = log10(Frequency))) +
  geom_point(color = "blue") +
  geom_smooth(method = "lm", se = FALSE, color = "red") +
  labs(title = "Zipf's Law: 로그 순위 vs 로그 빈도", x = "로그 순위 (log10(Rank))",
    y = "로그 빈도 (log10(Frequency))") + theme_minimal()
```

---실행결과---

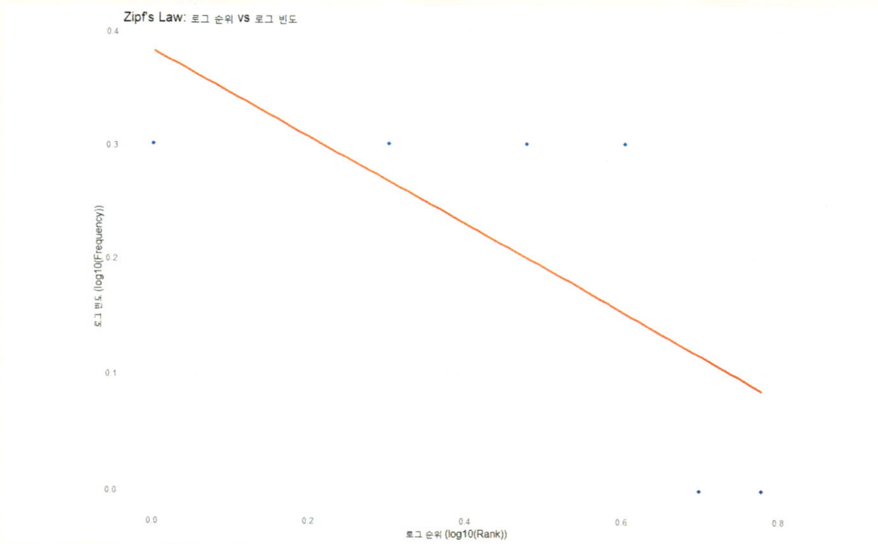

그림 2. 텍스트 분석에서 Zipf의 법칙 적용

결과에서 x축은 로그 순위, y축은 로그 빈도를 나타낸다. 점들이 선형 추세선에 가깝게 분포하면 Zipf의 법칙이 성립함을 의미하며, 추세선의 기울기가 -1에 가까울수록 Zipf의 법칙과 일치함을 나타낸다.

응용학습 4 Zipf 분포 데이터 생성 함수를 활용한 Zipf의 법칙 시뮬레이션

Zipf 분포 데이터 생성 함수를 만들고 이를 이용하여 Zipf의 법칙을 시뮬레이션하고 시각화하는 프로그램을 만드시오. 이때 Zipf 분포는 P(x) ∝ 1/x^s와 같이 산출한다.

- Zipf 분포 데이터 생성 함수는 아래와 같이 작성할 것

```
generate_zipf <- function(n = 1000, s = 1) {
  x <- 1:n
  probabilities <- 1 / x^s
  probabilities <- probabilities / sum(probabilities)
  sample(x, size = n, prob = probabilities, replace = TRUE)
}
```

- n=1000개의 데이터를 생성하고, s=1로 설정해 Zipf 분포를 따르는 데이터를 생성할 것
- table 함수로 각 항목의 빈도를 계산하고, 상위 10개를 추출할 것
- 상위 10개 항목의 빈도를 로그-로그 플롯으로 시각화할 것
- 아래의 텍스트 데이터를 생성하고, 단어 빈도를 계산해 Zipf의 법칙을 확인할 것
  c("the cat sat on the mat", "the dog ran fast", "the cat and the dog played")

---실행결과---

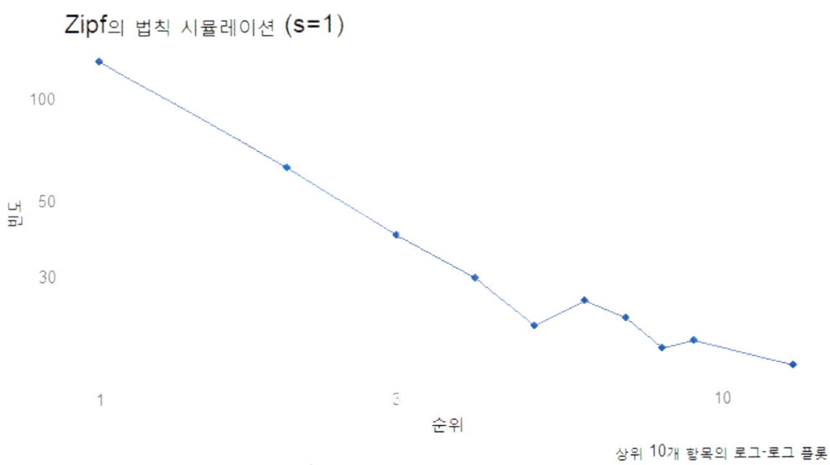

그림 3. 상위 10개 항목의 로그-로그 플롯

---단어 빈도---

```
words
  and   cat   dog  fast   mat    on played   ran   sat   the
    1     2     2     1     1     1      1     1     1     5
```

3 유사도 측정

유사도 측정(Similarity Measurement)은 두 개 이상의 데이터 객체 간의 유사성을 정량화하는 과정이다. 유사도를 측정하여 활용할 수 있는 분야로는, 대규모 데이터에서 유사한 특성을 가진 데이터를 그룹화할 수 있고, 넷플릭스나 온라인 쇼핑몰 등에서 사용자 취향과 유사한 아이템을 추출하여 사용자 맞춤형으로 추천이 가능하다. 또한 고객 세분화나 문서 분류와 같이 데이터 군집화가 가능하고, 정상 데이터와 다른 패턴을 보이는 이상치를 식별할 때 용이하다. 이를 위해 사용하는 방법은 다음과 같다.

- **코사인 유사도(Cosine Similarity)**

두 벡터 간의 각도를 기반으로 유사도를 계산하는 방법으로 텍스트 데이터(TF-IDF 행렬), 이미지 임베딩, 사용자-아이템 평점 데이터 등에 적용할 수 있으며, 고차원 데이터에서 효과적이며, 방향보다는 배향에 초점을 둔다. A • B은 두 벡터의 내적, ‖A‖와 ‖B‖은 각 벡터의 크기를 나타낸다.

$$\text{코사인 유사도} = \frac{A \cdot B}{\|A\| \|B\|}$$

- **유클리디안 거리(Euclidean Distance)**

두 점 사이의 직선거리를 계산하는 방법이며, 클러스터링(K-means)이나 이미지/오디오 신호 처리에 적용할 수 있다. 일반적으로 데이터 크기에 민감하므로 정규화가 필요하다. A_i, B_i는 각 차원의 좌표 값이고, n은 차원의 수이다.

$$\text{유클리디안 거리} = \sqrt{\sum_{i=1}^{n}(A_i - B_i)^2}$$

- **자카드 유사도(Jaccard Similarity)**

두 집합의 교집합과 합집합의 비율로 유사도를 계산하는 방식으로 텍스트 유사도(단어 집합 기반)나 유전자 서열 비교에 적용하며, 이진 데이터나 집합 데이터에 적합하다. |A∩B|은 두 집합의 교집합 크기, |A∪B|은 두 집합의 합집합 크기를 나타낸다.

$$\text{자카드 유사도} = \frac{|A \cap B|}{|A \cup B|}$$

- **맨하탄 거리(Manhattan Distance)**

두 점 사이의 수평/수직 거리의 합으로 계산하는 방식이며 주로 시계열 데이터나 도시 블록 모델을 설정하는 데 사용한다. A_i, B_i는 각 차원의 좌푯값, n은 차원의 수를 의미한다.

$$\text{맨하탄 거리} = \sum_{i=1}^{n} |A_i - B_i|$$

예제 5 코사인 유사도를 이용한 문서의 유사도 측정

코사인 유사도를 이용하여 TF-IDF 행렬 기반의 문서 간 유사도를 측정해 보자. 우선 필요한 패키지("tm", "slam", "dplyr")를 설치 및 로드한다. tm 패키지는 텍스트 전처리와 분석을 위한 패키지이고, slam는 희소 행렬 계산을 지원하는 패키지이며, dplyr은 데이터프레임 조작을 용이하게 하는 파키지이다.

```
install.packages(c("tm", "slam", "dplyr"))
library(tm)
library(slam)
library(dplyr)
```

세 개의 문서를 문자열 벡터로 저장하고, 각 문서는 공백으로 구분된 단어들로 구성한다.

---코드---
```
docs <- c(
  "apple orange banana",        # 문서 1
  "orange banana cherry",       # 문서 2
  "apple cherry"               # 문서 3
)
```

Corpus 생성 및 전처리, 즉 구두점 제거, 소문자 변환 및 불용어 제거를 수행하여 corpus에 저장한다.

```
corpus <- Corpus(VectorSource(docs)) %>% tm_map(removePunctuation) %>%
  tm_map(content_transformer(tolower)) %>%
  tm_map(removeWords, stopwords("en"))
```

TF-IDF 행렬 생성하기 위하여 DocumentTermMatrix 함수를 통해 문서를 단어-문서 행렬로 변환한다. 이때 weighting = weightTfIdf는 각 단어의 중요도를 TF-IDF 값으로 계산을 설정한 것이다.

```
dtm <- DocumentTermMatrix(corpus, control = list(weighting = weightTfIdf))
```

코사인 유사도 계산 함수를 사용한다. 코사인 유사도는 두 벡터 간의 각도를 측정해 유사도를 계산하는데, 값이 1에 가까울수록 방향이 같아 유사하며, 0에 가까울수록 방향이 달라 유사도가 낮다. crossprod(x, y)는 두 벡터의 내적(Dot Product)의 계산을, sqrt(crossprod(x, x))는 벡터의 크기(Norm)의 계산을 의미한다.

```
cosine_similarity <- function(x, y) {
  dot_product <- crossprod(x, y)
  norm_x <- sqrt(crossprod(x, x))
  norm_y <- sqrt(crossprod(y, y))
  similarity <- dot_product / (norm_x * norm_y)
  return(similarity)
}
```

as.matrix(dtm)은 TF-IDF 행렬을 밀집 행렬(행이 문서, 열이 단어)로 변환하며, doc_vectors <- dtm_matrix는 문서 벡터 추출한다. similarity_matrix에는 문서 간 유사도를 계산하여 저장하는 행렬을 생성하며, 이중 루프를 통해 모든 문서 쌍의 유사도를 계산한다.

```
dtm_matrix <- as.matrix(dtm)
doc_vectors <- dtm_matrix
similarity_matrix <- matrix(nrow = nrow(doc_vectors), ncol = nrow(doc_vectors))
for (i in 1:nrow(doc_vectors)) {
  for (j in 1:nrow(doc_vectors)) {
    similarity_matrix[i, j] <- cosine_similarity(doc_vectors[i, ], doc_vectors[j,
])
  }
}
```

결과 행렬의 대각선은 1(자기 자신과의 유사도), 나머지는 0~1 사이의 값으로 채워진다. 즉, Doc1과 Doc2는 0.8165로 높은 유사도를 나타내며(공통 단어: "orange", "banana"), Doc1과 Doc3은 0.7071로 중간 유사도를 나타낸다("apple" 공통). 또한 Doc2와 Doc3은 0.5774로 낮은 유사도("cherry"만 공통)를 나타낸다.

```
colnames(similarity_matrix) <- paste0("Doc", 1:nrow(similarity_matrix))
rownames(similarity_matrix) <- paste0("Doc", 1:nrow(similarity_matrix))
print("유사도 행렬:")
print(similarity_matrix)
```

```
---실행결과---

"유사도 행렬:"
          Doc1      Doc2      Doc3
Doc1 1.0000000 0.6666667 0.4082483
Doc2 0.6666667 1.0000000 0.4082483
Doc3 0.4082483 0.4082483 1.0000000
```

응용학습 5 두 벡터 간의 코사인 유사도 구하기

아래와 같이 두 벡터가 있을 때 코사인 유사도를 계산하여 출력하시오.

vector_a는 "the cat sat on the mat"를 통해 단어 빈도를 설정한 벡터이고,
vector_b는 "the dog ran very fast"를 통해 단어 빈도를 설정한 벡터이다.

4 텍스트 분류

텍스트 분류는 대량의 텍스트 데이터를 미리 정의된 카테고리로 분류하는 과정으로, 문서, 이메일, 리뷰 등의 텍스트 데이터를 정치, 경제, 스포츠 등의 카테고리나 키워드에 따라 문서나 내용을 구분할 수 있다.

예제 6 뉴스 분류

간단한 뉴스 기사를 이용하여 검색어를 기반으로 내용을 분류해 보자. 샘플 기사로는 간단한 3개의 문서를 설정한다.

```
install.packages("quanteda")
library(quanteda)
```

```
reviews <- c(
  "정치권, 내년 예산안 처리 놓고 대립 중입니다.",
  "경제 성장률 하락 우려에 금리 인하 논의 본격화",
  "스포츠 리그 재개 앞두고 선수들 훈련 강화"
)
```

reviews 기사의 내용을 이용하여 quanteda의 corpus 함수로 문서 객체 corpus 생성한다.

```
corpus <- corpus(reviews, seq_along(reviews))
```

전처리 단계로서 구두점 및 숫자 제거, 소문자 변환, 불용어 제거 등을 수행한다.

```
corpus <- tokens(corpus, remove_punct = TRUE, remove_numbers = TRUE) %>%
  tokens_tolower() %>% tokens_remove(stopwords)
```

dfm( ) 함수를 사용하여 TF-IDF 행렬을 생성한다.

```
dtm <- dfm(corpus, weighting = "tfidf")
```

생성된 TF-IDF 행렬을 일반 행렬로 변환한다.

```
dtm_matrix <- as.matrix(dtm)
doc_vectors <- dtm_matrix
```

뉴스 기사 문서를 찾을 검색어("경제")를 설정하고, dtm_matrix를 통해 벡터화한다.

```
search_query <- "경제"
query_vector <- dtm_matrix[, colnames(dtm_matrix) == search_query]
```

코사인 유사도 함수를 설정한다.

```
cosine_similarity <- function(x, y) {
  dot_product <- crossprod(x, y)
  norm_x <- sqrt(crossprod(x, x))
  norm_y <- sqrt(crossprod(y, y))
  similarity <- dot_product / (norm_x * norm_y)
  return(similarity)
}
```

모든 문서와 검색어 간 유사도 계산한다.

```
similarities <- matrix(nrow = nrow(doc_vectors), ncol = nrow(doc_vectors))
for (i in 1:nrow(doc_vectors)) {
  for (j in 1:nrow(doc_vectors)) {
    similarities[i, j] <- cosine_similarity(doc_vectors[i, ], doc_vectors[j, ])
  }
}
```

산출된 유사도를 기준으로 문서를 정렬하고 내용을 확인한다. 예제는 뉴스 기사 3개의 문서에서 검색어인 "경제"에 관련된 기사를 먼저 검색하는 것이었다. 따라서 print(reviews[ranked_results])의 실행 결과에서 원래 데이터의 2번째 기사가 먼저 출력되는 것을 알 수 있으며, 유사도 점수를 나타내는 similarities[ranked_results]에서도 유사도 점수: 0 1 0을 출력함으로써, 유사도가 있는 것을 1, 없는 것을 0으로 하여 2번째 문서가 검색어와 유사함을 나타내었다.

```
ranked_results <- order(-query_vector)
cat("검색어 '", search_query, "'에 대한 랭킹 결과:\n")
print(reviews[ranked_results])
cat("\n유사도 점수:\n")
print(similarities[ranked_results])
```

```
---실행결과---
> cat("검색어 '", search_query, "'에 대한 랭킹 결과:\n")
검색어 ' 경제 '에 대한 랭킹 결과:
> print(reviews[ranked_results])
[1] "경제 성장률 하락 우려에 금리 인하 논의 본격화"
[2] "정치권, 내년 예산안 처리 놓고 대립 중입니다."
[3] "스포츠 리그 재개 앞두고 선수들 훈련 강화"
> cat("유사도 점수:", similarities[ranked_results])
유사도 점수: 0 1 0
```

5 감성분석

감성분석은 텍스트 데이터에서 감정(긍정, 부정, 중립 등)을 추출하고 분류하는 작업이다. 일반적으로 리뷰, 댓글, 트윗, 이메일 등 비정형 텍스트에서 사용자의 감정적 반응을 정량화할 수 있는데, 예를 들어 "이 제품은 최고예요!"는 긍정, "서비스가 엉망이네요"는 부정의 의미로 해석될 수 있다. 감성분석에 이용하는 알고리즘으로는 다음과 같다.

5.1. LDA(Latent Dirichlet Allocation)

잠재 디리클레 할당(Latent Dirichlet Allocation)의 약자로, 문서 집합에서 숨겨진 주제를 추출하는 비지도학습 기법으로 문서 내 단어 분포를 분석해 핵심 주제를 식별하고, 문서 간 유사성을 계산한다. 이는 베이지안 통계에 기반한 발생적 모델로, 문서 생성 과정과 단어 생성 과정은 다음과 같이 가정한다.

- **문서 생성 과정**

  1) 각 문서 d는 K개의 토픽 중 하나에 할당된 단어들의 시퀀스로 생성된다.
  2) 각 문서는 토픽 분포 θ_d를 따르며, θ_d는 K개의 토픽에 대한 확률 벡터이다. ($\theta_d \sim \text{Dirichlet}(\alpha)$)
  3) 각 토픽 k는 단어들의 분포 ϕ_k를 가지며, 는 단어 집합 V에 대한 확률 벡터이다.($\phi_k \sim \text{Dirichlet}(\alpha)$)

- **단어 생성 과정**

문서 d의 n번째 단어는 토픽 z_n을 선택한 후, 해당 토픽의 단어 분포 ϕz_n에서 선택된다.

$$z_n \sim \text{Multinomial}(\theta_d),\ \text{wn} \sim \text{Multinomial}(\phi z_n)$$

LDA는 EM(Expectation-Maximization) 알고리즘을 사용하는데, 각각 E-Step, M-Step으로 나뉜다.

- E-Step(Expectation step)

데이터 포인트 χ_i가 각 분포 $k(k = 1, 2)$에 속할 확률(책임도: responsibility) Υ_{ik}을 아래와 같이 계산한다.

$$\Upsilon_{i1} = \frac{\pi_1 \int_1 (\chi_i)}{\pi_1 \int_1 (\chi_i) + \pi_2 \int_2 (\chi_i)}, \Upsilon_{i2} = 1 - \Upsilon_{i1}$$

이때 $\int_k (\chi_i)$는 정규분포 k의 확률밀도함수를 나타낸다.

$$\int_k (\chi_i) = \frac{1}{\sqrt{2\pi\sigma_k^2}} \exp\left(-\frac{(\chi_i - \mu_k)^2}{2\sigma_k^2}\right)$$

- M-Step(Maximization step)

E-Step에서 구한 Υ_{ik}를 기반으로 각 파라미터를 업데이트하는데, 파라미터 업데이트가 일어나지 않는 수렴 상태가 되면 알고리즘이 종료된다.

1) 평균

$$\mu_k = \frac{\sum_{i=1}^{n} \Upsilon_{ik}\chi_i}{\sum_{i=1}^{m} \Upsilon_{ik}}$$

2) 분산

$$\sigma_k^2 = \frac{\sum_{i=1}^{n} \Upsilon_{ik}(\chi_i - \mu_k)^2}{\sum_{i=1}^{n} \Upsilon_{ik}}$$

3) 혼합비율

$$\pi_k = \frac{\sum_{i=1}^{n} \Upsilon_{ik}}{n}$$

LDA 모델 학습 단계는 데이터 수집 > 전처리 > 문서를 단어 빈도 행렬로 변환 > LDA 모델을 학습 > 결과 해석의 순서이다.

5.2. 영화 리뷰 데이터 분석

예제 7 영화 리뷰 데이터 감성분석

영화 리뷰에 대한 샘플 문서 5개를 설정해서 LDA를 이용하여 데이터 분석을 해보자. 먼저 필요한 패키지를 설치 및 로드한다. topicmodels은 LDA 모델 학습을 위한 패키지이고, quanteda는 텍스트 전처리와 단어 빈도 행렬 생성을 위한 패키지이다.

```
install.packages(c("topicmodels", "quanteda"))
library(topicmodels)
library(quanteda)
```

5개의 영화 리뷰를 긍정, 중립, 부정으로 분류하고 레이블을 할당한다. 이때 labels 값에서 긍정(1), 중립(2), 부정(0)으로 설정한 것이다.

```
reviews <- c(
  "이 영화는 액션 장면이 화려하고 스토리도 긴장감 넘쳐요!",   # 긍정
  "배우 연기는 좋았지만 시나리오가 너무 뻔했어요.",           # 중립
  "최고의 영화! 감동적이고 예술적이에요.",                    # 긍정
  "지루해서 중간에 껐어요. 시간 낭비였음.",                   # 부정
  "영상미는 아름답지만 전개가 느려서 아쉬웠어요."             # 중립
)
labels <- c(1, 2, 1, 0, 2)
```

텍스트 전처리 단계에서는 corpus( ) 함수를 통해 리뷰 데이터를 텍스트 코퍼스로 변환하고, tokens(remove_punct = TRUE)를 통해 구두점을 제거한다. tokens_tolower( ) 함수는 모든 단어를 소문자로 변환한다.

```
corpus <- corpus(reviews) %>%
  tokens(remove_punct = TRUE, remove_numbers = TRUE) %>%
  tokens_tolower() %>% tokens_remove(stopwords)
```

단어 빈도 행렬 생성 단계에서는 dfm(corpus) 함수에서 코퍼스를 단어 빈도 행렬(dfm)로 변환하고, as.matrix(dfm)에서는 dfm을 일반 행렬로 변환해 LDA 입력 형식으로 만든다.

```
dfm <- dfm(corpus, remove_punct = TRUE)
dfm_matrix <- as.matrix(dfm)
```

LDA 모델 학습 단계에서는, dfm(corpus, weighting = "tfidf")을 통해 TF-IDF 가중치가 적용된 단어 빈도 행렬을 생성하고, LDA(dtm, k = 2)에서 2개의 주제를 추출하는 LDA 모델 학습을 실행한다. 실행 결과를 보면 LDA_VEM은 Variational EM 알고리즘으로 학습된 LDA 모델임을 나타내고 모델이 정상적으로 생성되었음을 알려준다.

```
set.seed(123)
dtm <- dfm(corpus, weighting = "tfidf")
lda_model <- LDA(dtm, k = 2, control = list(seed = 123))
summary(lda_model)
```

```
---실행결과---
 Length  Class    Mode
      1 LDA_VEM    S4
```

문서별 주제 확률을 산출하기 위해 lda_model을 기반으로 posterior( ) 함수를 사용하였다. 그 결과 Topic 1과 Topic 2로 나눠지므로 paste0( ) 함수를 사용하여 이름을 붙인다. 실행 결과에서 각 행은 문서를, 열은 주제(Topic 1, Topic 2)를 나타내는데, 값은 해당 문서가 각 주제에 속할 확률이다. 예를 들어 text1은 Topic 1에 49.17%, Topic 2에 50.83% 속할 확률을 나타낸다. 모든 문서의 주제 확률이 비슷하게 분포되어 있어 뚜렷한 차이가 없는데, 이는 샘플 데이터가 5개로 적어 모델이 명확한 주제를 구분하지 못했을 수 있다.

```
topic_prob <- posterior(lda_model)$topics
colnames(topic_prob) <- paste0("Topic ", 1:2)
print(topic_prob)
```

```
---실행결과---
        Topic 1   Topic 2
text1 0.4917122 0.5082878
text2 0.4927665 0.5072335
text3 0.5120120 0.4879880
text4 0.5008929 0.4991071
text5 0.5025067 0.4974933
```

주제별 단어 분포를 파악하기 위하여 terms( ) 함수를 사용하여 상위 10개 단어를 추출한다. 결과에서는 Topic 1의 상위 단어에서는 "최고의", "감동적이고", "영화", "예술적이에요"와 같은 긍정적인 리뷰와 관련된 단어가 분류되었고, Topic 2의 상위 단어에서는 "장면이", "좋았지만", "낭비였음", "지루해서" 등의 부정적인 관련 단어로 분류되었다. 그러나 Topic 1과 Topic 2 모두 긍정이나 부정의 의미를 분명하게 나누지 못하고 섞여 있는 결과를 보였다. 이는 학습 데이터의 부족에도 영향이 있다.

```
top_words <- terms(lda_model, 10)
print(top_words)
```

```
---실행결과---
      Topic 1        Topic 2
 [1,] "최고의"        "장면이"
 [2,] "감동적이고"    "액션"
 [3,] "영화"          "좋았지만"
 [4,] "시간"          "낭비였음"
 [5,] "예술적이에요"  "너무"
 [6,] "아쉬웠어요"    "연기는"
 [7,] "지루해서"      "배우"
 [8,] "느려서"        "아름답지만"
 [9,] "전개가"        "넘쳐요"
[10,] "시나리오가"    "스토리도"
```

6 빈도 분석

TF-IDF는 문서 내에서 중요한 정도를 평가할 때 유용하게 사용한다. 다만 단어의 순서나 문맥적 의미를 반영하지 못하며, 대규모 데이터에서 메모리 효율성이 떨어질 수 있는 한계성은 있다. 이때는 TF에 로그 정규화를 적용해 극단적 빈도를 완화하거나 TF-IDF와 워드 임베딩(BERT 등)을 결합해 의미적 유사도를 향상시키는 방법을 사용할 수 있다.

예제 8 뉴스 빈도 분석

뉴스 기사 샘플 데이터를 저장한다. 문서는 5개이다.

```
library(quanteda)
library(tm)
library(wordcloud)
library(ggplot2)
news <- c(
  "정치권에서 내년 예산안 처리 놓고 대립 중입니다. 경제 성장률 하락 우려가 커지고 있습니다.",
  "미국 증시가 사상 최고치를 기록하며 투자자들의 경제에 대한 관심이 집중되고 있어 정치권에서 관심을 두고 있습니다.",
  "정치권에서 미국 관세 협의에 국제 사회의 협력이 필요하다고 하였습니다.",
  "애플이 새로운 모델을 출시하며 국제 시장의 스마트폰 시장에 도전장을 내밀었습니다.",
  "환경 문제가 빈번해지면서 국제 사회의 협력이 중요해지고 있습니다. 정치권에서 방안을 모색중입니다.")
```

Corpus 생성 및 전처리에서는 구두점/숫자 제거, 소문자 변환, 불용어 삭제를 실행한다. 이때 불용어 처리에서 stopwords는 영문에 대한 불용어이다. 따라서 한글로 된 예제 데이터에서는 불용어 삭제가 이루어지지 않았다. 이는 별도로 사전을 등록하거나 사용자가 직접 불용어를 설정해서 변수에 적용해도 된다.

```
corpus <- corpus(news) %>%
  tokens(remove_punct = TRUE, remove_numbers = TRUE) %>%
  tokens_tolower() %>% tokens_remove(stopwords)
```

TF-IDF 행렬을 생성하는데, as.matrix(weightTfIdf(dtm))에서 TF-IDF 행렬(행은 문서, 열은 단어)을 만들고, colSums(as.matrix(dtm) > 0)은 각 단어의 문서 빈도를 산출하여 df에 저장한다. log(nrow(dtm)) - log(df)를 통해 IDF를 계산하고, colnames(tf)로 단어 이름을 설정한다. colSums(tf)는 각 단어의 TF 합계를 산출하며 tf_values * idf로 TF-IDF 값을 산출한다.

```
dtm <- DocumentTermMatrix(corpus, control = list(weighting = weightTfIdf))
tf <- as.matrix(weightTfIdf(dtm))
```

```
df <- colSums(as.matrix(dtm) > 0)
idf <- log(nrow(dtm)) - log(df)
term_names <- colnames(tf)
tf_values <- colSums(tf)
tf_idf_values <- tf_values * idf
```

산출된 각 값을 기반으로 데이터프레임을 생성한다.

```
result <- data.frame(
  Term = term_names,
  TF = tf_values,
  DF = df,
  IDF = idf,
  TF_IDF = tf_idf_values
)
```

result[order(-result$TF_IDF),]를 실행하여 TF-IDF 기준으로 정렬하고, 그 값을 출력해 본다.

```
tf_idf_sorted <- result[order(-result$TF_IDF), ]
print(tf_idf_sorted)
```

```
---실행결과---
            Term        TF          DF   IDF        TF_IDF
정치권에서  정치권에서  15.431924   4    2.674149   41.26726
있습니다    있습니다    12.819055   3    2.961831   37.96787
국제        국제        12.819055   3    2.961831   37.96787
미국        미국        9.715962    2    3.367296   32.71652
:           :           :           :    :          :
```

산출된 TF_IDF 값을 기반으로 워드클라우드를 생성해 보자.

```
wordcloud(words = rownames(tf_idf_sorted), freq = tf_idf_sorted$TF_IDF,
  max.words = 100, colors = brewer.pal(8, "Dark2"), scale = c(3, 0.5),
  random.order = FALSE)
```

---실행결과---

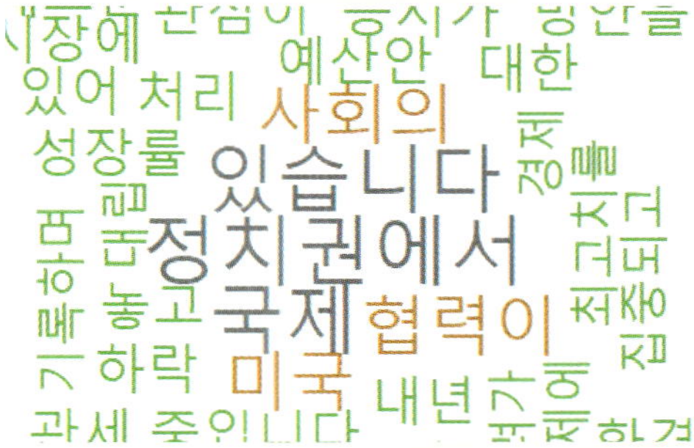

그림 4. TF_IDF를 이용한 뉴스 기사 워드클라우드

TF_IDF를 기반으로 상위 10개 단어만 추출해서 막대그래프를 그려본다. 다만 위의 워드클라우드와 막대 그래프에서 보면 가장 많은 빈도수와 중요도를 가지는 단어가 "있습니다"와 같은 불용어가 있으므로 한글을 기반으로 한 불용어 처리가 필요하다.

```
top_words <- head(rownames(tf_idf_sorted), 10)
top_tf_idf <- tf_idf_sorted$TF_IDF[1:10]
ggplot(data.frame(word = top_words, score = top_tf_idf),
      aes(x = word, y = score)) + geom_bar(stat = "identity", fill = "skyblue") +
      coord_flip() +
      labs(title = "상위 10개 단어의 TF-IDF 점수", x = "단어", y = "TF-IDF 점수")
```

---실행결과---

그림 5. 상위 10개 단어 막대 그래프

맨 위의 코드, 샘플 데이터를 news에 저장하는 코드 아래에 stopwords <- c("있습니다", "하였습니다")를 추가하고 처음부터 다시 실행해 본다. stopwords에는 "있습니다"와 "하였습니다"와 같은 불용어를 설정하였다. 이것은 tokens_remove(stopwords)를 통해 원래의 데이터인 news에 적용하여 불용어가 삭제된다. 결과가 확인되면 stopwords에 불용어를 더 추가해서 실행해 보자.

```
stopwords <- c("있습니다", "하였습니다")
corpus <- corpus(news) %>%
  tokens(remove_punct = TRUE, remove_numbers = TRUE) %>%
  tokens_tolower() %>% tokens_remove(stopwords)
                :
                :
```

---실행결과---

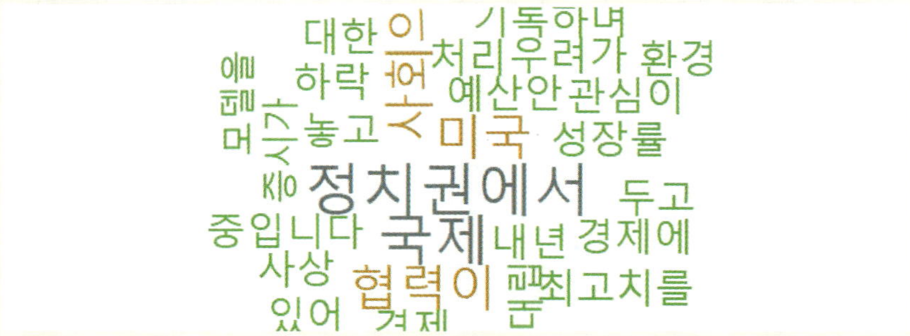

그림 6. 불용어가 삭제된 뉴스 기사 워드클라우드

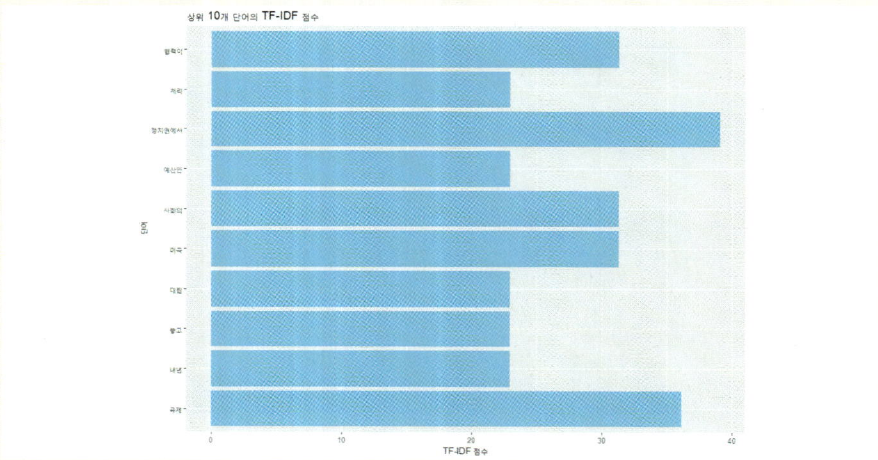

그림 7. 불용어가 삭제된 상위 10개 단어 막대 그래프

응용학습 6 USArrests 데이터 셋을 활용한 빈도 분석

미국의 각 주별 살인율(Murder), 강도율(Assault), 도시화율(UrbanPop), 폭력 범죄율(Rape)을 포함하는 USArrests 데이터 셋을 이용하여 아래의 내용에 따라 주요 변수들의 분포와 관계를 빈도 분석하시오.

- 살인율(Murder) 분포: 살인율(Murder)의 빈도 분포를 분석하고 히스토그램을 나타낼 것
- 강도율(Assault) 분포: 강도율(Assault)의 빈도 분포를 분석하고 히스토그램을 나타낼 것
- 살인율과 강도율의 교차표: 변수 간 관계 분석하여 살인율 vs 강도율 교차표를 출력할 것
- 도시화율(UrbanPop): 범주별 분포를 분석하고 그래프로 나타낼 것

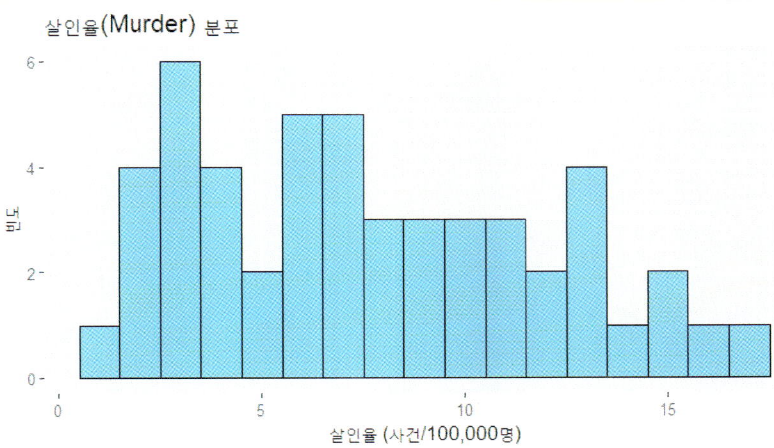

그림 8. 살인율(Murder)의 빈도 히스토그램

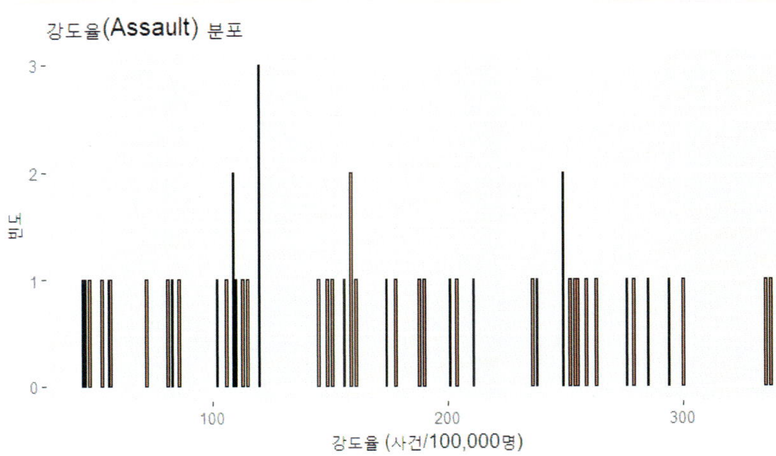

그림 9. 강도율(Assault)의 빈도 막대그래프

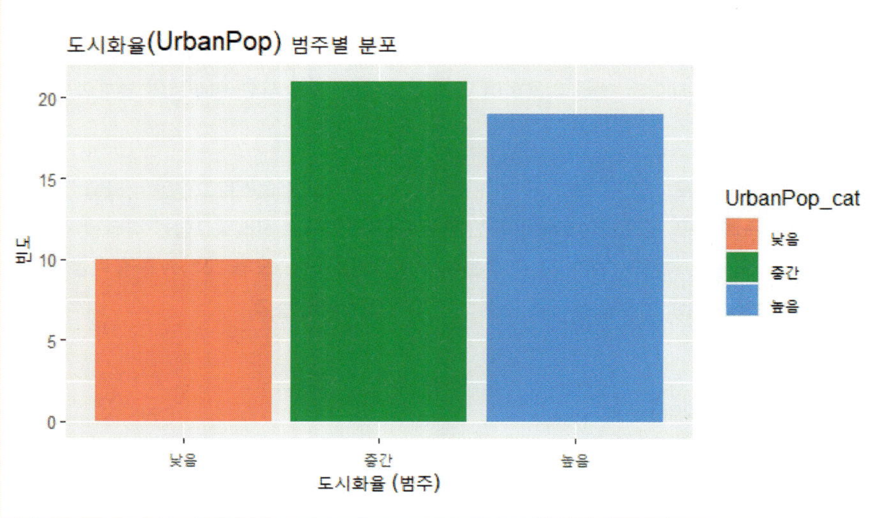

그림 10. 도시화율(UrbanPop)의 범주별 빈도 분석

연습문제

01. 아래 공식은 무엇을 구하는 것인가?

$$\frac{\text{특정 단어의 빈도}}{\text{전체 단어 수}}$$

① 상대빈도
② 절대빈도
③ 도수분포
④ 키워드빈도
⑤ 연관빈도

02. 문서 내 단어 빈도를 문서 전체 단어 수로 나눈 값은 무엇인가?

① IDF
② TF
③ TF-IDF
④ tf_{total}
⑤ $tf_{document}$

03. 전체 문서 집합에서 단어가 포함된 문서의 비율은?

① TF
② IDF
③ DF
④ TF-IDF
⑤ N

04. 단어 빈도(TF)와 역문서 빈도(IDF)를 조합해 중요도를 반영한 가중치 부여하는 것은?

① TF
② IDF
③ DF
④ TF-IDF
⑤ N

05. 아래의 내용에서 (A)안에 알맞은 것은?

> "방대한 데이터가 있을 때 어떤 내용이 중요한 의미를 가지는지 파악하기가 쉽지 않다. 이러한 처리를 위해 다양한 방법이 사용되는데, 통계적 접근법으로는 단어 빈도를 기준으로 하는 (A)값을 이용하거나, 문서 내 단어 순위를 통해 빈도수를 기반으로 상위 단어를 선택하는 방법을 사용할 수 있다."

① TF
② IDF
③ DF
④ TF-IDF
⑤ N

06. 아래의 내용에서 쉼표, 마침표 등 구두점을 제거하는 명령으로 (A) 안에 알맞은 것은?

```
library(tm)
library(slam)
docs <- c("I stand here today humbled by the task before us,")
corpus <- Corpus(VectorSource(docs)) %>%
  tm_map(   A   ) %>%
  tm_map(content_transformer(tolower)) %>%
  tm_map(removeWords, stopwords("en"))
```

① extractPunctuation

② pushPunctuation

③ clearPunctuation

④ deletePunctuation

⑤ removePunctuation

07. 아래의 내용에서 “the”, “are”, “of” 등 불용어를 제거하는 명령으로 (A) 안에 알맞은 것은?

```
library(tm)
library(slam)
docs <- c("I stand here today humbled by the task before us,")
corpus <- Corpus(VectorSource(docs)) %>%
  tm_map(removePunctuation) %>%
  tm_map(content_transformer(tolower)) %>%
  tm_map(   A   )
```

① removeWords, words("en")

② removeWords, ill-advisedwords("en")

③ tolower stopwords("en")

④ tolower, ill-advisedwords("en")

⑤ removeWords, stopwords("en")

08. 텍스트 데이터를 단어-문서 행렬로 변환하기 위하여 사용하며, 각 단어가 문서에서 몇 번 등장하는지를 기록하는 희소 행렬을 생성하는 함수는?

① glm( )

② rbinom( )

③ coefficientsmMatrix( )

④ as.matrix( )

⑤ DocumentTermMatrix( )

09. 아래에서 토큰화와 구두점 제거, 소문자 변환, 불용어 제거와 같은 전처리를 수행하는 (A) 부분에 알맞은 명령은?

```
:
text <- c(
  "The quick brown fox jumps over the lazy dog. The dog is very lazy and the fox
is quick."
)
corpus <- corpus(text)
(   A   )
:
```

① tokens <- tokens(corpus, remove_punct = TRUE) %>% tokens_tolower()

② tokens <- tokens(corpus, remove_punct = FALSE) %>% tokens_tolower()

③ tokens <- tokens(corpus, remove_punct = TRUE) %>% tokens_tolower() %>% tokens_delete(stopwords("en"))

④ tokens <- tokens(corpus, remove_punct = FALSE) %>% tokens_tolower() %>% tokens_delete(stopwords("en"))

⑤ tokens <- tokens(corpus, remove_punct = TRUE) %>% tokens_tolower() %>% tokens_remove(stopwords("en"))

10. 아래 명령은 토큰화와 전처리, 단어 빈도 행렬 생성을 수행하는 처리의 일부분이다. (A) 부분에 알맞은 명령은?

```
text <- c("The quick brown fox jumps over the lazy dog. The dog is very lazy.")
txt <- (   A   )
tokens <- tokens(txt, remove_punct = TRUE) %>%
  tokens_tolower() %>% tokens_remove(stopwords("en"))
dfm <- dfm(tokens)
matrix <- as.matrix(dfm)
```

① corpus(text)
② Text(text)
③ Parse(text)
④ parse(text)
⑤ compile(text)

11. 두 집단 간 사건 발생 확률의 비율을 나타내는 지표는?

① 등분산
② 승산비
③ 도수분포
④ 분산
⑤ Z-score

12. 다음은 치료군과 대조군으로 나누어 승산비를 구하는 glm( ) 함수를 통해 나타난 결과이다. 이때 group 치료군의 계수의 표준 오차는 얼마인가?

```
Call:
glm(formula = outcome_binary ~ group, family = binomial, data = data)
Coefficients:
          Estimate Std. Error z value Pr(>¦z¦)
(Intercept) 4.538e-15  2.000e-01  0.000  1.00000
group 치료군 8.954e-01  2.976e-01   3.009  0.00262 **
```

① 0.895
② 0.2976
③ 3.009
④ 0.0026
⑤ 0.003

13. 아래 공식에서, (A)는 무엇을 구하는 것인가?

$$(A) = \ln\left(\frac{w_1 p_1}{w_2 p_2} \cdot \frac{1-p_2}{1-p_1}\right)$$

(w_1, w_2: 치료군과 대조군의 가중치, p_1, p_2: 각 그룹의 성공 확률)

① 가중 로그 승산비
② 가중치
③ 로그 승산비
④ 승산비
⑤ 로그 변환 가중치

14. 자연어 처리에서 단어의 빈도와 그 단어의 순위 사이에 역비례 관계가 존재함을 나타내는 법칙은?

① Murphy의 법칙
② Moore의 법칙
③ Zipf의 법칙
④ Boyle의 법칙
⑤ Probabilistic 법칙

15. 두 벡터 간의 각도를 기반으로 유사도를 계산하는 방법으로 텍스트 데이터(TF-IDF 행렬), 이미지 임베딩, 사용자-아이템 평점 데이터 등에 적용할 수 있는 이 방법은 무엇인가?

① 사인 유사도
② 코사인 유사도
③ 유클리디안 거리
④ 자카드 유사도
⑤ 맨하탄 거리

16. 아래는 코사인 유사도 함수를 이용하여 문서간 유사도를 계산하는 코드의 일부분이다. (A) 안에 알맞은 명령은? (이때 doc_vectors는 문서 데이터의 TF-IDF 행렬을 일반 행렬로 변환한 것이다)

```
:
cosine_similarity <- function(x, y) {
  dot_product <- crossprod(x, y)
  norm_x <- sqrt(crossprod(x, x))
  norm_y <- sqrt(crossprod(y, y))
  similarity <- dot_product / (norm_x * norm_y)
  return(similarity)
}
similarities <- matrix(nrow = nrow(doc_vectors), ncol = nrow(doc_vectors))
for (i in 1:nrow(doc_vectors)) {
  for (j in 1:nrow(doc_vectors)) {
    similarities[i, j] <- (   A  )
  }
}
```

① cosine_similarity(doc_vectors[i], doc_vectors[j])

② cosine_similarity(doc_vectors[, i], doc_vectors[j,])

③ cosine_similarity(doc_vectors[, i], doc_vectors[, j])

④ cosine_similarity(doc_vectors[i,], doc_vectors[j,])

⑤ cosine_similarity(doc_vectors[i,], doc_vectors[, j])

17. 아래의 내용에서 (A)에 해당하는 용어는?

> (A)은/는 문서 내에서 중요한 정도를 평가할 때 유용하게 사용한다. 다만 단어의 순서나 문맥적 의미를 반영하지 못하며, 대규모 데이터에서 메모리 효율성이 떨어질 수 있는 한계성은 있다. 이때는 TF에 로그 정규화를 적용해 극단적 빈도를 완화하거나 (A)와/과 워드 임베딩(BERT 등)을 결합해 의미적 유사도를 향상시키는 방법을 사용할 수 있다.

① TF

② IDF

③ DF

④ TF-IDF

⑤ N

18. 아래의 코드에서 불용어를 처리하는 것은?

```
corpus <- corpus(news) %>%
  tokens(remove_punct = TRUE, remove_numbers = TRUE) %>%
  tokens_tolower() %>% tokens_remove(stopwords)
```

① remove_punct
② tokens_tolower
③ stopwords
④ remove_numbers
⑤ corpus

19. 아래의 코드에서 각 단어의 문서 빈도를 산출하는 것은?

```
dtm <- DocumentTermMatrix(corpus, control = list(weighting = weightTfIdf))
tf <- as.matrix(weightTfIdf(dtm))
df <- colSums(as.matrix(dtm) > 0)
idf <- log(nrow(dtm)) - log(df)
term_names <- colnames(tf)
tf_values <- colSums(tf)
tf_idf_values <- tf_values * idf
```

① weighting = weightTfIdf
② tf_values * idf
③ colSums(tf)
④ colSums(as.matrix(dtm) > 0)
⑤ log(nrow(dtm)) – log(df)

20. LDA 모델 학습 단계로 옳은 것은?

① 데이터 수집 → 전처리 → 문서를 단어 빈도 행렬로 변환 → LDA 모델을 학습 → 결과 해석
② 데이터 수집 → 문서를 단어 빈도 행렬로 변환 → 전처리 → LDA 모델을 학습 → 결과 해석
③ 데이터 수집 → 전처리 → LDA 모델을 학습 → 문서를 단어 빈도 행렬로 변환 → 결과 해석
④ 데이터 수집 → LDA 모델을 학습 → 전처리 → 문서를 단어 빈도 행렬로 변환 → 결과 해석
⑤ 전처리 → 데이터 수집 → LDA 모델을 학습 → 문서를 단어 빈도 행렬로 변환 → 결과 해석

제12장 >>>>

지도학습

1 지도학습이란?

지도학습은 레이블이 있는 데이터(정답이 알려진 데이터)를 활용해 입력 데이터와 출력값 간의 관계를 학습하는 기계학습(Machine Learning) 방법이며, 정답이 있는 데이터를 주고 학습을 반복하여 패턴을 배우도록 하는 것으로 주로 회귀(Regression)나 분류(Classification) 문제에 적용된다. 즉, 입력변수(X)와 정답(y)이 쌍으로 구성된 데이터 셋으로 훈련 데이터를 구성하고 입력 데이터를 받아 출력값을 예측하는 선형 회귀 모델, 의사결정나무, 신경망과 같은 모델을 구현한다. 학습 과정은 모델이 훈련 데이터를 반복적으로 학습해 오차(Error)를 최소화하도록 파라미터를 조정하는 방식이다.

- **회귀(Regression)**

입력 데이터를 연속적인 숫자 값으로 예측하는 것으로 부동산 가격 예측, 주식 가격 예측, 키와 몸무게 간의 관계 분석 등이 있으며 선형 회귀, 다항 회귀, 결정 트리 회귀, 라쏘/릿지 회귀 등의 알고리즘이 사용된다.

- **분류(Classification)**

입력 데이터를 이산적 클래스 레이블로 분류하는 작업으로, 이미지에서 강아지/고양이를 구분하거나 정상/환자와 같이 질병 진단과 같은 이원화적인 구분을 하는 형태이다. 사용하는 알고리즘으로는 로지스틱 회귀, 결정 트리, 랜덤 포레스트, SVM, K-최근접 이웃 등이 있다.

학습의 과정은 데이터 수집 > 데이터 전처리 > 모델 선택 > 모델 학습 > 모델 평가의 순서로 진행된다. 모델 선택은 문제에 적합한 알고리즘을 선택하고, 모델 학습은 훈련 데이터로 모델을 학습시킨다. 모델 평가에서는 테스트 데이터로 정확도를 평가하거나, RMSE 등 지표를 계산해 성능을 평가하는 방법이 있다.

지도학습의 경우 이미 앞의 장에서 lm( ) 함수를 사용한 선형 회귀, glm( ) 함수를 사용한 로지스틱 회귀를 다루었다. 이번 장에서는 앞에서 다루지 않았던 내용을 중심으로 설명한다.

2 회귀 분석(Regression Analysis)

회귀 분석은 연속형 종속변수를 하나 이상의 독립변수로 설명하는 방법이다. 즉 독립변수(X)와 종속변수(y) 간의 관계를 모델링해서 미래의 y 값을 예측하거나 변인 간 관계를 분석한다.

2.1. 단순 선형 회귀(Simple Linear Regression)

단순 선형 회귀는 1개의 독립변수(x)와 1개의 종속변수(y) 간의 선형 관계를 모델링하는 방법이다. 즉, 독립변수(x)로 종속변수(y)를 예측하거나, 두 변수 간의 인과 관계를 분석한다. 단순 선형 회귀는 다음과 같이 구한다.

$$y = \beta_0 + \beta_1 x + \varepsilon$$

y: 종속변수 (예를 들어 주택 가격, 매출액)

x: 독립변수 (예를 들어 주택 면적, 광고비)

β_0: 절편(Intercept)으로 x = 0일 때 y의 예상 값

β_1: 기울기(Slope)로서 x가 1단위 증가할 때 y의 변화량

ε: 오차(Error)를 의미하며 실제값과 예측값의 간격

단순 선형 회귀가 유효하려면 오차는 정규 분포를 따른다는 정규성, 관측값들이 서로 독립적임을 나타내는 독립성, 오차의 분산이 일정해야 하는 등분산성, 독립변수(x)와 종속변수(y) 간의 관계가 선형이어야 하는 선형성이 충족되어야 한다. 특징으로는 데이터가 비선형일 경우 모델 성능이 저하될 수 있고, 단순 선형 회귀는 차원이 낮아 과적합 위험이 적지만, 이상치에 민감하며, 훈련 데이터 범위를 벗어난 x 값에 대해 예측하면 신뢰도가 떨어지는 특성이 있다.

예제1 단순 선형 회귀

set.seed(123)은 랜덤으로 생성되는 데이터나 모델의 결과를 동일하게 재현하기 위해 시드를 고정한다. x <- seq(0, 10, by = 0.5)는 독립변수 x를 0부터 10까지 0.5 간격으로 생성한다. y <- 2 * x + rnorm(length(x), mean = 0, sd = 5)는 종속변수 y를 2 * x로 선형 관계를 만들며, rnorm(length(x), mean = 0, sd = 5)는 평균 0, 표준편차 5인 정규 분포에서 노이즈를 생성한다. 이는 실제 데이터처럼 완벽한 선형이 아닌 잡음이 있는 데이터를 만드는 것이다. data <- data.frame(x, y)는 생성된 x와 y를 데이터프레임으로 만든다.

```
set.seed(123)
x <- seq(0, 10, by = 0.5)
y <- 2 * x + rnorm(length(x), mean = 0, sd = 5)
data <- data.frame(x, y)
```

다음은 산점도와 회귀선 시각화하는 단계로 geom_point로 x와 y의 관계를 점으로 표시한다. 이때 stat_smooth(method = "lm")으로 선형 회귀선을 추가하는데, se = FALSE는 신뢰 구간을 표시하지 않음을 설정한다. 출력된 그래프는 파란색 점과 빨간색 회귀선이 함께 나타난다.

```
ggplot(data, aes(x = x, y = y)) +
  geom_point(color = "blue", alpha = 0.7) +
  stat_smooth(method = "lm", color = "red", se = FALSE) +
  labs(title = "단순 선형 회귀 예제", x = "독립변수 (x)", y = "종속변수 (y)") +
  theme_minimal()
```

---실행결과---

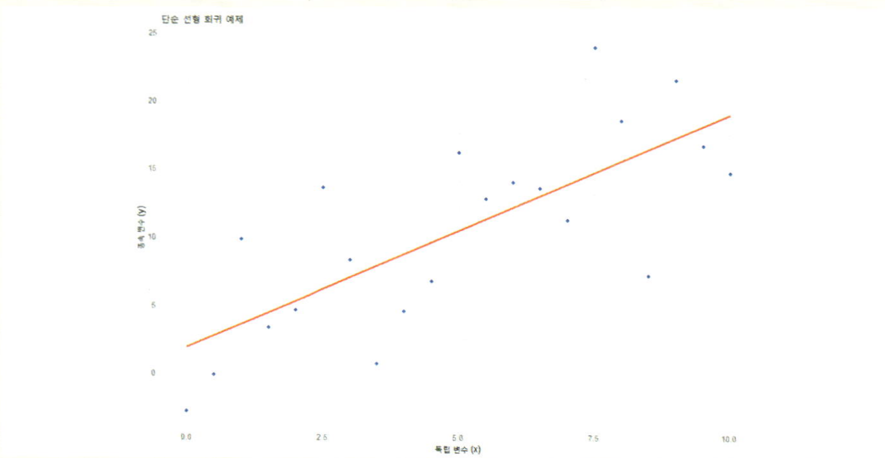

그림 1. 단순 선형 회귀, 산점도와 회귀선

단순 선형 회귀 모델 학습을 구현한다. model <- lm(y ~ x, data = data)은 y를 x로 설명하는 선형 회귀 모델을 학습시키는데, 이는 $y = \beta_0 + \beta_1 x + \varepsilon$에 적합하다. model에는 계수 ($\beta_0$, β_1)와 통계 정보가 저장된다. summary(model)를 통해 모델의 계수, R-squared, p-value 등 성능 지표를 확인해 본다.

```
model <- lm(y ~ x, data = data)
summary(model)
```

```
---실행결과---
Call:
lm(formula = y ~ x, data = data)
Residuals:
    Min      1Q  Median      3Q     Max
-9.2185 -2.9014 -0.6606  2.9560  9.2535
Coefficients:
            Estimate Std. Error t value  Pr(>|t|)
(Intercept)   1.8983     2.0895   0.909  0.374992
x             1.7044     0.3575   4.768  0.000134 ***
---
Signif. codes:  0 '***' 0.001 '**' 0.01 '*' 0.05 '.' 0.1 ' ' 1
Residual standard error: 4.96 on 19 degrees of freedom
Multiple R-squared:  0.5447,	Adjusted R-squared:  0.5207
F-statistic: 22.73 on 1 and 19 DF,  p-value: 0.0001338
```

위 결과에서 **Residuals**는 잔차(오차)의 분포를 요약한 값을 나타낸다. 최솟값(-9.22)과 최댓값(9.25)은 모델이 예측한 값에서 실제 값과의 차이가 크다는 것을 나타내며, 1사분위수(-2.90), 3사분위수(2.96), 중앙값(-0.66)으로 잔차가 좌우 대칭인지 확인한다.

Coefficients는 회귀 계수이며, **절편(Intercept)**의 경우 추정치(Estimate)는 1.8983, 표준 오차(Std. Error)는 2.0895를 나타낸다. t-값은 $t = \frac{\text{Estimate}}{\text{Std.Error}} = \frac{1.8983}{2.0895} \approx 0.909$이며, p-value 값은 0.375로서 0.05보다 크므로 유의하지 않다. 따라서 x = 0일 때 y의 예상값은 약 1.9이지만, 통계적으로 유의미하지 않다. **기울기(x)**의 경우 추정치(Estimate)는 1.7044, 표준 오차(Std. Error)는 0.3575이다. t-값은 $t = \frac{1.7044}{0.3575} \approx 4.768$이며, p-value 값은 0.000134로서 $p < 0.001$을 충족하여 매우 유의미하다. 즉, x가 1단위 증가할 때 y는 약 1.7 단위 증가함을 나타내며 통계적으로도 유의하다.

모델 성능 지표로서 **잔차 표준 오차**(Residual standard error)는 잔차의 평균 제곱근 값으로, 예측 오차의 크기를 나타내며, 값이 작을수록 모델이 데이터를 더 잘 설명함을 나타낸다. 이 값이 4.96으로서 예측값과 실제 값의 평균 오차가 약 5 정도임을 의미한다.

R-squared에서 Multiple R-squared는 0.5447로서 모델이 y의 변동 54.47%를 설명하며, Adjusted R-squared는 0.5207이므로 독립변수의 수를 조정한 후의 설명 수치를 나타낸다. F-statistic은 전체 모델의 유의성을 검정하는데, F = 22.73, p-value = 0.0001338은 모델이 유의미함을 나타낸다.

DF는 자유도(Degrees of Freedom)를 나타내며 데이터 포인트 n = 20개에서 독립변수 1개를 제외하면 n - 2 = 18이어야 하지만, 결과에서 19로 나타난 것은 계수 추정에 사용된 방법이나 결측치 처리로 인한 차이일 수 있다. 이는 데이터 포인트가 정확히 20개인지 확인이 필요하다.

x = c(5, 7)로 새로운 x 값(5와 7)에 대한 y 값을 예측(predict(model, new_x))한다. 즉, new_x는 예측할 x 값을 데이터프레임으로 만들고, predict(model, new_x)는 학습된 모델로 y 값을 계산한다.

```
new_x <- data.frame(x = c(5, 7))
y_pred <- predict(model, new_x)
print(y_pred)
```

```
---실행결과---
       1        2
10.42016 13.82888
```

위 결과에서 첫 번째 값 10.42016은 x = 5일 때의 예측된 y 값이고, 두 번째 값 13.82888은 x = 7일 때의 예측된 y 값이다.

$y = \beta_0 + \beta_1 x$에서 β_0: 절편(Intercept), β_1: 기울기(Slope)였다. 위의 summary(model)에서 결과(Intercept)의 Estimate 값 1.8983은 β_0, x의 Estimate 값 1.7044는 β_1이다. 따라서 예측값은 다음과 같다.

- x = 5일 때
  y = 1.8983 + 1.7044 * 5 = 1.8983 + 8.522 = 10.4203
  이며, 실제 예측값은 10.42016으로 계산값과 거의 일치함을 보인다.
- x = 7일 때
  y = 1.8983 + 1.7044 * 7 = 1.8983 + 11.9318 = 13.8301
  이며, 실제 예측값은 13.82888로 계산값과 매우 유사함을 나타낸다.

결국 예측값이 이론적 계산값과 거의 일치하므로, 모델이 정확하게 학습되었음을 나타낸다. 이는 예를 들어, x = 5에서 예측값이 10.42로, 실제 데이터의 y 값(2x + 노이즈)과 일치할 가능성이 높다. 따라서 이러한 예제는 x 값이 주어졌을 때 y 값을 예측하는 데 사용될 수 있다.

응용학습 1 airquality를 활용한 단순 선형 회귀

내장 데이터 셋인 airquality를 활용한 단순 선형 회귀 프로그램으로, 오존 농도(Ozone)를 온도(Temperature)로 예측하는 모델을 구현하시오.

- 오존 농도(Ozone)를 온도(Temperature)만 선택하고, 결측치를 제거할 것
- 산점도로 온도와 오존 농도의 관계를 시각화하고, 빨간색 선으로 회귀선을 추가할 것
- 온도를 독립변수로, 오존 농도를 종속변수로 하는 모델을 학습할 것
- 회귀 계수, R-squared 값, p-값 등을 요약해서 나타낼 것
- 온도 80°F와 90°F에 대한 새로운 데이터를 통해 오존 농도를 예측할 것
- 잔차 플롯과 QQ-플롯으로 모델의 적합성과 정규성 가정을 확인할 수 있도록 시각화할 것

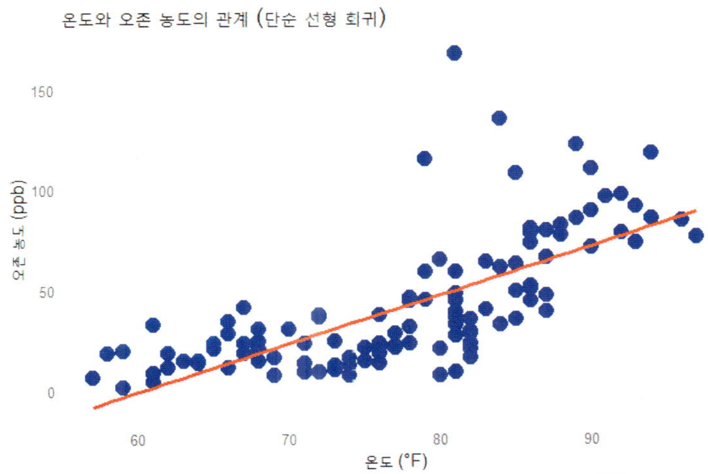

그림 2. 온도와 오존 농도의 관계 (단순 선형 회귀)

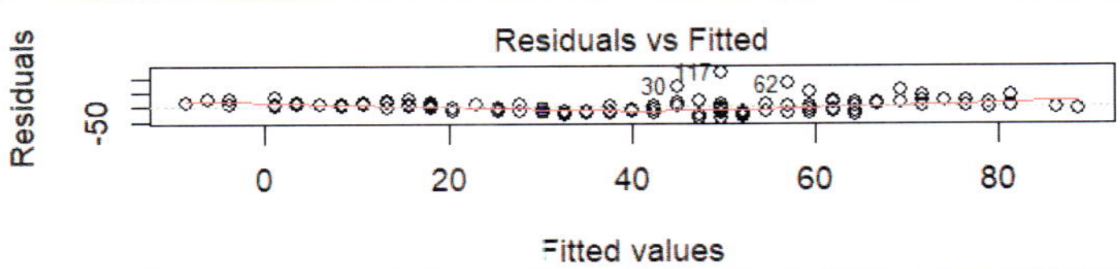

그림 3. 잔차 플롯

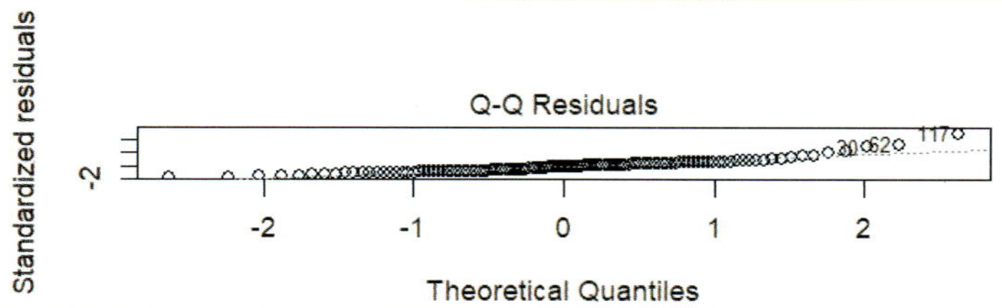

그림 4. 정규성 검정 QQ-플롯

2.2. 다항 회귀(Polynomial Regression)

다항 회귀는 비선형 관계를 모델링하기 위해 독립변수의 차수를 확장한 회귀 분석 기법이다. 단순 선형 회귀가 직선($y = \beta_0 + \beta_1 x$)으로 데이터를 설명한다면, 다항 회귀는 곡선을 사용해 더 복잡한 패턴을 표현할 수 있다. 다항 회귀는 다음과 같이 구한다.

$$y = \beta_0 + \beta_1 x + \beta_2 x^2 + \beta_3 x^3 + \cdots + \beta_n x^n + \varepsilon$$

y: 종속변수, x: 독립변수, β_0, β_1, $\cdots$, β_n: 회귀 계수, ε: 오차

다항 회귀에서 주의할 사항은 2차, 3차 등 적절한 차수를 선택하는 것이 중요하지만, 차수가 너무 높으면 훈련 데이터에 지나치게 맞춰질 수 있다.

예제 2 다항 회귀

시각화를 위해 ggplot2 패키지를 로드한다. 이미 로드한 상태라면 또 실행할 필요는 없다.
x에는 0부터 10까지 0.5 간격으로 독립변수를 저장한다. y에는 $y = 2x^2 + 3x$의 2차 다항 관계를 설정하는데, rnorm(length(x), mean = 0, sd = 10)으로 평균 0, 표준편차 10의 노이즈를 추가해 실제 데이터처럼 불규칙성을 만든다. 다음은 저장된 x, y를 데이터프레임으로 만들어 ggplot를 통한 시각화에 활용한다.

```
library(ggplot2)
set.seed(123)
x <- seq(0, 10, by = 0.5)
y <- 2 * x^2 + 3 * x + rnorm(length(x), mean = 0, sd = 10)
data <- data.frame(x, y)
```

x와 y의 관계를 시각화해 비선형 패턴을 확인해 본다. 이때 theme_minimal()은 그래프 스타일을 간결하게 만드는 설정이며, 이를 실행하면 2차 다항식 형태의 곡선에 노이즈가 추가된 데이터 분포가 나타난다.

```
ggplot(data, aes(x = x, y = y)) + geom_point(color = "blue") +
  labs(title = "비선형 데이터 분포", x = "x", y = "y") + theme_minimal()
```

---실행결과---

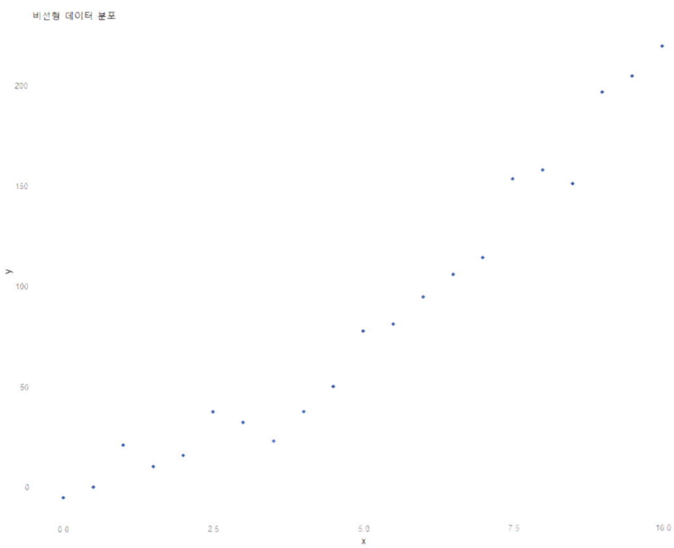

그림 5. 비선형 데이터 분포

다항 회귀 모델 학습을 위해 x와 y 간의 2차 다항식 관계를 모델링하자. poly(x, 2, raw = TRUE)는 x를 2차 다항식으로 변환하는데 raw = TRUE는 폴리노미얼을 정규화하지 않고 원본 형태로 사용한다는 것이다. lm() 함수는 선형 회귀 모델을 학습시킨다. 이때 $y = \beta_0 + \beta_1 x + \beta_2 x^2 + \varepsilon$ 형태로 모델을 적합한다. summary(model)는 모델의 계수, R2, p-value 등 성능 지표를 나타낸다.

```
model <- lm(y ~ poly(x, 2, raw = TRUE), data = data)
summary(model)

---실행결과---
Call:
lm(formula = y ~ poly(x, 2, raw = TRUE), data = data)
Residuals:
    Min      1Q  Median      3Q     Max
-17.6907  -5.5688  -0.5208   5.8717  17.8010
Coefficients:
                       Estimate Std. Error t value Pr(>|t|)
(Intercept)            -0.03593  5.94814  -0.006  0.9952
poly(x, 2, raw = TRUE)1  4.82933  2.75652   1.752  0.0968 .
poly(x, 2, raw = TRUE)2  1.75794  0.26613   6.606 3.34e-06 ***
---
Signif. codes:  0 '***' 0.001 '**' 0.01 '*' 0.05 '.' 0.1 ' ' 1
Residual standard error: 9.965 on 18 degrees of freedom
Multiple R-squared:  0.9826,	Adjusted R-squared:  0.9807
F-statistic: 508.5 on 2 and 18 DF,  p-value: < 2.2e-16
```

위 결과에서 formula = y ~ poly(x, 2, raw = TRUE)는 종속변수 y를 2차 다항식으로 설명하는 모델이라는 것을 의미하고, raw = TRUE는 다항식을 정규화하지 않고 원본 형태로 사용됨을 나타낸다.

예측값과 실제값의 차이를 나타내는 **잔차(Residuals)**에서는 최솟값(-17.69)과 최댓값(17.80)이 매우 크며, 잔차가 -17.69에서 17.80까지 넓게 분포되었음을 나타낸다. 이때 중앙값(-0.52)은 0에 가깝지만, 1사분위수(-5.57)와 3사분위수(5.87)로 잔차가 비대칭적임을 알 수 있다. 이는 모델이 일부 데이터 포인트에서 오차범위 내에서 예측하지 못하고 있음을 의미한다.

Coefficients(회귀 계수)에서 **절편(Intercept)**의 추정치(Estimate)는 -0.03593, 표준오차(Std. Error)는 5.94814, t-값은 $\frac{0.03593}{5.94814} \approx -0.006$이며, p-value은 0.9952로 0.05보다 크기 때문에 유의하지 않다. 따라서 절편은 모델에 거의 기여하지 않으며, 무시해도 된다.

poly(x, 2, raw = TRUE)1(1차항)에서 추정치(Estimate)는 4.82933, 표준 오차는 2.75652, t-값은 $\frac{4.82933}{2.75652} \approx 1.75$, p-value는 0.0968로 0.05보다 크지만 0.1보다 작아 약간 유의미한 수준이다. 따라서 x의 1차 항이 y에 미치는 영향은 통계적으로 약하지만 유의미한 경향이 있다.

poly(x, 2, raw = TRUE)2(2차항)에서 추정치(Estimate)는 1.75794, 표준 오차는 0.26613, t-값은 $\frac{1.75794}{0.26613} \approx 6.61$이며, p-value는 3.34 * 10-6으로 매우 유의미하다. 즉, x2 항이 y에 강한 영향을 미치며, 모델에서 가장 중요한 항이 된다.

Residual standard error(잔차 표준 오차)는 9.965로 예측값과 실제 값 사이의 평균 오차가 크므로 모델이 데이터의 추세를 잘 잡았지만, 개별 예측에서는 오차가 클 수 있다.

R-squared의 Multiple R-squared는 0.9826으로 모델이 y의 변동의 98.26%를 설명함을 나타내며, Adjusted R-squared는 0.9807로 독립변수의 수를 조정한 후의 설명력을 나타낸다.

F-statistic(F-통계량)에서 F = 508.5, p-value < $2.2 * 10^{-16}$으로 모델이 유의미함을 나타낸다.

DF(자유도)는 18로 데이터 포인트 n = 20개에서 2개의 다항 항을 제외하면 20 - 2 = 18이 되므로, 자유도가 적절히 계산되었음을 의미한다.

학습된 모델로 y 값을 예측하고, 실제 값과 비교한다. 즉, predict(model, data.frame(x = x)) 함수는 학습된 모델로 x 값에 대한 y 예측값 계산을 수행한다. ggplot( ) 함수에서 파란색 점으로 실제 y 값을 표시하고, 빨간색 점선으로 회귀선을 그린다.

```
y_pred <- predict(model, data.frame(x = x)) ggplot(data, aes(x = x)) +
  geom_point(aes(y = y), color = "blue", label = "실제 값") +
  geom_line(aes(y = y_pred), color = "red", linetype = "dashed", label = "회귀 곡
선") + labs(title = "다항 회귀 모델 (2차)", x = "x", y = "y") + theme_minimal()
```

---실행결과---

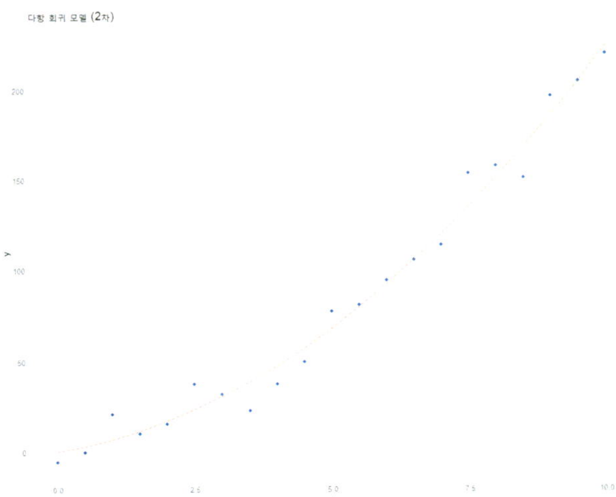

그림 6. 다항 회귀 모델 (2차)

응용학습 2 trees를 활용한 다항 회귀

내장 데이터 셋인 trees를 활용한 다항 회귀 프로그램을 만드시오. 이를 통해 나무의 지름(Girth)과 높이(Height) 간의 비선형 관계를 모델링하시오.

- trees 데이터 셋에서 지름(Girth)과 높이(Height)만 사용할 것
- 산점도로 지름과 높이의 관계를 시각화할 것. 이때 파란색 선은 1차 회귀선(직선), 빨간색 곡선은 2차 회귀선(곡선)으로 할 것
- 다항 회귀 모델 학습에서 1차 회귀: Height ~ Girth (직선 관계 가정), 2차 회귀: Height ~ Girth + I(Girth^2)(곡선 관계 가정)로 할 것
- R-squared 값을 통해 모델의 설명력을 비교할 것
- 새로운 데이터 예측으로 지름이 10인치와 12인치인 나무의 높이를 예측할 것

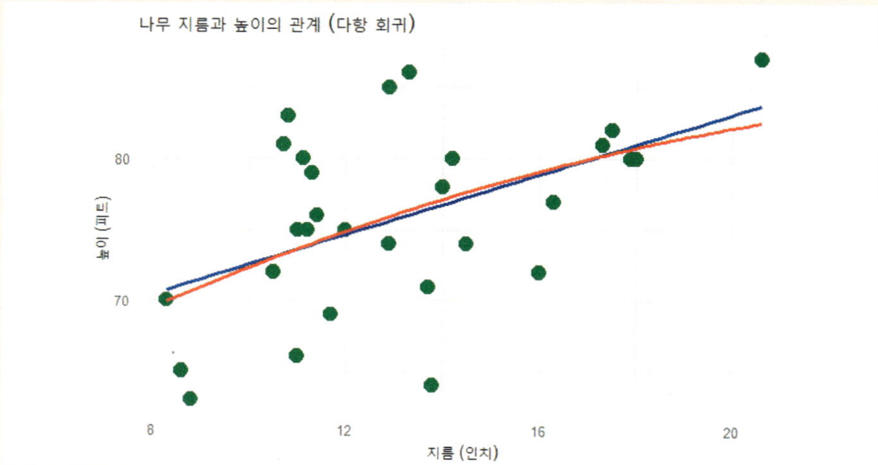

그림 7. 나무 지름과 높이의 관계 (다항 회귀)

3 분류 분석

분류 분석(Classification)은 레이블이 있는 데이터를 활용해 입력변수(X)로 종속변수(y)의 범주형 값을 예측하는 방법으로 스팸 메일 분류, 이미지 객체 인식, 질병 진단 등의 분야 활용할 수 있다. 아래는 분류 분석에 대한 종류를 나타낸다.

- 이진 분류(Binary Classification): 두 개의 클래스 중 하나로 분류하며, 예를 들어 스

팸(1) vs. 햄(0), 암(양성) vs. 정상(음성)과 같이 구분할 수 있다.

- 다중 분류(Multi-class Classification): 세 개 이상의 클래스 중 하나로 분류하며, 예를 들어 고양이, 강아지, 토끼등의 이미지 분류에 사용할 수 있다.
- 다중 라벨 분류(Multi-label Classification): 하나의 샘플이 여러 클래스에 동시에 속할 수 있으며, 예를 들어 뉴스 기사에 "정치", "경제", "사회" 등의 라벨을 동시에 부여가 가능하다.

분류 분석에서 사용하는 주요 알고리즘으로는 다음과 같다.

- 나이브 베이즈(Naive Bayes): 베이즈 정리를 기반으로 클래스 확률을 계산한다.
- 의사결정나무(Decision Tree): 트리 구조로 데이터를 분할하여 클래스를 예측한다.
- 랜덤 포레스트(Random Forest): 여러 의사결정나무를 앙상블하여 예측 성능을 높인다.
- 서포트 벡터 머신(SVM): 데이터를 분리하는 초평면을 찾아 클래스를 구분한다.
- k−최근접 이웃(k-NN): 새로운 데이터의 클래스를 가장 가까운 k개 이웃의 클래스로 결정한다.
- 신경망(Neural Network): 다층 퍼셉트론(MLP) 등을 사용해 복잡한 패턴을 학습한다.

분류 분석 모델을 평가하는 기준으로는 정확도, 정밀도, 재현율, F1 score, ROC-AUC 등이 활용된다.

- 정확도(Accuracy): 전체 예측 중 정답의 비율을 나타낸다.

$$\text{Accuracy} = \frac{\text{맞은 예측 수}}{\text{전체 예측 수}}$$

- 정밀도(Precision): 실제 양성 중 예측이 맞은 비율을 나타낸다.

$$\text{Precision} = \frac{TP}{TP + FP}$$

- 재현율(Recall): 실제 양성 중 모델이 예측한 비율을 나타낸다.

$$\text{Recall} = \frac{TP}{TP + FN}$$

- F1 score: 정밀도와 재현율의 조화 평균을 나타낸다.

$$F1 = 2 \times \frac{Precision \times Recall}{Precision + Recall}$$

- ROC-AUC: 진양성 비율(TPR)과 위양성 비율(FPR)을 곡선으로 표현한 후, 밑면적(AUC)을 계산한다.

3.1. 랜덤 포레스트(Random Forest)

랜덤 포레스트는 앙상블 학습(Ensemble Learning) 기법의 하나로, 다수의 결정 트리(Decision Tree)를 생성하고 그 결과를 평균 또는 다수결로 결합해 최종 예측값을 도출한다. 이는 분류와 회귀 문제에 모두 적용 가능하며, 과적합 방지와 높은 예측 성능이 특징인데 아래와 같은 과정을 수행한다.

- 부트스트랩 샘플링: 원본 데이터에서 중복 허용으로 여러 개의 부트스트랩 샘플을 생성하는데, 예를 들어 500개의 트리 생성 시 500개의 부트스트랩 샘플을 만든다.
- 결정 트리 생성: 각 부트스트랩 샘플마다 결정 트리를 학습시키며, 각 노드에서 분할할 때 무작위로 선택된 특징만을 사용해 트리 구조를 결정한다.
- 예측 결합
  - 분류 문제: 각 트리의 예측 결과를 투표(Voting)로 최종 클래스를 결정한다.
  - 회귀 문제: 각 트리의 예측값을 평균해 최종값을 도출한다.

랜덤 포레스트는 아래와 같이 구한다.

- 분류 문제: 각 클래스 c에 대한 확률 $P(y = c|x)$는 해당 클래스를 예측한 트리의 비율로 계산

$$P(y = c|x) = \frac{1}{N}\sum_{i=1}^{N}(\hat{y_i} = c),\ N:\text{ 트리 개수},\ \hat{y_i}:\ i-\text{번째 트리의 예측값}$$

- 회귀 문제

$$\hat{y} = \frac{1}{N}\sum_{i=1}^{N}\hat{y_i}$$

예제 3 랜덤 포레스트

필요한 패키지를 설치한다. 다만 이미 설치되었다면 생략한다. 이때 pROC 패키지는 ROC 곡선 계산 및 시각화, caret 패키지는 데이터 분할 및 모델 평가 도구 제공한다.

```
install.packages("randomForest")
install.packages("ggplot2")
install.packages("pROC")
install.packages("caret")
library(randomForest)
library(ggplot2)
library(pROC)
library(caret)
```

예제 데이터는 iris를 사용한다. data$Species <- as.factor(data$Species)는 Species를 팩터로 변환해 범주형 변수에 저장하는 것이며, createDataPartition으로 데이터를 80% 훈련 데이터 세트와 20% 테스트 데이터 세트로 분할한다.

```
data <- iris
data$Species <- as.factor(data$Species)
set.seed(123)
train_index <- createDataPartition(data$Species, p = 0.8, list = FALSE)
train_data <- data[train_index, ]
test_data <- data[-train_index, ]
```

randomForest 함수로 랜덤 포레스트 모델을 학습시키는데, ntree = 500는 500개의 결정 트리를 생성해 앙상블하고, mtry = 2는 각 노드에서 2개의 변수를 무작위로 선택해 분할한다. importance = TRUE는 변수 중요도를 계산하도록 설정하는 것이다.

```
rf_model <- randomForest(Species ~., data = train_data,
  ntree = 500, mtry = 2, importance = TRUE)
print(rf_model)
```

```
---실행결과---
Call:
 randomForest(formula = Species ~ ., data = train_data, ntree = 500,      mtry = 2,
importance = TRUE)
         Type of random forest: classification
       Number of trees: 500
No. of variables tried at each split: 2
       OOB estimate of  error rate: 5%
Confusion matrix:
       setosa versicolor virginica class.error
setosa        40         0         0       0.00
versicolor     0        38         2       0.05
virginica      0         4        36       0.10
```

위의 실행 결과는 트리 개수가 500개의 결정 트리를 생성해 앙상블한 것이고, mtry는 각 노드에서 2개의 변수를 무작위로 선택해 분할함을 나타낸다. OOB 오류율은 5%로, 훈련 데이터 중 Out-of-Bag 샘플에 대한 예측 오류율을 나타낸다.

Confusion Matrix는 OOB 샘플 기준으로 계산된 혼동 행렬을 나타내는데, iris 데이터 셋 전체 150개 중에서 총 OOB 샘플 수는 40 + 38 + 36 = 114개를 의미한다. 즉, setosa는 40개 샘플 중 40개가 정확하며 오류율 0%로 가장 쉽게 분류되는 클래스임을 알 수 있다. versicolor는 40개 샘플 중 2개 오류가 나타나며 오류율은 5%로 38개는 정확히 예측되었다. virginica는 36개 샘플 중 4개 오류가 나타나며 오류율은 10%로 오류가 가장 많이 발생하는 클래스임을 알 수 있다. 이를 통해 전체 OOB 오류율은 $\frac{0+2+4}{114} \approx 4.4\%$로서 출력된 5%로 유사하다. 특히 virginica 클래스에서 오류율이 높은 이유는 versicolor와 virginica가 꽃잎과 꽃받침의 크기에서 겹치는 부분이 많기 때문이다.

다음 코드는 테스트 데이터 예측 및 성능 평가를 위한 것이다. predict로 테스트 데이터에 대한 예측값을 생성하고, confusionMatrix로 예측값과 실제값을 비교해 혼동 행렬을 생성하며, overall["Accuracy"]로 정확도를 출력한다.

```
pred <- predict(rf_model, newdata = test_data)
confusionMatrix_result <- confusionMatrix(pred, test_data$Species)
print(confusionMatrix_result)
cat("정확도:", confusionMatrix_result$overall["Accuracy"], "\n")
```

```
---실행결과---
Confusion Matrix and Statistics
            Reference
Prediction   setosa versicolor  virginica
  setosa        10        0          0
  versicolor     0       10          2
  virginica      0        0          8

Overall Statistics
             Accuracy : 0.9333
                  95% CI : (0.7793, 0.9918)
   No Information Rate : 0.3333
   P-Value [Acc > NIR] : 8.747e-12
               Kappa : 0.9
 Mcnemar's Test P-Value : NA
Statistics by Class:
                    Class: setosa  Class: versicolor  Class: virginica
Sensitivity            1.0000           1.0000             0.8000
Specificity            1.0000           0.9000             1.0000
Pos Pred Value         1.0000           0.8333             1.0000
Neg Pred Value         1.0000           1.0000             0.9091
Prevalence             0.3333           0.3333             0.3333
Detection Rate         0.3333           0.3333             0.2667
Detection Prevalence   0.3333           0.4000             0.2667
Balanced Accuracy      1.0000           0.9500             0.9000

정확도: 0.9333333
```

위의 결과에서 **Confusion Matrix**의 행(Prediction)은 모델이 예측한 클래스, 열(Reference)은 실제 클래스를 나타낸다. Setosa는 10개 샘플 중 10개 정확하며 오류율 0%이다. Versicolor는 10개 샘플 중 10개 정확하지만, 2개 샘플이 Virginica로 오분류되어 오류율은 20%이다. Virginica는 8개 샘플 중 8개 정확하여 0개의 오류를 나타내어 오류율은 0%이다.

Overall Statistics(전체 성능 지표)에서는 정확도(Accuracy)는 93.33%로 전체 샘플 중 93.33%를 올바르게 분류했다. 95% 신뢰 구간에서는 77.93% ~ 99.18%로 정확도의 신뢰 구간이 넓어 모델 성능이 안정적이다. No Information Rate(NIR)는 33.33%이며, 클래스 분포가 균등할 때 무작위로 예측했을 때의 정확도를 나타낸다. p-value는 8.747e-12로 정확도가 무작위 예측(NIR)보다 유의미하게 높다($p < 0.05$). Cohen's Kappa는 0.9로 모델의 성능이 우연보다 훨씬 뛰어나다는 것을 나타낸다(이 값은 1에 가까울수록 좋다).

Statistics by Class(클래스별 세부 지표)에서 Setosa는 100%, Versicolor는 100%, Virginica는 80%로 실제 양성 중 모델이 맞춘 비율을 나타낸다. 특이도(Specificity)에서 Setosa는 100%, Versicolor는 90%, Virginica는 100%를 보이는데 실제 음성 중 모델이 맞춘 비율이다. 정확도(Pos Pred Value)에서 Setosa는 100%, Versicolor는 83.33%, Virginica는 100%를 나타내며 예측된 양성 중 실제 양성 비율이다. 균형 정확도(Balanced Accuracy)에서 Setosa는 100%, Versicolor는 95%, Virginica는 90%로서 각 클래스별 민감도와 특이도의 평균을 나타낸다.

전체적인 결과로는 93.33%의 정확도를 나타내며, Setosa와 Virginica는 거의 완벽히 분류함으로써 매우 우수한 성능을 보이지만, Versicolor는 Virginica와 약간 혼동된 결과를 보인다. 이는 Versicolor의 오류(2개)가 Virginica로 분류된 경우일 수 있다.

정확도: 0.9333333은 모델이 93.33%의 데이터를 올바르게 분류했음을 의미하며, 이는 전체 테스트 샘플 중 약 93.33%가 모델의 예측과 실제 레이블이 일치한다는 것을 나타낸다. 반대로 전체 샘플 중 6.67%(오류율 = 1 – 0.9333333 = 0.0666667)가 잘못 분류되었다. 그러나 일반적으로 90% 이상의 정확도는 매우 우수한 모델로 간주된다.

Gini 계수 기준으로 각 변수의 중요도를 시각화한다. 이때 type = 2는 Gini 불순도를 기준으로 중요도를 평가하며, Petal.Length와 Petal.Width가 가장 중요한 변수로 나타난다.

```
varImpPlot(rf_model, type = 2, main = "변수 중요도 (Gini 계수)")
```

멀티클래스 ROC 곡선 계산을 위하여 predict(..., type = "prob")로 각 클래스에 속할 확률을 계산한다. multiclass.roc으로 멀티클래스 AUC를 계산하는데 AUC 값이 1에 가까울수록 모델 성능이 우수한 것이다.

```
prob_matrix <- predict(rf_model, newdata = test_data, type = "prob")
roc_obj <- multiclass.roc(test_data$Species, prob_matrix)
cat("멀티클래스 AUC:", roc_obj$auc, "\n")
```

```
---실행결과---
멀티클래스 AUC: 0.9966667
```

위 결과에서 ROC-AUC 값이 0.9966667이라는 것은 모델이 양성 클래스와 음성 클래스를 매우 잘 구분하고 있음을 의미한다. 즉, 모델이 양성 샘플과 음성 샘플을 99.67% 정확도로 구분할 수 있다. AUC(Area Under the ROC Curve)는 ROC 곡선 아래의 면적을 의미하며, 0.5에서 1 사이의 값을 가진다. 이때 0.5는 랜덤 예측과 동일한 성능(양성과 음성을 구분하지 못함)을 나타내고, 1은 완벽한 분류(모든 양성 샘플을 100% 정확하게 식별하고, 음성 샘플은 전혀 틀리지 않음)를 나타낸다. 일반적으로 AUC 값은 다음과 같이 등급이 설정된다.

```
0.9 ~   1: 매우 우수(Excellent)
0.8 ~ 0.9: 우수(Good)
0.7 ~ 0.8: 양호(Fair)
0.6 ~ 0.7: 보통(Moderate)
0.5 ~ 0.6: 낮음(Poor)
```

이제 각 클래스를 나머지 클래스와 비교해 이진 분류 문제로 변환하고, ROC 곡선을 그린다. 예를 들어 versicolor를 1로, 나머지를 0으로 설정해 ROC 곡선을 계산하는 것처럼 각 클래스의 민감도-특이도 트레이드 오프를 시각화해 본다.

```
# 1. Versicolor vs 나머지 클래스
versicolor_response <- ifelse(test_data$Species == "versicolor", 1, 0)
versicolor_prob <- prob_matrix[,"versicolor"]
roc_versi <- roc(versicolor_response, versicolor_prob)
plot(roc_versi, main = "Versicolor vs 나머지 클래스")

# 2. Virginica vs 나머지 클래스
virginica_response <- ifelse(test_data$Species == "virginica", 1, 0)
virginica_prob <- prob_matrix[,"virginica"]
roc_virgi <- roc(virginica_response, virginica_prob)
plot(roc_virgi, main = "Virginica vs 나머지 클래스")

# 3. Setosa vs 나머지 클래스
setosa_response <- ifelse(test_data$Species == "setosa", 1, 0)
setosa_prob <- prob_matrix[,"setosa"]
roc_seto <- roc(setosa_response, setosa_prob)
plot(roc_seto, main = "Setosa vs 나머지 클래스")

---실행결과---
```

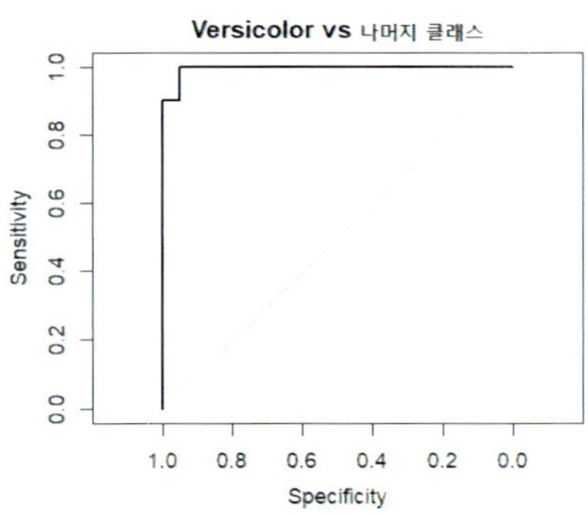

그림 8. Versicolor vs 나머지 클래스

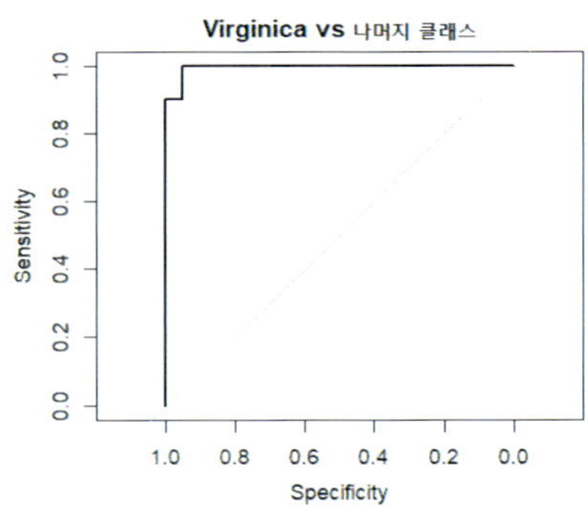

그림 9. Virginica vs 나머지 클래스

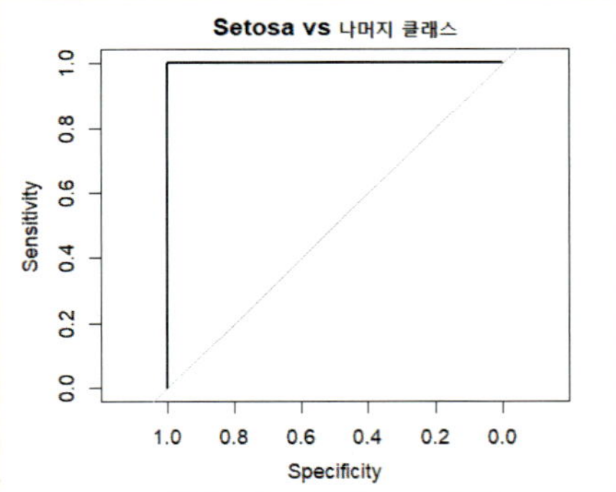

그림 10. Setosa vs 나머지 클래스

결과에서 나타난 모델 성능에서 정확도는 혼동 행렬에서 계산되며, iris 데이터 셋의 경우 100% 정확도가 나올 수 있다. 또한 변수 중요도는 꽃잎과 꽃받침의 길이와 너비가 분류에 가장 중요한 특성임을 보여준다.

응용학습 3 swiss를 활용한 랜덤 포레스트(Random Forest) 분류

R의 내장 데이터 셋인 swiss를 활용한 랜덤 포레스트(Random Forest) 분류 프로그램을 작성하시오. 이때 출산율(Fertility)을 기준으로 고출산율(High)과 저출산율(Low)을 예측하시오.

- Fertility 변수를 기준으로 평균 이상이면 "High", 평균 미만이면 "Low"로 이진화할 것
- 출산율에 영향을 미치는 주요 변수로 농업(Agriculture), 교육(Education), 가톨릭 신자 비율(Catholic)을 선택할 것
- 70%의 데이터를 훈련용으로, 30%를 테스트용으로 분할할 것
- 랜덤 포레스트 모델 학습은 500개의 트리를 생성하고, 각 트리에서 사용할 특성 수를 2개로 설정하며, 변수 중요도를 계산할 것
- 혼동 행렬을 생성하고 모델의 정확도를 제시할 것
- varImpPlot으로 각 특성의 중요도를 시각화할 것

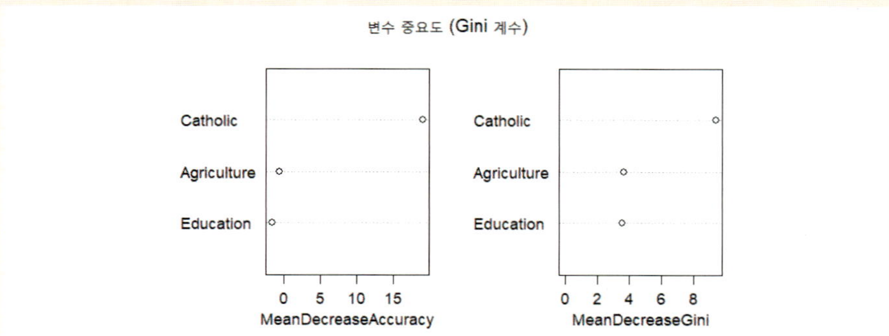

그림 11. swiss 변수 중요도 (Gini 계수)

3.2. 서포트 벡터 머신(SVM)

서포트 벡터 머신은 가장 넓은 마진을 가진 초평면을 찾는 것으로, 분류 문제의 경우 데이터를 초평면(hyperplane)으로 분리해 클래스를 구분하고, 회귀 문제의 경우 데이터 마진을 최대화하는 방식으로 예측한다. 마진은 초평면과 가장 가까운 데이터 포인트(서포트 벡터) 사이의 거리를 나타낸다. 따라서 서포트 벡터 머신의 기본 개념은 데이터를 최대한 넓은 마진을 두고 분리하는 것이다. 이를 위해 데이터 포인트를 두 클래스로 분리하는 초평면 $f(x) - w^T x + b$를 찾는다. 이때 w는 가중치 벡터(weight vector), b는 편향항(bias term), x는 입력 데이터 벡터이다. 마진은 하드 마진과 소프트 마진으로 구분된다.

- 하드 마진(Hard Margin): 모든 데이터 포인트가 올바르게 분류되면서 마진이 최대가 되도록 하는데, 노이즈나 이상치에 매우 민감하다.
- 소프트 마진(Soft Margin): 일부 데이터 포인트는 오류를 허용하면서 마진을 최대화한다. 이때 규제 파라미터 C로 오류 허용 정도를 조절하며, C가 클수록 하드 마진에 가까워진다.

선형 서포트 벡터 머신의 목적 함수는 다음과 같이 구한다.

$$\min_{w,b} \frac{1}{2} \| W \|^2 + C \sum_{i=1}^{n} \xi_i$$

W: 초평면의 법선 벡터, b: 초평면의 절편, ξ_i: 슬랙 변수 (오류 허용 정도)

이때 제약 조건으로는 다음과 같다.

$$\begin{cases} y_i(W \cdot x_i + b) \geq 1 - \xi_i, & \forall_i \\ \xi_i \geq 0, & \forall_i \end{cases}$$

y_i: 클래스 레이블 (+1 또는 −1), x_i: 데이터 포인트

W는 초평면의 법선 벡터는 초평면의 방향을 결정하는 벡터이며, 2D 평면에서 초평면은 $W = [w_1, w_2]$, 절편은 b가 된다. 이때 b는 초평면의 절편은 초평면이 원점에

서 떨어진 거리를 나타낸다. y_i는 클래스 레이블은 데이터 포인트 x_i의 클래스를 나타내며, x_i는 데이터 포인트는 n개의 데이터 포인트 중 i–번째 샘플을 의미한다.

ξ_i는 슬랙 변수는 데이터 포인트가 초평면에 얼마나 가까이 있는지를 측정하는데, $\xi_i = 0$은 데이터 포인트가 초평면에서 마진 내에 있음을 의미하고, $\xi_i > 0$은 데이터 포인트가 초평면을 침범(오류 허용)함을 의미한다. C는 규제 파라미터는 오류 허용 정도를 조절하는데 $C \to \infty$는 하드 마진(Hard Margin)으로 모든 데이터 포인트를 올바르게 분류해야 함을 의미하고, $C \to 0$은 소프트 마진(Soft Margin)으로 일부 오류를 허용하고 마진을 최대화함을 의미한다.

첫 번째 제약 조건인 $y_i(W \cdot x_i + b) \geq 1 - \xi_i$에서 $y_i(W \cdot x_i + b)$은 클래스 레이블 y_i와 초평면 $W \cdot x_i + b$의 관계를 나타내며, $1 - \xi_i$은 허용된 오류를 나타낸다. 즉, 아래와 같은 의미를 가진다.

> $y_i = +1$인 경우 초평면 위의 점($W \cdot x_i + b \geq 1 - \xi_i$)을 나타냄
> $y_i = -1$인 경우 초평면 아래의 점($W \cdot x_i + b \leq -1 + \xi_i$)을 나타냄

두 번째 제약 조건 $\xi_i > 0$에서 슬랙 변수 ξ_i는 항상 0 이상이어야 하며 허용된 오류는 음수가 될 수 없다.

이러한 제약 조건은 초평면과 데이터 포인트 사이의 관계를 정의하며, 마진과 오류 허용 정도를 조절하는 것으로, W와 b는 분류 경계를 결정하고, ξ_i와 C는 소프트 마진을 통해 실제 데이터의 복잡성을 반영함으로써 최대 마진으로 경계를 분류하는 것이다. 이러한 과정은 $\frac{1}{2}\| W \|^2$을 통해 초평면의 복잡도를 최소화(과적합 방지)하고, $C\sum_{i=1}^{n}\xi_i$를 통해 오류 허용 정도를 조절하여 마진, $\frac{1}{\| W \|}$을 최대화하면서 허용된 오류, $C\sum\xi_i$를 최소화한다. 비선형 서포트 벡터 머신은 선형 분리가 불가능한 데이터를 고차원 공간에서 분리하기 위한 방법이다. 이때 데이터를 고차원 공간으로 매핑해 선형 분리가 가능하도록 변환하는데, 고차원 공간에서의 계산을 직접 수행하지 않고 커널 함수를 통해 처리한다. 데이터(x)를 고차원 공간($\phi(x)$)으로 매핑하는 방법은 아래와 같다.

$K(x_i, x_j) = \phi(x_i)^T \phi(x_j)$

K: 커널 함수 (예: RBF(Gaussian), 다항식), $\phi(x_i, x_j)$: 고차원 매핑 함수

서포트 벡터(Support Vector)의 결정 함수 $f(x)$는 아래와 같이 구한다.

$$f(x) = sign\left(\sum_{i \in SV} \alpha_i y_i K(x_i, x) + b\right)$$

α_i: 라그랑주 승수 (서포트 벡터의 중요도)

예제 4 서포트 벡터 머신(SVM)

필요한 패키지를 설치 또는 로드한다. 이때 e1071은 SVM 알고리즘을 구현한 패키지이다.

```
install.packages("e1071")
library(e1071)
library(ggplot2)
library(caret)
```

서포트 벡터 머신을 실습하기 위해 iris 데이터 셋을 이용한다. createDataPartition으로 데이터를 80% 훈련 데이터 세트와 20% 테스트 데이터 세트로 분할하는 명령이며, 훈련 데이터 세트(train_data)와 테스트 데이터 세트(test_data)로 나누어 저장한다.

```
data <- iris
data$Species <- as.factor(data$Species)
set.seed(123)
train_index <- createDataPartition(data$Species, p = 0.8, list = FALSE)
train_data <- data[train_index, ]
test_data <- data[-train_index, ]
```

SVM 모델 학습을 위해 svm( ) 함수를 사용한다. 파라미터에서 Species ~.은 Species를 종속변수로, 나머지 특성을 독립변수로 사용하며, kernel = "linear"는 선형 커널을 사용해 데이터를 직선으로 분리한다. cost = 10:은 규제 파라미터로, 오류 허용 정도를 조절하는데, 값이 클수록 하드 마진에 가까워진다.

```
svm_model <- svm(Species ~., data = train_data, kernel = "linear", cost = 10)
print(svm_model)

---실행결과---
Call:
svm(formula = Species ~ ., data = train_data, kernel = "linear", cost = 10)
Parameters:
   SVM-Type:  C-classification
 SVM-Kernel:  linear
       cost:  10
Number of Support Vectors:  15
```

위 결과는 다음과 같다.

svm(formula = Species ~ ., data = train_data, kernel = "linear", cost = 10)

formula = Species ~.는 Species를 종속변수로, 나머지 특성(Sepal.Length, Sepal.Width, Petal.Length, Petal.Width)을 독립변수로 사용하였다. data = train_data는 훈련 데이터(train_data)를 사용해 모델을 학습하였으며, kernel = "linear"는 선형 커널(linear kernel) 사용하여 데이터를 직선으로 분리하는 단순한 결정 경계를 만든다는 것으로, 여기서 iris 데이터 셋은 선형적으로 분리 가능하므로 적합한 선택이 된다. cost = 10은 규제 파라미터(C)를 10으로 설정하는 것으로 C값이 클수록 오류 패널티가 커져 하드 마진에 가까워진다. iris 데이터 셋은 노이즈가 적고 선형 분리 가능하므로 C값이 높아도 과적합되지 않는다.

- **Parameters**
  - SVM-Type: C-classification은 C-서포트 벡터 분류기(C-SVC)를 사용함을 나타내는데, C는 오류 허용 정도를 조절하는 파라미터로, 소프트 마진을 구현한다.
  - SVM-Kernel: linear는 선형 커널을 사용해 데이터를 분리하는데, 초평면이 직선 또는 평면 형태가 된다.
  - cost: 10은 오류 패널티를 조절하는 값으로, C = 10은 중간 정도의 패널티를 적용한다.
  - Number of Support Vectors: 15는 서포트 벡터의 개수가 15개임을 나타내며, 서포트 벡터는 마진에 위치한 데이터 포인트로, 결정 경계에 직접 영향을 미치게 된다. 이는 iris 데이터 셋의 훈련 데이터(80% ≈ 120개) 중 15개가 서포트 벡터로 선택된 것이며, 선형 커널 하에서 데이터가 잘 분리되면, 마진 주변에 적은 수의 서포트 벡터로도 분류가 가능해진다.

predict(svm_model, test_data)로 테스트 데이터에 대한 예측값을 생성해 보자. confusionMatrix(pred, test_data$Species)로 예측값과 실제값을 비교해 혼동 행렬을 생성하는데, 혼동 행렬은 각 클래스의 정확도, 민감도, 특이도 등을 제공한다. overall["Accuracy"]로 전체 정확도를 출력한다.

```
pred <- predict(svm_model, test_data)
confusionMatrix_result <- confusionMatrix(pred, test_data$Species)
print(confusionMatrix_result)
cat("정확도:", confusionMatrix_result$overall["Accuracy"], "\n")
```

```
---실행결과---
Confusion Matrix and Statistics
             Reference
Prediction    setosa  versicolor virginica
  setosa        10        0          0
  versicolor     0       10          1
  virginica      0        0          9
Overall Statistics
               Accuracy : 0.9667
                 95% CI : (0.8278, 0.9992)
    No Information Rate : 0.3333
    P-Value [Acc > NIR] : 2.963e-13
                  Kappa : 0.95
 Mcnemar's Test P-Value : NA
Statistics by Class:
                      Class: setosa  Class: versicolor  Class: virginica
Sensitivity              1.0000          1.0000            0.9000
Specificity              1.0000          0.9500            1.0000
Pos Pred Value           1.0000          0.9091            1.0000
Neg Pred Value           1.0000          1.0000            0.9524
Prevalence               0.3333          0.3333            0.3333
Detection Rate           0.3333          0.3333            0.3000
Detection Prevalence     0.3333          0.3667            0.3000
Balanced Accuracy        1.0000          0.9750            0.9500
```

정확도: 0.9666667

- **Confusion Matrix and Statistics**에서 각 항목의 내용은 다음과 같다.
  - setosa 행
    10: 실제 setosa를 setosa로 올바르게 예측한 수
    0: 실제 setosa를 versicolor나 virginica로 잘못 예측한 수
  - versicolor 행
    0: 실제 versicolor를 setosa나 virginica로 잘못 예측한 수
    10: 실제 versicolor를 올바르게 예측한 수
    1: 실제 versicolor를 virginica로 잘못 예측한 수
  - virginica 행
    0: 실제 virginica를 setosa나 versicolor로 잘못 예측한 수
    9: 실제 virginica를 올바르게 예측한 수

- **Overall Statistics**
  - Accuracy(정확도)
    전체 샘플 중 올바르게 분류된 비율로 $\frac{10 + 10 + 9}{30} = 0.9667$이다.
  - 95% CI(95% 신뢰 구간): (0.8278, 0.9992)
    정확도의 신뢰 구간이 82.78% ~ 99.92%로 매우 넓어, 모델의 성능이 안정적임을 의미한다.
  - No Information Rate: 0.3333
    클래스 분포가 균등할 때 무작위로 예측한 경우의 정확도가 33.33%(3개 클래스 중 하나를 무작위로 선택)이다.
  - P-Value [Acc > NIR]: 2.963e-13
    정확도가 무작위 예측(NIR)보다 유의미함을 나타내는 값으로, 2.963×10^{-13}으로 매우 작아 모델이 효과적임을 의미한다.
  - Kappa: 0.95
    모델의 성능을 보정한 지표로, 0.95로 매우 높아 모델이 데이터를 잘 설명함을 나타낸다.

- **Statistics by Class**
  - 민감도(Sensitivity): 실제 양성 중 모델이 맞춘 비율로서, setosa: 100%, versicolor: 100%, virginica: 90%를 나타낸다.
  - 특이도(Specificity): 실제 음성 중 모델이 맞춘 비율로서, setosa: 100%, versicolor: 95%, virginica: 100%를 나타낸다.

- 정확도(Pos Pred Value): 예측이 해당 클래스일 때 실제 그 클래스일 확률로서, setosa: 100%, versicolor: 90.91%, virginica: 100%를 나타낸다.
- 정밀도(Neg Pred Value): 예측이 해당 클래스가 아닐 때 실제로도 아닐 확률로서, setosa: 100%, versicolor: 100%, virginica: 95.24%를 나타낸다.
- 발생률(Prevalence): 각 클래스의 실제 비율: 모두 33.33%를 나타낸다.
- 검출률(Detection Rate): 실제 클래스 중에서 모델이 얼마나 검출했는지를 나타내며, setosa: 33.33%, versicolor: 33.33%, virginica: 30%를 나타낸다.
- 검출 빈도(Detection Prevalence): 예측된 클래스 중 실제 해당 클래스의 비율로서, setosa: 33.33%, versicolor: 36.67%, virginica: 30%를 나타낸다.
- 균형 정확도(Balanced Accuracy): 각 클래스별 정확도의 평균으로서, setosa: 100%, versicolor: 97.5%, virginica: 95%를 나타낸다.

따라서 이는 iris 데이터 셋에서 96.67%의 높은 정확도를 보였으며, setosa와 virginica 는 거의 완벽하게 분류되었다. 다만 versicolor에서 약간의 오류가 있지만, 전반적으로 매우 우수한 성능을 보였다.

응용학습 4 mtcars를 활용한 서포트 벡터 머신(SVM) 분류

mtcars의 연비(mpg)를 기준으로 고연비(high)와 저연비(low)를 서포트 벡터 머신(SVM)을 활용하여 분류하는 프로그램을 작성하시오.

- mpg(연비), hp(마력), wt(무게), qsec(1/4마일 시간)을 사용할 것
- 연비 평균값을 기준으로 high와 low로 레이블링할 것
- 모든 특성을 평균 0, 표준편차 1로 조정할 것
- 70%의 데이터를 훈련용으로, 30%를 테스트용으로 무작위 분할할 것
- 선형 커널(linear kernel)을 사용해 모델을 학습할 것
- 규제 파라미터 C를 10으로 설정해 오버피팅을 방지할 것
- 혼동 행렬을 생성해 True Positive, False Positive 등을 계산할 것
- 모델 정확도를 나타낼 것

3.3. k-최근접 이웃(k-NN)

k-최근접 이웃은 새로운 데이터 포인트와 가장 가까운 k개의 이웃을 찾아, 이들의 정보를 기반으로 예측하는 방법으로 분류와 회귀의 적용은 아래와 같다.

- 분류: k개 이웃의 다수 클래스를 예측값으로 선택한다.
- 회귀: k개 이웃의 평균값을 예측값으로 사용한다.

이 방법은 가까운 이웃을 찾기 위해 거리(distance)를 측정하는데 다음과 같은 방법을 사용한다. 이때 x_1, x_2는 데이터 포인트, n은 피처수를 의미한다.

- 유클리디안 거리(Euclidean Distance): n차원 공간에서 두 점 사이의 직선거리 (L2 거리)

$$d(X_1, X_2) = \sqrt{\sum_{i=1}^{n}(x_{1i} - x_{2i})^2}$$

- 맨해튼 거리(Manhattan Distance): 격자 형태의 거리 (L1 거리)

$$d(X_{1,} X_2) = \sum_{i=1}^{n}|x_{1i} - x_{2i}|$$

- Minkowski 거리: p = 1이면 맨해튼 거리, p = 2이면 유클리디안 거리, p = ∞이면 체비셰프 거리(L^∞ 거리)가 된다.

$$d(X_1, X_2) = \left(\sum_{i=1}^{n}|x_{1i} - x_{2i}|^p\right)^{1/p}$$

예를 들어 두 점 X_1 = (3, 4), X_2 = (1, 1)이라면 p = 1, 2, 3일 때의 거리를 계산해 보자.

p = 1(맨해튼 거리): $d(X_1, X_2) = |3 - 1] + |4 - 1| = 2 + 3 = 5$

p = 2(유클리디안 거리):

$$d(X_1, X_2) = \sqrt{(3-1)^2 + (4-1)^2} = \sqrt{4+9} = \sqrt{13} \approx 3.605$$

p = 3:

$$d(X_1, X_2) = (|3 - 1]^3 + |4 - 1|^3)^{\frac{1}{3}} = (8 + 27)^{\frac{1}{3}} \approx (35)^{\frac{1}{3}} \approx 3.271$$

k-최근접 이웃은 모델 파라미터가 없어 비모수적 방법으로도 불리는데, 새로운 데

이터 포인트 x가 주어지면, 모든 훈련 데이터와의 거리를 계산한다. 이때 k개의 가장 가까운 이웃을 선택하는데, 분류의 경우 k개 이웃의 가장 많은 클래스를 예측값으로 선택하고, 회귀의 경우 k개 이웃의 타깃 값의 평균을 예측값으로 사용한다.

이 방법은 비교적 간단하고 직관적이어서 복잡한 수학적 모델링 없이 구현 가능하고, 데이터 분포에 대한 가정이 필요 없으며, 다중 클래스 문제에 쉽게 적용할 수 있다. 다만, 모든 훈련 데이터와의 거리를 계산하므로 대규모 데이터에서 느릴 수 있으며, k 값에 따라 성능이 크게 달라지는데 k가 작으면 노이즈에 민감해지고, k가 크면 과적합될 수 있다. 또한 특성의 단위가 다르면 거리 계산이 왜곡될 수 있다.

예제 5 k-최근접 이웃(k-NN)

필요한 패키지를 로드한다.

```
library(caret)
library(ggplot2)
```

데이터 준비를 위한 단계로서, kNN 모델을 위하여 iris 데이터 셋을 이용한다. createDataPartition으로 데이터를 80% 훈련 데이터 세트(train_data)와 20% 테스트 데이터 세트(test_data)로 분할한다.

```
data(iris)
iris$Species <- as.factor(iris$Species)
set.seed(123)
train_index <- createDataPartition(iris$Species, p = 0.8, list = FALSE)
train_data <- iris[train_index, ]
test_data <- iris[-train_index, ]
```

다음은 k-NN 모델 학습을 위한 단계이다. method = “knn”은 k-NN 알고리즘을 선택하는 것이고, Species ~.은 Species를 종속변수로, 나머지 특성을 독립변수로 사용하는 설정이다. preProcess = c(“center”, “scale”)는 표준화를 적용해 특성의 평균을 0, 표준편차를 1로 조정한다. trControl = trainControl(method = “cv”, number = 10)은 10-fold 교차 검증을 사용해 모델을 평가하며, tuneGrid = expand.grid(k = 5)는 k 값을 5로 고정하는 설정이다.

```
set.seed(123)
knn_model <- train(Species ~., data = train_data, method = "knn",
                   preProcess = c("center", "scale"),
                   trControl = trainControl(method = "cv", number = 10),
                   tuneGrid = expand.grid(k = 5))
print(knn_model)

---실행결과---
k-Nearest Neighbors
120 samples
  4 predictor
  3 classes: 'setosa', 'versicolor', 'virginica'
Pre-processing: centered (4), scaled (4)
Resampling: Cross-Validated (10 fold)

Summary of sample sizes: 108, 108, 108, 108, 108, 108, ...
Resampling results:
  Accuracy   Kappa
  0.9583333  0.9375
Tuning parameter 'k' was held constant at a value of 5
```

위 결과의 내용은 아래와 같다.

- **k-Nearest Neighbors**
  - 120 samples: 훈련 데이터의 총 샘플 수(iris 데이터 셋의 80% ≈ 120개)
  - 4 predictor: 독립변수(특성)의 수(Sepal.Length, Sepal.Width, Petal.Length, Petal.Width)
  - 3 classes: 종속변수(Species)의 클래스 수(setosa, versicolor, virginica)
- **Pre-processing: centered (4), scaled (4)**

  전처리에 대한 부분으로 centered (4)은 모든 4개의 특성의 평균을 0으로 조정했으며, scaled (4)는 모든 4개의 특성의 표준편차를 1로 조정했다는 의미이다. k-NN은 특성의 스케일에 민감하므로, 표준화를 통해 각 특성의 영향력을 균등하게 맞춘 것이다.
- **Resampling: Cross-Validated (10 fold)**

  10-fold 교차 검증을 사용해 모델을 평가했다는 의미로서, 데이터를 10개의 폴드로 나누어, 각 폴드마다 1번은 테스트 데이터 세트로 사용하고 나머지 9개는 훈련 데이터 세트로 학습했음을 나타낸다.

• **Summary of sample sizes: (샘플링 및 검증 방법)**

각 폴드별 훈련/테스트 데이터 세트 크기를 나타내는데, 예를 들어 훈련 데이터의 총 샘플 수 120개에서 각 폴드마다 훈련 데이터는 약 108개, 테스트 데이터는 12개를 의미한다.

• Resampling results: (성능 지표)

- Accuracy(정확도)는 95.83%를 나타내는데, 전체 샘플 중 올바르게 분류된 비율의 평균값이다.
- Kappa(카파 값): 카파는 모델의 성능을 우연적 분류와 비교한 지표로, 1에 가까울수록 모델이 우수함을 의미하는데, 현재의 값은 0.9375로 매우 높다.

• **Tuning parameter 'k'**

k 값이 5로 고정되었음을 나타내는데, k-NN에서 k는 예측 시 고려할 최근접 이웃의 수이다. 따라서 k = 5는 가까운 5개의 이웃을 참조해 예측한다는 의미이다. 일반적으로 k 값이 작으면 노이즈에 민감해지고, k 값이 크면 과적합될 수 있다. 이 모델에서는 k 값을 최적화하지 않고 5로 고정했기 때문에, 다른 k 값(예: 3, 7)에 대한 성능 비교가 필요할 수 있다. 전체적으로 이 모델은 setosa와 virginica는 선형 분리 가능하므로 k-NN이 잘 작동한 것으로 보인다. 다만, k = 5로 고정했기 때문에 tuneGrid = expand.grid(k = c(3, 5, 7)) 등으로 k 값을 변화시켜 최적화하는 방법도 해볼 수 있다.

다음은 예측 및 성능 평가를 위한 단계로, predict(knn_model, test_data)로 테스트 데이터에 대한 예측값을 생성한다. confusionMatrix(pred, test_data$Species)로 예측값과 실제값을 비교해 혼동 행렬을 생성하는데, 이는 각 클래스의 정확도, 민감도, 특이도 등을 나타낸다.

```
pred <- predict(knn_model, test_data)
confusionMatrix_result <- confusionMatrix(pred, test_data$Species)
print(confusionMatrix_result)
cat("정확도:", confusionMatrix_result$overall["Accuracy"], "\n")
```

```
---실행결과---
Confusion Matrix and Statistics
          Reference
Prediction  setosa  versicolor  virginica
  setosa      10        0          0
  versicolor   0        9          2
  virginica    0        1          8
```

```
Overall Statistics
                Accuracy : 0.9
                  95% CI : (0.7347, 0.9789)
     No Information Rate : 0.3333
     P-Value [Acc > NIR] : 1.665e-10
                   Kappa : 0.85
 Mcnemar's Test P-Value : NA
Statistics by Class:
                     Class: setosa  Class: versicolor  Class: virginica
Sensitivity             1.0000          0.9000             0.8000
Specificity             1.0000          0.9000             0.9500
Pos Pred Value          1.0000          0.8182             0.8889
Neg Pred Value          1.0000          0.9474             0.9048
Prevalence              0.3333          0.3333             0.3333
Detection Rate          0.3333          0.3000             0.2667
Detection Prevalence    0.3333          0.3667             0.3000
Balanced Accuracy       1.0000          0.9000             0.8750
```

예측과 성능 평가 후의 결과를 살펴보자.

- **Confusion Matrix and Statistics**
  - setosa 행
    - 10: 실제 setosa를 setosa로 올바르게 예측한 수 10개
    - 0: 실제 setosa를 versicolor나 virginica로 잘못 예측한 수 0개
  - versicolor 행
    - 0: 실제 setosa나 virginica를 versicolor로 잘못 예측한 수 0개
    - 9: 실제 versicolor를 versicolor로 올바르게 예측한 수 9개
    - 2: 실제 virginica를 versicolor로 잘못 예측한 수 2개
  - virginica 행
    - 0: 실제 setosa나 versicolor를 virginica로 잘못 예측한 수 0개
    - 1: 실제 versicolor를 virginica로 잘못 예측한 수 1개
    - 8: 실제 virginica를 virginica로 올바르게 예측한 수 8개

- **Overall Statistics(전체 성능 통계)**
  - 정확도(Accuracy): 전체 샘플 중 올바르게 분류된 비율 $\frac{10 + 9 + 8}{30} = 0.9$, (90%)
  - 95% CI: 95% 신뢰 구간 73.47% ~ 97.89%로 모델의 성능이 안정적이다.
  - No Information Rate: 무작위 예측 시 기대되는 정확도는 33.33%이다.
  - P-Value: 정확도가 무작위 예측보다 유의미함을 나타내는 값이며, 1.665e-10으로 매우 작아 모델이 효과적임을 의미한다.

- 카파(Kappa): 모델의 성능을 보정한 지표로, 0.85는 매우 높아 모델이 데이터를 잘 설명함을 나타낸다.

• Statistics by Class(**클래스별 성능 지표**)

- 민감도(Sensitivity): 실제 양성 중 모델이 맞춘 비율이며, 각각 setosa: 100%, versicolor: 90%, virginica: 80%이다.
- 특이도(Specificity): 실제 음성 중 모델이 맞춘 비율이며, 각각 setosa: 100%, versicolor: 90%, virginica: 95%이다.
- 정확도(Pos Pred Value): 예측된 클래스가 해당 클래스일 확률이며, 각각 setosa: 100%, versicolor: 81.82%, virginica: 88.89%이다.
- 정밀도(Neg Pred Value): 예측된 클래스가 해당 클래스가 아닐 확률이며, 각각 versicolor: 94.74%, virginica: 90.48%이다.
- 발생률(Prevalence): 각 클래스의 비율: 모두 33.33%이다.
- 검출률(Detection Rate): 실제 클래스 중 모델이 해당 클래스로 검출한 비율이며, 각각 setosa: 33.33%, versicolor: 30%, virginica: 26.67%이다.
- 검출 빈도(Detection Prevalence): 예측된 클래스 중 실제 해당 클래스인 비율이며, 각각 versicolor: 36.67%, virginica: 30%이다.
- 균형 정확도(Balanced Accuracy): 각 클래스별 민감도의 평균으로, 각각 setosa: 100%, versicolor: 90%, virginica: 87.5%이다.

위 결과에서 보면 setosa와 versicolor는 민감도가 높아 모델이 해당 클래스를 잘 구분하며, virginica는 민감도 80%로 다소 낮지만 여전히 양호한 상태를 나타낸다. setosa는 특이도와 정밀도가 100%로 매우 좋으며, versicolor와 virginica도 특이도와 정밀도가 높아 신뢰할 수 있다. versicolor의 검출 빈도(36.67%)가 발생률(33.33%)보다 높아 약간의 과적합 가능성이 있다.

응용학습 5 mtcars를 활용한 k-최근접 이웃(k-NN)

mtcars를 활용하여 k-최근접 이웃(k-NN) 방법으로 연비(mpg)를 통해 고연비(high)와 저연비(low)를 분류하는 프로그램을 작성하시오.

- mpg(연비), hp(마력), wt(무게), qsec(1/4마일 시간)을 사용할 것
- 연비의 평균값을 기준으로 high와 low로 레이블할 것
- 특성의 평균을 0, 표준편차를 1로 조정해 k-NN의 거리 계산을 최적화할 것
- 70%의 데이터를 훈련용으로, 30%를 테스트용으로 분할할 것
- k = 5로 설정해 최근접 5개 이웃을 기반으로 클래스를 예측할 것
- 혼동 행렬을 생성해 True Positive, False Positive 등을 계산할 것
- 모델 정확도를 나타낼 것

3.4. 나이브 베이즈(Naive Bayes)

나이브 베이즈(Naive Bayes)는 베이즈 정리(Bayes' Theorem)를 기반으로 한 확률적 분류 알고리즘으로, "나이브(naive)"라는 이름은 모든 특성이 서로 독립적이라는 비현실적 가정에서 비롯되었다. 나이브 베이즈는 베이즈 정리를 활용해 주어진 특성 X에 대한 클래스 C_k의 조건부 확률 $P(C_k|X)$를 계산한다.

$$P(C_k|X) = \frac{P(X|C_k) \cdot P(C_k)}{P(X)}$$

$P(C_k \mid X)$: 특성 X가 주어졌을 때 클래스 C_k의 확률 (예측 대상)

$P(X \mid C_k)$: 클래스 C_k가 주어졌을 때 특성 X의 확률 (학습 단계에서 계산)

$P(C_k)$: 클래스 C_k의 사전 확률 (훈련 데이터에서 계산)

$P(X)$: 특성 X의 전체 확률

나이브 가정에서 모든 특성 X_1, X_2,⋯, X_n은 서로 독립적이다.

$$P(X_1, X_2, \ldots, X_n \mid C_k) = \prod_{i=1}^{n} P(X_i \mid C_k)$$

나이브 베이즈는 다음과 같은 단계를 실행한다.

- 훈련 단계: 각 클래스 C_k에 대해 특성 X_i의 조건부 확률 $P(X|C_k)$을 계산한다. 클래스의 사전 확률 $P(C_k|X)$도 계산한다.
- 예측 단계: 새로운 데이터 X가 주어지면, 모든 클래스 C_k에 대해 $P(C_k|X)$를 계산한다. 이때 가장 높은 확률을 가진 클래스를 예측 결과로 선택한다.

예를 들어, 스팸 메일 20%, 정상 메일 80%라고 가정하자. 단어 "Lotto"가 스팸 메일(Spam)에서 30번, 정상 메일(Ham)에서 5번 등장한다면,

$$\text{P(Spam | "Lotto")} \propto \text{P("Lotto" | Spam)} \cdot \text{P(Spam)} = 0.3 \cdot 0.2 = 0.06$$

$$P(\text{Ham} \mid \text{"Lotto"}) \propto P(\text{"Lotto"} \mid \text{Ham}) \cdot P(\text{Ham}) = 0.05 \cdot 0.8 = 0.04$$

가 되어 스팸 메일일 확률이 더 높으므로, 해당 메일은 스팸으로 분류된다.

예제 6 나이브 베이즈(Naive Bayes)

e1071 패키지는 나이브 베이즈 모델을 포함한 다양한 통계/머신러닝 알고리즘 제공하고, caret 패키지는 데이터 전처리, 모델 훈련, 성능 평가 기능을 통합 제공하기 때문에 설치 및 로드한다. 여기서는 데이터 분할(createDataPartition)과 모델 성능 평가(confusionMatrix)를 사용한다.

```
if (!require("e1071")) install.packages("e1071")
if (!require("caret")) install.packages("caret")
library(e1071)
library(caret)
```

모델 학습을 위해 데이터를 생성해 보자. weight는 사과 4개와 오렌지 4개의 무게 값을, class는 “apple” 또는 “orange”로 레이블링된 범주형 변수를 설정한다. 이는 사과와 오렌지의 무게 차이를 기반으로 분류 모델을 학습하기 위한 간단한 데이터 셋을 만든 것이다.

```
data <- data.frame(weight = c(160, 170, 165, 175, 190, 195, 185, 205),
  class = factor(c(rep(“apple”, 4), rep(“orange”, 4))))
```

데이터를 훈련 데이터 세트(50%)와 테스트 데이터 세트(50%)로 분할해 모델의 일반화 성능을 평가한다. set.seed(42)는 결과 재현성을 보장하기 위해 난수 시드를 고정하는 명령이고, createDataPartition( ) 함수는 클래스 분포를 유지하며 데이터를 분할하는 것이다.

```
set.seed(42)
train_index <- createDataPartition(data$class, p = 0.5, list = FALSE)
train_data <- data[train_index, ]
test_data <- data[-train_index, ]
```

분류된 train_data와 test_data를 살펴보면 아래와 같이 구성되어 있다.

```
> train_data
  weight  class
1    160  apple
4    175  apple
5    190 orange
8    205 orange
> test_data
  weight  class
2    170  apple
3    165  apple
6    195 orange
7    185 orange
```

나이브 베이즈 모델 학습을 실행하자. class를 예측하기 위해 weight를 독립변수로 사용한다. 이때 나이브 베이즈 가정은 weight와 class가 독립적이라고 하자. 이항 분포 가정은 범주형 변수(class)와 연속형 변수(weight)를 다루므로 이항 분포가 적용된 것이다.

```
model <- naiveBayes(class ~ weight, data = train_data)
```

테스트 데이터(test_data)에 대해 class를 예측한다. 모든 테스트 샘플이 정확히 분류되면 정확도는 100%로 나타난다.

```
predictions <- predict(model, test_data)
conf_matrix <- confusionMatrix(predictions, test_data$class)
cat("모델 정확도:", conf_matrix$overall["Accuracy"] * 100, "%\n")

---실행결과---
모델 정확도: 100 %
```

새로운 데이터로 weight가 170g과 200g인 샘플을 생성한다. 이를 기준으로 170g은 훈련 데이터의 사과 범위(160~175g)에 가까우므로 "사과"로 예측하고, 200g은 오렌지 범위(190~205g)에 가까우므로 "오렌지"로 예측한다.

```
new_data <- data.frame(weight = c(170, 200))
predictions_new <- predict(model, new_data)
print("예측 결과:")
```

```
cat("170g:", ifelse(predictions_new[1] == "apple", "사과", "오렌지"), "\n")
cat("200g:", ifelse(predictions_new[2] == "apple", "사과", "오렌지"), "\n")
```

```
---실행결과---
170g: 사과
200g: 오렌지
```

응용학습 6 Iris 데이터 셋을 활용한 나이크 베이즈(Naive Bayes) 분류

Iris 데이터 셋을 활용한 나이브 베이즈(Naive Bayes) 분류 프로그램을 만드시오. 아래 조건에 따라 꽃잎과 꽃받침의 특성을 기반으로 꽃 종류(Species)를 예측하시오.

- Sepal.Length, Sepal.Width, Petal.Length, Petal.Width를 독립변수로 사용해 Species를 예측하는 나이브 베이즈 모델을 학습한다.
- Species를 범주형(factor) 변수로 지정할 것
- 데이터 분할: 70%의 데이터를 훈련용으로, 30%를 테스트용으로 분할할 것
- 테스트 데이터에 대한 예측 결과를 혼동 행렬로 나타내고, 정확도를 계산할 것

연습문제

01. 레이블이 있는 데이터(정답이 알려진 데이터)를 활용해 입력 데이터와 출력 값 간의 관계를 학습하는 기계학습(Machine Learning) 방법은?

① 지도학습
② 비지도학습
③ 반지도학습
④ 정형학습
⑤ 비정형학습

02. 다음 중 분류에 해당하는 알고리즘은?

① RMSE
② 선형 회귀
③ 로지스틱 회귀
④ 다항 회귀
⑤ 라쏘/릿지 회귀

03. 다음 중 회귀에 해당하는 알고리즘은?

① 로지스틱 회귀
② 결정 트리 회귀
③ 랜덤 포레스트
④ SVM
⑤ K-최근접 이웃

04. 독립 변수(X)와 종속 변수(y) 간의 관계를 모델링해서 미래의 y 값을 예측하거나 변인 간 관계를 분석하는 방법은?

① 연관 분석
② 종속 분석
③ 분류 분석
④ 선형 분석
⑤ 회귀 분석

05. 단순 선형 회귀가 유효하려면 충족하여야 하는 것이 아닌 것은?

① 정규성
② 독립성
③ 선형성
④ 연관성
⑤ 등분산성

06. 아래 코드는 단순 선형 회귀를 위한 일부분이다. set.seed(123)의 역할은?

```
set.seed(123)
x <- seq(0, 10, by = 0.5)
y <- 2 * x + rnorm(length(x), mean = 0, sd = 5)
```

① 랜덤으로 생성되는 데이터나 모델의 결과를 동일하게 재현하기 위해 시드를 고정한다.
② 시드 데이터가 123과 같은 숫자임을 나타낸다.
③ 시드 데이터의 최댓값이 123이다.
④ 샘플 시드 데이터가 123이다.
⑤ 시드가 숫자 123이다.

07. 아래의 공식은 무엇을 구하는 것인가?

$y = \beta_0 + \beta_1 x + \beta_2 x^2 + \beta_3 x^3 + \dots + \beta_n x^n + \epsilon$

(y: 종속 변수, x: 독립 변수, $\beta_0, \beta_1, \dots, \beta_n$: 회귀 계수, ϵ: 오차)

① RMSE
② 선형 회귀
③ 로지스틱 회귀
④ 다항 회귀
⑤ 라쏘/릿지 회귀

08. 아래는 다항 회귀를 위한 처리의 일부분이다. 이때 ggplot를 이용하여 x와 y의 관계를 시각화해 비선형 패턴을 확인하는데, (A)은/는 그래프 스타일을 간결하게 만드는 설정이며, 이를 실행하면 2차 다항식 형태의 곡선에 노이즈가 추가된 데이터 분포가 나타난다. (A)은/는 무엇인가?

```
set.seed(123)
x <- seq(0, 10, by = 0.5)
y <- 2 * x^2 + 3 * x + rnorm(length(x), mean = 0, sd = 10)
data <- data.frame(x, y)
ggplot(data, aes(x = x, y = y)) +  geom_point(color = "blue") +
  labs(title = "비선형 데이터 분포", x = "x", y = "y") + (  A  )
```

① noise( )
② theme_minimal( )
③ theme_noise( )
④ theme_part( )
⑤ theme_empty( )

09. 아래는 다항 회귀 모델을 학습하는 예제이다. (A)에 알맞은 것은?

```
set.seed(123)
x <- seq(0, 10, by = 0.5)
y <- 2 * x^2 + 3 * x + rnorm(length(x), mean = 0, sd = 10)
data <- data.frame(x, y)
ggplot(data, aes(x = x, y = y)) +  geom_point(color = "blue") +
  labs(title = "비선형 데이터 분포", x = "x", y = "y") + (  A  )
model <- (   A   )
```

① lm(y ~ poly(x, raw = FALSE), data = data)

② lm(y ~ poly(x, 1, raw = FALSE), data = data)

③ lm(y ~ poly(x, 2, raw = FALSE), data = data)

④ lm(y ~ poly(x, 2, raw = TRUE), data = data)

⑤ lm(y ~ poly(x, raw = TRUE), data = data)

10. 아래는 다항 회귀 모델 학습의 결과를 나타낸다. 옳지 않은 설명은?

```
Call:
lm(formula = y ~ poly(x, 2, raw = TRUE), data = data)
Residuals:
    Min       1Q   Median      3Q      Max
-17.6907  -5.5688  -0.5208   5.8717  17.8010
```

① 다항식을 정규화하지 않고 원본 형태로 사용되었다.

② 1사분위수와 3사분위수로 잔차가 대칭적임을 알 수 있다.

③ 잔차가 매우 크게 나타났다.

④ 모델이 일부 데이터 포인트에서 오차범위 내에서 예측하지 못하고 있다.

⑤ 종속 변수 y를 2차 다항식으로 설명하는 모델이다.

11. 아래는 다항 회귀 모델 학습의 결과를 나타낸다. 옳지 않은 설명은?

```
Coefficients:
                        Estimate Std. Error t value Pr(>|t|)
(Intercept)             -0.03593    5.94814  -0.006   0.9952
poly(x, 2, raw = TRUE)1  4.82933    2.75652   1.752   0.0968 .
poly(x, 2, raw = TRUE)2  1.75794    0.26613   6.606 3.34e-06 ***
---
Signif. codes:  0 '***' 0.001 '**' 0.01 '*' 0.05 '.' 0.1 ' ' 1
Residual standard error: 9.965 on 18 degrees of freedom
Multiple R-squared:  0.9826,        Adjusted R-squared:  0.9807
F-statistic: 508.5 on 2 and 18 DF,  p-value: < 2.2e-16
```

① 절편은 모델에 거의 기여하지 않으며, 무시해도 된다.
② 2차항에서 x^2항이 y에 큰 영향을 미치지 못한다.
③ 예측값과 실제 값 사이의 평균 오차가 크므로, 모델이 데이터의 추세를 잘 잡았지만, 개별 예측에서는 오차가 클 수 있다.
④ x의 1차항이 y에 미치는 영향은 통계적으로 약하지만 유의미한 경향이 있다.
⑤ 자유도가 적절히 계산되었다.

12. 레이블이 있는 데이터를 활용해 입력 변수(X)로 종속 변수(y)의 범주형 값을 예측하는 방법으로 스팸 메일 분류, 이미지 객체 인식, 질병 진단 등의 분야 활용할 수 있는 이것은?

① 연관 분석
② 종속 분석
③ 분류 분석
④ 선형 분석
⑤ 회귀 분석

13. 분류 분석에서 사용하는 주요 알고리즘이 아닌 것은?

① 나이브 베이즈
② k-최근접 이웃
③ 랜덤 포레스트
④ 서포트 벡터 머신
⑤ 로지스틱 회귀

14. 분류 분석 모델을 평가하는 기준으로 해당하지 않는 것은?

① TF-IDF
② 정확도
③ 정밀도
④ ROC-AUC
⑤ F1 score

15. 아래의 내용에서 (A)안에 알맞은 것은?

> (A)은/는 앙상블 학습(Ensemble Learning) 기법의 하나로, 다수의 결정 트리(Decision Tree)를 생성하고 그 결과를 평균 또는 다수결로 결합해 최종 예측값을 도출한다. 이는 분류와 회귀 문제에 모두 적용 가능하며, 과적합 방지와 높은 예측 성능이 특징이 있다.

① 랜덤 포레스트
② k-최근접 이웃
③ 나이브 베이즈
④ 서포트 벡터 머신
⑤ 로지스틱 회귀

16. iris의 Species를 팩터로 변환해 범주형 변수에 저장한 후 80% 훈련 데이터 세트와 20% 테스트 데이터 세트로 분할하였다. 이후 500개의 결정 트리를 생성해 앙상블하고, 각 노드에서 2개의 변수를 무작위로 선택해 분할하는 randomForest 모델 학습으로 옳은 명령은?

① randomForest(Species ~., data = train_data, mtry = 500, ntree = 2, importance = TRUE)
② randomForest(Species ~., data = train_data, mtry = 500, ntree = 2, importance = FALSE)
③ randomForest(Species ~., data = train_data, ntree = 500, mtry = 2, importance = TRUE)
④ randomForest(Species ~., data = train_data, ntree = 500, mtry = 2, importance = FALSE)
⑤ randomForest(Species ~., ntree = 500, mtry = 2, importance = TRUE)

17. 가장 넓은 마진을 가진 초평면을 찾는 것으로, 분류 문제의 경우 데이터를 초평면(hyper-plane)으로 분리해 클래스를 구분하고, 회귀 문제의 경우 데이터 마진을 최대화하는 방식으로 예측하는 알고리즘은?

① 로지스틱 회귀
② 결정 트리 회귀
③ 랜덤 포레스트
④ SVM
⑤ K-최근접 이웃

18. Species를 종속 변수로, 나머지 특성을 독립 변수로 사용하며, 선형 커널을 사용해 데이터를 직선으로 분리하고, 규제 파라미터는 10으로 설정한 SVM 모델 학습으로 옳은 명령은?

① svm(Species ~., data = train_data, kernel = "linear", cost = 10)

② svm(Species ~., data = train_data, kernel = "linear", parameter = 10)

③ svm(Species ~., train_data, 10, "linear")

④ svm(Species ~. , "linear", train_data, 10)

⑤ svm(Species ~. , "linear", 10)

19. SVM 모델 학습의 결과를 나타낸다. 옳지 않은 설명은?

```
Call:
svm(formula = Species ~ ., data = train_data, kernel = "linear", cost = 10)
Parameters:
   SVM-Type:  C-classification
 SVM-Kernel:  linear
       cost:  10
Number of Support Vectors:  15
```

① 서포트 벡터의 개수가 15개임을 나타낸다.

② C값이 높아 과적합되었음을 나타낸다.

③ 선형 커널(linear kernel) 사용하여 데이터를 직선으로 분리하는 단순한 결정 경계를 만든다.

④ Species를 종속 변수로, 나머지 특성(Sepal.Length, Sepal.Width, Petal.Length, Petal.Width)을 독립 변수로 사용하였다.

⑤ cost: 10은 오류 패널티를 조절하는 값으로, C = 10은 중간 정도의 패널티를 적용한다.

20. k-NN 모델 학습에서 (A) 안에 알맞은 명령은? (단, 표준화를 적용해 특성의 평균을 0, 표준편차를 1로 조정하고 10-fold 교차 검증을 사용해 모델을 평가한다)

```
iris$Species <- as.factor(iris$Species)
set.seed(123)
train_index <- createDataPartition(iris$Species, p = 0.8, list = FALSE)
train_data <- iris[train_index, ]
test_data <- iris[-train_index, ]
set.seed(123)
knn_model <- train(Species ~., data = train_data, method = "knn",
  preProcess = c("center", "scale"),
  (  A  )
  tuneGrid = expand.grid(k = 5))
```

① trControl = tontrol(method = "cv", 10-fold = 10),

② trControl = tControl(method = "cv", fold = 10),

③ trControl = trainControl(method = "cv", 10-fold = 10),

④ trControl = trainControl(method = "cv", fold = 10),

⑤ trControl = trainControl(method = "cv", number = 10),

10101
01010

제13장 >>>>

비지도학습

1. 비지도학습이란?
2. 군집화
3. 차원 축소
4. 연관 규칙
5. 이상치 탐지
6. 시계열 데이터 분석

1 비지도학습이란?

레이블이 없는 데이터에서 자체적인 패턴, 구조, 관계를 찾는 기계 학습 기법으로, 실제 준비된 해답을 중심으로 학습을 수행한 후 새로운 문제에 대해 학습된 내용을 기반으로 문제를 푸는 지도학습과는 다른 개념이다. 즉 학습을 위한 데이터가 주어지지 않는 상황에서 스스로 학습을 진행하는 방식으로 아래와 같은 알고리즘이 사용된다.

- 군집화(Clustering): 유사한 특성을 가진 데이터들끼리 묶는다(그룹화).
  - K-평균 군집화(K-means Clustering): 군집 수를 미리 지정하고 중심점을 반복적으로 업데이트한다.
  - 계층적 군집화(Hierarchical Clustering): 트리 구조로 데이터를 단계적으로 병합/분리한다.
  - 병합 군집화(Agglomerative Clustering): 밀도 기반으로 군집을 형성하며, 노이즈 포인트를 식별

- 차원 축소(Dimensionality Reduction): 고차원 데이터를 저차원으로 변환하여 핵심 정보를 보존하는 차원 축소하는 방법이다.
  - 주성분 분석(PCA): 데이터 분산을 최대화하는 방향으로 축소를 수행한다.
  - t-SNE: 복잡한 구조를 시각화하기 위해 국소적 유사성을 보존한다.
  - LLE(Locally Linear Embedding): 데이터의 지역적 선형 구조를 보존하며 차원을 축소한다.

- 연관 규칙(Association Rule Mining): 데이터 항목 간의 관계(규칙)를 발견하는 방법이다.
  - Apriori: 빈발 항목 집합(Frequent Itemset)을 기반으로 규칙을 생성한다.

- 이상치 탐지(Anomaly Detection): 정상 패턴에서 벗어난 이상 데이터를 식별하는 방법이다.

2 군집화(Clustering)

레이블이 없는 데이터에서 유사한 그룹을 찾아내는 방법으로 데이터의 유사성이나 구조적 관계를 기반으로 그룹을 만들며, 거리 측정, 밀도, 확률적 모델링 등을 이용한다. 예를 들어 고객 행동 패턴, 이미지 픽셀 그룹화, 유전자 발현 특성 분석 등이 있다.

2.1. K-평균 군집화(K-means Clustering)

데이터를 K개의 클러스터로 나누어 유사한 데이터 포인트를 그룹화하는 방법이다. 클러스터링하는 방법은 아래와 같다.

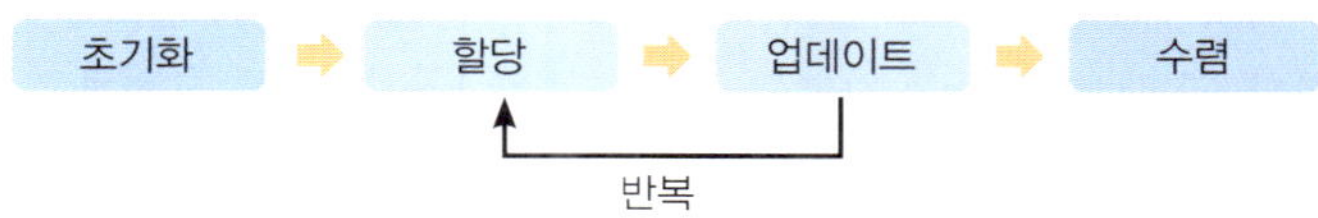

그림 1. K-평균 군집화 학습 단계

초기화 단계에서는 K개의 중심점(centroid)을 랜덤하게 선택하고, 할당 단계는 각 데이터 포인트를 가장 가까운 중심점에 할당하며, 업데이트 단계는 할당된 포인트들의 평균으로 중심점을 재계산한다. 이후 수렴할 때까지 할당과 업데이트 단계를 반복한다. 구체적인 과정은 다음과 같다.

- 중심점 초기화: K개의 중심점 $\{\mu_1, \mu_1, ..., \mu_k\}$을 랜덤하게 선택한다.
- 데이터 할당(Assignment): 각 데이터 포인트 x_i를 가장 가까운 중심점 μ_c에 할당한다. 유클리드 거리(d)를 사용하면, $c_i = \arg\min_{k=1,\ldots,k} d(x_1, \mu_k)$로 산출한다.
- 중심점 업데이트(Update): 할당된 클러스터 C_k의 중심점 μ_k을 해당 클러스터 내 포인트들의 평균으로 업데이트한다.

$$\mu_k = \frac{1}{|C_k|}\sum_{x_i \in C_k} x_i,\ |C_k| \text{는 클러스터 } C_k\text{의 데이터 포인트 수}$$

- 수렴 조건: 중심점 μ_k가 더 이상 움직이지 않거나, 최대 반복 횟수에 도달하면 반복을 종료한다.

K-평균은 군집 내 제곱합 오차(Sum of Squared Errors, SSE)를 최소화하는 것으로 아래와 같으며, SSE가 작을수록 군집 내 데이터가 중심점에 가깝게 모여 있다는 의미가 된다.

$$SSE = \sum_{k=1}^{k} \sum_{x_i \in C_k} \| x_i - \mu_k \|^2$$

$\| x_i - \mu_k \|^2$: 클러스터 k의 포인트 x_i와 중심점 μ_k 사이의 거리 제곱

예제 1 K-평균 군집화

실습을 위해 미국 주별 범죄율 데이터(USArrests) 셋을 활용한다. 필요한 패키지를 설치 및 로드한다. 이때 cluster는 K-평균 군집화 함수 kmeans( )를 포함하고 있다.

```
if (!require("ggplot2")) install.packages("ggplot2")
if (!require("cluster")) install.packages("cluster")
library(ggplot2)
library(cluster)
```

---실행결과---

USArrests 데이터 셋에는 미국 50개 주별 범죄율 관련 데이터를 가지며, Murder (100만 명당 살인 사건 수), Assault (100만 명당 폭행 사건 수) 등이 있다. 이들 중 df에는 살인율(Murder)과 강도율(Assault)만 추출하여 데이터프레임으로 만든다.

```
data(USArrests)
df <- USArrests[, c("Murder", "Assault")]
```

K-평균 군집화 수행단계로서 kmeans(df, centers = 3, nstart = 25)를 수행한다. 이때 centers = 3은 클러스터의 개수를 지정하는 것이고, nstart = 25는 초기 중심점을 25번 랜덤 설정하여 최적의 결과를 선택하는 것이다. 이러한 결과는 df에는 3개의 클러스터로 군집화한다.

```
set.seed(123)
kmeans_result <- kmeans(df, centers = 3, nstart = 25)
```

Murder와 Assault값을 x, y축으로 하여 데이터를 시각화해 보자. color = as.factor(kmeans_result$cluster)로 각 클러스터를 다른 색으로 구분하고, geom_point로 클러스터 중심점을 "X" 모양으로 강조한다. 이때 세 개의 클러스터가 서로 다른 색상으로 구분되며, kmeans_result$centers는 각 클러스터의 중심점 좌표를 나타낸다.

```
ggplot(df, aes(x = Murder, y = Assault, color = as.factor(kmeans_result$cluster)))
+ geom_point(size = 4, alpha = 0.7) +
labs(title = "K-평균 군집화: 살인율 vs 강도율", x = "살인율 (per 100,000)",
y = "강도율 (per 100,000)") +
scale_color_manual(values = c("#E69F00", "#56B4E9", "#009E73")) +
geom_point(data = data.frame(kmeans_result$centers),
aes(x = Murder, y = Assault, color = as.factor(1:3)), size = 6, shape = "X")
```

---실행결과---

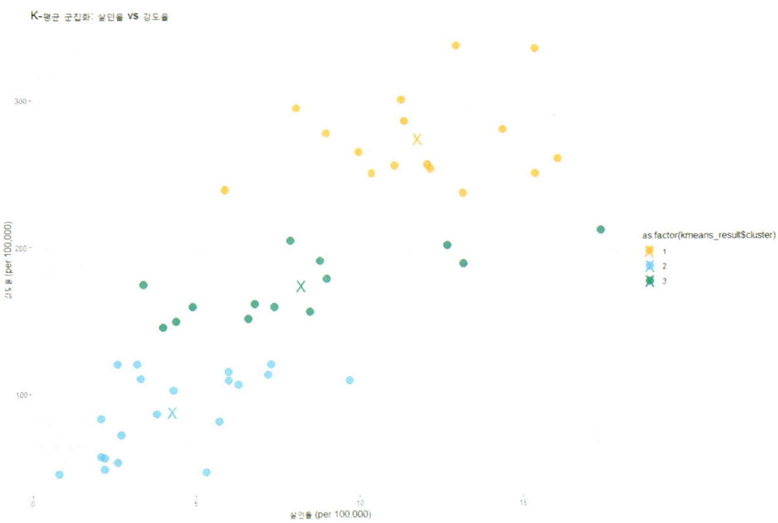

그림 2. K-평균 군집화: 살인율 vs 강도율

군집화 결과를 출력해 본다.

```
print(kmeans_result)
```

```
---실행결과---
K-means clustering with 3 clusters of sizes 16, 20, 14
Cluster means:
    Murder  Assault
1 11.812500 272.5625
2  4.270000  87.5500
3  8.214286 173.2857
Clustering vector:
      Alabama         Alaska        Arizona       Arkansas     California
            1              1              1              3              1
     Colorado    Connecticut       Delaware        Florida        Georgia
            3              2              1              1              3
       Hawaii          Idaho       Illinois        Indiana           Iowa
            2              2              1              2              2
       Kansas       Kentucky      Louisiana          Maine       Maryland
            2              2              1              2              1
Massachusetts       Michigan      Minnesota    Mississippi       Missouri
            3              1              2              1              3
      Montana       Nebraska         Nevada  New Hampshire     New Jersey
            2              2              1              2              3
   New Mexico       New York North Carolina   North Dakota           Ohio
            1              1              1              2              2
     Oklahoma         Oregon   Pennsylvania   Rhode Island South Carolina
            3              3              2              3              1
 South Dakota      Tennessee          Texas           Utah        Vermont
            2              3              3              2              2
     Virginia     Washington  West Virginia      Wisconsin        Wyoming
            3              3              2              2              3
Within cluster sum of squares by cluster:
[1] 14581.195 15165.792  6599.094
 (between_SS / total_SS =  89.3 %)
Available components:
[1] "cluster"      "centers"      "totss"        "withinss"     "tot.withinss"
[6] "betweenss"    "size"         "iter"         "ifault"
```

위 결과의 내용은 다음과 같다.

- K-means clustering with 3 clusters of sizes 16, 20, 14
  3개의 클러스터로 분할되었으며, 각 클러스터의 크기는 클러스터 1: 16개 주 포함, 클러스터 2: 20개 주 포함, 클러스터 3: 14개 주 포함함을 의미한다.

- Cluster means (클러스터 중심점)
  - 클러스터 1: 100만 명당 살인율(Murder)이 11.81, 강도율(Assault)이 272.56으로 매우 높은 범죄율을 보임으로써 고위험 지역으로 분류될 수 있다.
  - 클러스터 2: 살인율 4.27, 강도율 87.55로 상대적으로 낮은 범죄율을 보이므로 비교적 안전한 지역이라 할 수 있다.
  - 클러스터 3: 살인율 8.21, 강도율 173.29로 클러스터 1과 2의 중간 수준이다.
- Clustering vector: 각 주가 어느 클러스터에 속하는지 나타내는 벡터이며, 예를 들어 아래와 같다.
  - 캘리포니아(California): 클러스터 1(높은 범죄율)
  - 플로리다(Florida): 클러스터 1(높은 범죄율)
  - 버몬트(Vermont): 클러스터 2(낮은 범죄율)
  - 오클라호마(Oklahoma): 클러스터 3(중간 범죄율)
- Within cluster sum of squares by cluster(내부 클러스터 합 제곱 오차)
  각 클러스터 내 분산을 나타내는데, 값이 클수록 클러스터 내 데이터가 중심점에서 멀리 퍼져 있음을 의미한다. 또한 클러스터 간 분산(Between_SS)이 총분산(Total_SS)의 89.3%를 차지하므로, 클러스터링이 효과적임을 나타낸다.
  - 클러스터 1: 14,581.20(가장 분산 큼 → 고범죄율 주의 분포가 넓음)
  - 클러스터 2: 15,165.79(클러스터 1보다 약간 낮음)
  - 클러스터 3: 6,599.09(가장 분산 작음 → 안전한 지역의 밀집된 분포)
- Available components(사용 가능한 구성 요소)
  현재의 실행 결과로 인해 알 수 있고 사용 가능한 구성 요소들을 의미한다. 예를 들어, cluster(각 데이터 포인트의 클러스터 레이블), centers(클러스터 중심점의 좌표, 위의 "Cluster means"와 동일함), totss(총분산 = 클러스터 내 분산 + 클러스터 간 분산), withinss(각 클러스터 내 분산, 위의 "Within cluster sum of squares"와 동일), size(각 클러스터의 크기), iter(반복 횟수), ifault(오류 코드) 등이다. 즉, kmeans_result$size를 확인하면 16 20 14가 나타난다.

응용학습 1 iris 데이터 셋을 활용한 K-평균 군집화

iris 데이터 셋의 꽃잎과 꽃받침의 특성을 기반으로 데이터를 3개의 군집으로 분류하고, 실제 꽃 종류와 비교하시오. 이때 K-평균 군집화를 활용하시오.

- iris 데이터 셋에서 꽃잎(Sepal, Petal)의 길이와 너비 특성을 선택할 것
- K-평균은 모든 특성을 평균 0, 표준편차 1로 조정할 것
- K-평균 군집화에서 3개의 군집을 생성할 것
- Sepal.Length와 Petal.Length를 축으로 군집 결과를 산점도로 시각화하는데 군집 중심점은 검은색 X로 표시할 것
- 실제 꽃 종류(iris_labels)와 군집 결과를 비교해 혼동 행렬 생성할 것
- 모델 정확도를 제시할 것

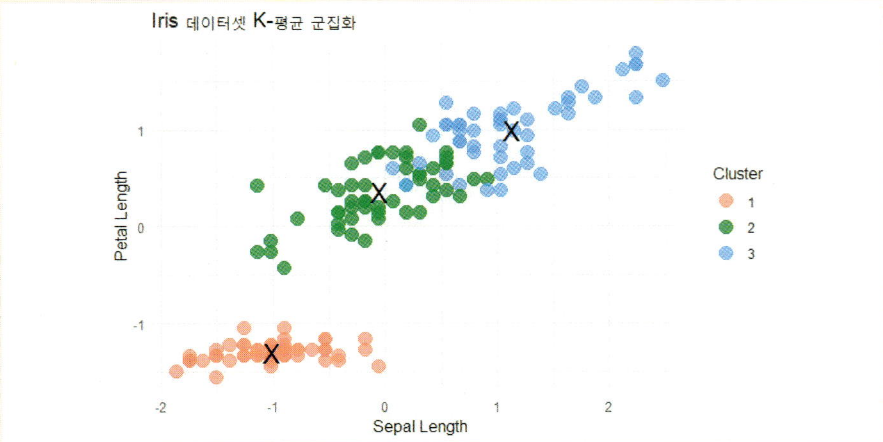

그림 3. Iris 데이터 셋 K-평균 군집화

2.2. 계층적 군집화(Hierarchical Clustering)

데이터를 점진적으로 병합하여 계층 구조를 형성하는 방법으로 응집형과 분할형이 있다. 응집형(Agglomerative)은 개별 데이터 포인트를 독립된 클러스터로 시작해, 가장 가까운 두 클러스터를 반복적으로 병합하는 방식이고, 분할형(Divisive)은 전체 데이터를 하나의 클러스터로 시작한 뒤, 가장 분리된 부분을 반복적으로 분할하는 방식이다. 이를 위한 데이터 포인트 간의 거리와 유사도는 다음과 같이 산출한다. C_i, C_j은 병합하려는 두 클러스터(Cluster i와 Cluster j), x와 y는 클러스터 C_i, C_j 내의 개별 데이터 포인트, $d(x, y)$는 데이터 포인트 x와 y 사이의 거리 측정값(예: 유클리드 거리, 맨해튼 거리 등), $|C_i|$, $|C_j|$은 클러스터 C_i, C_j의 크기(포함된 데이터 포인트의 수)를 의미한다.

- 거리
  - 유클리드 거리

$$d(X, Y) = \sqrt{\sum_{i=1}^{n} (x_i - y_i)^2}$$

– 맨해튼 거리

$$d(X, Y) = \sum_{i=1}^{n} |x_i - y_i|$$

- 유사도: 코사인 유사도, 자카드 유사도 등이 사용된다.

클러스터 병합 시 거리/유사도를 계산하는 방식은 다음과 같다.

- 단일 연결(Single Linkage): 두 클러스터의 가장 가까운 포인트 간 거리를 사용하며, $d(C_i, C_j) = \min_{x \in C_i, y \in C_j} d(x, y)$르 나타낸다.
- 완전 연결(Complete Linkage): 두 클러스터의 가장 먼 포인트 간 거리를 사용하며, $d(C_i, C_j) = \max_{x \in C_i, y \in C_j} d(x, y)$로 나타낸다.
- 평균 연결(Average Linkage): 두 클러스터 C_i, C_j 내 모든 포인트 쌍의 거리 평균값을 사용하며, $d(C_i, C_j) = \frac{1}{|C_i| \cdot |C_j|} \sum_{x \in C_i} \sum_{y \in C_j} d(x, y)$으로 나타낸다.

계층적 군집화를 수행하는 단계로는 각 데이터 포인트를 독립된 클러스터로 설정하는 초기화 단계 → 가장 가까운 두 클러스터를 선택해 하나로 병합하고 새로운 거리 행렬을 업데이트하는 병합 단계 → 모든 데이터가 하나의 클러스터가 될 때까지 병합을 반복하는 단계 → 병합 과정을 트리 구조로 시각화하는 덴드로그램 생성 단계로 들 수 있다. 여기서 덴드로그램이란 클러스터 병합 과정을 트리 형태로 표현한 그래프를 뜻하며, x축에는 데이터 포인트 또는 클러스터, y축에는 두 클러스터를 병합하는 데 사용되는 거리/유사도의 크기를 나타낸다. 덴드로그램을 수평선으로 잘라 원하는 클러스터 수(K)를 선택 및 결정할 수 있다. K–평균 군집화와 계층적 군집화는 아래와 같이 비교될 수 있다.

표 1. K–평균 군집화와 계층적 군집화

특징	K–평균 군집화	계층적 군집화
클러스터 수	미리 지정 필요	덴드로그램으로 유연하게 선택 가능
초기화	중심점 랜덤 선택	모든 포인트를 독립 클러스터로 시작
복잡도	$O(nk)$	$O(n)$
해석	결과 직관성 낮음	시각적으로 해석이 용이
적용	대규모 데이터	소규모 데이터

예제 2 계층적 군집화

dendextend은 덴드로그램을 시각화하기 위한 패키지이다.

```
if (!require("ggplot2")) install.packages("ggplot2")
if (!require("dendextend")) install.packages("dendextend")
library(ggplot2)
library(dendextend)
data(USArrests)
df <- USArrests[, c("Murder", "Assault")]
```

dist_matrix에는 거리 행렬(Distance Matrix)을 저장하는데 모든 데이터 포인트 쌍 간의 거리를 유클리드 거리를 사용하여 계산한 결과이다. 이 행렬은 이후 클러스터 병합 과정에서 두 포인트/클러스터 간의 유사성을 측정하는 데 사용한다.

```
dist_matrix <- dist(df, method = “euclidean”)
```

계층적 군집화를 수행하는 단계로, method = “ward.D2”는 Ward's linkage 방식을 사용하며, 클러스터 간 분산을 최소화하는 방식으로 병합한다. Ward's method는 클러스터 내 분산이 최소가 되도록 병합하므로 균형 잡힌 클러스터를 형성하는데, 위에서 설명한 계층적 군집화를 수행하는 단계를 따른다.

```
hclust_result <- hclust(dist_matrix, method = “ward.D2”)
```

클러스터 병합 과정을 트리 구조로 시각화해 보자. color_labels(dendrogram, k = 3)는 덴드로그램을 3개의 클러스터로 자르고, 각 클러스터에 색상을 설정한다. 이때 x축은 데이터 포인트 또는 클러스터가 되고, y축은 두 클러스터를 병합하는 데 사용된 거리의 크기가 된다. 덴드로그램을 수평선으로 자르면 원하는 클러스터 수(K)를 선택할 수 있다. 결과로 나타난 덴드로그램은 클러스터가 3개로 나뉘며, 각 클러스터의 병합 과정이 트리 구조로 표시된다. 이때 y축 값이 클수록 두 클러스터의 분산이 크다는 것을 의미한다.

```
dendrogram <- as.dendrogram(hclust_result)
dendrogram <- color_labels(dendrogram, k = 3)
plot(dendrogram, main = “계층적 군집화 덴드로그램 (K=3)”)
```

---실행결과---

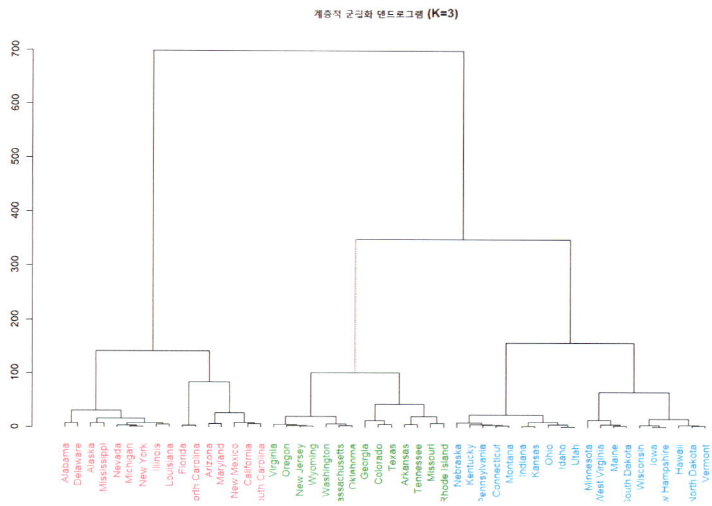

그림 4. 계층적 군집화 덴드로그램(K=3)

클러스터 할당 후 시각화해 보자. cutree(hclust_result, k = 3)은 덴드로그램에서 K=3으로 자른 뒤 각 데이터 포인트에 클러스터 레이블(1, 2, 3)을 부여하는 것이다. Murder와 Assault를 축으로 하고, color = cluster로 각 클러스터를 다른 색으로 표시한다. 나타난 결과 그래프에서 빨간색은 살인율과 강도율이 모두 높은 고위험 지역, 초록색은 상대적으로 낮은 범죄율 지역, 파란색은 중간 수준의 범죄율 지역을 나타낸다. 즉, 클러스터별로 데이터가 그룹화되어 있으며, 각 클러스터의 중심 경향성이 뚜렷하게 나타난 것을 확인할 수 있다.

```
cluster_labels <- cutree(hclust_result, k = 3)
df$cluster <- as.factor(cluster_labels)
ggplot(df, aes(x = Murder, y = Assault, color = cluster)) +
  geom_point(size = 4, alpha = 0.7) +
      labs(title = “계층적 군집화 결과 (살인율 vs 강도율)”,
      x = “살인율 (per 100,000)”, y = “강도율 (per 100,000)”) +
      scale_color_manual(values = c(values = c(“red”, “green”, “blue”))
```

---실행결과---

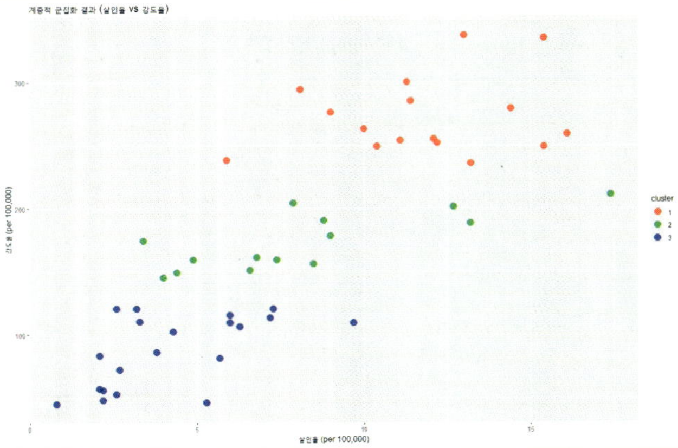

그림 5. 계층적 군집화 결과(살인율 vs 강도율)

응용학습 2 Iris 데이터 셋 계층적 군집화

iris 데이터 셋을 활용한 계층적 군집화 프로그램을 만드시오. 이때 꽃잎과 꽃받침의 특성을 기반으로 데이터를 군집화하고, 실제 꽃 종류와 비교하시오.

- 거리 행렬을 계산한 후 Complete Linkage 방식으로 군집화를 수행할 것
- 덴드로그램을 3개 군집으로 자를 것
- 덴드로그램을 그리고, 군집별로 색상을 red, green, blue로 지정할 것
- PCA로 차원을 축소한 후, 군집별로 색상을 구분해 시각화할 것
- 실제 꽃 종류(Species)와 군집 결과를 비교해 혼동 행렬을 생성하고, 정확도를 제시할 것

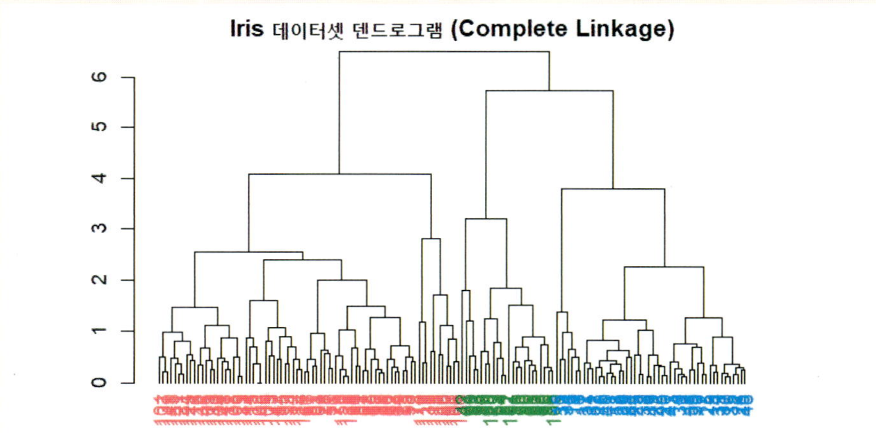

그림 6. Iris 데이터 셋 덴드로그램(Complete Linkage)

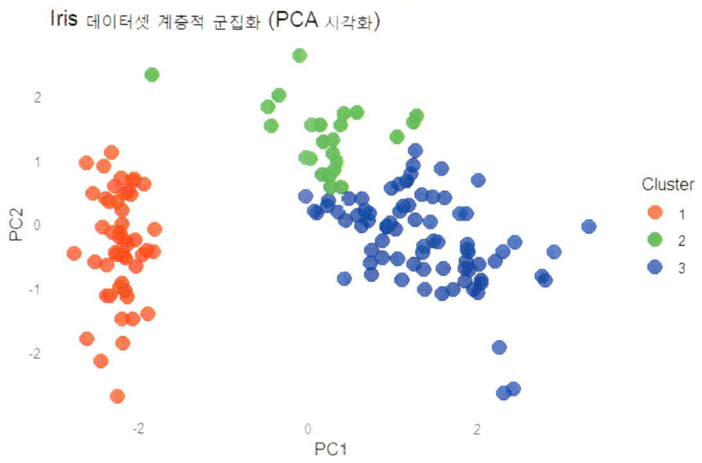

그림 7. Iris 데이터 셋 계층적 군집화(PCA 시각화)

2.3. EM 알고리즘(Expectation-Maximization)

EM 알고리즘은 잠재 변수(latent variables)가 있는 확률 모델에서 최대 가능도 추정(Maximum Likelihood Estimation) 또는 최대 사후 확률 추정(Maximum A Posteriori, MAP)을 수행하는 반복적인 최적화 알고리즘이다. 이때 관측된 데이터에서 잠재 변수를 추정하고, 이를 통해 모델의 모수(parameters)를 최적화한다. 이때 E-Step(기댓값 단계)과 M-Step(최대화 단계)을 반복하며 잠재 변수와 모델 파라미터를 추정한다.

- E-Step

현재 추정된 파라미터를 기반으로 잠재 변수의 사후 확률을 계산하는데, 베이즈 정리를 사용해 각 데이터 포인트가 잠재 변수(예: 군집)에 속할 확률을 추정한다. 예를 들어 가우시안 혼합 모델(GMM)에서 사용하는 경우는 아래와 같이 산출한다.

$\gamma_{ik} = \dfrac{\pi_k \cdot N(X_i \mid \mu_k, \sum_k)}{\sum_{j=1}^{k} \pi_j \cdot N(X_i \mid \mu_j, \sum_j)}$에서 γ_{ik}는 데이터 포인트 X_i가 군집 k에 속할 확률이다.

$N(X_i \mid \mu_k, \sum_k)$는 가우시안 분포 확률 밀도 함수, π_k는 k-번째 컴포넌트의 혼합 계수, μ_k는 k-번째 컴포넌트의 평균 벡터, $\sum_k$는 k-번째 컴포넌트의 공분산 행렬이다.

- M-Step

E-Step에서 계산된 사후 확률을 사용해 모델 파라미터를 업데이트하는데, 최대 가능도 추정을 통해 파라미터를 최적화한다. 가우시안 혼합 모델(GMM)에서 사용하는 경우는 아래와 같이 산출하는데, γ_{ik}를 사용해 파라미터 π_k, μ_k, $\sum_k$를 업데이트하며 이 과정을 수렴할 때까지 반복한다.

$$\mu_k^{(t+1)} = \frac{\sum_{i=1}^{N} \gamma_{ik}^{(t)} X_i}{\sum_{i=1}^{N} \gamma_{ik}^{(t)}} \pi_k^{(t+1)} = \frac{\sum_{i=1}^{N} \gamma_{ik}^{(t)}}{N} \sum_k^{(t+1)} = \frac{\sum_{i=1}^{N} \gamma_{ik}^{(t)} (X_i - \mu_k^{(t+1)})(X_i - \mu_k^{(t+1)})^T}{\sum_{i=1}^{N} \gamma_{ik}^{(t)}}$$

비지도학습에서의 EM 알고리즘 GMM(가우시안 혼합 모델), HMM(은닉 마르코프 모델), 베이지안 네트워크 등에 적용한다.

예제 3 EM 알고리즘

```
if (!require("mixtools")) install.packages("mixtools")
library(mixtools)
library(ggplot2)
```

첫 번째 성분(component1)은 평균 0, 표준편차 1인 정규 분포에서 500개의 샘플을 생성하고, 두 번째 성분(component2)은 평균 5, 표준편차 2인 정규 분포에서 500개의 샘플을 생성한다. 두 성분을 결합해 혼합 데이터를 생성하여 data에 저장하면 최종 데이터는 1,000개의 포인트로 구성된다.

```
set.seed(123)
component1 <- rnorm(500, mean = 0, sd = 1)
component2 <- rnorm(500, mean = 5, sd = 2)
data <- c(component1, component2)
```

2개 성분을 기반으로 EM 알고리즘 적용해보자. normalmixEM은 정규 혼합 분포를 추정하는 함수인데, k = 2는 혼합 성분의 개수를 2로 설정하고, maxit = 1000은 최대 반복 횟수를 1,000회로 지정한다. 이 함수는 EM 알고리즘을 반복해 각 성분의 평균(mu), 표준편차(sigma), 혼합 계수(lambda)를 추정한다.

```
em_result <- normalmixEM(data, k = 2, maxit = 1000)
```

혼합 분포와 추정된 가우시안 성분을 기반으로 결과를 시각화한다. 결과 그래프에서 빨간색 선은 원본 데이터의 밀도 추정값을, 파란색/초록색 선은 EM 알고리즘으로 추정된 두 개의 가우시안 분포를 나타낸다. 즉, 파란색은 첫 번째 성분 (평균 ≈ 0, 표준편차 ≈ 1), 초록색은 두 번째 성분(평균 ≈ 5, 표준편차 ≈ 2)을 의미한다.

```
ggplot(data.frame(x = data), aes(x = x)) +
  geom_histogram(aes(y =..density..), bins = 30, color = "black", fill =
"lightblue") + geom_line(aes(y =..density..), stat = "density", color = "red") +
 geom_density(aes(color = "EM 추정"), linewidth = 1) +
  geom_line(aes(y = em_result$lambda[1] * dnorm(x, em_result$mu[1], em_
result$sigma[1])), color = "blue", linewidth = 1) +
  geom_line(aes(y = em_result$lambda[2] * dnorm(x, em_result$mu[2], em_
result$sigma[2])), color = "green", linewidth = 1) +
 labs(title = "EM 알고리즘: 혼합 분포 추정", x = "값", y = "밀도") +
 scale_color_manual(values = c("red", "blue", "green")) + theme_minimal()
```

---실행결과---

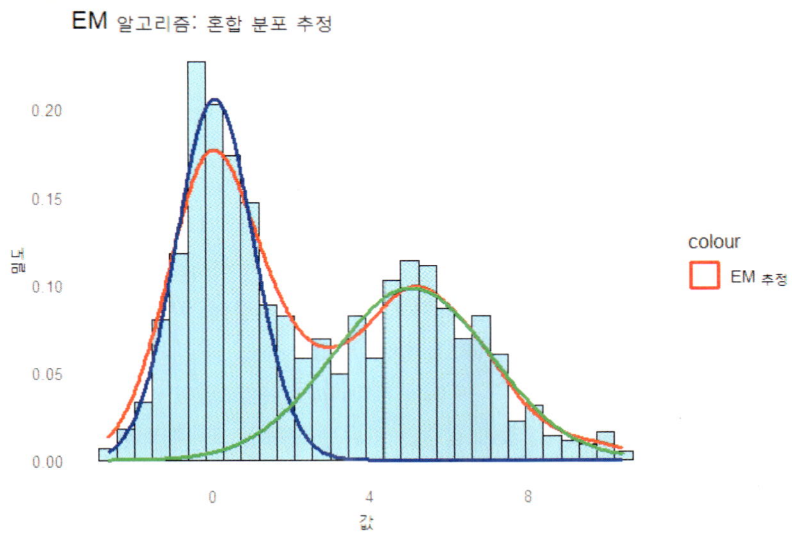

그림 8. EM 알고리즘, 혼합 분포 추정

추정된 파라미터들을 출력해 보자.

```
cat("=== EM 알고리즘 결과 ===\n")
```

```
cat("추정된 평균:",em_result$mu,"\n")
cat("\n추정된 표준편차:",em_result$sigma, "\n")
cat("\n혼합 계수:",em_result$lambda,"\n")
cat("\n최종 로그-우도:",em_result$loglik,"\n")
```

```
---실행결과---
추정된 평균: 0.0584713 5.029369
추정된 표준편차: 0.982543 2.011379
혼합 계수: 0.5058261 0.4941739
최종 로그-우도: -2320.78
```

위의 결과는 아래와 같이 해석할 수 있다.

- **추정된 평균: 0.0584713 5.029369**: 평균 ≈ 0.058에서, 첫 번째 가우시안 분포는 평균 0으로 생성되었으므로, 추정된 값이 실제 값과 매우 가깝게 나타났다. 두 번째 평균 ≈ 5.029에서, 두 번째 가우시안 분포는 평균 5로 생성되었으므로, 추정된 값이 실제 값과 거의 일치함을 나타낸다. 이는 EM 알고리즘이 각 성분의 중심 위치를 정확하게 추정하고 있음을 알려준다.
- **추정된 표준편차: 0.982543 2.011379**: 첫 번째 표준편차 ≈ 0.982에서, 첫 번째 가우시안 분포의 표준편차는 1이므로, 추정된 값이 실제 값과 매우 유사하다. 두 번째 표준편차 ≈ 2.011에서, 두 번째 가우시안 분포의 표준편차는 2이므로, 추정된 값이 실제 값과 거의 일치한다. 이는 EM 알고리즘이 각 성분의 분산을 정확하게 추정하고 있음을 나타낸다.
- **혼합 계수: 0.5058261 0.4941739**: 첫 번째 혼합 비율 ≈ 50.58%이며, 두 번째 혼합 비율 ≈ 49.42%을 나타낸다. 데이터는 두 성분이 각각 500개씩으로 동일한 비율(50:50)로 구성되었었다. 이는 EM 알고리즘이 거의 동일하게 추정했으며, 약간의 차이는 랜덤 초기화나 반복 횟수에 따른 결과라고 할 수 있다.
- **최종 로그-우도: -2320.78**: 로그-우도(Log-Likelihood)는 모델이 데이터를 얼마나 잘 설명하는지 나타내는 값으로, 값이 음수인 이유는 데이터 크기가 커서 로그 변환 시 음수가 되기 때문이다. 절댓값이 클수록 좋다. 로그 우도(Log-Likelihood)는 통계적 모델이 주어진 데이터를 생성할 확률을 자연로그로 변환한 값을 나타낸다. 이때 가능도(Likelihood)를 P라 할 때 데이터가 특정 모델에 의해 생성될 확률을 나타내며 로그 우도는 log(P(데이터|모델))로 나타낸다. 즉 여기서는 500개씩 1,000개의 포인트로 구성된 혼합 데이터 셋을 통해 산출된 것으로 절댓값이 크지만, 데이터 크기가 크기 때문에 적절한 값으로 평가할 수 있다.

응용학습 3 mtcars를 활용한 EM 알고리즘

mtcars의 연비(mpg)와 마력(hp), 무게(wt)를 다변량 정규 분포로 모델링하는 EM 알고리즘 프로그램을 만드시오.

- mixtools 패키지를 활용할 것
- mtcars 데이터 셋에서 연비(mpg), 마력(hp), 무게(wt)를 선택할 것
- 각 변수의 평균을 0, 표준편차를 1로 조정할 것
- 2개 성분의 다변량 정규 분포 혼합 모델을 학습할 것
- maxit = 1000으로 최대 반복 횟수 설정할 것
- 각 성분의 평균, 공분산 행렬, 혼합 계수, 최종 로그-우도를 출력할 것

2.4. 가우시안 혼합 모델(GMM)

가우시안 혼합 모델(GMM)은 데이터를 여러 개의 가우시안 분포(정규 분포)의 혼합으로 모델링하는 확률 기반 군집화 알고리즘으로서 EM 알고리즘을 사용해 파라미터를 추정한다. 각 데이터 포인트는 여러 군집에 확률적으로 속할 수 있으며, 군집의 분포는 평균(μ), 분산(σ^2), 혼합 계수(π)로 정의한다. K-평균 군집화와 달리 비구형 군집을 탐지할 수 있고, 데이터의 복잡한 분포를 유연하게 표현할 수 있다. GMM은 다음과 같은 확률 밀도 함수로 표현된다.

$$p(X) = \sum_{k=1}^{k} \pi_k \cdot N(X|\mu_k, \textstyle\sum_k)$$

K: 군집의 개수, π_k: 혼합 계수, μ_k: 군집 k의 평균 벡터,

$\sum_k$: 군집 k의 공분산 행렬, $N(X|\mu_k, \sum_k)$: 가우시안 분포 확률 밀도 함수.

예제 4 가우시안 혼합 모델(GMM)

USArrests 데이터 셋의 살인율과 강도율 데이터를 군집화하고 분석해 보자. mvtnorm은 다변량 정규 분포 관련 함수 제공하는 패키지이며, mclust는 GMM을 포함한 혼합 분포 모델링을 위한 패키지이다.

```
if (!require("mvtnorm")) install.packages("mvtnorm")
if (!require("mclust")) install.packages("mclust")
```

```
library(mvtnorm)
library(mclust)
library(ggplot2)
```

모델을 위하여 미국 50개 주의 범죄율 관련 데이터를 가진 USArrests 데이터 셋 사용한다. Murder는 100만 명당 살인 사건 수이며, Assault는 100만 명당 폭행 사건 수를 가지므로 두 변수 간의 관계를 분석하여 군집화한다.

```
data(USArrests)
df <- USArrests[, c("Murder", "Assault")]
```

GMM은 각 변수의 분산이 다를 수 있으므로, 스케일링을 통해 공정한 비교가 가능하다. 따라서 scale(df)을 통해 각 변수의 평균을 0, 표준편차를 1로 조정하여 데이터의 스케일을 맞춘다. Mclust()는 mclust 패키지의 함수로, 데이터에 적합한 GMM을 학습한다. 이때 G = 3은 클러스터 수를 3개로 설정하는 것이다. 또한 이것은 내부적으로 EM 알고리즘을 사용해 각 클러스터의 평균, 공분산 행렬, 혼합 계수를 추정한다.

```
df_scaled <- scale(df)
gmm_model <- Mclust(df_scaled, G = 3)
```

Murder와 Assault를 축으로 데이터를 시각화해 보자. 결과 그래프에서 빨간색은 클러스터 1, 녹색은 클러스터 2, 파란색은 클러스터 3을 나타내며 각 클러스터의 분포와 경계를 확인할 수 있다. 클러스터별로 데이터가 그룹화되어 있으며, 각 클러스터의 중심점 주변에 데이터가 밀집되어 있음을 알 수 있다. 클러스터 1은 오른쪽 상단에 위치하여 살인율과 강도율 모두 높음을 나타내고, 클러스터 2는 왼쪽 중앙에 위치하여 둘 다 평균보다 낮음을 알려주며, 클러스터 3은 왼쪽 하단에 위치하여 가장 낮은 값을 나타낸다. 이를 통해 클러스터 1은 고위험 지역으로 평가하여 경찰력 배치 확장이나 범죄 예방 프로그램을 집중하고, 클러스터 3은 저위험 지역으로 평가할 수 있다.

```
ggplot(df, aes(x = Murder, y = Assault, color =
  as.factor(gmm_model$classification))) + geom_point(size = 4, alpha = 0.7) +
  labs(title = "가우시안 혼합 모델 (GMM) 군집화 결과",
       x = "살인율 (per 100,000)", y = "강도율 (per 100,000)") +
  scale_color_manual(values = c("red", "green", "blue")) +  # 클러스터 1, 2, 3 색상
  theme_minimal()
```

---실행결과---

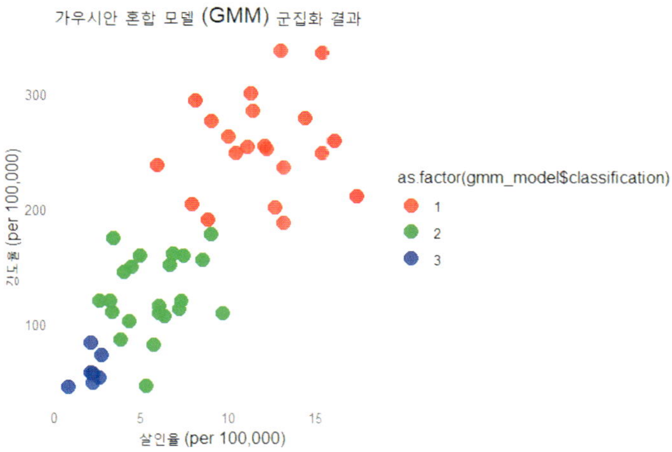

그림 9. 가우시안 혼합 모델(GMM) 군집화 결과

산출된 클러스터 중심점 및 분산 출력해보자. 중심점은 각 클러스터의 평균 위치를 표준화된 값으로 출력하는 것이다.

```
cat("=== 클러스터 중심점 ===\n")
print(gmm_model$parameters$mean)
cat("\n=== 클러스터 공분산 행렬 ===\n")
print(gmm_model$parameters$variance)
```

---실행결과---

```
> print(gmm_model$parameters$mean)
              [,1]       [,2]      [,3]
Murder   0.9744308 -0.4823343 -1.306768
Assault 1.0165075 -0.5070755 -1.349551
```

위 결과는 아래와 같이 해석할 수 있다.

- 클러스터 1(Murder ≈ 0.97, Assault ≈ 1.02): 살인율과 강도율 모두 평균보다 높은 값으로, 고위험 지역임을 알 수 있다.
- 클러스터 2(Murder ≈ -0.48, Assault ≈ -0.51): 살인율과 강도율 모두 평균보다 낮은 값으로, 중위험 지역에 속한다.
- 클러스터 3(Murder ≈ -1.31, Assault ≈ -1.35): 살인율과 강도율 모두 매우 낮은 값으로, 저위험 지역을 나타낸다.

```
> print(gmm_model$parameters$variance)
$modelName
[1] "VII"
$d
[1] 2
$G
[1] 3
$sigma
, , 1
         Murder   Assault
Murder  0.3337493 0.0000000
Assault 0.0000000 0.3337493
, , 2
         Murder   Assault
Murder  0.2008638 0.0000000
Assault 0.0000000 0.2008638
, , 3
          Murder    Assault
Murder  0.01955237 0.00000000
Assault 0.00000000 0.01955237
$sigmasq
[1] 0.33374931 0.20086379 0.01955237
$scale
[1] 0.33374931 0.20086379 0.01955237
```

위 결과의 modelName = "VII"에서, VII 모델은 공분산 행렬이 대칭이지만 비대각 요소는 0으로 가정함을 나타낸다. 즉, Murder와 Assault 간의 상관관계를 없다고 가정한 것이다. $sigma는 각 클러스터의 공분산 행렬을 나타내는데 대각 성분은 각 변수의 분산(표준화된 값)을, 비대각 성분은 두 변수 간의 공분산(VII 모델에서는 0으로 설정됨)을 나타낸다. $sigmasq와 $scale은 각 클러스터의 분산을 나타내는데, 첫 번째 클러스터의 분산은 0.3337, 두 번째는 0.2009, 세 번째는 0.0196이다.

클러스터 1의 분산, Murder: 0.3337과 Assault: 0.3337로서 가장 넓은 분포를 가지며, 살인율과 강도율 모두 큰 변동성을 보인다. 클러스터 2의 분산, Murder: 0.2009와 Assault: 0.2009로서 중간 정도의 분산을 가지며, 살인율과 강도율이 평균보다 낮지만 일정한 범위 내에 있다. 클러스터 3의 분산, Murder: 0.0196과 Assault: 0.0196으로서 가장 작은 분산을 가지며, 살인율과 강도율이 매우 낮은 값으로 밀집되어 있다.

클러스터 레이블을 요약해 보면, 각 클러스터에 속한 데이터 포인트의 개수를 확인할 수 있다. 결과에서는 클러스터 1에 21개, 클러스터 2에 22개, 클러스터 3에 7개의 데이터가 있음을 나타낸다.

```
table(gmm_model$classification)
```

```
---실행결과---
 1  2  3
21 22  7
```

3 차원 축소(Dimensionality Reduction)

고차원 데이터를 핵심 정보를 보존하면서 저차원으로 변환하는 기법으로 데이터가 희소해지고 계산 비용이 증가하는 문제를 해결하거나 시각화를 위해 2D/3D로 축소 또는 노이즈 제거 및 특징 추출을 통해 모델 성능을 향상시키기 위해 사용한다. 주로 선형 방법으로는 PCA(주성분 분석), LDA(선형 판별 분석)가 사용되고, 비선형 방법으로는 t-SNE, UMAP이 사용된다.

3.1. 주성분 분석(Principal Component Analysis)

주성분 분석(PCA)은 고차원 데이터를 핵심 정보를 보존하면서 저차원으로 변환하는 선형 차원 축소 기법으로 데이터의 분산을 최대화하는 방향으로 새로운 축(주성분)을 설정해 중요한 패턴을 추출하는 방법이다. 이를 위해 다음과 같은 단계를 수행한다.

- 데이터 표준화: 변수 간 스케일 차이로 인한 편향을 방지하기 위해 각 변수의 평균을 0, 분산을 1로 조정한다.

  $$z_i = \frac{(X_i - \overline{X})}{\sigma}$$

  X_i: i−번째 데이터 포인트, $\overline{X}$: 모든 데이터의 평균 벡터, σ: 표준편차

- 공분산 행렬 계산: 표준화된 데이터의 변수 간 상관관계를 나타내는 공분산 행렬을 계산한다.

$$\sum = \frac{1}{n-1}\sum_{i=1}^{n}(Z_i - \overline{Z})(Z_i - \overline{Z})^T$$

$\sum$: 공분산 행렬, n: 데이터 포인트 수

- 고윳값 분해: 공분산 행렬을 고윳값(eigenvalue)과 고유벡터(eigenvector)로 분해한다. 이때 고윳값은 주성분의 설명력을 나타내며, 고유벡터는 주성분의 방향을 정의한다.

$$\sum V_k = \lambda_k V_k$$

λ_k(고윳값): k–번째 주성분의 분산 설명 비율

V_k고유벡터): k–번째 주성분의 방향을 나타내는 단위 벡터

- 주성분 선택: 고윳값이 큰 순서대로 주성분을 선택한다.
- 데이터 변환: 원본 데이터를 주성분 방향으로 투영하여 저차원 표현을 얻는다.

예제 5 주성분 분석(Principal Component Analysis)

factoextra는 PCA 결과를 시각화하는 데 유용한 함수들을 제공하는 패키지이다.

```
if (!require("factoextra")) install.packages("factoextra")
library(factoextra)
library(ggplot2)
```

UCI 머신러닝 저장소에서 와인 품질 데이터 셋을 CSV 파일로 읽어온다. 이때 와인 품질 데이터 셋에는 레드 와인 1,599개와 화이트 와인 4,898개의 데이터가 있으며, 품질 점수(quality)를 제외한 화학적 특성 12개를 선택해 df에 저장한다.

```
wine <- read.csv("https://archive.ics.uci.edu/ml/machine-learning-databases/-
        wine-quality/winequality-red.csv", sep=";")
df <- wine[, 1:12]
str(wine)
```

변수 간 스케일 차이로 인한 편향을 방지하기 위해 prcomp(df, scale. = TRUE)로 각 변수의 평균을 0, 분산을 1로 조정한다. prcomp( )은 주성분 분석을 수행한 결과를 주성분 점수, 분산 설명 비율, 고유벡터로 반환하는 함수이다.

```
pca_result <- prcomp(df, scale. = TRUE)
```

Scree Plot( )은 각 주성분이 설명하는 분산 비율을 막대 그래프로 시각화하는 함수이다. 이때 x축은 주성분 번호, y축은 분산 설명 비율(%)을 나타낸다.

```
fviz_screeplot(pca_result, title = "와인 품질 데이터의 Scree Plot",
  xlab = "주성분 번호", ylab = "분산 설명 비율") + theme_minimal()
```

---실행결과---

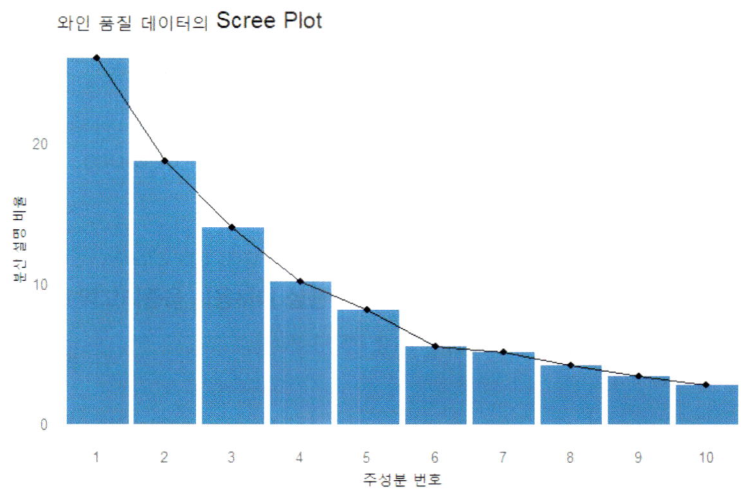

그림 10. 와인 품질 데이터의 Scree Plot

첫 번째 주성분(PC1)과 두 번째 주성분(PC2)을 축으로 데이터를 2D로 나타낸다. 이때 점은 각 데이터 포인트를 나타내고, 화살표는 각 변수의 방향을 나타낸다(변수가 주성분에 미치는 영향). 색상은 원본 데이터의 클래스(품질 점수)에 따라 구분되며, xlab/ylab은 각 주성분이 설명하는 분산 비율을 퍼센트로 표시한다.

```
fviz_pca_biplot(pca_result, title = “와인 품질 데이터의 PCA Biplot”,
   xlab = paste(“주성분 1 (“,
   round(pca_result$sdev[1]^2/sum(pca_result$sdev^2)*100, 1), “%”, sep = “”),
   ylab = paste(“주성분 2 (“,
   round(pca_result$sdev[2]^2/sum(pca_result$sdev^2)*100, 1), “%”, sep = “”),
   geom = “point”, pointsize = 3, pointshape = 19, palette = “jco”) +
 theme_minimal()
```

---실행결과---

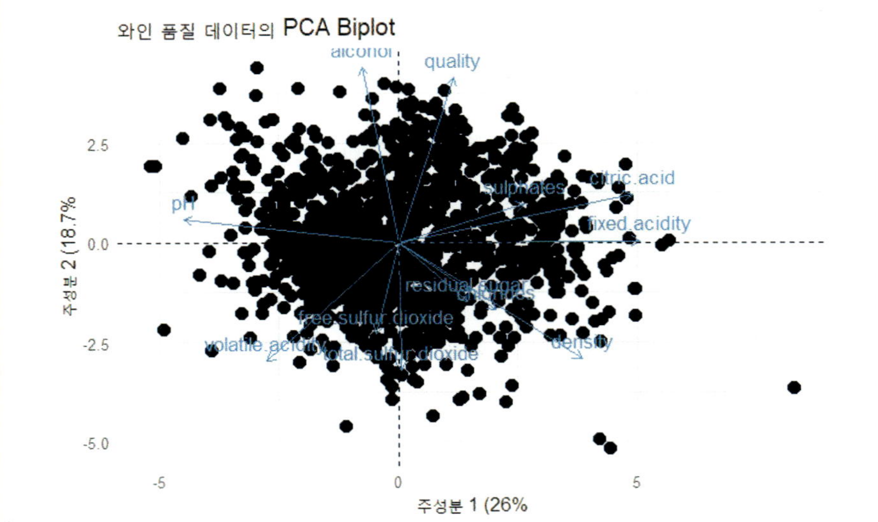

그림 11. 와인 품질 데이터의 PCA Biplot

pca_result$x에서 첫 두 개의 주성분 점수를 추출해 pca_data 데이터프레임으로 변환하여 head(pca_data)를 통해 상위 6개 행의 데이터를 확인해 본다.

```
pca_data <- as.data.frame(pca_result$x[, 1:2])
head(pca_data)
```

```
---실행결과---
         PC1        PC2
1 -1.7788851 -1.1569412
2 -1.0038706 -2.0711899
3 -0.9154968 -1.3929984
4  2.4033253  0.2137247
5 -1.7788851 -1.1569412
6 -1.7417532 -1.1812910
```

위 결과에서 PC1, PC2는 와인 품질 데이터 셋의 샘플이 첫 번째 및 두 번째 주성분 축에서 차지하는 점수를 나타낸다. PC1 값이 양수일수록 첫 번째 주성분 방향으로 멀리 떨어진 샘플을 의미하는 것이다. 예를 들어 샘플 4번(PC1 = 2.40)은 다른 샘플보다 PC1 방향으로 뚜렷하게 분리되어 있고, 반대로 샘플 2번(PC1 = -1.00)은 평균 근처에 위치하고 있음을 나타낸다. PC2 값이 음수일수록 두 번째 주성분 방향으로 아래쪽에 있는 샘플이며, 예를 들어 샘플 2번(PC2 = -2.07)은 PC2 방향으로 가장 멀리 떨어진 샘플을 나타낸다. 데이터가 표준화되었기 때문에 PC1과 PC2의 값은 원본 데이터의 평균 0, 표준편차 1 기준으로 계산되었다. 따라서 절댓값보다는 상대적 비교가 중요한데, 예를 들어 PC1 = 2.40은 평균에서 2.4 표준편차만큼 떨어진 극단적인 값을 의미한다. 샘플 1번과 5번은 거의 동일한 PC1(-1.78)과 PC2(-1.16) 값을 가지는데 이는 두 샘플이 동일한 위치에 있음을 의미하며, 비슷한 화학적 특성을 가질 가능성이 높다는 의미이다. 또한 샘플 4번에서 PC1이 2.40으로 다른 샘플과 뚜렷하게 분리된 형태를 보인다.

응용학습 4 trees를 활용한 주성분 분석(PCA)

trees 데이터 셋의 나무의 지름(Girth), 높이(Height), 체적(Volume) 특성을 활용한 주성분 분석(PCA)프로그램을 만드시오.

- trees 데이터 셋에서 지름(Girth), 높이(Height), 체적(Volume)을 선택할 것
- 각 변수의 평균을 0, 표준편차를 1로 조정해 PCA에 적합한 형태로 변환할 것
- scale. = TRUE로 데이터 표준화 옵션 활성화할 것
- 첫 번째와 두 번째 주성분(PC1, PC2)을 축으로 하는 산점도를 생성하여 시각화할 것
- 각 주성분이 원본 데이터의 분산을 얼마나 설명하는지 퍼센트로 출력할 것
- 각 원본 변수가 주성분에 기여하는 정도를 나타내는 회전 행렬을 출력할 것

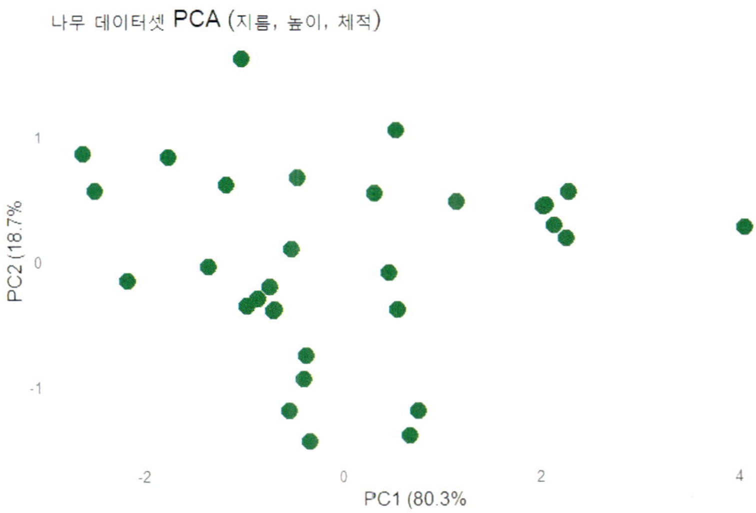

그림 12. 나무 데이터 셋 PCA(지름, 높이, 체적)

3.2. t-SNE(t-Distributed Stochastic Neighbor Embedding)

t-SNE는 2008년 Geoffrey Hinton과 Laurens van der Maaten에 의해 개발된 고차원 데이터를 저차원(주로 2D/3D)으로 축소하여 유사성 패턴을 시각화하는 비선형 차원 축소 기법이다. 이는 고차원 공간에서, 가까운 포인트는 저차원에서도 가깝게, 먼 포인트는 멀게 배치함으로써 차원의 저주, 즉 데이터의 차원이 높아질수록 학습 데이터의 수가 차원의 수보다 적게 되면서 성능이 떨어지는 문제를 해결할 수 있다. t-SNE는 EM(Expectation-Maximization) 알고리즘을 기반으로 수행된다. 또한 t-SNE는 Perplexity와 t-분포를 나타내는데, Perplexity는 각 포인트가 고려하는 이웃의 수로서 일반적으로 10~50 사이이다. 높은 perplexity의 경우는 글로벌 구조를 강조하고, 낮은 perplexity는 로컬 구조를 강조한다. t-분포에서는 저차원 공간에서 거리 분포를 t-분포로 가정해 긴 꼬리를 갖도록 하는데, 이는 작은 거리에서 큰 확률값을, 큰 거리에서 작은 확률값을 갖도록 해 군집화한다.

또한, 이 방법은 비선형 구조를 잘 보존하여 클러스터를 시각화할 수 있으며, 대규모 데이터에서도 효과적이지만, 계산 비용이 높고 랜덤 초기화로 결과가 달라질 수 있다는 단점이 있다.

예제 6 t-SNE

t-SNE를 사용하여 Iris 데이터 셋을 2차원으로 축소하고 시각화하는 과정을 알아보자. Rtsne는 t-SNE 알고리즘을 구현한 패키지이다.

```
if (!require("Rtsne")) install.packages("Rtsne")
if (!require("ggplot2")) install.packages("ggplot2")
library(Rtsne)
library(ggplot2)
```

Iris 데이터 셋에서 꽃잎과 꽃받침의 크기를 나타내는 4차원 특성만 추출한다.

```
data(iris)
df <- iris[, 1:4]
```

추출한 4개의 특성으로 t-SNE 실행하자. dims = 2는 2차원으로 축소하고, perplexity = 30은 각 포인트가 고려하는 이웃의 수(데이터 크기 150의 ~20%)를 나타낸다. max_iter = 1000은 최대 1,000번 반복하여 최적화하며, check_duplicates = FALSE는 중복 포인트 체크를 비활성화해 속도를 높인다.

```
set.seed(123)
tsne_result <- Rtsne(df, dims = 2, perplexity = 30, max_iter = 1000,
  check_duplicates = FALSE)
```

t-SNE로 변환된 2차원 좌표(X1, X2)를 축으로 데이터를 산점도로 나타낸다. 이때 iris$Species에 따라 빨강(setosa), 초록(versicolor), 파랑(virginica)으로 구분된다. 그래프에서는 각 종이 저차원에서 군집화되어 분리된 영역을 나타내는데, 예를 들어 setosa는 다른 종과 명확히 분리된 모습을 볼 수 있다.

```
ggplot(data.frame(tsne_result$Y), aes(x = X1, y = X2)) +
  geom_point(aes(color = iris$Species), size = 4, alpha = 0.7) +
  scale_color_manual(values = c("#E69F00", "#56B4E9", "#009E73")) +
  labs(title = "t-SNE 시각화 (iris 데이터 셋)", x = "t-SNE 차원 1",
      y = "t-SNE 차원 2") + theme_minimal()
```

---실행결과---

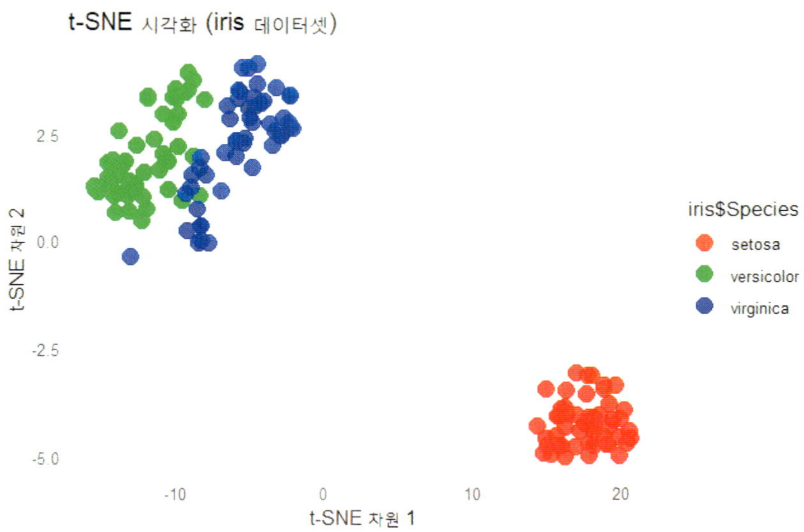

그림 13. t-SNE 시각화(iris 데이터 셋)

```
cat("최종 반복 횟수:", tsne_result$iter[1], "\n")
cat("비용 함수의 마지막 값:", tsne_result$cost[length(tsne_result$cost)], "\n")
```

---실행결과---
최종 반복 횟수: 44.10562
비용 함수의 마지막 값: 0.001436986

위 결과에서 tsne_result의 iter 값은 알고리즘이 수렴하기까지 소요된 최종 반복 횟수로서 44.10562를 나타낸다. 이때 iter가 벡터로 반환되기 때문에 첫 번째 값만 사용하면 된다.

cost는 각 반복 단계의 비용값이 저장된 벡터로서 cost[1]은 첫 번째 반복의 비용, cost[n]은 마지막 반복의 비용을 의미하며, 값이 작을수록 수렴이 잘 된 것이다. 일반적으로 값이 0.0005 이하면 수렴이 잘 되었다고 판단할 수 있다.

4 연관 규칙

연관 규칙(Association Rule Mining) 학습은 데이터에서 항목 간의 빈번한 패턴을 찾아내는 비지도학습 기법으로 Frequent Itemset을 찾고, 이를 기반으로 의미 있는 규칙을 만든다. 이는 예를 들어 장바구니 분석에서 "빵을 사는 사람은 우유도 살 가능성이 높다"와 같은 규칙을 만드는 것이다.

- Frequent Itemset: 데이터에서 특정 빈도 이상으로 함께 나타나는 항목들의 집합을 의미하며 지원도(Support)는 다음과 같이 산출한다.
  - Support(A) = A가 나타나는 횟수 / 전체 데이터 수
  - 이는 만일 지원도가 0.01이라면 전체 데이터의 1%에서 항목 A가 나타난다는 의미이다.
- 연관 규칙(Association Rule): Frequent Itemset에서 파생된 규칙으로, A → B 형태로 표현되며, 신뢰도(Confidence)는 다음과 같이 산출한다.
  - Confidence(A → B) = Support(A∪B) / Support(A)
  - 만일 신뢰도 0.7이라면 A가 발생했을 때 B가 발생할 확률이 70%임을 의미한다.
- 향상도(Lift): 규칙의 독립성 대비 실제 발생 확률을 측정한다.
  - Lift(A → B) = Support(A∪B) / Support(A) * Support(B)
  - 즉, 향상도 > 1이라면 A와 B가 독립적일 때보다 함께 발생할 확률이 높으며, 향상도 < 1이라면 A와 B가 독립적일 때보다 함께 발생할 확률이 낮다는 의미이다.

여기서 잠깐 - Groceries 데이터 셋

Groceries 데이터 셋은 UCI 머신러닝 리포지토리 또는 R의 arules 패키지에 있다. 내용은 슈퍼마켓/편의점에서의 거래 기록을 가지며, 주로 장바구니 분석에 사용되며, 고객이 함께 구매하는 상품 간의 관계를 분석할 때 유용하다. 5,218개의 거래로 구성되며, 각 거래는 구매된 상품 목록이 포함되어 있다. 또한 169개의 고유 상품이 있으며, 각 거래는 이 중 일부를 포함한다. 데이터는 이진 형식으로, 각 열이 특정 상품을 나타내며 값은 1(포함) 또는 0(미포함)으로 구성되었다. 즉 내용은 아래와 같다.

```
transaction 1: milk, bread, eggs
transaction 2: milk, bread
...
```

이 내용이 이진 행렬로 나타내어 아래와 같다.

표 1. Groceries 데이터 셋의 이진 행렬

milk	bread	eggs	...
1	1	1	...
1	1	0	...
...	...	...	...

Groceries 데이터 셋의 구조를 보면 아래와 같이 나타난다. 이때 주요 3개항목만 표시하였으며, 세부 항목들이 각 주요 항목 하단에 구성되어 있다.

```
> str(Groceries)
Formal class 'transactions' [package "arules"] with 3 slots
  ..@ data        :Formal class 'ngCMatrix' [package "Matrix"] with 5 slots
  .. .. .. ..
  ..@ itemInfo    :'data.frame':     169 obs. of  3 variables:
  .. .. .. ..
  ..@ itemsetInfo:'data.frame':     0 obs. of  0 variables
```

Groceries의 데이터 타입을 확인해 보면 S4 클래스로 나타난다. S4 클래스는 R 프로그래밍 언어에서 사용되는 객체 지향 프로그래밍(OOP) 구조의 하나로, 명시적 클래스 정의와 메타데이터를 가지며, 주로 과학 계산, 통계 모델링, 대규모 데이터 처리에 사용된다.

```
> typeof(Groceries)
[1] "S4"
```

예를 들어 S4 클래스에서는 클래스를 정의할 때 setClass 함수를 사용하며, 필드(속성)와 메서드(함수)를 명시적으로 아래와 같이 선언한다.

```
setClass("MyClass", representation(name = "character", value = "numeric"),
       methods = list(show = function(object) {... }))
```

또한 클래스 이름, 생성자, 검증 규칙 등과 같이 클래스에 대한 정보를 저장하는 메타데이터를 포함할 수 있다.

위에서 만든 클래스로 객체를 만들고 접근하는 방법은 아래와 같다.

```
obj <- new("MyClass", name = "test", value = 10)
slot(obj, "name")
```

예제 7 연관 규칙

arules 패키지는 연관 규칙 학습을 위한 알고리즘(Apriori, FP-Growth 등)을 제공하며, 실습을 위한 Groceries 데이터 셋을 포함한다. transactions <- Groceries에서는 Groceries 데이터 셋이 S4 클래스 타입으로 저장되어 있으므로 별도의 변환 과정 없이 그대로 사용함을 의미한다.

```
if (!require("arules")) install.packages("arules")
if (!require("ggplot2")) install.packages("ggplot2")
library(arules)
library(ggplot2)

data("Groceries")
transactions <- Groceries
```

Apriori 알고리즘은 Frequent Itemset과 연관 규칙을 찾는 대표적인 알고리즘이다. 이때 support = 0.01은 전체 거래의 1% 이상에서 나타나는 항목 집합을 찾고, confidence = 0.5는 규칙의 신뢰도가 50% 이상이어야 함을 설정한다. minlen = 2는 최소 2개의 항목을 포함하는 규칙만 생성하는 설정이다.

```
rules <- apriori(transactions, parameter = list(support = 0.01, confidence = 0.5,
minlen = 2))
summary(rules)
```

```
---실행결과---
Apriori
Parameter specification:
 confidence minval smax arem  aval originalSupport maxtime support minlen maxlen
        0.5    0.1    1 none FALSE            TRUE       5    0.01      2     10
 target  ext
  rules TRUE
Algorithmic control:
 filter tree heap memopt load sort verbose
    0.1 TRUE TRUE  FALSE TRUE    2    TRUE
Absolute minimum support count: 98
set item appearances ...[0 item(s)] done [0.00s].
set transactions ...[169 item(s), 9835 transaction(s)] done [0.00s].
sorting and recoding items ... [88 item(s)] done [0.00s].
creating transaction tree ... done [0.00s].
checking subsets of size 1 2 3 4 done [0.00s].
writing ... [15 rule(s)] done [0.00s].
creating S4 object  ... done [0.00s].
```

위 결과의 파라미터 설정(**Parameter specification**)에서 confidence = 0.5는 규칙의 신뢰도(예를 들어 "A를 사면 B를 살 확률")가 50% 이상이고, support = 0.01은 Frequent Itemset이 전체 거래의 1% 이상에서 나타나야 함을 설정한 것이다. 또한 minlen = 2, maxlen = 10은 규칙은 2개 이상 10개 이하의 항목을 포함해야 하고, target = "rules"는 **Frequent Itemset**이 아닌 연관 규칙을 생성함을 의미한다.

알고리즘 제어(Algorithmic Control)에서 filter = 0.1은 후보 항목 집합 생성 시 최대 패턴 길이를 제한하는 값이고, tree = TRUE는 트리 구조를 사용해 후보 항목을 효율적으로 관리함을 의미한다. heap = TRUE는 힙(heap) 자료구조를 사용해 메모리 사용을 최적화하고, sort = TRUE는 항목을 정렬해 후보 집합 생성 속도를 높이며, verbose = TRUE는 자세한 실행 정보를 출력함을 설정한다.

Absolute minimum support count: 98은 최소 지원 횟수로서 지원도 1%를 만족하려면 최소 98번 이상 나타나야 한다.

set item appearances는 아이템 초기화로서 빈 항목 집합으로 시작한다. 이는 첫 번째 단계에서는 빈 항목만 존재하는 것이다.

set transactions는 트랜잭션 로드로서 Groceries 데이터 셋의 169개 상품과 9,835개 거래를 불러온다.

sorting and recoding items는 트랜잭션을 효율적으로 처리하기 위해 아이템을 정렬하고 재코드로 88개 아이템을 설정하였다.

creating transaction tree는 후보 항목 집합을 관리하기 위한 트리 구조를 생성함을 나타낸다.

checking subsets of size는 부분 집합 검사로서 사이즈 1~4의 후보 항목을 검사해 더 큰 사이즈의 항목을 생성한다.

writing ...은 규칙 생성으로서 최종적으로 15개의 연관 규칙이 만들어진다.

따라서 15개의 규칙이 생성되었으며, 이들은 지원도 ≥ 1%, 신뢰도 ≥ 50%, 길이 2~10을 만족하게 된다.

summary(rules)를 통해 결과를 요약해서 나타낸다.

```
summary(rules)
```

```
---실행결과---
set of 15 rules
rule length distribution (lhs + rhs):sizes
 3
15
   Min. 1st Qu.  Median    Mean 3rd Qu.    Max.
      3       3       3       3       3       3
summary of quality measures:
       support           confidence        coverage           lift
 Min.    :0.01007   Min.   :0.5000   Min.    :0.01729   Min.   :1.984
 1st Qu.:0.01174   1st Qu.:0.5151   1st Qu.:0.02089   1st Qu.:2.036
 Median :0.01230   Median :0.5245   Median :0.02430   Median :2.203
 Mean    :0.01316   Mean   :0.5411   Mean    :0.02454   Mean   :2.299
 3rd Qu.:0.01403   3rd Qu.:0.5718   3rd Qu.:0.02598   3rd Qu.:2.432
 Max.    :0.02227   Max.   :0.5862   Max.    :0.04342   Max.   :3.030
     count
 Min.   : 99.0
 1st Qu.:115.5
 Median :121.0
 Mean   :129.4
 3rd Qu.:138.0
 Max.   :219.0
mining info:
         data ntransactions support confidence
 transactions          9835    0.01        0.5
call
 apriori(data = transactions, parameter = list(support = 0.01, confidence = 0.5,
minlen = 2))
```

위 결과에서 **set of 15 rules**은 총 15개의 연관 규칙이 생성되었음을 의미한다.

rule length distribution (lhs + rhs):sizes는 모든 규칙의 총 길이(좌변(lhs) + 우변(rhs))가 3으로 동일함을 나타낸다.

summary of quality measures에서 Support(지원도)는 1%로 설정되었으나, 실제로는 1.0%~2.2% 범위의 지원도를 가진 규칙이 생성되었다. 예를 들어 지원도가 2.2%인 규칙은 전체 거래의 2.2%에서 해당 패턴이 관찰됨을 의미한다.

Confidence(신뢰도)는 50%로 설정되었으나, 실제로는 50%~58.6% 범위의 신뢰도를 가진 규칙이 생성되었다. 이는 예를 들어 신뢰도 58.6%인 규칙은 좌변이 발생했을 때 우변이 발생할 확률이 58.6%임을 의미한다.

Coverage(커버리지)는 좌변 또는 우변이 거래에 포함될 확률을 나타내는데, 예를 들어 4.3%인 규칙은 해당 규칙이 전체 거래의 4.3%를 설명함을 의미한다.

Lift(향상도)는 좌변과 우변이 독립적일 때보다 함께 나타날 확률을 측정하며, 향상도 > 1이면 의미 있는 연관성을 가진다. 예를 들어 향상도 3.03인 규칙은 해당 상품들이 독립적일 때보다 3배 더 자주 함께 구매됨을 의미한다.

count에서 각 규칙이 거래에서 관찰된 최소 빈도는 99회, 최대 빈도는 219회로 나타났다. 이는 지원도 1%를 만족하려면 최소 98회 이상 나타나야 하므로, 모든 규칙이 이 조건을 충족함을 알 수 있다.

mining info에서 데이터 크기는 9,835개의 거래가 분석되었다. 이때 설정된 파라미터는 support = 0.01 (최소 지원도 1%), confidence = 0.5 (최소 신뢰도 50%), minlen = 2 (최소 규칙 길이 2)를 나타낸다. 이는 지원도: 1.0%~2.2%, 신뢰도: 50%~58.6%, 향상도: 1.98~3.03으로 설정된 조건을 만족했다.

향상도(Lift)는 규칙의 유용성을 측정하는 지표로, 1보다 클수록 의미 있는 규칙이며, 신뢰도(Confidence)는 규칙의 정확도를 나타내며, 0.6 이상으로 필터링한다. head(rules, 10)는 상위 10개 규칙 선택하는 것으로 가장 중요한 규칙을 시각화하기 위해 상위 10개를 선택한 것이다.

```
filtered_rules <- rules[quality(rules)$lift > 1]
filtered_rules <- rules[quality(rules)$confidence > 0.6]
filtered_rules <- head(rules, 10)
```

Frequent Itemset 시각화를 위해 가장 자주 구매되는 상위 10개 상품의 빈도수를 막대 그래프로 표시한다. 결과에서 보면 "whole milk", "other vegetables", "rolls/buns" 등이 상위 항목으로 나타난다.

```
itemFrequencyPlot(transactions, topN = 10, type = "absolute",
   main = "Top 10 Frequent Items in Groceries Dataset")
```

---실행결과---

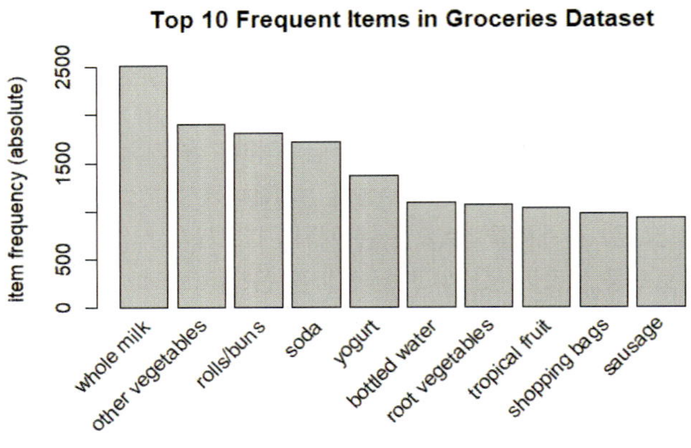

그림 14. Frequent Itemset 막대 그래프

신뢰도 vs 지원도 시각화를 위해 필터링된 규칙을 산점도로 표현한다. x축은 지원도(Support), y축은 신뢰도(Confidence)를 나타내며, 색상은 향상도(Lift)를 나타낸다. 그래프의 결과에서는 신뢰도가 높고 지원도가 낮은 규칙은 드물지만 신뢰할 수 있는 규칙으로 판단할 수 있다.

```
plot(filtered_rules, method = "scatter", shading = "confidence",
    control = list(main = "연관 규칙: 신뢰도 vs 지원도"))
```

---실행결과---

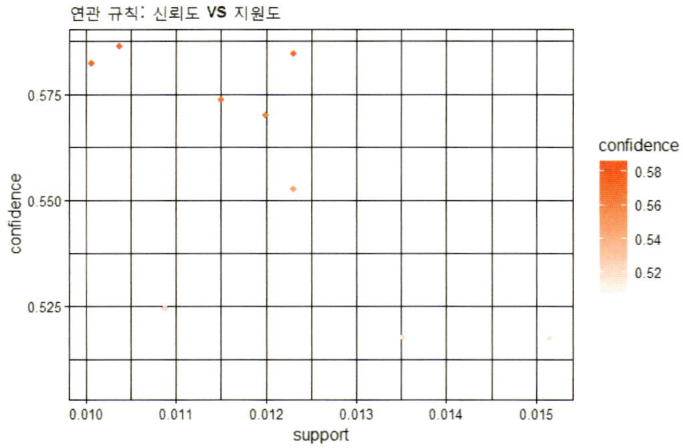

그림 15. 연관 규칙(신뢰도 vs 지원도)

산출된 연관 규칙을 네트워크 그래프로 시각화해 보자. **filtered_rules**는 필터링된 연관 규칙 객체를 의미한다. **method = "graph"**는 연관 규칙을 네트워크 그래프 형태로 시각화하는데 노드는 항목을, 엣지는 규칙의 방향성을 나타낸다. **vertex.label.cex = 0.8**은 노드에 표시되는 라벨의 크기를 설정하는 것으로, 값이 클수록 라벨이 커진다(기본값: 1). **edge.arrow.size = 0.5**는 엣지 화살표의 크기를 설정하는데 값이 클수록 화살표가 길어진다(기본값: 1). edge.arrow.size = 0.5는 엣지 화살표의 크기를 설정하며, 값이 클수록 화살표가 길어진다(기본값: 1). **vertex.color = "lightblue"**는 모든 노드의 배경색을 설정한다.

```
plot(filtered_rules, method = "graph", control = list(vertex.label.cex = 0.8,
    edge.arrow.size = 0.5, vertex.color = "lightblue"),
    main = "연관 규칙 네트워크)")
```

---실행결과---

그림 16. 연관 규칙 네트워크

inspect(head(filtered_rules, 5))로 상위 5개 규칙을 출력하여 구체적인 패턴을 확인할 수 있다.

```
inspect(head(filtered_rules, 5))
```

```
---실행결과---
    lhs                                      rhs          support    confidence
[1] {curd, yogurt}                        => {whole milk} 0.01006609 0.5823529
[2] {other vegetables, butter}            => {whole milk} 0.01148958 0.5736041
[3] {other vegetables, domestic eggs}     => {whole milk} 0.01230300 0.5525114
[4] {yogurt, whipped/sour cream}          => {whole milk} 0.01087951 0.5245098
[5] {other vegetables, whipped/sour cream}=> {whole milk} 0.01464159 0.5070423
    coverage    lift    count
[1] 0.01728521 2.279125  99
[2] 0.02003050 2.244885 113
[3] 0.02226741 2.162336 121
[4] 0.02074225 2.052747 107
[5] 0.02887646 1.984385 144
```

위 실행 결과는 Groceries 데이터 셋에서 발견된 5개의 연관 규칙을 나타내며, 각 규칙은 좌변(lhs)과 우변(rhs)으로 구성되며, 지원도(support), 신뢰도(confidence), 커버리지(coverage), 향상도(lift), 빈도(count) 값이 함께 제공된다.

Rule 1의 {curd, yogurt} → {whole milk}로서 지원도: 1.0%, 신뢰도: 58.2%, 향상도: 2.28, 빈도: 99를 나타낸다. 이는 curd와 yogurt를 함께 구매한 고객의 58.2%가 whole milk도 구매했으며, 이 조합은 독립적일 때보다 2.28(lif)배 더 자주 함께 구매했음을 의미한다.

Rule 2: {other vegetables, butter} → {whole milk}로서 지원도: 1.15%, 신뢰도: 57.36%, 향상도: 2.24, 빈도: 113을 나타낸다. 이는 채소와 버터를 함께 구매한 고객의 57.36%가 whole milk도 구매했음을 의미하고, 이 조합은 독립적일 때보다 2.24배 더 자주 함께 구매하였다.

이와 같은 방식으로 나머지 **Rule 3**에서 **Rule 5**까지 의미를 해석할 수 있다. 일반적으로 지원도가 높아도 신뢰도가 낮으면 규칙의 유용성이 떨어진다. 예를 들어, Rule 5는 지원도가 높지만 신뢰도가 50.7%로 낮아 상대적으로 덜 유용하다. 향상도가 1보다 크면 의미 있는 연관성이 있지만, Rule 5는 향상도가 1.98로 낮아 독립적일 때와 큰 차이가 없음을 나타낸다.

응용학습 5 USArrests를 활용한 연관 규칙 학습

USArrests를 활용한 연관 규칙 학습(Association Rule Mining) 프로그램을 만드시오. 이때 범죄율 데이터에서 항목 간의 연관성을 찾아 규칙을 생성하시오.

- USArrests 데이터 셋에서 살인율과 강도율만 사용할 것
- 살인율이 평균 이상이면 1, 아니면 0과 같이 각 변수의 평균값을 임계값으로 설정해 이진 변수로 변환할 것
- 이진 변수를 transactions 클래스로 변환해 Apriori 알고리즘에 적합한 형태로 만들 것
- 지원도(support): 전체 거래의 10% 이상인 규칙만 선택할 것
- 신뢰도(confidence): 50% 이상의 신뢰도를 가진 규칙만 선택할 것
- 생성된 규칙의 개수, 지원도, 신뢰도 등을 요약하고, 네트워크 그래프로 시각화할 것
- 상위 5개의 규칙을 출력할 것

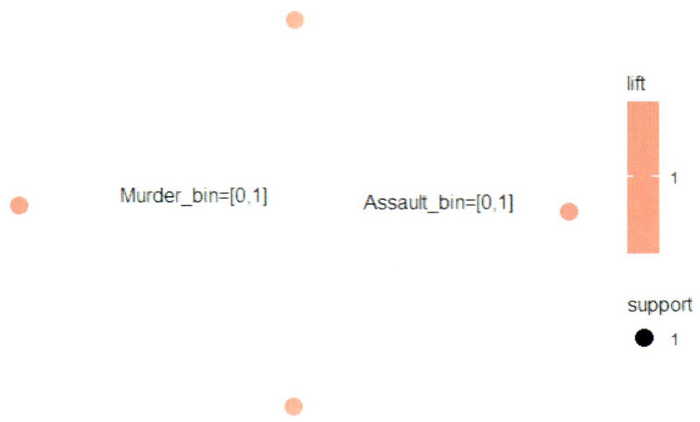

그림 17. 살인율과 강도율의 연관 규칙 네트워크

5 이상치 탐지

이상치 탐지(Anomaly Detection)는 정상적인 데이터 패턴에서 벗어난 비정상적, 예를 들어 신용카드 사기, 시스템 오류, 제조 공정 결함 등과 같은 데이터를 식별하는 방법이다. 이러한 방법은 주로 Isolaticn Forest, One-Class SVM, Local Outlier Factor(LOF), Autoencoder 등의 알고리즘이 사용된다. 여기서는 One-Class SVM에 대해서 알아본다.

One-Class SVM은 단일 클래스의 경계를 학습하여 정상 데이터와 이상치를 구분하는 비지도학습 알고리즘이다. 전통적 SVM이 두 클래스를 분리하는 반면, One-Class SVM은 정상 데이터의 경계를 정의하고, 이를 벗어나는 데이터를 이상치로 간주하는 방법에서 차이가 있다. 이는 초평면을 사용해 정상 데이터를 둘러싸는 최대 마진을 찾는다. 이는 아래와 같은 과정을 수행한다.

- 데이터 전처리: 데이터를 표준화하거나 정규화한다. 예를 들어 각 특성의 평균을 0, 표준편차를 1로 조정한다.
- 모델 학습: 정상 데이터만으로 모델을 학습한다. 이는 초평면을 설정해 정상 데이터를 둘러싸고, 마진을 최대화한다.
- 이상치 탐지: 새로운 데이터 포인트의 이상치 점수를 계산해 이상 여부를 판단한다. 예를 들어 점수가 −0.5라면 이상치로 분류된다.

예제 8 One-Class SVM

kernlab 패키지는 커널 기반 머신러닝 알고리즘을 제공하며, One-Class SVM을 구현하는 데 사용한다. 여기서는 이상치 탐지를 위해 iris 데이터 셋을 이용한다.

```
if (!require("kernlab")) install.packages("kernlab")
library(kernlab)
data(iris)
df <- iris[, 1:4]
```

5개의 이상치를 추가해 비정상적인 패턴을 생성한다. 이때 Sepal.Length는 정상 범위를 벗어난 큰 값으로 설정하고, Petal.Length는 매우 작은 값으로 설정해 이상치로 만든다. 레이블은 정상 데이터는 1, 이상치는 -1로 표시한다. df에는 원본 데이터와 이상치를 결합하였다.

```
set.seed(123)
outliers <- data.frame(Sepal.Length = c(60, 65, 70, 75, 80),
  Sepal.Width = runif(5, 0, 2), Petal.Length = runif(5, 0, 2),
  Petal.Width = runif(5, 0, 2))
df <- rbind(df, outliers)
```

각 특성의 평균을 0, 분산을 1로 조정하여 데이터 표준화를 이룬다. SVM은 스케일에 민감하므로 표준화를 통해 모든 특성이 동일한 영향력을 갖도록 한다.

```
scaled_df <- scale(df)
```

설정된 값을 기반으로 One-Class SVM 모델을 학습해 보자. type = "one-svc"은 단일 클래스 SVM 모드를 활성화하고, kernel = "rbf"는 Radial Basis Function(RBF) 커널을 사용해 비선형 경계를 학습한다. RBF 커널은 데이터가 선형으로 분리되지 않을 때도 효과적이다. nu = 0.05는 이상치의 비율을 5%로 추정하는데, nu 값이 작을수록 더 넓은 마진을 설정해 보수적인 이상치 탐지를 수행한다.

```
svm_model <- ksvm(scaled_df, type = "one-svc", kernel = "rbf", nu = 0.05)
```

학습된 모델로 각 데이터 포인트가 정상(-1) 또는 이상치(1)인지 예측한다. predict 함수는 각 포인트의 결정 값을 반환하며, 음수는 이상치, 양수는 정상으로 간주된다. 이상치 인덱스 추출을 위해 pred == -1인 포인트를 찾아 outlier_indices에 저장한다.

```
pred <- predict(svm_model, scaled_df)
outlier_indices <- which(pred == -1)
```

혼동 행렬을 실제 레이블(labels)과 예측 결과(pred)를 비교한다. 실행 결과에서 행(Row)은 실제 클래스(Actual)이며 -1은 이상치(Outlier), 1은 정상(Inlier)으로 나타낸다. 열(Column)은 예측 결과(Predicted)를 나타내며, FALSE는 모델이 정상으로 예측한 경우이고 TRUE는 모델이 이상치로 예측한 경우이다.

- 셀(Row: -1, Column: FALSE) → 값: 2는 실제 이상치인 데이터를 모델이 정상으로 잘못 예측한 경우로서 이상치 중 2개가 정상으로 오인되었음을 나타낸다(False Negative).
- 셀(Row: -1, Column: TRUE) → 값: 3은 모델이 이상치를 올바르게 예측한 경우로서 이상치 중 3개가 정확히 탐지되었다(True Positive).
- 셀(Row: 1, Column: FALSE) → 값: 17은 모델이 정상으로 올바르게 예측한 경우로서 정상 데이터 중 17개가 정확히 분류되었다(True Negative).
- 셀(Row: 1, Column: TRUE) → 값: 133은 모델이 이상치로 잘못 예측한 경우로서 정상 데이터 중 133개가 이상치로 오인되었다(False Positive).

```
cm <- table(Actual = labels, Predicted = pred)
print(cm)
```

```
---실행결과---
      Predicted
Actual FALSE TRUE
   -1     2    3
   1     17  133
```

원본 데이터와 이상치를 나타내는 산점도를 나타낸다. x축은 Sepal.Length, y축은 Petal.Length를 표시하며, 정상 데이터는 파란색, 이상치는 빨간색으로 표시된다. 이때 이상치가 원본 데이터에서 멀리 떨어진 위치에 있음을 확인할 수 있다.

```
ggplot(df, aes(x = Sepal.Length, y = Petal.Length, color = as.factor(labels))) +
  geom_point(size = 4, alpha = 0.7) +
  labs(title = "One-Class SVM: Iris 데이터 셋 + 이상치",
       x = "Sepal Length", y = "Petal Length", color = "Type") +
       scale_color_manual(values = c("blue", "red")) +
  theme_minimal()
```

---실행결과---

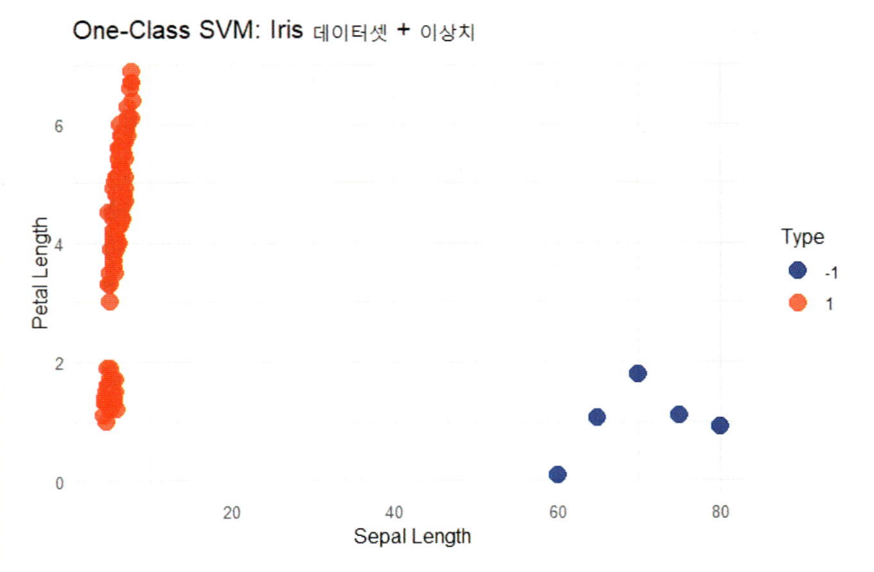

그림 18. One–Class SVM

응용학습 6 airquality를 활용한 One–Class SVM

airquality의 오존 농도(Ozone)를 기준으로 고농도(high)와 저농도(low)를 분류하고, 모델의 성능을 평가하는 One–Class SVM 프로그램을 만드시오.

- e1071과 caret패키지를 활용할 것
- airquality 데이터 셋에서 결측치를 제거하고, 오존 농도를 평균값(43.59 ppb) 기준으로 high와 low로 이진화할 것
- 이때 오존 농도, 태양 복사량, 풍속, 온도를 사용할 것
- 모든 특성을 평균 0, 표준편차 1로 조정할 것
- 70%의 데이터를 훈련용으로, 30%를 테스트용으로 분할할 것
- 선형 커널을 사용해 모델을 학습하여, cost = 10으로 규제 파라미터 C를 설정해 오버피팅을 방지할 것
- 테스트 데이터에 대한 예측 결과를 혼동 행렬로 시각화하고, 정확도를 계산할 것

6 시계열 데이터 분석

시계열 데이터(Time Series Data)는 주식 가격, 기온, 판매량, 환율 등과 같이 시간 순서에 따라 일정한 간격으로 기록된 데이터를 뜻한다. 이러한 데이터는 주로 추세, 계절성, 주기성 등 데이터의 구조적 특징을 파악하는 패턴 분석, 과거 데이터를 기반으로 미래 값을 예측 또는 정상 패턴에서 벗어난 이상치를 식별하는 이상 탐지 등의 분야에서 활용한다. 시계열 데이터를 분석하는 주요 기법으로는 다음과 같다.

- 차분(Differencing): 데이터의 비정상성을 제거해 정상성(Stationarity)을 확보하는 것으로 현재 시점 t의 값과 이전 시점 $t-1$의 값의 차이를 계산한다. 이때 Y_t는 원본 시계열 데이터를 의미한다.

  1차 차분: $Y_t' = Y_t - Y_{t-1}$

  2차 차분: $Y_t'' = Y_t' - Y_{t-1}'$

- 이동 평균(Moving Average): 단기적인 변동을 평활화해 추세를 강조한다. 예를 들어, 7일 이동 평균 = $\frac{Y_t + Y_{t-1} + \ldots - Y_{t-6}}{7}$을 산출한다.
- ARIMA 모델(AutoRegressive Integrated Moving Average): 자기회귀(AutoRegres-

sive, AR), 차분(Differencing, I), 이동평균(Moving Average, MA) 세 가지 요소를 결합한 모델이다.

- AR(p): 자기회귀 차수로서, 과거 값으로 현재 값 예측하는 것으로, 현재 값이 과거 p개의 값의 선형 결합으로 표현하며, 아래와 같이 구한다.

  $X_t = c + \phi_1 X_{t-1} + \ldots + \phi_p Y_{t-p} + \epsilon_t$

  $\phi_1, \phi_2, \cdots \phi_p$: 자기회귀 계수, ϵ_t: 백색 잡음 (평균 0, 분산 σ^2)

- I(d): 차분 차수로서, 데이터를 정상화하기 위해 d-차 차분을 적용하여 아래와 같이 구한다.

  $\Delta\ ^d X_t = \nabla^d X_t = (1 - B)^d X_t$

  B: 후방 이동 연산자, d: 차분 차수 (1차 차분: $\Delta\ X_t = X_t - X_{t-1}$)

- MA(q): 이동평균 차수로서, 과거 예측 오차로 현재 값 예측하는 것으로 현재 값이 과거 q개의 예측 오차의 선형 결합으로 나타낸다.

  $X_t = c + \epsilon_t + \theta_1 \epsilon_{t-1} + \ldots + \theta_q \epsilon_{t-q}$

  $\theta_1, \theta_2, \theta_3, \cdots, \theta_q,$: 이동평균 계수

ARIMA(p, d, q) 모델은 d-차 차분을 거친 후 AR(p)와 MA(q)를 결합한다.

$$(1 - \phi_1 B - \phi_2 B^2 - \ldots - \phi_p B^p)(1 - B)^d X_t = (1 + \theta_1 B + \theta_2 B^2 + \ldots + \theta_q B^q)\epsilon_t$$

- 시계열 분해(Decomposition): 곱셈 분해와 덧셈 분해로 나뉜다.
  - 곱셈 분해: $Y_t = T_t \times S_t \times C_t \times R_t$
  - 덧셈 분해: $Y_t = T_t + S_t + C_t + R_t$
- GARCH 모델(Generalized Autoregressive Conditional Heteroskedasticity): 금융 데이터처럼 변동성이 커지는 데이터 모델링에 적합하며 오차의 분산이 시간에 따라 변한다는 특징이 있다.

여기서 잠깐 - AirPassengers 데이터 셋

AirPassengers는 Box & Jenkins의 고전적인 시계열 분석 예제로, 1949년 1월부터 1960년 12월까지 연속된 월별 국제선 항공 승객 수를 기록한 데이터 셋이다. R의 기본 패키지에 포함되어 있어서 쉽게 사용이 가능하다. 내용은 시계열 데이터로, 144개의 관측치(12개월 × 12년)

를 포함하며, 승객 수는 천 명 단위로 제공한다. 즉 1949년 1월 승객 수는 112로, 실제 값은 112,000명이 된다.

```
> str(AirPassengers)
 Time-Series [1:144] from 1949 to 1961: 112 118 132 129 121 135 148 148 136 119 ..
```

예제 9 시계열 데이터 분석

forecast 패키지는 시계열 분석과 예측을 위한 필수 패키지로, auto.arima 함수를 포함해 다양한 시계열 모델을 지원한다. 본 예제를 위한 데이터는 AirPassengers 데이터셋을 이용한다.

```
data(AirPassengers)
ts_data <- AirPassengers
```

원본 데이터를 시각화해 추세(Trend), 계절성(Seasonality), 불규칙성(Irregularity)을 확인하기 위하여 시각화해 보자. 승객 수가 시간이 지남에 따라 증가 추세를 보이며, 계절성(휴가철 승객 증가)도 확인할 수 있다.

```
plot(ts_data, main = "월별 항공 승객 수", xlab = "연도", ylab = "승객 수")
```

---실행결과---

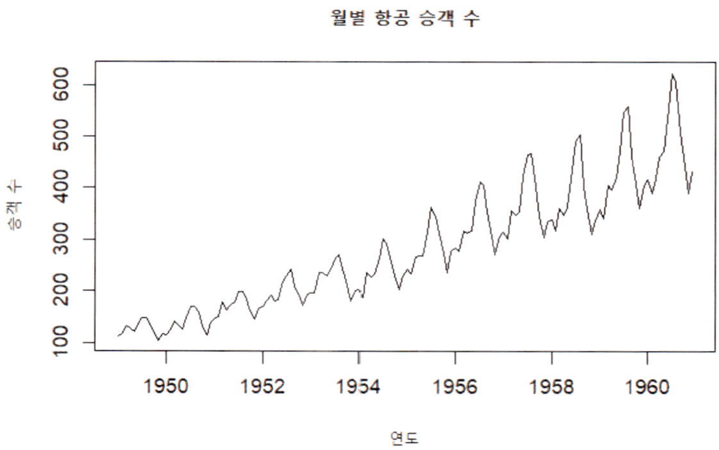

그림 19. 월별 항공 승객 수

auto.arima( ) 함수는 데이터에 적합한 최적의 ARIMA 모델을 자동으로 선택한다. 이때 선택 기준은 AIC(Akaike Information Criterion) 또는 BIC(Bayesian Information Criterion)를 최소화하는 모델 선택한다.

```
model <- auto.arima(ts_data)
summary(model)
```

```
---실행결과---
Series: ts_data
ARIMA(2,1,1)(0,1,0)[12]
Coefficients:
         ar1     ar2      ma1
      0.5960  0.2143  -0.9819
s.e.  0.0888  0.0880   0.0292
sigma^2 = 132.3:  log likelihood = -504.92
AIC=1017.85   AICc=1018.17   BIC=1029.35
Training set error measures:
                ME     RMSE     MAE      MPE     MAPE     MASE        ACF1
Training set 1.3423 10.84619 7.86754 0.420698 2.800458 0.245628 -0.00124847
```

위 결과에서 **ARIMA(2,1,1)**은 비계절성(Non-Seasonal) 부분의 구성을 나타낸다. 특히 ARIMA 모델은 p, d, q값으로 나타내며 아래와 같이 해석한다.

- p = 2: 자기회귀(AutoRegressive, AR) 항의 수(과거 2개 시점 사용).
- d = 1: 차분(Differencing) 횟수(데이터를 1번 차분해 정상성 확보)
- q = 1: 이동평균(Moving Average, MA) 항의 수(과거 1개 예측 오차 사용)

(0,1,0)[12]은 계절성 부분의 구성으로, 계절 차분(Seasonal Differencing) = 1은 월별 계절성을 제거하기 위해 12개월 차이를 계산한다. 계절 AR/MA 항은 0으로 표시되어 없다.

Coefficients(모델 계수)에서

ar1 0.5960은 첫 번째 자기회귀 항으로, 표준오차(s.e.) = 0.0888을 나타낸다. 이는 과거 1개월 값이 현재 값에 미치는 영향(0.5960)으로 해석한다.

ar2 0.2143은 두 번째 자기회귀 항으로 표준오차 = 0.0880을 나타낸다. 과거 2개월 값이 현재 값에 미치는 영향(0.2143)으로 해석한다.

ma1 -0.9819는 첫 번째 이동 평균 항으로 표준오차 = 0.0292를 나타낸다. 과거 1개월의 예측 오차가 현재 값에 미치는 영향(-0.9819)으로 해석한다.

즉, ar1과 ar2는 양수로 과거 값이 현재 값에 양의 영향을 미침을 의미하고, ma1은 음수로 과거 예측 오차가 현재 값에 음의 영향을 미침을 의미한다.

sigma^2 = 132.3은 $sigma^2$ (분산)을 의미하고 모델의 오차 분산(132.3)을 나타낸다.

log likelihood = -504.92는 로그 가능도, 즉 모델이 데이터를 설명하는 정도가 –504.92라는 뜻이다. 값이 작을수록 모델이 데이터를 잘 설명하지 못한다.

AIC(Akaike Information Criterion), AICc(AIC 보정), BIC(Bayesian Information Criterion)는 정보 기준을 뜻하며, AIC와 BIC가 낮을수록 더 좋은 모델이며, AIC와 BIC의 차이가 크지 않아 과적합 가능성이 낮음을 뜻한다.

Training set error measures에서 **ME(Mean Error): 1.34**는 예측값과 실제값의 평균 차이(거의 0에 가까움)를 나타내며, **RMSE(Root Mean Squared Error)**: 10.85는 예측 오차의 평균 제곱근이고, 값이 클수록 예측이 부정확하다는 것을 의미한다. **MAE(Mean Absolute Error): 7.87**은 예측 오차의 평균 절댓값을, **MPE(Mean Percentage Error): 0.42%**는 예측값과 실제값의 평균 백분율 오차를 나타낸다. **MAPE(Mean Absolute Percentage Error): 2.80%**는 예측 오차의 평균 절대 백분율이고, 2.8%는 비교적 작은 오차를 나타낸다. MASE(Mean Absolute Scaled Error): 0.2456은 1개월 이동 평균 모델 대비 상대적 성능 지표를 뜻하며 값이 1보다 작을수록 우수함을 나타낸다. ACF1: -0.0012는 잔차의 첫 번째 자기상관계수이고, 값이 0에 가까울수록 잔차가 독립적임을 의미(모델이 잘 적합됨)한다. 결국 잔차 ACF1이 거의 0이므로, 잔차가 독립적이라 가정할 수 있으며, MAPE 2.8%로 예측 오차가 비교적 작아 모델이 데이터를 잘 설명한다. 또한 ar1, ar2, ma1의 표준오차가 작아 계수들이 유의미하다고 볼 수 있다.

h = 12는 향후 12개월 예측을 설정하는 것이고, forecast() 함수는 학습된 ARIMA 모델로 미래값을 예측하며, 평균 예측값(mean)과 신뢰 구간(lower, upper)을 반환한다.

```
future_period <- 12
forecast_result <- forecast(model, h = future_period)
```

결과를 시각화해 보자. 그래프에서 회색 영역은 예측의 95% 신뢰 구간(하한(lower)과 상한(upper) 사이의 범위)을 나타내고, 파란색 선은 평균 예측값(mean)을 강조하는 표시이다. 검은색 점은 원본 데이터, 파란색 선은 예측값, 회색 영역은 불확실성 범위를 나타낸다.

```
plot(forecast_result, main = "항공 승걱 수 예측 (ARIMA 모델)",
    xlab = "연도", ylab = "승객 수")
lines(forecast_result$mean, col = "blue", lwd = 2)
polygon(cbind(seq(length(ts_data) + 1, length(ts_data) + future_period, by = 1),
    forecast_result$lower[,2], rev(forecast_result$upper[,2])),
    col = "gray", border = NA)
```

---실행결과---

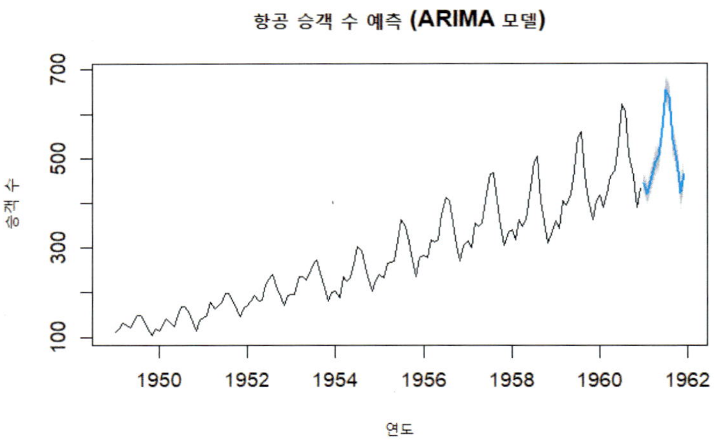

그림 20. 항공 승객 수 예측 (ARIMA 모델)

평균 예측값은 향후 12개월의 평균 승객 수를 정수로 반올림해 출력한 값이다.

```
cat("\n예측된 승객 수 (평균값):\n")
print(round(forecast_result$mean, 0))
```

---실행결과---

```
     Jan Feb Mar Apr May Jun Jul Aug Sep Oct Nov Dec
1961 446 420 449 492 503 567 654 639 541 494 423 466
```

예측 구간은 각 월별 80%와 95% 신뢰 구간의 상한값(upper bound)을 출력해 보면 아래와 같다. Jan 1961의 80% 상한값은 460이며, 이는 "1961년 1월의 승객 수는 80% 확률로 460천 명 이하일 것이다."를 의미한다. 즉, 모델은 80% 신뢰도로 승객 수가 460을 넘지 않을 것으로 예측한 것이다. Jan 1961의 95% 상한값은 468로, "1961년 1월의 승객 수는 95% 확률로 468천 명 이하일 것이다."라고 예측한 것이다. 특히 7~8월의 상한값이 다른 달보다 높은 이유는 여름 휴가철로 인해 승객 수가 급증하는 계절성이 반영된 것으로 보인다.

```
cat("\n예측 구간 (하한-평균-상한):\n")
print(round(forecast_result$upper, 0))
```

```
---실행결과---
         80% 95%
Jan 1961 460 468
Feb 1961 438 447
Mar 1961 469 479
Apr 1961 513 524
May 1961 525 537
Jun 1961 589 601
Jul 1961 677 690
Aug 1961 662 675
Sep 1961 565 578
Oct 1961 518 531
Nov 1961 448 461
Dec 1961 490 503
```

연습문제

01. 레이블이 없는 데이터에서 자체적인 패턴, 구조, 관계를 찾는 기계 학습 기법은?

① 지도학습
② 비지도학습
③ 반지도학습
④ 패턴지도학습
⑤ 관계지도학습

02. 연관 규칙에서 빈발 항목 집합(Frequent Itemset)을 기반으로 규칙을 생성하는 것은?

① t-SNE
② LLE
③ Apriori
④ K-means Clustering
⑤ Hierarchical Clustering

03. K-평균 군집화 학습 단계로 옳은 것은?

① 초기화 → 할당 → 수렴 → 업데이트
② 초기화 → 수렴 → 할당 → 업데이트
③ 초기화 → 할당 → 업데이트 → 수렴
④ 초기화 → 수렴 → 업데이트 → 할당
⑤ 초기화 → 업데이트 → 수렴 → 할당

04. 클러스터의 개수를 3으로 지정하고, 초기 중심점을 25번 랜덤 설정하여 최적의 결과를 선택하는 K-평균 군집화 명령은? (데이터는 df로 한다)

① kmeans(df, centers = 3, nstart = 25)
② kmeans(df, centers = 3, nrandom = 25)
③ kmeans(df, clusters = 3, nrandom = 25)
④ kmeans(df, ncenters = 3, nrandom = 25)
⑤ kmeans(df, nclusters = 3, nstart = 25)

05. 개별 데이터 포인트를 독립된 클러스터로 시작해, 가장 가까운 두 클러스터를 반복적으로 병합하는 방식은?

① 분할형
② 응집형
③ 병합형
④ 독립형
⑤ 반복형

06. 아래 공식은 무엇을 나타낸 것인가?

$$d(X,\ Y) = \sqrt{\sum_{i=1}^{n}(x_i - y_i)^2}$$

① 유사도 거리
② 관계도 거리
③ 맨해튼 거리
④ 유클리드 거리
⑤ 코사인 거리

07. 아래 공식은 무엇을 나타낸 것인가?

$$d(X, Y) = \sum_{i=1}^{n}|x_i - y_i|$$

① 유사도 거리
② 관계도 거리
③ 맨해튼 거리
④ 유클리드 거리
⑤ 코사인 거리

08. 클러스터 병합 시 거리/유사도를 계산하는 방식이 아닌 것은?

① 단일 연결
② $d(C_i, C_j) = \min_{x\in C_i, y\in C_j} d(x, y)$
③ $d(C_i, C_j) = \max_{x\in C_i, y\in C_j} d(x, y)$
④ 평균 연결
⑤ $d(X, Y) = \sum_{i=1}^{n}|x_i - y_i|$

09. K-평균 군집화와 계층적 군집화에 대한 설명으로 옳지 않은 것은?

① K-평균 군집화에서 클러스터 수는 미리 지정이 필요하다.
② 계층적 군집화에서 초기화는 모든 포인트를 독립 클러스터로 시작을 의미한다.
③ K-평균 군집화에서 복잡도는 $O(nk)$이다.
④ 계층적 군집화는 대규모 데이터, K-평균 군집화는 소규모 데이터에 적용한다.
⑤ K-평균 군집화는 결과 직관성이 낮고, 계층적 군집화에서는 시각적으로 해석이 용이하다.

10. 클러스터 병합 과정을 트리 형태로 표현한 그래프는?

① 다이어그램
② 덴드로그램
③ 히스토그램
④ 워드클라우드
⑤ 결정트리

11. 잠재 변수(latent variables)가 있는 확률 모델에서 최대 가능도 추정(Maximum Likelihood Estimation) 또는 최대 사후 확률 추정(Maximum A Posteriori, MAP)을 수행하는 반복적인 최적화 알고리즘은?

① EM 알고리즘
② FM 알고리즘
③ GMM 알고리즘
④ t-SNE 알고리즘
⑤ Naive Bayes 알고리즘

12. data에 대하여 혼합 성분의 개수를 2로 설정하고, 최대 반복 횟수를 1,000회로 지정하는 EM 알고리즘 실행 명령은?

① normalmixEM(data, k = 2, maxit = 1000)
② normalmixEM(data, 2, maxrepeat = 1000)
③ normalmixEM(data, k = 2, repeat = 1000)
④ normalmixEM(data, k = 2, maxit = 1,000)
⑤ normalmixEM(data, k = 2, maxcount = 1000)

13. 데이터를 여러 개의 가우시안 분포(정규 분포)의 혼합으로 모델링하는 확률 기반 군집화 알고리즘은?

① EM 알고리즘
② FM 알고리즘
③ GMM 알고리즘
④ t-SNE 알고리즘
⑤ Naive Bayes 알고리즘

14. 고차원 데이터를 핵심 정보를 보존하면서 저차원으로 변환하는 기법으로 데이터가 희소해지고 계산 비용이 증가하는 문제를 해결하거나 시각화를 위해 2D/3D로 축소 또는 노이즈 제거 및 특징 추출을 통해 모델 성능을 향상시키기 위해 사용하는 기법은?

① 차원 축소
② 차원 보존
③ 차원 최적화
④ 차원 추출
⑤ 차원 향상

15. 주성분 분석(PCA, Principal Component Analysis) 결과를 시각화하는 데 유용한 함수들을 제공하는 패키지는?

① arules
② ggplot2
③ factoextra
④ Rtsne
⑤ mvtnorm

16. 2008년 Geoffrey Hinton과 Laurens van der Maaten에 의해 개발된 고차원 데이터를 저차원(주로 2D/3D)으로 축소하여 유사성 패턴을 시각화하는 비선형 차원 축소 알고리즘은?

① EM 알고리즘 ② FM 알고리즘
③ GMM 알고리즘 ④ t-SNE 알고리즘
⑤ Naive Bayes 알고리즘

17. 데이터에서 항목 간의 빈번한 패턴을 찾아내는 비지도 학습 기법으로 Frequent Itemset을 찾고, 이를 기반으로 의미 있는 규칙을 만드는 방법은?

① 연관 규칙 ② 상관 분석
③ 분산 분석 ④ 규칙 기반 결정
⑤ 관계 분석

18. 다음은 Apriori 알고리즘을 사용하여 실행한 결과의 일부이다. 설명으로 옳지 않은 것은?

```
---실행결과 ---
Apriori
Parameter specification:
 confidence minval smax arem  aval originalSupport maxtime support minlen maxlen
        0.5    0.1    1 none FALSE            TRUE       5    0.01      2     10
 target  ext
  rules TRUE
Algorithmic control:
 filter tree heap memopt load sort verbose
    0.1 TRUE TRUE  FALSE TRUE    2    TRUE
```

① 규칙의 신뢰도가 50% 이상이다.
② Frequent Itemset이 전체 거래의 0.01% 이상에서 나타나야 함을 설정한 것이다.
③ minlen = 2, maxlen = 10은 규칙은 2개 이상 10개 이하의 항목을 포함해야함을 나타낸다.
④ target = "rules"은 Frequent Itemset이 아닌 연관 규칙을 생성함을 의미한다.
⑤ filter = 0.1은 후보 항목 집합 생성 시 최대 패턴 길이를 제한하는 값이다.

19. 정상적인 데이터 패턴에서 벗어난 비정상적 데이터를 식별하는 방법은?

① 이상 패턴 탐지
② 이상 패턴 감지
③ 이상치 탐지
④ 이상치 감지
⑤ 비정상 데이터 탐지

20. 주식 가격, 기온, 판매량, 환율 등과 같이 시간 순서에 따라 일정한 간격으로 기록된 데이터는?

① 연속 데이터
② 시계열 데이터
③ 시간 데이터
④ 간격 데이터
⑤ 일정 데이터

10101
01010

누구나 쉽게
할 수 있는
빅데이터에서
인공지능까지

저 자	정화영
발행인	김지영
발행처	자유아카데미
주 소	경기도 파주시 회동길 37-42 파주출판도시
전 화	031-955-1321
팩 스	031-955-1322
홈페이지	www.freeaca.com
전자우편	main@freeaca.com(대표) editor@freeaca.com(편집) crm@freeaca.com(영업)
등 록	제406-2003-017호, 1980. 7. 12
제1판1쇄	2026년 3월 5일 발행

ISBN 979-11-5808-835-4 93000